장애인복지론

이형석 · 이종모

KNOWLEDGE COMMUNITY 공동체

머리말

장애인복지는 장애인을 인간으로서 존중하고, 더불어 살며, 장애인의 능력을 최대한 발휘할 수 있도록 도우며, 가치 있는 삶을 살아가도록 지원하는 것이다. UN의 인권선언과 우리나라의 인권헌장에도, 장애인은 어떤 심신의 상태에서도 인간으로서 존중되어야 할 자유권과 사회권의 주체임을 인정하고 있다. 즉, 국가는 인간의 존엄과 가치를 가지고 행복을 추구할 권리를 가지고 있는 장애인의 인권을 보호하고, 완전한 사회참여와 평등을 이루어 더불어 살아가는 사회를 만들기 위해 여건과 환경을 조성해 나가야 할 것이다.

제1장에서는 장애의 개념에 대하여 설명하였다. 개념으로서 대표적인 ICIDH (International Classification of Impairment, Disability and Handicap), ICIDH-2, IFC, 장애 이론에 대하여 다루었다.

제2장에서는 지체장애, 뇌병변장애, 시각장애, 청각장애, 언어장애, 안면장애, 신장장애, 심장장애, 간장애, 호흡기장애, 장루 · 요루장애, 뇌전증장애, 지적장애, 자폐성장애, 정신장애를 유형별로 정의하고 특성을 다루었다.

제3장에서는 사회복지정책에 있어서 장애인복지정책을 다루었으며, 장애인복지정책으로서는 소득보장, 고용보장, 의료보장, 교육보장을 중점적으로 설명하였고, 선진복지국가의 정책을 예로 들었다.

제4장에서는 장애인복지 관련 법률에 대하여 장애인복지법, 장애인 차별금지 및 권리구제 등에 관한 법률, 장애인연금법, 장애인·고령자 등 주거약자 지원에 관한 법률, 장애인·노인·임산부 등의 편의증진 보장에 관한 법률, 교통약자의 이동편의증진법을 중점적으로 다루었으며, 외국의 장애인복지 관련 법령도 같이 다루었다.

제5장에서는 우리나라의 장애정도 판정제도를 설명하였으며, 외국의 장애평가에 대하여서도 다루었다.

제6장의 장애인복지시설은 장애인 거주시설과 장애인 이용시설, 장애인 직업재활시설을 중심으로 다루었다.

제7장에서는 장애인의 직업재활을 직업재활 과정, 시설, 시설의 역할과 기능을 중점적으로 다루었으며, 선진 외국의 직업재활에 대하여서도 설명하였다.

제8장에서는 장애인의 의료재활을 재활서비스의 내용과 전문인력, 의료재활시설을 중점적으로 다루었으며, 제9장에서는 장애인 교육재활을 특수교육에 중점을 두고 다루었다.

제10장에서는 장애인의 심리사회재활을, 제11장에서는 장애인의 지역사회중심재활을, 제12장에서는 해외의 장애인복지서비스를 다루었다.

본서가 장애에 대한 이해와 장애인복지의 이해를 통해, 더 나아가서 우리나라의 사회복지를 이해할 수 있는 계기가 되기를 바란다.

2023년 12월

저자 대표 이형석

차 례

제1장
장애의 개념

1. ICIDH
2. ICIDH-2
3. IFC
4. 장애 이론

제1장 장애의 개념

사회복지의 발전과 함께 항상 우선적인 정책 대상이었던 장애인에 대한 시각은 개인적 비극으로 보는 시각에서 사회문제로 보는 시각으로 중심이 점차 옮겨지게 되었다. 육체적, 신체적 불편함은 의학과 기술의 발전으로 점차 보완되어 왔으며, 신체적 관점에서 벗어나 사회의 한 개인으로서 역할을 수행하는 데 지속적인 문제를 갖고 있는 사람을 장애인으로 파악하는 경향이 강해졌다.

1980년에는 이러한 것이 세계보건기구(WHO)의 장애에 대한 정의에 반영되어 분류체계가 만들어지게 되었다. WHO는 신체장애(physical impairment), 능력상실(disability), 그리고 불리(handicap)에 대한 국제분류를 제안하였는데, 이에 따른 질병이나 손상으로 인한 장애를 신체장애, 능력상실 그리고 불리의 세 가지로 나누었다.

신체장애란 해부학적, 생리적 또는 심리적 기능 또는 구조의 이상을 말하는데, 나이와 성별 또는 직업의 종류에 관계없이 정상적인 사람에 비하여 어려움을 갖는 것을 신체장애라 한다. 능력상실은 신체장애로 인한 개개인의 능력 제한 또는 결함을 말하며, 어떤 특정한 일을 할 때 신체장애로 인해 그 일을 하기 어려운 것을 말한다. 특히 재화를 만드는 노동의 어려움을 노동능력 상실이라고 한다. 불리란 신체장애나 능력상실로 인해 사회활동이 제한되거나 방해됨을 말하는데, 신체장애는 신체장기 각각을 기준으로 한 기능소실 또는 변형을 의미하고, 능력상실은 여러 신체장기가 모인 사람(人間)을 기준으로 할 때 개개인이 갖는 어려움을 의미하며, 불리란 여러 개인이 모여 이룬 사회를 기준으로 개인이 받게 되는 사회생활의 제한을 의미한다.

1. ICIDH

장애에 대한 가장 일반적인 개념은 세계보건기구에 의해 제시되었는데, ICD(International Classification of Diseases)를 근간으로 1980년에는 ICIDH(International Classification of Impairment, Disability and Handicap)를 제시하였다. ICIDH에서는 손상, 기능제약(disabilities), 사회적 불리(handicaps) 등의 개념 구분을 통하여 장애를 설명함으로써 손상이나 기능의 제약보다는 사회적으로 불이익을 받는 상황을 강조하였다. 이러한 장애의 개념을 따르게 되면 원인에 관계없이 사회적 불이익을 받는다는 결과를 중심으로 장애를 설명하기 때문에 장애에 대한 사회적 책임론이 확장될 가능성이 높아졌다.

〈표 1-1〉 ICIDH에 의한 장애의 개념

개 념	의 미	차 원
건강상태	병리학적인 변화로서의 증상이 있다. 개인적인 차원에서 어떤 '비정상성'이 발생하였다.	
손 상	임상적인 질병을 다른 사람이 인식할 수 있게 되었다. 일반 타인이 개인의 어떤 '비정상성'을 인식하였다.	신체적 차원
기능제약	활동상의 능력 제한이 발생하였다. 개인적인 차원에서 활동 수행 능력이 감소되었다.	개인적 차원
사회적 불리	개인의 활동상의 능력 제한에 대하여 사회적 참여의 제한이라는 사회적 반응이 발생하였다. 개인은 다른 사람에 비해 불리한 상황에 처해졌다.	사회적 차원

출처 : WHO(1980). ICIDH, 김용득(2002) 재인용.

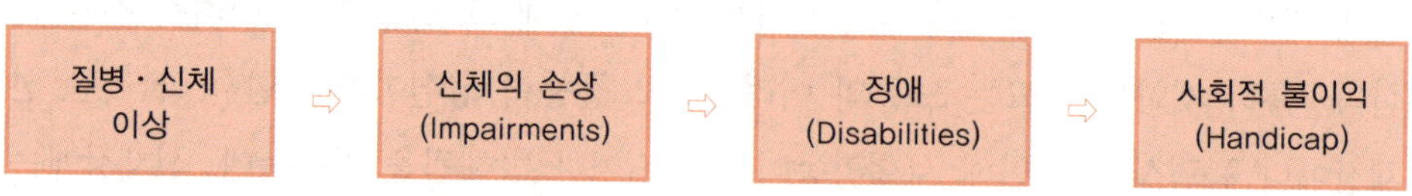

|그림 1-1| 1980년의 ICIDH의 장애 개념의 구조

출처 : 황수경(2004).

2. ICIDH-2

세계보건기구는 1997년에 ICIDH-2에서 장애의 개념, 범주 등에 대해 새로이 제안하였는데, 한 개인이 접하게 되는 장애를 3차원의 축(손상, 활동, 참여)으로 설명하고 손상과 활동은 개별적 모델의 개념을 상황요인(contextual factors)과 참여(participation)라는 사회적 모델에서의 환경을 제시하고 있다. 손상은 신체 구조나 물리적, 심리적 기능상의 상실이나 비정상을 의미한다. 손상의 차원은 신체 기능 혹은 신체 구조와 관련된 것으로서 이러한 기능상의 제한, 신체 혹은 신체 부분의 기본적인 기능을 수행하는 데 따르는 불능을 손상이라고 한다. 이에 해당하는 세부 분류는 기능과 구조로 구분하여 제시하고 있다. 여기에 기능의 손상은 정신적 기능, 목소리·말하기·듣기·전정기관과 관련된 기능, 보기기능, 다른 감각기능, 심근계 기능과 순환계 기능, 소화·영양 그리고 신진대사 기능, 면역과 내분비 기능, 비뇨생식 기능, 신경근골과 운동관련 기능, 피부와 관계된 구조의 기능 등에서의 손상을 지칭한다. 구조의 손상은 뇌, 척추와 관계된 구조, 목소리·말하기와 관련된 구조, 귀·전정기관 구조, 눈과 관계된 구조, 순환계와 호흡계, 소화계와 신진대사계, 면역과 내분기계, 비뇨생식계, 운동과 관련된 구조, 피부와 관계된 구조 등에서의 손상을 지칭한다.

〈표 1-2〉 ICIDH-2에 의한 장애의 개념

구 분	손상유형	활 동	참 여	상황 요인
기능의 수준	신체 (신체의 부분)	개인 (전체로서의 개인)	사회 (사회와의 관계)	환경적 요인 (기능상의 외부적 영향) 개인적 요인 (기능상의 내부적 영향)
특 징	신체 기능 신체 구조	개인의 일상활동	상황에서의 관계	신체적, 사회적, 태도적 세계의 형태
긍정적 측면	기능적, 구조적 통합	활동	참여	촉진자
부정적 측면	손상	활동 제한	참여제한	장벽, 어려움

출처 : WHO(1997). ICIDH-2.

3. IFC

1990년대에 들어와서 장애인정책의 기조는 크게 변화되는데, 과거 소득보조를 위주로 한 정책을 대신하여 소득능력의 회복 및 고용을 통한 복지를 추구하려는 경향이 분명해졌다. 장애인정책이 보호차원의 시혜적 복지정책에서 장애인의 사회적 통합을 목표로 하는 생산적 복지 또는 정상화(normalization) 정책으로 방향을 전환한 것이다. 이러한 전환의 핵심은 고용기회의 제공으로 볼 수 있다. 현대사회에서 직업 활동은 소득의 원천일 뿐만 아니라 가장 기본적인 사회참여의 한 형태이기 때문이다. 일할 능력이 있는 장애인에게는 비장애인과 동등하게 취업기회를 보장받을 수 있게 하고, 일할 능력이 부족한 장애인에게는 일할 능력을 향상시키거나 부족한 능력 수준에서라도 일할 수 있는 환경을 마련해 줌으로써 일반적인 생활환경 속에서 일상생활을 영위할 수 있도록 하는 것이다.

장애인정책이 참여(participation)와 활성화(activation)를 주된 과제로 할 때 ICIDH의 장애판단 체계만으로는 유용한 기준을 제시하지 못한다는 문제가 제기되었다(European Commission, 2002). 크게 다음의 세 가지로 볼 수 있다(황수경, 2004).

① 장애는 장애 그 자체가 문제인 것이 아니라 장애로 인한 인간의 기능적 제약이 근본적인 문제라는 시각이 요구된다. 그리고 기능적 제약은 장애에서 비롯될 수도 있지만 좀 더 포괄적으로는 건강상의 제반 문제에서 비롯될 수도 있다.

② 장애가 무능력을 의미하며 보호를 필요로 하는 것으로 이해되는 부정적 이미지를 벗어야 한다. 장애는 지원과 관리를 전제로 사회적인 의미에서 극복될 수 있다. 그러므로 좀 더 적극적인 측면에서 장애를 바라볼 필요가 있다.

③ 장애의 문제를 특정한 소수자 그룹에 국한되는 문제로 보는 시각에서 벗어나 누구에게나 발생될 수 있는 보편적인 문제의 하나로 보아야 한다. 장애를 특정 그룹에 한정된 소수자의 문제로 보는 것은 궁극적으로 소수자의 사회적 통합에 저해요소가 된다.

위와 같은 문제를 인식하게 됨으로써 장애의 개념은 신체적 장애에서 기능적 장애(functional disability)로 이동하게 되었고, 장애인은 장애를 가진 사람이 아니라 다양한 형태로 정책적 도움을 필요로 하는 사람으로 구체화되었다.

2001년에 세계보건기구는 그러한 문제의식을 반영하여 세계보건위원회(World Health Assembly)의 IFC를 세계적으로 통용될 수 있도록 승인하였다. IFC는 다양한 전문영역과 실천현장에서 기여하기 위한 복합적인 목적을 가지고 있다. 목적은 첫째, 건강 및 건강과 관련된 상태, 건강 관련 성과, 건강 관련 결정요소 등을 이해하기 위한 과학적 기초를 제공하며, 둘째, 건강보호전문가, 연구자, 정책입안자, 장애인을 포함한 일반 대중 등의 서로 다른 집단들의 의사소통을 증진하기 위해 공통의 언어를 제공하고, 셋째, 국가 간, 건강보호 전문 분야 간, 서비스 간, 시기 간의 자료의 비교가 가능할 수 있도록 하며, 넷째, 건강정보 체계에 대한 체계적인 기록 수단을 제공하기 위함이다. IFC는 장애를 가지고 있는 사람들에게 제한되어 적용될 수 있는 것이 아니라 모든 사람의 건강에 관련된 요소들을 설명해 줄 수 있는 보편적인 틀이라고 할 수 있다.

〈표 1-3〉 IFC에 의한 장애의 개념

구 분	부분1 : 기능과 장애		부분2 : 상황적 요소들	
구성요소들	신체기능 및 구조	활동과 참여	환경적 요소들	개별적 요소들
분 야	신체 기능 신체 구조	생활영역(작업과 활동)	기능과 장애에 영향을 미치는 외적 영향력들	기능과 장애에 영향을 미치는 내적 영향력들
구성 및 지표	신체기능의 변화 (생리학적) 신체구조의 변화 (해부학적)	표준환경에서의 과업을 수행할 수 있는 능력(capacity) 현재 환경에서의 과업의 수행능력(performance)	육체적, 사회적, 형태적 특징을 촉진하거나 억제하는 효과	개별 특성에 의한 영향
긍정적 측면	기능적 · 구조적 정상 상태	활동/ 참여	촉진제	–
	기능(Functioning)			
부정적 측면	신체/ 기능의 손상	활동제한 및 참여 제한	억제제	–
	장애(Disability)			

출처 : WHO(2001). IFC.

IFC		ICIDH
신체의 기능과 구조 (Body Functions/ Body Structures)	⇔	기능/ 구조적 손상(Impairments)
활동(Activities)	⇔	활동의 제약(=1980 Disability)
참여(Participation)	⇔	사회적 불이익(Handicap)

|그림 1-2| IFC와 ICIDH의 구조

출처 : 황수경(2004).

장애의 정의는 다양한 측면에서 사회정책과도 밀접한 연관이 있다. 장애의 정의는 차별금지법, 고용정책 및 사회보장제도의 영역에서 법적·제도적 활동이나 규제를 위해 누가 장애인인지를 판별해야 할 필요가 있다. 다음의 표는 장애의 정의와 사회정책과의 연결고리에 대해 예를 들고 있다(Mashaw & Reno, 1996).

〈표 1-4〉 장애의 정의와 사회정책과의 연결고리

공적서비스제도의 하나인 ADLs(Activities of Daily Living)의 지원을 받기 위한 장애의 정의는 개인이 일상생활에서 얼마만큼의 도움을 필요로 하는가에 의해 결정되는 것이 적합하다.
공공직업재활서비스(VR)를 이용할 자격을 얻기 위한 장애의 정의는 직업서비스의 필요를 느끼는지, 그리고 어떤 종류의 서비스가 적합한지를 기준으로 결정되어야 한다.
시민권 보호(civil rights protection)에 의해 고려되어야 할 대상을 결정함에 있어서는 고용상 또는 공공에의 접근성에서 얼마나 차별에 노출되기 쉬운지에 따른 장애의 정의를 사용하는 것이 타당하다.
정부 또는 민간 차원의 소득지원제도에 적합한지를 결정할 때에는 소득능력의 상실에 따른 장애의 정의를 이용하는 것이 바람직하다.

출처 : 황수경(2004).

4. 장애 이론

1) 장애의 이론적 배경

산업혁명 이전의 농경사회에서는 장애인이란 무가치한 노동력으로 인식되기보다는 공동체사회의 보호가 필요한 사람 정도로 인식되었다. 그렇지만 산업혁명 이후에는 노동력이 중시됨에 따라 장애인은 생산에 기여할 수 없는 무가치하고 사회에서 제거되어야 하는 사람으로 인식되었다(Finkelstein, 1996). 이후 두 차례에 걸친 세계대전 및 급속한 산업화에 따라 전쟁 장애인 및 산업재해 장애인들에 대한 사회적 책임이 논의됨에 따라 장애 운동이 발달하게 되었으며, 다양한 패러다임이 나타나게 되었다. 대표적인 패러다임은 정상화, 사회적 모델, 자립생활 모델 등이 있다.

패러다임이란 한 사회의 구성원들이 공감하고 있는 기본 이론이나 신념에 연유하는 일련의 행위를 말하며, 사물을 보는 방법, 문제의 인식방법, 문제해결 방안, 문제해결 수단의 동원 방법 등을 포괄하는 개념을 말한다. 즉, 패러다임이라는 것은 과학구조 분석의 핵심 요소로 볼 수 있으며, 사물을 바라보는 방식, 지각을 지배하고 있는 일반적인 조직화 원리, 과학자에게 실체의 존재 또는 실체의 부재와 그것의 활동방식을 기술하는 개념을 의미한다.

산업혁명 이후에 가장 대표적인 패러다임은 '개별적 모델'과 '사회적 모델'이다. 이러한 모델은 1970년대부터 1980년대를 거치면서 영국에서 제기되기 시작하였다. 사회적 모델은 당시 사회의 지배 패러다임을 개별적 모델로 설정하고, 저항 패러다임으로서는 사회적 모델을 제기하였다.

사회적 모델에서는 장애를 장애인 개인의 질병 또는 무능력의 결과로 보고 있으며, 장애에 대한 책임은 그 개인과 가족에게 있다고 본다. 사회적 모델에 의하면 장애는 사회체계에 의해 생산되는 억압과 차별이며, 그 책임은 사회 전체에 있다고 보았다. 또한 장애 문제는 장애 운동을 통해서 사회에 만연해 있는 심리적 장벽, 물리적 장벽, 사회적 장벽 등을 제거하는 활동을 통해서 해결되어야 한다고 본다.

2) 개별적 모델과 사회적 모델

자본주의 사회에 의해 생산된 장애의 개념은 장애를 병리적인 문제라고 보는 가정에서 출발하였다. 이러한 가정은 예방과 치료를 통해 장애는 없어질 수 있다는 관점에서 출발하였다. 그렇지만 장애의 원인을 의료적 원인으로 볼 수밖에 없으며, 비장애인과 장애인이 장애를 경험하는 방식에도 영향을 주게 되었다. 이후 후기 자본주의에 들어와서는 장애를 문제라고 보는 본질은 부정되고 있지 않지만, 병리적 관점은 부정되었다. 또한 장애가 손상된 개인의 한계에 의해 발생하는 것이 아니라 사회의 실패에 기인한다고 보기 시작하였으며, 경험적 수준에서 장애인들의 문제를 점차 사회적 억압에서 생겨나는 것으로 인식해 가고 있다.

Oliver는 장애를 바라보는 두 가지 모델을 제시하였는데, 개별적 모델과 사회적 모델이 그것이다. 개별적 모델은 장애의 발상과 장애인의 경험은 개별적인 것이며, 장애에 대한 책임도 장애인 개개인에게 있다고 보는 관점이다. 또한 장애를 개인이 가진 의학적, 기능적 문제라고 보는 시각이며, 치료모델 또한 개인중심의 모델이라고 볼 수 있다. 반면에 사회적 모델은 장애의 발생과 장애인의 경험은 사회적인 것이며, 장애에 대한 책임도 장애인의 적절한 삶을 유지할 수 있도록 하여야 하는 사회에 있다고 보는 관점으로서 장애인이 살고 있는 사회 환경의 문제를 중요하게 인식하는 시각이다(권유경, 2001).

(1) 개별적 모델(Individual Model)

개별적 모델은 장애라는 현상을 질병, 종양 및 건강 조건 등에 의해서 직접적으로 야기된 개인의 문제로 간주한다. 이 모델에서는 두 가지를 강조하는데, 첫째는 개인의 장애 문제에 그 핵심을 두며, 둘째는 이러한 문제의 원인이 장애에 의해 발생되는 근본적인 제한 또는 심리적인 상실에 기인한다고 본다(Oliver, 1996a).

이 모델을 설명하는 이론으로서는 개인의 비극이론, 기능주의 이론, 상호작용주의 이론이 있다. 개인의 비극이론은 장애가 고립된 불운한 개인에게 무작위로 발생하는 비극으로 보며, 보상정책과 치료적 개입은 비극을 감수한 개인을 돕기 위해 고안되었다고 본다. 그러나 이 이론의 문제는 장애에 대한 보편적인 설명을 하지는 못하고 있다는 것이다. 어떤 사회에서 장애가 특권으로 여겨지기도 하며, 심지어는 자본주의 사회에서조차 정책이 보상보다 권리로, 치료가 적응보다 역량강화로, 장애의 경험이 부정적이기보다 긍정적인 방향으로 변하고 있는 사실을 설명해 주지는 못하고 있다(Oliver, 1996b).

개인의 신체에서 일어난 어떤 변화가 마음에도 어떤 변화를 일으킨다고 본다. 이 말은 질병은 육체의 능력과 심리적 능력 모두에 방해가 된다는 가정에 뿌리를 두고 있다. 이러한 관점은 '의료전문가에 의한 개별적 치료'와 '재활'을 해결책으로 제시하기 때문에 치료와 재활 관련 전문가의 역할이 절대적으로 중요하다. 장애인이 사회에 정상적으로 적응하지 못하는 것은 장애인의 신체적 능력이나 심리상태가 그 사회의 주류를 이루는 총체적 환경과 비교하여 물리적 · 심리적 격차가 발생하기 때문이라고 본다. 장애인이 사회에서 소외받는 원인은 우선 대부분 장애인들의 신체기능이나 동기의 역동성이 그 사회의 평균수준에 미달하기 때문이라고 본다. 그러므로 장애 관리의 초점을 개인의 더 나은 적응과 행위의 변화에 둔다. 장애인의 삶의 질에 대한 변화는 장애인 개인들이 주어진 정부정책의 집행 프로그램에 따라 사회에 대한 적응력(personal adaptation)을 확대시키는 과정에서 발생하게 된다고 본다. 이 경우 적응은 손상을 치유하여 최대한의 정상성을 확보하는 경우도 있고 고착된 장애를 지닌 채 자신과 주변 환경에 자신을 재적응시키는 경우도 있다(이성규, 2000).

개별적 모델에서 장애는 개인의 심리사회적인 능력에 영향을 미칠 뿐만 아니라 주류사회가 구성원에게 요구하는 책임과 사회적 역할을 장애인들에게는 면제받도록 하여 장기적으로 장애인에 대한 편견을 불러일으키게 한다는 비난을 받기도 한다. 권리의 측면에서도 개인은 재활의 대상으로 인식되고 전문가들의 전문적인 견해에 의하여 통제를 받게 되기 때문에 장애인들의 손상에 따른 고통을 호소하고 전문기관을 찾을 수 있는 정도의 소극적인 권리만을 누릴 뿐이며, 각종 재활 관련 전문기관의 논리와 전문성에 구속되기 쉽다(이성규, 2000).

(2) 사회적 모델(Social Model)

장애라는 현상을 '사회적인 문제'로 간주하는 사회적 모델은 개별적 모델에서 전제하고 있는 두 가지 강조점을 무시하고 있다. 첫째, 장애는 개인에게 귀속된 것이 아니고 사회적 환경에 의해 창조된 조건들의 복잡한 집합체로 본다. 이는 장애란 장애인에 대한 제한을 함축하는 모든 것으로서, 편견에서 제도적인 차별까지, 접근 불가능한 공공건물에서 사용 불가능한 교통체계까지, 분리교육에서 노동에서의 배제까지를 의미하는 것이다. 둘째, 장애는 사회 내에 존재하는 것으로, 장애인 개인에게 있는 개별적인 제한이 아니고, 장애인의 욕구를 사회 내에서 수용하고 이에 적합한 서비스를 제공하는 데 대한 사회의 실패를 의미하는 것으로 본다. 이러한 사회의 실패 결과는 단순하고 무작위로 개인에게 주어지는 것이 아니며, 사회 전체적으로 체계화되고 제도화된 차별을 통하여 장애인 집단에게 전달되는 것이다(이동석, 2003).

장애 유발의 원인을 설명하기 위해서는 사회의 조정(social adjustment) 개념을 사용하는데, 이는 장애가 개인에 준 영향을 볼 때 사회적 환경, 물리적 자원, 그리고 가장 중요한 요인으로서 개인이 그 상황에 부여하는 의미를 종합적으로 고려하여야 한다는 주장이다. 즉, 척추장애의 경험은 순순히 개인 내적 심리상의 또는 대인 간 과정으로 이해될 수 있는 것이 아니라, 주택, 재정, 고용, 건축 환경, 가족 상황 등의 광범위한 물적 요인들을 고려해서 이해해야 한다는 것이다(이동석, 2003).

사회적 모델에서는 장애의 문제를 관리, 해결하기 위해서 '사회행동(social action)'을 필요로 하는데, 개인적 차원에서 치료를 받거나 재활프로그램에 참여함으로써 최대한의 정상성을 확보해 가는 개인의 노력은 점점 더 의존성만을 강화할 뿐, 오직 장애인들의 집단적인 행동에 의하여 쟁취한 자조권에 의해서만 평등한 삶을 보장할 수 있다고 한다. 장애인들이 배제되는 것은 장애인 개개인에 대해 비장애인 개개인이 갖는 편견의 수준을 넘어 장애인을 집단적으로 인식하고 사회적인 차별을 가한다고 보기 때문이다.

개별적 모델과 사회적 모델을 비교하면 다음과 같다.

〈표 1-5〉 장애의 개별적 모델 비교

개별적 모델(the individual theory)	사회적 모델(the social model)
• 개인적 비극 이론(personal tragedy theory) • 개인적 문제(personal problem) • 개별적 치료(individual treatment) • 의료화(medicalization) • 전문적 권위(professional dominance) • 숙련가(expertise) • 조절(adjustment) • 개별적인 정체성(individual identity) • 편견(prejudice) • 태도(attitudes) • 보호(care) • 통제(control) • 정책(policy) • 개별적인 적응(individual adaptation)	• 사회억압이론(social oppression theory) • 사회적 문제(social problem) • 사회적 행동(social action) • 자조(self–help) • 개별적, 집합적 책임(individual and collective responsibility) • 경험(experience) • 긍정(affirmation) • 집합적 정체성(collective identity) • 차별(discrimination) • 행위(behaviour) • 권리(rights) • 선택(choice) • 정치(politics) • 사회변화(social changes)

출처 : Oliver, M.(1996).

3) 장애학(Disability Studies)의 다중 패러다임

개별적 모델과 사회적 모델은 사회적 현상 중 객관적인 사회현상을 볼 것인가, 주관적인 사회 현상을 볼 것인가에 대한 구분이 없다. 이는 장애라는 사회현상 및 그에 대응하는 정책 및 운동을 분석하는 데 한계가 있음을 알 수 있다. 그러므로 사회를 바라보는 시각에 따라 명목론과 실재론, 사회현상에 대한 설명방법에 의한 객관적인 유물론과 주관적인 관념론의 두 가지 측면을 동시에 바라보는 것 역시 필요하다.

Priestly(1998)는 두 가지 차원에 따라 네 가지 패러다임을 구성하였는데, 개별적 모델은 개인을 뛰어넘는 사회의 실체를 인정하지 않는 명목론적 입장을 취하는 것이고, 사회적 모델은 실제적인 사회가 존재한다고 보는 실재론적 입장을 취하고 있다. 또한 사회현상을 어떻게 설명할 것인가에 대하여 개별적 모델 중 하나는 생물학적 결정론에 바탕을 두고 있으며, 또 하나는 상징적 상호주의에 바탕을 두고 있다. 이와 같이 사회적 모델도 하나는 사회적 생성주의에 기반을 두고 있으며, 또 하나는 사회적 구성주의에 바탕을 두고 있다. 이를 도식화하면 다음과 같다.

〈표 1-6〉 장애 이론의 네 가지 접근법

구 분	유물론자(materialist)	관념론자(idealist)
개별적 모델 (individual)	개별적 유물론 입장 (individual materialist model) • 장애 : 실체적 개인(신체)의 기능에 작용하는 생물학의 신체적 산물 • 분석단위 : 손상된 신체	개별적 관념론 입장 (individual idealist model) • 장애 : 정체성의 생성과 역할의 협상에 관하여는 자의적인 개인(장애인과 비장애인)의 산물 • 분석단위 : 신념과 정체성
사회적 모델 (social)	사회적 생성주의 입장 (social creationist model) • 장애 : 특별한 역사적 맥락에서 발전하는 사회-경제적 관계의 유물론적 산물 • 분석단위 : 장애를 만드는 장벽과 권력의 유물론적 관계	사회적 구성주의 입장 (social constructionist models) • 장애 : 특별한 문화적 맥락에서 사회의 발달의 관념론적 산물 • 분석단위 : 문화적 가치관과 표상

출처 : Priestly M.(1998).

개별적 유물론 입장과 개별적 관념론 입장은 개인의 속성과 연관되어 있는데, 사회현상이라는 것은 실제 존재하는 것이 아니라 우리의 개념과 해석일 뿐, 단지 개인적 현상의 집합이라고 보는 명목론자(nominalist)의 입장이라고 볼 수 있다. 또한 개별적 유물론 입장과 개별적 관념론 입장은 '신체'와 '정신'으로 구분될 수 있다(이동석, 2003).

(1) 개별적 유물론 입장

개별적 유물론적 입장은 실체적 개인의 신체에 대한 관찰과 분류로부터 나온 지식을 가치 있게 보는 접근법이다. 이 입장은 객관적인 사실로부터 지식을 유추해내고 주관적인 가치관의 영향을 최소화한다. 개별적 유물론 입장에 맞는 이론은 '의료적 모델'이 있는데, 이 모델은 장애를 개인의 실체적 상황에서 나타나는 생물학적으로 결정된 것이고 개인적 비극의 산물이라고 본다. 그러므로 분석의 단위는 손상된 신체이며 분석의 주요 수단은 다양한 경험주의이다(이동석, 2003).

(2) 개별적 관념론 입장

개별적 관념론 입장은 개인에 초점을 두기는 하나, 생물학에 초점을 맞추기보다는 자의적 행동에 초점을 맞춘다. 이 입장의 연구는 개인행동의 경험, 신념, 해석으로부터의 지식을 가치 있게 보는 접근방법을 취하고 있다. 이 입장은 우리를 직접적으로 다른 사람들과 상호작용을 하는 것이 아니라, 그들의 의도와 행동에 대한 우리의 상(imaginary)과 상호작용을 하는 것이라고 본다.

개별적 관념론 입장은 개별적 모델이기는 하지만, 생물학과 손상된 신체에 초점을 두기보다는 인식의 상호작용 및 감정의 경험에 초점을 둔다. 이 입장은 장애라는 것은 개인적 경험의 산물이며, 개인 간 사회적 역할의 협상을 통한 산물이므로, 분석의 단위는 정체성과 경험이라고 본다. 주요한 도구는 주관적 관념론, 현상학, 해석 심리학, 상징적 상호주의 등에 근거를 두고 있다. 손상에 대한 장애인의 적응(adjustment)과 손상을 입은 사람에 대한 비장애인의 '태도'를 다루는 해석 심리학 연구에서 이 입장을 볼 수 있다.

(3) 사회적 생성주의 입장

사회적 생성주의 입장은 실재적이고 유물적인 방법으로 사회현상을 이해할 수 있다고 본다. 이 입장은 구조(structure)에 많은 관심을 갖고 있으며, 사회관계라는 것은 역사적 맥락 안에서 생산양식의 발전에 의해 결정된다고 보는 헤겔이나 마르크스주의자들의 분석과 더 관련이 있다. 이 입장은 장애 이론과 관련하여 일반적으로 '사회적 모델'로 언급되나, 사실은 사회적 모델의 하나의 형태일 뿐이다. 이 입장에서 장애라는 것은 정치 경제의 발달에 따라 야기되는 권력의 유물론적 관계로 여겨지며, 특별한 역사적 맥락에서 생산되는 것으로 여겨진다. 그러므로 분석의 단위는 주로 물리적, 구조적, 제도적으로 장애를 만드는 장벽(disabling barriers)이다.

(4) 사회적 구성주의 입장

사회적 구성주의 입장은 개인을 넘어선 객관적 실체를 갖는 사회현상을 바라보는 접근을 포함하는데, 유물적 사회보다는 관념적 사회에 더 많은 관심을 가지고 있다. 이 접근법에 의하면, 사회적 실체라는 것은 권력의 유물적 관계에 존재하기보다는 관념(idea)에 따라 존재한다고 본다. 이 입장에서 장애는 특별한 문화적 맥락에서 발달하는 사회적 산물로 여겨지며, 분석의 단위는 문화적 표상이다. 주요한 도구는 사회 구성주의와 문화적 상대주의이다.

사회 구성(social construction)으로서 장애의 특색은 문화적 상대주의의 개념을 전제로 하는데, 장애의 구성은 특별한 문화적 상황의 산물이라는 것이다. 다양한 사람들이 모든 사회에 존재하지만, 사회에 통합되거나 배제되는 정도가 다양하게 나타나는 이유는 장애를 바라보는 사회의 문화적 개념에 따른 것이라고 본다.

4) 다중 패러다임의 재해석

서구사회에서 장애인에 대한 사회복지 서비스의 본격적인 발전은 제2차 세계대전 이후 장애인에 대한 사회적 인식의 변화와 함께 시작되었다. 1945년 이후에 장애인을 위한 서비스는 다음의 세 단계를 거치며 발전하여 왔다(김용득, 2002).

① **첫 번째 단계 - 보호차원의 배려에 중점을 두는 서비스** : 장애인을 방치의 대상이나 노동 가치를 상실한 무가치한 존재로 파악하던 이전의 방식에서 진보하여, 장애에 대한 사회적 책임을 인정하면서 일정한 수준 이상의 치료와 보호를 받으면서 살아가는 존재로 인식하였다.

② **두 번째 단계 - 훈련과 교육에 중점을 두는 서비스** : 장애인의 기능적, 직업적 재활을 위한 기능훈련에 중점을 두는 서비스들이 집중적으로 개발된 시기라고 볼 수 있다. 이 단계는 장애인의 기능훈련을 통한 능력향상의 잠재력을 인정했다는 면에서 이전의 단계에서 진보한 것이며, 장애인에 대한 교육과 훈련이 강조되었다는 특징을 가지고 있다.

③ **세 번째 단계 - 지역사회에서의 통합된 생활인 지역사회생활(community living)에 초점을 두는 서비스** : 장애인의 기능회복과 교육훈련의 성과는 일정한 한계가 있을 수밖에 없으며, 이러한 한계의 근본적인 원인은 사회적인 장애요소에 기인하기 때문에 사회에 내재된 물리적, 심리적 장애요소들을 제거하여야 하며, 동시에 지역사회에서 독립적으로 생존할 수 있도록 재정적, 전문적 서비스들이 강조되었다.

위와 같은 변천은 의료적인 치료에 중점을 두던 개별적 유물론 입장에서 출발하여 재활, 심리치료에 중점을 두던 개별적 관념론 입장을 거쳐, 사회적 장애요소를 제거하는 데 중점을 두었던 사회적 생성주의 입장 또는 사회적 구성주의 입장으로 변천하였음을 알 수 있다.

Priestly(1998)의 장애학 다중 패러다임은 장애라는 사회현상 및 그와 관련된 제도, 운동을 분석하기 위한 유용한 도구임에도 직접적이고 구체적인 제도 또는 운동에 대입하기는 어려움이 있다. 제도 및 운동의 분석을 위해 Priestly의 다중 패러다임에 대한 재해석이 필요하며, 구체적인 수준으로 재해석을 하면 다음과 같다(이동석, 2003).

〈표 1-7〉 Priestly의 다중 패러다임에 대한 재해석

	유물론자	관념론자	
개별적 모델	개별적 유물론 입장	개념적 관념론 입장	명 칭
	의료적 모델, 신체적 재활모델	사회적 결핍 모델, 복지모델, 심리환경적 접근 모델	관련 장애 이론
	신체적 손상(impairment)에 완벽한 신체의 정상성이 결핍된 것	손상에 따라 정체성이 훼손된 상태 및 개인 간 사회적 역할에 대한 협상의 결과 일상생활을 영위하기에 상호관계에 이상이 있는 것	장애 정의
	신체기능 회복을 위한 재활, 낙태, 안락사, 불임시술, 수용시설, 보호 등	장애인의 정체성을 '정상성'에 가깝도록 원조 보충적 복지제도 발전 등	관련 제도 및 정책
	장애 예방, 모금 등	장애인의 사회적 역할에 대한 재해석 및 국가 및 사회의 적극적 지원을 요구 비장애인의 태도 변화 등	관련 운동
사회적 모델	사회적 생성주의 입장	사회적 구성주의 입장	명 칭
	Oliver의 사회적 모델	Wolfensberger의 정상화이론 & 사회적 역할의 가치화(social role valorization)	관련 장애 이론
	사회의 억압과 차별	사회의 문화적 표상에 의해 그 사회에 받아들일 수 없는 존재로 인식됨에 따라 발생하는 것	장애 정의
	물리적 장벽 제거-이동권, 접근권 확보 등 구조적, 제도적인 차별 금지 등	인권 교육이나 인식 개선 사업, 언론 정책 등	관련 제도 및 정책
	장벽제거 운동 시민권 확보 운동 차별금지 운동 자본주의 모순을 없애기 위한 일반 사회 운동과의 연대 등	문화 개선 사업 인권 교육이나 인식 개선 사업 등	관련 운동

출처 : 이동석(2003).

(1) 개별적 유물론 입장

개별적 유물론 입장은 완전한 신체를 이상향으로 보며, 신체의 손상을 문제의 근원으로 본다. 개별적 유물론 입장은 장애의 원인 및 책임은 개인에게 있으며, 신체의 손상을 장애와 동일한 것으로 본다. 손상은 영구적 질병이기 때문에 전문가, 특히 의사들이 치료의 불가능성을 인지하게 되고 정상성(normality)에 가장 가까워질 수 있는 개입방법을 추구하게 되었으며, 이런 개입방법을 치료가 아닌 재활이라고 하였다. 이 입장은 장애 이론 중 '의료적 모델'에 해당된다.

이 입장에서는 손상의 정도나 양태가 질병과 장애를 결정하는 데 중요한 요인이 되며, 손상의 정도는 개인의 사회적 능력을 측정하는 데 중요한 인자가 된다. 손상이 있는 경우 전문가의 개입을 필요로 하며, 장애인이 된다는 것은 다른 사람의 도움이 없이는 정상적인 사회생활이 불가능하다는 상식을 강화시키게 되었다. 장애인의 사회적 독립이라는 것은 장애인을 위한 특별한 문제가 되었으며, 비장애인이 사용하는 도구나 시설과는 다른 특별한 개입을 필요로 하게 되었다. 장애인이 사용하는 도구나 시설들은 사회의 주류세력들이 사용하는 것과는 다른 특별한 것이었는데, 그 이유는 이와 같은 도구나 시설을 통해 주류사회에 통합될 수 있는 대안을 제시한다고 생각했기 때문이다. 특수교육도 일반고용을 위한 준비과정이 아니라 보호고용 또는 준시설의 기능을 하는 수준에 머무르게 된다. 문제는 개입이라는 것이 의료전문가 등의 다른 사람에 의해 수동적인 장애인을 목표로 하는 것이다.

이 입장에서는 장애를 가진 아이 또는 노인이 증가하는 것은 중대한 건강의 위기라고 여기며, 이에 대한 사회적 정책은 손상을 입은 사람을 최소화하고, 손상을 입었을 경우 '정상성'에 가깝도록 재활을 하여야 한다고 본다. 심지어 장애인은 부도덕하고 사회의 나머지 사람들로부터 격리될 필요성이 있는 사람들이기 때문에 영원히 격리시키는 것이 장려되기도 하였다.

(2) 개별적 관념론 입장

개별적 관념론 입장은 개별적 유물론과 동일하게 개별적 모델이기는 하지만, 생물학과 손상된 신체에 초점을 두기보다는 인식의 상호작용 및 감정의 경험에 초점을 둔다. 심리적 상태, 상호관계 등이 정상성을 유지하는 것을 중요하게 보며, 이에 어긋나는 경우를 장애라고 본다. 이 입장은 손상을 중요하게 생각하지만, 손상 이후의 심리적인 문제, 상호관계의 문제에 이상이 있는 것을 장애라고 본다.

이 입장은 사회적 결핍 모델(social deficit model)로 설명이 가능하며, 일상생활을 영위하기에 무엇인가 사회적으로 결핍된 것을 장애라고 보고 있다(Finkelstein, 1996). 이 모델에 의하면 장애인이란 '그들이 가지고 있는 결핍에 의해 일상적인 생활 활동을 수행할 수 없는 사람'이라고 정의되는데, 영구적 결핍이 있다고 여겨지는 개인은 독립적으로 교육, 고용, 여가 등을 영위할 수 없다고 본다. 그러므로 장애인은 사회적으로 일탈하고, 불우하고, 주변적 존재이며, 특별한 존재라고 여겨지게 된다.

장애인에게 서비스가 제공되는 경우 장애인은 병자 역할(sick role)을 하게 되며, 질병의 특성과 장애정도에 따라 정상적인 사회활동과 책임을 박탈당하게 된다. 장애는 영구적인 것이기 때문에 병자 역할은 영구적인 것이 되며, 이에 따른 의존성을 당연시하게 된다. 이러한 의존적인 상황의 지속은 장애인 스스로 자신의 문제에 자주적으로 대처하는 능력을 약화시키고, 사회적으로 모든 면에서 책임성을 경감당함으로써 사회와 분리되게 된다. 더욱이 역할의 손상이 지속됨에 따라 장애는 나태함으로 취급되고, 그 대가는 인간의 가치하락을 가져와 일종의 하급시민의 자격으로 인식되며, 어떤 역할도 할 수 없는 아이와 같은 지위를 부여받게 된다. 이러한 결과 자신의 장애 상태뿐만 아니라 장애인 자신의 인격 자체도 비정상적이고 바람직하지 못한 것으로 받아들이게 된다(오혜경, 1999).

이 입장에서의 사회정책은 보충적 제도를 발전시키고, 이와 더불어 장애인의 정체성을 '정상성'에 가깝도록 원조하는 것이 필요하며, 개별적 결핍을 보충하여 비장애인이 살기에 접합하게 설계된 사회에서 최대한 능력을 발휘할 수 있도록 도움을 주는 것이다(이동석, 2003).

(3) 사회적 생성주의 입장

사회적 생성주의 입장에서의 장애는 정치 경제의 발달에 따라 야기되는 권력의 유물론적 관계로 여겨지며, 특별한 역사적 맥락에서의 가부장제(patriarchy)로 여겨지기도 한다. 이 입장에서는 산업화 및 자본주의의 발달에 따라 장애가 발생하는 것으로 보며, 자본주의하에서는 각각의 개인들이 가지고 있는 노동력이나 지식 등을 상품화함으로써 각자의 부와 지위를 높일 수 있는데, 장애인은 생산성이 떨어진다는 이유로 근로현장에서 차별을 받을 뿐만 아니라 모든 영역에서 차별을 받게 된다고 본다. 이와 같은 억압과 차별이 장애를 생산하는 것이며, 억압과 차별을 만드는 사회 구조의 변혁이 우선되어야 한다고 본다.

이 입장의 사회정책으로서는 자본주의 사회의 모순을 보완하는 것이 우선되어야 하며, 보완수단으로서 이동권, 접근권의 확보를 통한 물리적 장벽의 제거와 구조적, 제도적 차별 철폐를 들고 있다. 특히 장애차별의 문제는 장애의 유무에 따라 역할이 고정되고, 인간이 사회생활을 시작하는 교육, 고용에서의 기회 균등이 이루어지지 않음에 따라 모든 사회 분야에서 실질적인 불평등을 초래하는 사회적 구조로부터 발생한다고 본다. 그러므로 장애에 따른 차별구조는 장애인과 비장애인의 사회적 차이를 재생산하고, 장애인에 대한 차별적 고정관념을 지속화하며, 장애인의 자율성과 평등성의 정신을 해치는 등의 문제점이 있다(이동석, 2002).

(4) 사회적 구성주의 입장

사회적 구성주의 입장은 장애를 특별한 문화적 맥락에서 발달하는 산물로 여기며, 사회 구성(social construction)으로서 장애의 특색은 암시적이건 명시적이건 문화적 상대주의의 개념을 전제로 한다. 장애의 구성은 특별한 문화적 상황의 산물이라고 보며, 다양한 사람들이 모든 사회에 존재하지만 사회에 통합되거나 배제되는 정도는 다양성(difference)에 대한 그 사회의 문화적 개념에 따라 다양하게 나타날 수 있다고 본다. 즉, 신체적 손상은 모든 세계에서 나타나는 현상이나 사회적 역할의 구현을 막는 차별 또는 억압의 정도는 그 사회의 문화에 따라 다를 수 있다.

Wolfensberger의 '정상화'이론과 이를 발전시킨 1983년의 '사회적 역할의 가치화(Social Role Valorization)'가 이 입장을 대변하는 대표적인 모델이라고 볼 수 있다. 이 이론은 사회의 구성원으로 하여금 사회적 가치를 평가받는 역할을 수행할 수 있도록 지원하고 평가받는 역할을 창출하는 것에 목표를 두고 있다. 이러한 목표를 설정하는 이유는 다른 어떤 것보다 우선하여 개인의 사회적 역할이 가치 있는 것으로 받아들여진다면, 다른 관련 요소들은 자동적으로 바람직한 방향으로 작동하게 되기 때문이다.

이 입장의 사회정책은 가치가 절하된 사람에게 차이에 대한 인정 또는 차별 문화의 소거를 위한 인권 교육이나 인식 개선 사업을 하는 것이다. 또한 언론을 통해 장애인에 대한 올바른 상을 만들어 나가고, 사회적 편견을 감소시켜 장애인과 비장애인의 사회통합을 이루기 위한 사회정책을 만들어 나가야 할 것이다.

제2장

장애의 유형별 정의 및 특성

1. 우리나라 장애의 종류
2. 신체적 장애
3. 정신적 장애
4. 장애인 통계
5. 각 나라별 장애의 정의와 범주

제2장 장애의 유형별 정의 및 특성

1. 우리나라 장애의 종류

우리나라의 경우 장애의 기준은 장애인복지법에 따른 정의를 사용하고 있다. 장애인복지법에서는 장애인을 '신체적·정신적 장애로 오랫동안 일상생활이나 사회생활에서 상당한 제약을 받는 자(제2조 제1항)'로 정의하고 있다. 1989년 제정 당시에는 주로 신체·정신상의 1차적 장애로 국한하다가, 1999년에 장애 범주를 확대하여 뇌병변장애, 정신장애, 발달장애(자폐), 신장장애, 심장장애가 추가되었으며, 「국가유공자 등 예우 및 지원에 관한 법률」상 상이군경, 산업재해보상보험법상 산재장애자도 장애인 범주에 포함시켰다. 2003년에는 다시 장애인 범주를 확대하여 호흡기장애, 간질환장애, 장루 및 요루장애, 중증간질장애, 안면기형장애 등의 장애가 추가되었다.

〈표 2-1〉 우리나라 장애인의 분류

대분류	중분류	소분류	세분류
신체적 장애	외부 신체기능의 장애	지체장애	절단장애, 관절장애, 지체기능장애, 변형 등의 장애
		뇌병변장애	뇌의 손상으로 인한 복합적인 장애
		시각장애	시력장애, 시야결손장애
		청각장애	청력장애, 평형기능장애
		언어장애	언어장애, 음성장애, 구어장애
		안면장애	안면부의 추상, 함몰, 비후 등 변형으로 인한 장애

	내부기관의 장애	신장장애	투석치료중이거나 신장을 이식받은 경우
		심장장애	일상생활이 현저하게 제한되는 심장기능 이상
		간장애	일상생활이 현저히 제한되는 만성 · 중증의 간기능 이상
		호흡기장애	일상생활이 현저히 제한되는 만성 · 중증의 호흡기능 이상
		장루 · 요루장애	일상생활이 현저히 제한되는 장루 · 요루
		뇌전증장애	일상생활이 현저히 제한되는 만성 · 중증의 뇌전증
정신적 장애	발달장애	지적장애	지능지수가 70이하인 경우
		자폐성장애	소아청소년 자폐 등 자폐성 장애
	정신장애	정신장애	정신분열병, 분열형정동장애, 양극성정동장애, 반복성우울장애

출처 : 장애인복지법(2019).

〈표 2-2〉 우리나라 장애의 종류 및 장애의 기준

	장애의 종류	장애의 기준
1	지체장애인 (肢體障碍人)	가. 한 팔, 한 다리 또는 몸통의 기능에 영속적인 장애가 있는 사람 나. 한 손의 엄지손가락을 지골(指骨 : 손가락 뼈) 관절 이상의 부위에서 잃은 사람 또는 한 손의 둘째 손가락을 포함한 두 개 이상의 손가락을 모두 제1지골 관절 이상의 부위에서 잃은 사람 다. 한 다리를 가로발목뼈관절(lisfranc joint) 이상의 부위에서 잃은 사람 라. 두 발의 발가락을 모두 잃은 사람 마. 한 손의 엄지손가락 기능을 잃은 사람 또는 한 손의 둘째 손가락을 포함한 손가락 두 개 이상의 기능을 잃은 사람 바. 왜소증으로 키가 심하게 작거나 척추에 현저한 변형 또는 기형이 있는 사람 사. 지체(肢體)에 위 각 목의 어느 하나에 해당하는 장애정도 이상의 장애가 있다고 인정되는 사람
2	뇌병변장애인 (腦病變障碍人)	뇌성마비, 외상성 뇌손상, 뇌졸중(腦卒中) 등 뇌의 기질적 병변으로 인하여 발생한 신체적 장애로 보행이나 일상생활의 동작 등에 상당한 제약을 받는 사람
3	시각장애인 (視覺障碍人)	가. 나쁜 눈의 시력(공인된 시력표에 따라 측정된 교정시력을 말한다. 이하 같다)이 0.02 이하인 사람 나. 좋은 눈의 시력이 0.2 이하인 사람 다. 두 눈의 시야가 각각 주시점에서 10도 이하로 남은 사람 라. 두 눈의 시야 2분의 1 이상을 잃은 사람

4	청각장애인 (聽覺障碍人)	가. 두 귀의 청력 손실이 각각 60데시벨(dB) 이상인 사람 나. 한 귀의 청력 손실이 80데시벨 이상, 다른 귀의 청력 손실이 40데시벨 이상인 사람 다. 두 귀에 들리는 보통 말소리의 명료도가 50퍼센트 이하인 사람 라. 평형 기능에 상당한 장애가 있는 사람
5	언어장애인 (言語障碍人)	음성 기능이나 언어 기능에 영속적으로 상당한 장애가 있는 사람
6	지적장애인 (知的障碍人)	정신 발육이 항구적으로 지체되어 지적 능력의 발달이 불충분하거나 불완전하고 자신의 일을 처리하는 것과 사회생활에 적응하는 것이 상당히 곤란한 사람
7	자폐성장애인 (自閉性障碍人)	소아기 자폐증, 비전형적 자폐증에 따른 언어 · 신체표현 · 자기조절 · 사회적응 기능 및 능력의 장애로 인하여 일상생활이나 사회생활에 상당한 제약을 받아 다른 사람의 도움이 필요한 사람
8	정신장애인 (精神障碍人)	지속적인 양극성 정동장애(情動障碍, 여러 현실 상황에서 부적절한 정서 반응을 보이는 장애), 조현병, 조현정동장애(調絃情動障碍) 및 재발성 우울장애에 따른 감정조절 · 행동 · 사고 기능 및 능력의 장애로 인하여 일상생활이나 사회생활에 상당한 제약을 받아 다른 사람의 도움이 필요한 사람
9	신장장애인 (腎臟障碍人)	신장의 기능장애로 인하여 혈액투석이나 복막투석을 지속적으로 받아야 하거나 신장기능의 영속적인 장애로 인하여 일상생활에 상당한 제약을 받는 사람
10	심장장애인 (心臟障碍人)	심장의 기능부전으로 인한 호흡곤란 등의 장애로 일상생활에 상당한 제약을 받는 사람
11	호흡기장애인 (呼吸器障碍人)	폐나 기관지 등 호흡기관의 만성적 기능부전으로 인한 호흡기능의 장애로 일상생활에 상당한 제약을 받는 사람
12	간장애인 (肝障碍人)	간의 만성적 기능부전과 그에 따른 합병증 등으로 인한 간기능의 장애로 일상생활에 상당한 제약을 받는 사람
13	안면장애인 (顔面障碍人)	안면 부위의 변형이나 기형으로 사회생활에 상당한 제약을 받는 사람
14	장루 · 요루장애인 (腸瘻 · 尿瘻障碍人)	배변기능이나 배뇨기능의 장애로 인하여 장루(腸瘻) 또는 요루(尿瘻)를 시술하여 일상생활에 상당한 제약을 받는 사람
15	뇌전증장애인 (腦電症障碍人)	뇌전증에 의한 뇌신경세포의 장애로 인하여 일상생활이나 사회생활에 상당한 제약을 받아 다른 사람의 도움이 필요한 사람

출처 : 장애인복지법(2019).

2. 신체적 장애

1) 지체장애

(1) 지체장애의 정의

지체장애란 신경계, 근골격계에 발생한 다양한 원인으로 인해 몸의 기능이 영구적으로 제한된 것을 말한다. 절단으로 인해 손가락, 발가락, 팔, 다리, 몸통 등의 기능에 장애가 있는 경우, 왜소증, 소아마비, 척추만곡증과 같은 신체변형으로 인한 장애가 있는 경우, 관절 이상으로 운동에 제한이 있는 경우 등이 있다(서울아산병원, 2019).

장애인복지법 시행령 제2조에서 지체장애인은 다음의 일곱 가지 중 한 가지 이상에 해당하는 사람으로 정의한다. ① 한 팔, 한 다리 또는 몸통의 기능에 영속적인 장애가 있는 사람, ② 한 손의 엄지손가락을 지골(指骨 : 손가락 뼈) 관절 이상의 부위에서 잃은 사람 또는 한 손의 둘째 손가락을 포함한 두 개 이상의 손가락을 모두 제1지골 관절 이상의 부위에서 잃은 사람, ③ 한 다리를 가로발목뼈관절(lisfranc joint) 이상의 부위에서 잃은 사람, ④ 두 발의 발가락을 모두 잃은 사람, ⑤ 한 손의 엄지손가락 기능을 잃은 사람 또는 한 손의 둘째 손가락을 포함한 손가락 두 개 이상의 기능을 잃은 사람, ⑥ 왜소증으로 키가 심하게 작거나 척추에 현저한 변형 또는 기형이 있는 사람, ⑦ 지체(肢體)에 위 각 목의 어느 하나에 해당하는 장애정도 이상의 장애가 있다고 인정되는 사람이다.

장애인복지법에서는 '지체장애'로, 특수교육진흥법에서는 '지체부자유'로 불리던 '지체장애'라는 용어는 2007년 이후 '지체장애'로 통일되었다. '지체장애'에 대한 과학적인 정의는 1920년 독일의 프로이센 크뤼퍼 보호법(Preussische Krüpperfürsorgegesetz)에서 처음으로 찾아볼 수 있다. 프로이센 지체장애보호법 제9조에서는 지체장애를 의학적인 측면으로 선천성 또는 후천적인 골·관절, 근 또는 신경의 질환으로 보았다. 사지 또는 그 일부의 결손 때문에 체간이나 사지의 사용이 불수의적으로 되어 생업능력이 침해되리라고 인정하는 자를 지체장애(physical handicap)라고 정의하였다. 지체부자유라는 용어는 일본 장애인요육(療育) 사업에 의해 사용되었으며, '지체의 기능에 부자유한 곳이 있어서 그대로는 장래의 생업운영에 지장을 가져올 우려가 있는 자'라고 정의하였다(김선중, 1994; 최호석, 2001; 최효진, 2018).

우리나라에서는 1999년까지 지체 · 시각 · 청각 · 언어장애와 정신지체로 장애의 범주를 다섯 가지 유형으로 구분하였기에 뇌병변장애가 지체장애에 포함되어 지체장애의 한 범주로 분류되었다. 뇌병변장애가 신체적 활동에 제약을 받는다는 점은 지체장애와 동일하지만 장애의 원인이 중추신경계의 손상 및 뇌의 기질적 병변에 의한 것이기에 지체장애와는 원인 부분에서 차이가 있다. 마비의 정도 및 범위, 불수의 운동의 유무, 팔과 다리 기능 저하로 인해 앉거나 서고 걷는 이동능력이나 일상생활 수행능력 정도를 평가해 뇌병변장애를 판정한다. 또한 뇌병변장애는 중추신경 및 뇌 손상으로 인해 언어장애가 운동신경의 손상과 함께 동반되는 경우가 많다(최효진, 2018).

(2) 지체장애의 원인

지체장애의 원인은 크게 선천적 원인과 후천적 원인으로 구분할 수 있다. 골격, 근육, 신경계 중에서 어느 부분에 질병이나 외상으로 인해 신체기능 장애가 영구적으로 남아 있는 상태를 말한다.

선천적 원인은 유전적 결함이나 출생 시 문제, 출생 전후의 감염 등으로 태아의 발달에 문제가 있는 것으로 유전, 염색체 이상, 대사장애, 임신 중 약물복용, 방사선 노출, 매독, 풍진과 같은 감염, 난산, 조산, 혈액형 부조화(산모가 Rh-혈액인자 보유) 등 많은 원인이 있다. 그러나 정확한 선천적 원인은 찾지 못하는 경우가 많다.

후천적 원인은 출생 이후 예기치 않은 질병이나 사고로 신체적 결함을 갖게 되는 경우이며, 각종 질환에 의한 신경계 손상, 교통사고로 인한 재해, 사업재해 등 외상에 의한 경우이거나 당뇨병, 혈액순환장애, 관절염 등 만성질환으로 인한 것이다(서울아산병원, 2019).

(3) 지체장애의 장애정도

장애인복지법에 의하면, 지체장애를 신체일부를 잃은 사람, 관절장애가 있는 사람, 지체기능장애가 있는 사람, 신체 변형 등의 장애가 있는 사람(장애정도가 심하지 않은 장애인에 해당함)으로 보고 있으며, 장애정도를 장애의 정도가 심한 장애인과, 장애의 정도가 심하지 않은 장애인으로 다음과 같이 구분하고 있다.

① 신체의 일부를 잃은 사람

가. 장애의 정도가 심한 장애인

㉠ 두 손의 엄지손가락과 둘째손가락을 잃은 사람
㉡ 한 손의 모든 손가락을 잃은 사람
㉢ 두 다리를 가로발목뼈관절(Chopart's joint) 이상의 부위에서 잃은 사람
㉣ 한 다리를 무릎관절 이상의 부위에서 잃은 사람

나. 장애의 정도가 심하지 않은 장애인

㉠ 한 손의 엄지손가락을 잃은 사람
㉡ 한 손의 둘째손가락을 포함하여 두 손가락을 잃은 사람
㉢ 한 손의 셋째손가락, 넷째손가락 및 다섯째손가락을 모두 잃은 사람
㉣ 한 다리를 발목발허리관절(lisfranc joint) 이상의 부위에서 잃은 사람
㉤ 두 발의 발가락을 모두 잃은 사람

② 관절장애가 있는 사람

가. 장애의 정도가 심한 장애인

㉠ 두 팔의 어깨관절, 팔꿈치관절, 손목관절 중 2개 관절기능에 상당한 장애가 있는 사람
㉡ 두 팔의 어깨관절, 팔꿈치관절, 손목관절 모두의 기능에 장애가 있는 사람
㉢ 두 손의 엄지손가락과 둘째손가락의 관절기능에 현저한 장애가 있는 사람
㉣ 한 손의 모든 손가락의 관절기능에 현저한 장애가 있는 사람
㉤ 한 팔의 어깨관절, 팔꿈치관절, 손목관절 중 2개 관절기능에 현저한 장애가 있는 사람
㉥ 한 팔의 어깨관절, 팔꿈치관절, 손목관절 모두의 기능에 상당한 장애가 있는 사람

ⓢ 두 다리의 엉덩관절, 무릎관절, 발목관절 중 2개 관절기능에 현저한 장애가 있는 사람

ⓞ 두 다리의 엉덩관절, 무릎관절, 발목관절 모두의 기능에 상당한 장애가있는 사람

ⓩ 한 다리의 엉덩관절, 무릎관절, 발목관절 모두의 기능에 현저한 장애가 있는 사람

나. 장애의 정도가 심하지 않은 장애인

㉠ 한 손의 둘째손가락을 포함하여 3개 손가락의 관절기능에 상당한 장애가 있는 사람

㉡ 한 손의 엄지손가락의 관절기능에 상당한 장애가 있는 사람

㉢ 한 손의 둘째손가락을 포함하여 2개 손가락의 관절기능에 현저한 장애가 있는 사람

㉣ 한 손의 셋째손가락, 넷째손가락, 다섯째손가락 모두의 관절기능에 현저한 장애가 있는 사람

㉤ 한 팔의 어깨관절, 팔꿈치관절, 손목관절 모두의 기능에 장애가 있는 사람

㉥ 한 팔의 어깨관절, 팔꿈치관절 또는 손목관절 중 하나의 기능에 상당한 장애가 있는 사람

㉦ 두 발의 모든 발가락의 관절기능에 현저한 장애가 있는 사람

㉧ 한 다리의 엉덩관절, 무릎관절, 발목관절 모두의 기능에 장애가 있는 사람

㉨ 한 다리의 엉덩관절 또는 무릎관절의 기능에 상당한 장애가 있는 사람

㉩ 한 다리의 발목관절의 기능에 현저한 장애가 있는 사람

③ 지체기능장애가 있는 사람

가. 장애의 정도가 심한 장애인

㉠ 두 팔의 기능에 상당한 장애가 있는 사람

㉡ 두 손의 엄지손가락 및 둘째손가락의 기능을 잃은 사람

㉢ 한 손의 모든 손가락의 기능을 잃은 사람

㉣ 한 팔의 기능에 현저한 장애가 있는 사람

ⓜ 한 다리의 기능을 잃은 사람
ⓑ 두 다리의 기능에 현저한 장애가 있는 사람
ⓢ 목뼈 또는 등·허리뼈의 기능을 잃은 사람

나. 장애의 정도가 심하지 않은 장애인

㉠ 한 팔의 기능에 상당한 장애가 있는 사람
㉡ 한 손의 둘째손가락을 포함하여 세 손가락의 기능에 상당한 장애가 있는 사람
㉢ 한 손의 엄지손가락의 기능에 상당한 장애가 있는 사람
㉣ 한 손의 둘째손가락을 포함하여 두 손가락의 기능을 잃은 사람
㉤ 한 손의 셋째손가락, 넷째손가락 및 다섯째손가락 모두의 기능을 잃은 사람
㉥ 두 발의 모든 발가락의 기능을 잃은 사람
㉦ 한 다리의 기능에 상당한 장애가 있는 사람
㉧ 목뼈 또는 등·허리뼈의 기능이 저하된 사람

④ **신체에 변형 등의 장애가 있는 사람**(장애의 정도가 심하지 않은 장애인에 해당함)

㉠ 한 다리가 건강한 다리보다 5센티미터 이상 짧거나 건강한 다리 길이의 15분의 1 이상 짧은 사람
㉡ 척추옆굽음증(척추측만증)이 있으며, 굽은 각도가 40도 이상인 사람
㉢ 척추뒤굽음증(척추후만증)이 있으며, 굽은각도가 60도 이상인 사람
㉣ 성장이 멈춘 만 18세 이상의 남성으로서 신장이 145센티미터 이하인 사람
㉤ 성장이 멈춘 만 16세 이상의 여성으로서 신장이 140센티미터 이하인 사람
㉥ 연골무형성증으로 왜소증에 대한 증상이 뚜렷한 사람

2) 뇌병변장애

(1) 뇌병변장애의 정의

뇌병변장애는 뇌성마비, 외상성 뇌손상, 뇌졸중 등 뇌의 기질적 병변으로 인하여 발생하는 신체적 장애를 말한다. 장애의 판정은 주된 증상인 마비의 정도 및 범위,

불수의 운동의 유무 등에 따른 팔, 다리의 기능저하로 인한 앉기, 서기, 걷기 등의 이동능력, 일상생활의 수행 능력의 평가로 이루어진다. 뇌의 기질적 병변으로 시각, 청각 또는 언어상의 기능장애나 정신지체가 동반된 경우에는 중복장애로 인정한다. 뇌졸중, 뇌손상 등 기타 뇌병변이 있는 경우는 발병 또는 외상 후 6개월 동안 지속적으로 치료한 후에 뇌병변장애 판정을 할 수 있으며, 식물인간 또는 장기간의 의식 소실 등의 경우 발병(외상) 후 6개월이 지나면 뇌병변장애인으로 판정을 할 수 있다. 여기서 치매는 제외된다.

장애인복지법에 의하면 뇌병변장애(brain lesion)는 뇌성마비, 외상성 뇌손상, 뇌졸중 등 뇌의 기질적 병변으로 인하여 발생한 신체적 장애를 말한다. 뇌병변장애의 주된 증상은 마비의 정도 및 범위, 불수의 운동의 유무 등에 따른 팔, 다리 기능 저하로 인한 앉기, 서기, 걷기 등의 이동능력, 일상생활(동작)의 수행능력에 장애를 보인다. 뇌의 기질적 병변으로 시각, 청각 또는 언어상의 기능장애나 정신지체가 동반되는 경우도 있다.

(2) 뇌병변장애의 원인

뇌병변장애는 임신과 출산 과정에서 주로 발생하는데, 산모가 바이러스에 의해 병에 걸렸을 때, 특히 풍진이 태아에게 악영향을 준다. 또한 산모가 약물중독이 있을 때에도 나쁜 영향을 끼친다. 조산일 경우 미숙아의 호흡장애로 인해 뇌에 산소가 충분히 공급되지 못해 발생할 수도 있으며, 출생 이후에는 뇌막염 같은 질병이나 사고로 발생하기도 한다.

(3) 뇌병변장애의 장애정도

뇌병변장애인은 장애의 정도가 심한 장애인과 장애의 정도가 심하지 않은 장애인으로 구분하고 있다(장애인복지법, 2019).

가. 장애의 정도가 심한 장애인

㉠ 보행 또는 일상생활동작이 상당히 제한된 사람

㉡ 보행이 경미하게 제한되고 섬세한 일상생활동작이 현저히 제한된 사람

나. 장애의 정도가 심하지 않은 장애인

㉠ 보행 시 절뚝거림을 보이거나 섬세한 일상생활동작이 경미하게 제한된 사람

3) 시각장애

(1) 시각장애의 정의

시각장애에 대한 정의는 의학적, 법적, 교육적으로 나누어서 볼 수 있다. 법적 정의는 사회보장을 받거나 공적 서비스를 받을 수 있는지를 결정하기 위해 사용되고, 시력과 시각을 기준으로 시각장애의 여부와 정도를 판정한다.

시력은 물체의 존재 및 그 형태를 인식하는 능력으로 사람이 볼 수 있는 명료도를 의미한다. 이때 시력은 안경, 콘택트렌즈를 포함한 모든 종류의 시력교정법을 이용하여 측정된 교정시력을 기준으로 한다(장애인복지법, 2019). 또한 시야는 한 점을 주시하였을 때 눈을 움직이지 않고 볼 수 있는 범위를 말한다.

우리나라의 시각장애인의 기준은 장애인복지법과 「장애인 등에 대한 특수교육법」에 제시되어 있는데, 장애인복지법에서는 시각장애를 시력장애와 시야결손장애로 구분한다. 「장애인 등에 대한 특수교육법」에서는 시각장애인을 '시각계의 손상이 심하여 시각기능을 전혀 이용하지 못하거나 보조 공학기기의 지원을 받아야 시각적 과제를 수행할 수 있는 사람으로서 시각에 의한 학습이 곤란하여 특정의 광학기구 학습매체 등을 통하여 학습하거나 촉각 또는 청각을 학습의 주요 수단으로 사용하는 사람'으로 정의하고 있다.

시각장애는 개인의 시력(visual acuity)과 시야(visual field)에 의해 결정되는데, 물체의 존재와 형태를 인식하는 눈의 능력인 시력의 정도가 시각장애를 판별하는 주요 기준이 된다(한경희, 2006). 또한 크게는 저시력(low vision)과 실명(blind)으로 나눌 수 있는데, 저시력은 일반 활자를 읽지 못할 수는 있으나 일상생활은 가능한 상태이며, 실명 또는 전맹(total blindness)은 기본적인 사회생활은 물론 일상생활조차 혼자서는 할 수 없는 상태로 시력이 전혀 없는 상태라 볼 수 있다(오선경, 2010).

시각장애인은 인구의 증가와 각종 재해 및 사고로 인하여 점차 늘어나고 있는 실정이다. 보건복지부와 한국보건사회연구원의 장애인실태조사(2014)에 의하면 시각

장애인의 출현은 전체 인구대비 0.63%로, 2011년의 조사에 비해 0.03% 상승하였다 (교육부, 2016).

(2) 시각장애의 원인과 종류

시각장애의 원인은 눈과 말초 신경의 손상으로 인한 중심시력장애와 시신경 교차에서부터 뇌 영역까지의 신경이 손상되어 발생되는 중추성 시각장애로 나누어서 볼 수 있다.

① 중심시력장애

중심시력이란 시야에 있는 물체를 상세한 부분까지 구분해 내는 능력을 말한다. 굴절 이상으로 망막에 초점이 잘못 맺히거나 눈을 이루고 있는 여러 부분이 손상을 입으면 중심시력장애가 나타난다.

② 굴절이상

굴절이상은 눈의 굴절에 이상이 있어 초점을 제대로 맞추지 못하는 시각장애이다. 원시, 근시, 난시, 노안 등이 있다. 우리의 눈은 외부에서 들어오는 광선이 각막, 전방수, 수정체, 초자체 등 광선을 굴절시키는 안구 매체를 통하여 망막에 상이 맺혀 사물을 인식한다. 이 과정에 있는 눈의 각 부분이 굴절에 이상이 생기면 굴절 이상 장애를 겪게 된다. 특히 수정체는 탄력성이 있어 굴절을 조절할 수 있기 때문에 대부분의 굴절 이상은 수정체의 굴절 조정 능력에 이상이 생겨 발생한다. 굴절 이상은 안경이나 라식 수술과 같은 방법으로 교정할 수 있다.

㉠ 근시 : 초점이 망막보다 앞에 맺히는 굴절이상이며, 먼 물체를 뚜렷이 보기 어렵다. 오목렌즈를 사용한 안경으로 초점 거리를 늘려 교정한다.

㉡ 원시 : 초점이 망막보다 뒤에 맺히는 굴절이상이며, 가까운 물체를 뚜렷이 보기 어렵다. 볼록렌즈를 사용한 안경으로 초점 거리를 줄여 교정한다.

㉢ 난시 : 각막 또는 수정체가 일정하게 고르지 않아 어느 한쪽으로 휘어진 상태로 가까운 물체와 먼 물체 모두 흐리게 보인다. 원주렌즈를 사용한 안경이나 콘택트렌즈로 교정한다.

③ 중추성 시력장애

시각 자체는 아무런 문제가 없으나 뇌에서 시각 정보를 처리하는 시각 피질의 손상으로 시력장애를 겪기도 한다. 이러한 시각 피질 손상은 출산 시의 산소부족, 뇌손상, 뇌수종, 중추신경계 감염 등으로 발생한다.

(3) 시각장애의 장애정도

시각장애의 장애정도는 장애의 정도가 심한 장애인과 장애의 정도가 심하지 않은 장애인으로 다음과 같이 구분하고 있다(장애인복지법, 2019).

가. 장애의 정도가 심한 장애인

㉠ 좋은 눈의 시력(공인된 시력표로 측정한 것을 말하며, 굴절이상이 있는 사람은 최대교정시력을 기준으로 한다. 이하 같다)이 0.06 이하인 사람
㉡ 두 눈의 시야가 각각 모든 방향에서 5도 이하로 남은 사람

나. 장애의 정도가 심하지 않은 장애인

㉠ 좋은 눈의 시력이 0.2 이하인 사람
㉡ 두 눈의 시야가 각각 모든 방향에서 10도 이하로 남은 사람
㉢ 두 눈의 시야가 각각 정상시야의 50퍼센트 이상 감소한 사람
㉣ 나쁜 눈의 시력이 0.02 이하인 사람

4) 청각장애

(1) 청각장애의 정의

청각장애를 정의할 때 가장 많이 사용하는 것은 1975년 미국 농학교 집행위원회(CEAD : The Conference of Executive of American School Deaf)의 다음과 같은 정의이다. 청각장애는 가벼운 것에서부터 심한 정도에 이르기까지 청각불능을 지칭하는 일반적인 개념으로, 이는 '농'과 '난청'으로 구분된다. 농(聾)은 보청기의 사용 여부와 관계없이 청각을 통한 언어적 정보(linguistic)의 성공적 절차가 불가능한 자이고, 난청(難聽)은 청각을 통한 언어적 정보의 활용이 가능한 자이다(강혜원, 2017).

1987년에 Moores는 청각장애를 농과 난청으로 나누고, 각각을 dB(음의 크기를 비교할 때 사용되는 척도) 수준을 사용하여 정의하였다. 즉, 농(deaf)은 보청기를 착용하거나 착용하지 않은 상태에서 귀로만 말을 들어 이해할 수 없는 정도(보통 70dB)로 청각에 장애가 있는 사람이며, 난청은 보청기를 착용하거나 착용하지 않은 상태에서 귀로만 말을 들어 이해하는 것이 불가능하지는 않으나 어려운 정도(보통 35~69dB)로 청각에 장애가 있는 사람으로 보고 있다(강혜원, 2017).

WHO(세계보건기구)에서는 청력에 따라 90dB 이하를 난청으로 91dB 이상을 농으로 구분하고 있으나, 우리나라는 일반적으로 청각장애인의 정의를 장애인복지법에서 규정한 정의를 사용하고 있다. 이 법에서는 생물학적 관점을 반영한 정의를 사용하고 있다.

(2) 청각장애의 장애정도

청각장애의 장애정도는 청력을 잃은 사람과 평형기능에 장애가 있는 사람으로 나누고, 다시 장애정도가 심한 장애인과 장애정도가 심하지 않은 장애인으로 구분하고 있다(장애인복지법, 2019).

① 청력을 잃은 사람

가. 장애의 정도가 심한 장애인

㉠ 두 귀의 청력을 각각 80데시벨 이상 잃은 사람(귀에 입을 대고 큰소리로 말을 해도 듣지 못하는 사람)

나. 장애의 정도가 심하지 않은 장애인

㉠ 두 귀에 들리는 보통 말소리의 최대의 명료도가 50퍼센트 이하인 사람

㉡ 두 귀의 청력을 각각 60데시벨 이상 잃은 사람(40센티미터 이상의 거리에서 발성된 말소리를 듣지 못하는 사람)

㉢ 한 귀의 청력을 80데시벨 이상 잃고, 다른 귀의 청력을 40데시벨 이상 잃은 사람

② **평형기능에 장애가 있는 사람**

가. 장애의 정도가 심한 장애인

㉠ 양측 평형기능의 소실로 두 눈을 뜨고 직선으로 10미터 이상을 지속적으로 걸을 수 없는 사람

나. 장애의 정도가 심하지 않은 장애인

㉠ 평형기능의 감소로 두 눈을 뜨고 10미터 거리를 직선으로 걸을 때 중앙에서 60센티미터 이상 벗어나고, 복합적인 신체운동이 어려운 사람

1991년에 Nedge는 청력 검사로 얻어진 청력 손실 정도를 기준으로 청각장애인을 다음과 같이 분류하였다.

〈표 2-3〉 청력손실정도별 음의 인지 특성

청력(dB)	분 류	언어 이해능력
~25	정상(normal)	• 작은 말에도 지장이 없음
26~40	경도난청(mild hearing loss)	• 속삭이는 말을 듣고 이해하는 데 어려움
41~55	중등도난청(moderate hearing loss)	• 일반적인 회화에 부자유를 느낌
56~70	중등고도난청(moderate severe hearing loss)	• 정규교육 배치가 거의 불가능함 • 말하기와 언어 훈련이 가능함 • 교육 보조 서비스가 필요함(노트정리, 개인교수 등)
71~90	고도난청(severe hearing loss)	• 부분적인 정규교육 및 배치가 거의 불가능함 • 구화 기술 훈련이 중요함 • 큰 소리로 이야기해도 이해가 어려움
91	최고도 또는 농(profound hearing loss)	• 언어와 의사소통 훈련 필요 • 청력에 의존한 학습활동 및 음의 수용과 이해가 어려움

출처 : 강혜원(2017).

(3) 청각장애인의 특성

청각장애인은 다른 장애인들과는 달리 보이지 않는 장애, 즉 '비가시적 장애(invisible disability)'를 가지고 있으며, 청력손실로 인해 음성언어를 습득할 수 있는 경험의 제한으로 의사소통의 어려움과 함께 다양한 이차적인 문제들을 경험하기도 한다. 의사소통의 제한 자체도 건청인이 직접 체험하거나 시각을 통해 간접적으로 공감할 수 없기 때문에 건청인으로부터 이해받기 어려운 특성이 있다. 청각장애인이 장애를 공개하여도 음성언어로 의사소통을 어느 정도 할 수 있다는 점으로 인해 큰 어려움이 없을 것이라는 오해를 받기도 한다(민은주 외, 2011).

청각장애인은 수화, 구화, 필담 등을 의사소통의 수단으로 사용하여 건청인과 의사를 전달하고 소통한다. 또한 장애를 보완하기 위해 보청기와 인공와우를 사용하기도 한다. 이러한 보청기는 청력이 약하여 잘 들리지 않는 것을 보강하기 위한 기기이며, 인공와우는 수술을 통하여 두개골에 삽입되는 전자장치로서 청각신경을 직접 자극하여 소리를 듣게 하는 기기이다.

5) 언어장애

(1) 언어장애의 정의

언어장애란 선천적 혹은 후천적 원인으로 의사소통과정에 문제가 생겨 언어습득 및 발달에 지장을 초래한 경우를 말한다. 언어장애를 분류하는 방법은 원인에 따라, 혹은 증상에 따라, 기질적 이상의 수반 여부에 따라서 여러 가지가 있을 수 있는데, 관찰이 용이한 언어증상에 따라 네 가지 범주, 즉 조음장애, 유창성장애, 음성장애, 기호장애로 나눌 수 있다.

(2) 언어장애의 원인

① 청각장애

언어는 일차적으로 귀를 통하여 소리를 듣고 말을 습득하기 때문에 청력손실, 청각 식별문제, 청각인지문제를 가진 아동은 소리를 잘 듣지 못하거나 잘못 이해하므로 언어장애가 발생될 수 있다.

② 지적능력의 지체

언어를 습득하기 위해서는 기호를 사용하기 위한 지적 능력이 있어야 한다. 언어가 발달하기 위해서는 생후 18개월 이전까지 주위 사물을 관찰하여 아동이 생활하는 환경에서 배워야 하는 필수적인 능력들이 있는데, 이러한 지적능력이 지체되면 언어발달도 지체가 된다.

③ 신체발달의 지체

신체적인 발달과 언어발달은 평행적인 관계를 보여주는데, 신체발달이 지체가 되면 대부분 언어적인 부분에서도 지체가 나타나기도 한다.

④ 조음기관의 장애

조음을 하는 데 중요한 기관인 혀, 턱, 이, 입술, 구개, 성대 등의 움직임을 통해서 말을 하게 되는데, 신경계결함, 뇌손상 등으로 조음기관에 마비가 오거나, 조음기관의 기능장애로 언어를 표현하는 데 어려움이 생기기도 한다. 심한 장애가 있는 경우에는 전혀 조음을 하지 못하고, 말은 하더라도 조음기관의 우둔함으로 조음을 빨리 하지 못하며, 말의 속도가 느리게 되고 조음이 부정확하여 말의 뜻을 알아들을 수 없게 된다.

⑤ 신체적 · 정서적 건강의 문제

신체적 · 정서적 건강은 언어발달을 도와주며 촉진시키는 데도 중요한 역할을 하는데, 아동의 건강이 나쁘면 치료에 주력하게 되므로 아동의 모든 에너지가 치료에 소모되고 가족들과 친구들 간의 유대관계도 제한을 받게 된다.

⑥ 부적절한 언어적 환경

아동은 함께 생활하는 가족들을 통해서 언어를 습득하게 된다. 가족들은 아동에게 적절한 말을 해주고, 아동의 말에 칭찬을 해주어 말을 자주 할 수 있도록 유도하는 등 적절한 환경을 만들어 주는 것이 중요하다. 이러한 환경이 이루어지지 못하면 언어발달에 문제가 나타나기도 하며, 언어습득의 시기를 놓치게 되면 다시 습득하기가 매우 어려워진다.

(3) 언어장애의 분류

언어장애를 분류하는 방법은 원인에 따라서, 증상에 따라서, 기질적(신체적) 이상의 수반 여부에 따라서 나누기도 한다. 크게는 조음장애, 유창성장애, 음성장애, 기호장애로 나눈다.

① 조음장애

말의 소리를 산출하기 위해서는 폐로부터 나오는 공기의 도움이 있어야 하는데, 일반적으로 날숨(expiration)으로 표현하는 이 기류가 기관지를 통과하여 후두에 이르면 성대를 진동시킴으로써 소리를 형성하게 된다. 이렇게 만들어진 소리들은 인두강을 지나 두 개의 갈림길에 이르게 된다. 이것은 다시 비강과 구강으로 나누어지는데, 비강을 통해 산출되는 음을 비음이라고 하며 구강을 통해 산출되는 음을 구강음이라고 한다. 공기가 구강을 통해 나올 때 혀의 모양과 위치에 따라 서로 다른 음들이 만들어지게 된다. 또 입술을 오므렸느냐 벌렸느냐에 따라서도 다른 음이 생성되고 이를 맞물렸는지에 따라서도 산출되는 소리는 변하게 된다. 이와 같은 말소리의 산출을 위한 조작을 조음이라고 하고 말소리 산출에 관여하는 기관들을 조음기관이라고 한다(김혜경, 1999). 조음기관의 운동을 계획하고 발음하는 과정에서 기질적인 또는 기능적인 결함에 의하여 정확하게 조음하지 못하는 경우를 조음장애라고 한다(김성섭, 2003).

조음장애의 원인은 크게 두 가지로 나누어 볼 수 있다. 기능적인 요인은 신체적인 결함 없이 음소의 습득이 늦거나, 음운체계에 대한 지식의 부족, 잘못된 습관으로 인하여 조음에 오류를 보이는 경우를 말한다. 기질적인 요인은 신체적 또는 생리적인 결함으로 인하여 조음에 오류를 보이는 경우를 말한다(박상희, 2001).

② 유창성장애

사람은 누구나 말을 할 때에 어느 정도는 더듬는 경향이 있다. 머릿속에서 말을 하려고 하는 내용이 결정되면, 내용이 뇌의 언어 중추의 부위로 가서 내용을 언어 기호들(말소리, 음절, 형태소, 낱말, 문장을 이루는 문법적인 요소, 운율)로 바꾸고, 이러한 기호들의 연속체를 말소리의 연속체로 전환하는 프로그램이 작성된다. 이 프로그램에 따라 해당되는 호흡기관, 발성기관 및 조음기관으로 명령이 내려가면 문장이 산출된다. 이러한 말의 산출과정에서 흐름이 잘못될 수도 있다. 특정한 내용을 생각했다가도 말을 하는 도중에 내용의 일부 또는 전체를 다른 내용으로 바꿀 필요가 생길 수 있고, 프로그램에 의한 명령이 각 해당 근육으로 내려가는 통로에서 협응과 동시성의 실행에 잘못이 일어날 수도 있다. 이러한 이유로 말이 나오다가 멈춰질 수도 있고, 끊기기도 하며 막히기도 한다. 이러한 현상은 정상적인 사람에게 나타나기도 하는데, 정상적인 범위 내에서 구어의 흐름이 깨지는 것을 정상적인 비유창성이라고 한다.

비정상적인 비유창성은 비유창성의 빈도, 형태 등에 의해서 비정상적이라고 판단되는 구어의 흐름이며, 비정상적인 비유창성의 주된 형태는 단어부분반복, 단어전체반복, 폐쇄, 연장, 투쟁 등이 있다.

③ 음성장애

후두 안에 있는 성대의 이상으로 생기는 말소리의 질(거친 소리, 쉰 소리 등)의 장애, 호흡량의 조절이 잘 되지 않아서 생기는 말소리의 강세 장애 등을 음성장애라고 한다. 정상적인 발성을 하던 사람에게 갑자기 발성 장애가 나타날 경우에는 후두에 질병이 생겼는지 확인하여야 한다. 그러나 일반적으로 발성 장애는 기질적인 장애가 아닌 기능적인 장애인 경우가 많다. 심리적인 불안, 가정이나 사회에서 적응에 능숙하지 못한 사람에게서 많이 나타나기도 한다.

말소리의 높낮이는 단위 시간당 성대 진동수에 따라 결정이 된다. 남자의 경우 1초에 성대를 약 120번 진동시키고, 여자의 경우에는 약 250번 진동시킨다. 그러므로 남자보다 여자의 목소리가 높다. 말을 하는 동안 성대의 진동이 어느 정도 오르내리기는 하지만, 급격하게 높은 폭으로 진동의 수에 변화가 생기면 낮은 목소리가 별안간 높은 음정으로 바뀌어서 듣는 사람을 놀라게 한다. 이렇게 말소리의 높낮이가 급격하게 변화하는 것을 높낮이 단절(pitch break)이라고 한다.

발성장애의 또 하나의 유형은 성대의 한쪽이 마비된 경우를 들 수 있다. 말소리의 유성음을 내려면 두 쪽의 섬세한 근육으로 이루어진 성대가 잘 협응하여 성문이 닫혔을 때 빈틈이 없어야 한다. 그러나 성대의 한쪽이 마비되면 성문은 제대로 닫히지 않아서 공기가 새어나오게 된다. 이러한 사람들의 말소리의 특징은 모음들의 상호 구분이 분명하지 않게 되고, 자음의 경우에는 유성음과 무성음의 구분이 되지 않아서 말을 이해하기가 어렵게 된다.

심리적인 불안과 대인공포증이 심하면, 성대의 기질적인 장애가 없는 사람이라도 발성이 불가능해지는 경우가 있다. 이러한 장애를 무성증이라고도 한다.

④ 기호(언어발달)장애

정상아의 경우 첫 단어를 말하고 그 다음으로 자신의 의도를 말로 표현하기 시작하여 만 5~6세가 되면 성인 수준의 언어를 구사한다. 그러나 언어의 발달이 늦어 나이에 비하여 정상적인 언어발달을 보이지 못하고 지체되는 아동을 기호장애라고 한다.

말이 늦은 아이의 특징은 정상발달과 그 양상이 유사하나 단지 그 속도가 느리거나 또는 다른 경우 이름을 불러도 대답을 하지 않거나 특정한 장난감이나 매체에만 관심이 있는 등 정상적인 어린이가 배우는 문법적인 구조 또는 말소리를 일정 기간이 지났음에도 습득하지 못할 뿐만 아니라 정상이 아닌 말 구조를 지속하는 현상을 보인다.

(4) 언어장애의 장애정도

언어장애는 장애의 정도가 심한 장애인과 장애의 정도가 심하지 않은 장애인으로 구분하고 있다.

가. 장애의 정도가 심한 장애인

㉠ 음성기능이나 언어기능을 잃은 사람

나. 장애의 정도가 심하지 않은 장애인

㉠ 음성 · 언어만으로는 의사소통을 하기 곤란할 정도로 음성기능이나 언어기능에 현저한 장애가 있는 사람

6) 신장장애

(1) 신장장애의 정의

신장장애(renal disease, kidney problem)는 신장기능의 상실을 의미한다. 신장(kidney, renal)은 본질적으로 신체의 항상성을 유지하는 기관으로 필수물질과 수분을 보유하고 신체의 산·염기 균형을 유지함으로써 체액의 성분과 양을 조절하며, 해독을 하고, 독성물질, 외부침입자, 불필요한 물질들을 소변 형성 과정을 통해 배출하는 기능을 한다. 더불어 혈압조절, 적혈구생성, 기타 물질의 대사조절 기능과도 관련이 있다(김선주, 2002).

신기능부전이라고 하는 신부전(renal failure)은 여러 원인에 의해 정상기능을 하는 신장의 절대수가 크게 감소하여 신기능이 소실되고 인체의 모든 기관에 영향을 주는 체내조건의 변화, 즉 노폐물이 체내에 축적되고 신장기능이 저하되는 질환을 말한다. 신장기능이 정상의 20~30% 정도만 남아 있어도 일상생활에는 지장이 없으나 점차 악화되어 신장기능이 정상의 10% 이하로 감소하면 말기신부전(ESRD : End-Stage Renal Disease) 혹은 만성신부전(chronic renal failure)이라는 회복불능, 치료불능의 상태가 된다.

신부전은 병의 경과에 따라 급성과 만성으로 나눈다. 급성신부전은 신장기능이 수일 또는 수 주 내에 급격히 나빠지는 것을 말한다. 원인으로서는 감염, 탈수 또는 저혈압 등에 의해 신장으로 가는 혈류량의 감소, 독성물질이나 약물 등으로 인한 신장의 파괴 등 다양하다. 또한 만성신부전상태가 되면 정상적으로 소변을 통해 배설되어야 할 노폐물과 수분이 몸속에 축적이 되고 전해질의 균형이 깨지는 등의 변화가 일어나 피로감, 식욕부진, 구토, 부종, 호흡곤란 등이 나타나게 된다. 그렇게 되면 신장대체요법인 신장이식, 혈액투석, 복막투석 등의 치료로 생명을 유지하게 된다.

(2) 신장장애의 장애정도

신장장애는 장애의 정도가 심한 장애인과 장애의 정도가 심하지 않은 장애인으로 구분하고 있다(장애인복지법, 2019).

가. 장애의 정도가 심한 장애인

㉠ 만성신부전증으로 3개월 이상 혈액투석이나 복막투석을 받고 있는 사람

나. 장애의 정도가 심하지 않은 장애인

㉠ 신장을 이식받은 사람

(3) 신장장애의 유형

① 혈액투석

혈액투석(hemodialysis)은 투석기(dialyzer)를 이용하여 혈액의 노폐물을 걸러주고 신체 내의 전해질 균형을 유지하며 과잉의 수분을 제거하는 방법이다. 혈액투석은 환자의 몸무게, 몸 안에 쌓인 노폐물의 양, 투석치료 사이에 쌓인 수분의 양에 따라 달라질 수는 있으나, 1주일에 2~3회에, 매 회 4~5시간 정도 정기적인 투석을 한다. 우리나라의 투석환자 중 75~80%는 혈액투석을 받고 있으며 가정에서 개인이 할 수 없고 병원에서 가능하다.

② 복막투석

복막투석(peritoneal dialysis)은 복막을 이용하여 체내에 축적된 수분과 노폐물을 제거하는 것이다. 카테터라는 관을 복강 내에 삽입하여 이 관을 통해 투석액을 주입함으로써 복막에 분포된 모세혈관과 상호작용으로 확산, 삼투, 투석 등의 기전으로 체내의 독성물질과 과량의 수분을 투석액 내로 흡수·제거하여 체외로 배출하는 방법이다.

복막투석에는 지속적 외래 복막투석(CAPD : Continuous Ambulatory Peritoneal Dialysis), 자동화복막투석(APD : Automated Peritoneal Dialysis), 간헐적 복막투석이 있다. 지속적 외래 복막투석은 일상생활을 하는 동안 기계에 의존하지 않고 환자가 직접 투석을 시행하는 방법으로 관을 통해 한 번에 2L 정도의 투석액을 6시간 간격으로 하루 4차례 교환하게 되며 1회에 20~30 정도가 소요된다. 투석액이 복강 내에 머무르는 동안에는 직장이나 가정에서 일을 할 수 있다. 자동화복막투석은 지속적 외래 복막투석과 비슷하나 투석이 기계를 사용하여 자동적으로 이루어진다는 점이 다르다. 주로 집에서 밤사이에 1시간 30분 간격으로 투석이 이루어지며 낮 동안은 투석액이 복강 내에 있어서 투석액을 교환하지 않아도 된다.

③ 신장이식

신장이식(kidney transplantation)은 만성신부전증으로 신장의 기능을 잃은 사람에게 수술을 통해 건강한 신장을 한 개 이식하여 정상적인 신장 기능으로 회복시켜 주는 치료방법이다. 건강한 신장은 가족, 친척, 뇌사자 등으로부터 제공받는데, 이식 이후 사회활동의 복귀율은 약 80%에 근접하여 정상적인 삶을 유지하는 데 가장 최선의 치료방법으로 알려져 있다. 이식된 신장의 1년 생존율은 약 95% 이상, 5년 생존율은 약 80% 이상, 10년 생존율은 60~70% 이상으로 영구적인 것은 아니고 이식된 신장이 기능을 다하면 다시 투석으로 전환하여 삶을 유지하여야 한다.

7) 심장장애

(1) 심장장애의 개념

심장은 강한 근육으로 구성된 펌프로서 피를 전신에 순환시켜 산소와 영양을 공급하고 몸에 생긴 이산화탄소와 노폐물을 거두어들이는 가장 중요한 역할을 한다. 심장장애는 심근경색증, 심장판막증, 협심증, 부정맥, 심부전증, 확장성심근증, 선천성 심장병 등이 있다.

(2) 심장장애의 유형

① 심근경색증

심장에 산소와 영양을 운반해 주는 관상동맥의 일부가 막혀서 혈류가 중단됨으로써 그 부분의 심장의 벽, 즉 심근이 손상되는 병이다.

심근경색증은 심장 근육에 혈액을 공급하는 관상동맥이 막혀서 발생되는데, 주로 관상동맥의 경화증이 원인이 된다. 이러한 관상동맥 경화증의 위험요인으로서는 고콜레스테롤혈증, 고혈압, 흡연, 당뇨병과 비만 등이 있다. 동맥경화가 진행되어 좁아져 있는 혈관에 혈전이 생기면 혈관은 막히게 되고 심장으로 가는 혈액 공급이 차단된다. 이러한 상태가 계속되면(약 30분 이상) 혈액공급을 받지 못하는 심장의 근육은 손상되어 기능을 상실하게 된다.

② 심장판막증

심장판막들의 기능은 심장 안에서 혈액이 일정한 방향으로 흘러가도록 제어하는 역할을 한다. 심장판막의 기능에 문제가 발생되기도 하는데, 심장판막이 충분히 열려야 할 때에 잘 열리지 않아 혈액이 심장 안으로 유입되거나 밖으로 유출되는 경우와, 닫혀야 할 때에 완전히 닫히지 않아 혈액이 한쪽 방향으로만 흐르지 않고 역류되는 일이 발생하게 된다.

일반적으로 심장판막 질환의 원인으로서는 류마티스열, 퇴행성, 석회화, 점액종성 변화, 심장 유두근의 기능 이상이나 파열, 감염성 심내막염 등이 있다. 이 중 가장 큰 원인은 류마티스열과 퇴행성 변화이다.

③ 협심증

협심증은 심장에 혈액을 공급하는 관상동맥이 좁아져 상대적으로 심장 근육에 공급되어야 할 혈액의 양이 부족해지면서 가슴의 통증이 나타나는 질환이다. 이러한 협심증 환자 중 일부는 심장마비(심근경색 및 이에 따른 심정지)로 발전될 수 있기 때문에 주의를 해야 한다.

협심증의 가장 큰 원인은 동맥경화증이다. 동맥혈관 안쪽 벽에 여러 가지 이물질이 쌓여 굳어지면서 딱딱해진 혈관은 정상적인 혈관과는 달리 혈관의 안쪽 지름이 점점 좁아지게 되므로 가슴 조임이 발생한다.

④ 부정맥

심장의 여러 세포들 중에 어느 한군데라도 이상이 생겨 전기 자극이 만들어지고 전달되는 과정에 이상이 오면 맥박이 불규칙해지는데, 이를 부정맥이라고 한다. 부정맥은 정상 생리반응과는 다르게 심장의 박동이 비정상적으로 빨라지거나, 느려지거나, 불규칙하게 뛰는 현상을 모두 포함한다.

부정맥은 심장 내의 정상 전기적 신호 전달 경로에 여러 원인으로서 이상이 발생되는 것이다. 전기적 신호발생이 느려지거나 전달 경로가 차단되면 심박동수가 비정상적으로 느려지게 된다. 반대로 정상 전기적 신호 전달경로 이외의 부위에서 전기적 신호가 발생하면 심장이 예정보다 한 박자 빨리 뛰거나 심박동수가 비정상적으로 빨라질 수 있다.

⑤ 심부전증

심부전증은 심장이 여러 원인으로서 기능 부전 상태에 빠지는 것으로, 심장 근육이 취약해져 수축력이 저하되고 폐와 전신에 필요한 양의 혈액을 충분히 보낼 수 없어서 신체의 여러 장기도 기능 장애를 가지게 되는 상태를 말한다.

심부전증의 원인은 연령대에 따라 다양하게 알려져 있다. 소아는 대부분 만 1세 이전에 발생하게 되는데, 가장 큰 원인은 심장의 용적 과부하를 일으키는 심실 중격 결손이나 방실 중격 결손과 같은 선천성 심기형이다. 이 이외에 심장의 압력 과부하를 일으키는 선천성 심기형이나 고혈압성 심질환, 심근의 수축력이 감소되는 심질환인 심근염이나 관생 동맥 이상 등의 질환, 심장 맥박이 병적으로 느린 서맥이나 병적으로 빠른 빈맥 등도 심부전을 일으킬 수 있다.

⑥ 확장성심근증

확장성심근증은 심장의 근육 자체에 이상이 있는 질환군으로서 심장 근육의 병리적 이상과 기능 장애를 일으키는 양상에 따라 임상적으로 세 가지로 나누고 있다. 첫째는 확장성 심근증으로 심실이 확장되면서 수축력의 저하와 이로 인해 울혈성 심부전 증상이 나타나게 된다. 둘째는 비후성심근증으로 좌심실, 특히 심실 중격의 비대칭성 비후를 보이며 좌심실에서 전신으로의 혈액 공급에 장애를 일으키게 된다. 셋째는 제한성심근증으로 심내벽 또는 심근의 침윤으로 심실의 확장기 충만 장애가 일어나게 된다.

확장성심근증의 원인으로서는 심방, 심실의 확장과 심실 수축력 저하와 심근, 특히 심실 중경이 비정상적으로 두꺼워지고, 심실벽이 경직되어 발생된다.

⑦ 선천성 심장병

선천성 심장병이란 출생 시에 존재하는 심장의 기형 및 기능 장애를 말하는 질환이다. 심장은 자궁 내 태아기 3주에서 8주 사이에 만들어지는데, 선천성 심장병이란 심장 형성 및 발달 과정 중에 문제가 발생하여 초래되는 질환이다.

가장 흔한 선천성 심장 질환은 심실 중격 결손증, 심방 중격 결손증이다. 심실 중격 결손증은 청진 시 심잡음이 강하게 들리고, 출생 후 수일 내지 수개월 내에 예방접종을 할 때 흔히 발견된다. 반면 심방 중격 결손증은 심장 잡음이 들리지 않거나 아주 약하게 들려 10세 이후 호흡곤란 등의 증상이 생긴 다음 뒤늦게 발견되기도 한다. 일부 선천성 심장병은 뚜렷한 유전자 변이 혹은 결손이 밝혀진 것도 있으나 대부분의 경우는 아직 원인이 밝혀지지 않았다. 환경적 용인으로서는 임신 초기에 투여한 약물, 임신 중에 걸린 풍진, 당뇨, 알코올 섭취가 원인이 되기도 한다.

(3) 심장장애의 장애정도

심장장애는 장애의 정도가 심한 장애인과 장애의 정도가 심하지 않은 장애인으로 구분하고 있다(장애인복지법, 2019).

가. 장애의 정도가 심한 장애인

㉠ 심장기능의 장애가 지속되며, 가정에서 가벼운 활동은 할 수 있지만 그 이상의 활동을 하면 심부전증상이나 협심증증상 등이 나타나 정상적인 사회활동을 하기 어려운 사람

나. 장애의 정도가 심하지 않은 장애인

㉠ 심장을 이식받은 사람

8) 호흡기장애

(1) 호흡기장애의 개념

호흡기장애란 호흡운동과정 및 폐 용적분포에 이상이 생기고 결국 산소-이산화탄소 교환과정에 이상이 생기게 되는 장애이다. 호흡기장애는 폐나 기관지 등 호흡기관의 만성적 기능부전으로 인한 호흡기능의 장애로 인하여 일상생활을 하는 데 있어서 상당한 제한을 받는 진행 중인 장애이다. 주로 만성 호흡기 질환에 의하여 호흡기능의 손실로 오는 장애로서, 일단 장애가 오면 환기 기능의 손실이나 산소-이산화탄소의 가스교환에 이상이 발생하여 호흡기능의 회복이나 호전이 불가능한 내부 장애이며, 다른 내부 장애들 중에서도 삶의 질 차원을 넘어서 급성 악화의 요인이 생기면 생존 자체의 문제로 발전하는 상황을 계속 일으키게 되는 치명적인 장애이다(서동우, 2000).

호흡기장애를 가지게 되면 기도 내의 공기 저항의 증가로 더 많은 호흡량이 필요하게 되므로 호흡근육에 더 많은 부하가 걸리게 되어 호흡근육의 피로, 호흡 부전 등의 결과를 초래하게 된다. 이러한 만성 호흡 부전 상태가 지속되면 저산소증과 고이산화탄소증에 적응하여 지내게 되지만, 나중에는 간단한 움직임에도 호흡곤란을 초래하게 되며 신체적 동작을 할 때 호흡곤란, 천명, 기침, 가래, 객혈 및 흉통 등의 증상이 나타나게 된다.

(2) 호흡기장애의 원인

호흡기장애는 폐나 기관지 등 호흡기관의 만성적 기능 부전으로 인한 호흡기능의 장애로 인하여 일상생활을 하는 데 상당한 제약을 받는 진행 중인 장애이기 때문에, 주로 만성 호흡기 질환에 의하여 호흡 기능의 손실로 장애가 오게 된다. 모든 호흡기 질환의 마지막 결과로 폐기능이 저하되었을 경우 장애로 판정받게 되는데, 그 장애원인 질환을 큰 부류로 나누면, 만성 폐쇄성 폐질환, 만성 제한성 폐질환, 만성 간질성 폐질환, 만성 폐렴, 만성 폐혈관 질환, 그 외 기타 질환(낭성폐섬유증, 기관지확장증 등)으로 분류한다.

호흡기장애의 주요 원인으로서는 흡연, 세균감염, 대기오염, 미세분진, 화학약품, 알레르겐 등의 외부 원인에 장기간 노출된 경우와, 면역 체계 이상으로 폐에 염증이나 섬유화 병변이 지속되는 내적요인들이 복합적으로 작용하는 경우가 있다. 이 외에 일부 유전적인 성향과 흉부 혹은 두부 손상의 후유증으로 발생되기도 한다(이성규, 2005).

(3) 호흡기장애의 장애정도

호흡기장애는 장애의 정도가 심한 장애인과 장애의 정도가 심하지 않은 장애인으로 구분하고 있다(장애인복지법, 2019).

가. 장애의 정도가 심한 장애인

㉠ 만성호흡기 질환으로 기관절개관을 유지하고 24시간 인공호흡기로 생활하는 사람

㉡ 폐나 기관지 등 호흡기관의 만성적인 기능장애로 평지에서 보행해도 호흡곤란이 있고, 평상시의 폐환기 기능(1초시 강제날숨량) 또는 폐확산능(폐로 유입된

공기가 혈액 내로 녹아드는 정도)이 정상예측치의 40퍼센트 이하이거나 안정 시 자연호흡상태에서의 동맥혈 산소분압이 65밀리미터수은주(mmHg) 이하인 사람

나. 장애의 정도가 심하지 않은 장애인

㉠ 폐를 이식받은 사람

㉡ 늑막루가 있는 사람

9) 간장애

(1) 간장애의 개념

간은 약 3천억 개가 넘는 산세포로 이루어진 우리 몸에서 가장 큰 장기로 성인의 간은 무게가 1.2~1.5kg에 달하며 체내 물질을 처리하고 저장하는 중요한 기능을 한다. 간은 간동맥과 간문맥 양쪽 모두에서 혈액공급을 받는데, 이 중에서 간문맥은 위와 장에서 흡수한 여러 물질들이 가득 들어있는 일종의 정맥으로 이렇게 들어온 영양분은 간에서 가공되어 우리 몸에 필요한 물질이 되고 인체에 해로운 성분은 해독이 된다. 또한 간은 인체의 화학 공장으로서 단백질 등 우리 몸에 필요한 각종 영양소를 만들어 저장하고, 탄수화물, 지방, 호르몬, 비타민 및 무기질 대사에 관여하며, 약물이나 몸에 해로운 물질을 해독한다. 그리고 소화작용을 돕는 담즙산을 만들며, 면역세포가 있어 우리 몸에 들어오는 세균과 이물질을 제거하는 중요한 역할을 한다.

장애인복지법에서는 소관 전문의의 최초 진단 후 1년 이상 지나고, 2개월 이상의 적극적인 치료에도 호전의 기미가 거의 없는 경우를 만성 간 질환자로 정의하고 있다. 간은 체외에서 유입되거나 체내에서 생성된 각종 물질들을 가공 처리하고 중요한 물질들을 합성하며, 혈액의 저장과 면역기관의 역할을 한다. 간이 정상적인 작용을 하려면 간 내의 혈액 순환이 정상적으로 이루어져 간세포에 충분한 산소와 영양이 공급되어야 한다. 간의 기능이 만성적으로 저하되면 그에 따른 합병증으로 일상생활을 하는 데 상당한 제약을 받게 된다. 간장애의 합병증으로 복구, 자발성 세균성 복막염, 간성뇌증 등이 있다.

간은 손상될 것을 대비하여 충분한 예비기능을 비축하고 있다. 그러나 간세포가 서서히 파괴되어 간기능이 절반 이하로 저하되어도 특별한 증상이 나타나지 않기 때문에 웬만큼 나빠지기 전에는 아무런 증상이 나타나지 않고, 장기간에 걸쳐 손상되면 쉽게 회복되기가 어렵다.

(2) 간장애의 종류

① **B형간염**

B형간염 바이러스는 주로 혈액이나 체액에 의한 비경구적 방법을 통하여 전파되는데, 대표적인 예로 어머니와 신생아 사이의 수직감염, 바이러스에 감염된 혈액에 손상된 피부나 점막이 노출되어 감염되는 경우 등이 있다.

만성 B형간염이란 B형간염 바이러스에 의한 감염이 6개월 이상 지속되는 상태이다. B형간염은 우리나라에서 가장 많은 간염으로 전체인구의 3~4%가 현재 감염된 상태이며, 그중 실제로 만성 간염을 앓고 있는 환자는 약 40만 명으로 추산되고 있다. 해마다 2만여 명이 간질환으로 사망하고 있으며, 그중 만성 B형간염이 차지하는 비율은 50~70% 정도이다.

② **C형간염**

C형간염은 C형간염 바이러스(HCV)에 감염된 환자의 혈액이나 체액이 정상인의 상처난 피부나 점막을 통하여 전염되는 일종의 감염병이다. C형간염은 한 번 감염되면 70~80%가 만성 간염으로 진행되고 이 중 30~40% 정도가 간경변증, 간암으로 진행되므로 예방이 매주 중요하며, 진단되면 치료기준에 맞게 빨리 치료를 시작하는 것이 중요하다. 우리나라에서는 전 국민의 약 1% 정도가 C형간염 바이러스 보유자로 추정되며, 전체 만성 간질환(간염, 간경변증, 간암) 환자의 약 10~15%가 C형간염 바이러스에 의해 발생한다.

③ **알코올성 간질환**

간은 우리 몸에 들어온 다양한 물질들을 흡수, 대사, 저장하는 화학공장이다. 과도한 알코올은 간세포에 지방을 축적시키고, 알코올의 대사산물은 간세포를 손상시키게 된다. 술을 자주 마시게 되면 손상된 간세포가 재생될 시간이 없고 체내의 영양 부족 상태를 초래하여 간질환으로 진행된다. 장기간 과다한 음주로 인해 발생되는 간질환은 알코올성 지방간, 알코올성 간염, 간경변증이 있다. 술로 인한 간질환 발생은 성별이나 개인에 따라 차이가 크며, 유전적인 요인이나 영양상태에 따라서도 차이가 있다. 특히 여성이나 영양상태가 나쁘거나 바이러스 간염 환자에서는 소량의 알코올 섭취로도 심한 간손상을 초래할 수 있다. 일반적으로 남성은 하루 알코올 20g 이하(소주 2잔 정도), 여성은 하루 10g 이하의 음주량이 안전한 것으로 알려져 있으나 알코올 대사능력이 개인마다 큰 차이를 보이므로 안전한 음주량은 각 개인마다 다를 수 있다.

④ 비알코올성 지방간

비알코올성 지방간이란 술을 전혀 마시지 않거나 소량을 마실 뿐인데도, 술을 많이 마시는 사람들과 비슷하게 간에 지방이 많이 끼는 질환을 말한다. 비알코올성 지방간은 한 가지 병이라기보다 염증을 동반하지 않는 단순 지방간에서부터 만성 간염, 간경변증에 이르는 다양한 병을 포함한다. 단순히 지방만 끼어 있고 간세포 손상은 없는 가벼운 지방간, 간세포 손상이 심하고 지속되는 지방간염, 심지어는 복수나 황달 등을 동반하는 간경변증(간경화)이 생기는 경우까지 병의 정도는 매우 다양하게 나타난다. 비알코올성 지방간의 유병률은 인구집단의 특성에 따라 다양하게 보고되고 있는데 일반인의 경우 10~24%, 비만인의 경우 58~75%까지 보고되고 있다.

⑤ 간경변증

간경변증은 간염 바이러스나 술 등에 의한 간염이 지속되면서 간세포가 파괴되어 섬유화가 진행되고 재생결절들이 생기면서 간의 점진적인 기능 저하를 초래하는 상태를 말한다. 만성 간질환에서 간경변증으로 진행한 후에는 다양한 합병증(복수, 정맥류 출혈, 간성혼수 등)과 간암 발생의 위험도가 현저히 증가하므로 정기적인 검사와 적극적인 치료가 필요하다.

⑥ 간암

간암(간세포암종)은 간을 이루고 있는 간세포에서 생겨난 악성 종양을 말한다. 간암은 매년 전 세계적으로 약 60만 명의 환자가 발생하는데 특히 우리나라와 일본, 동남아시아, 중국, 아프리카 등지에 많다. 우리나라에서 간암은 갑상선, 위, 대장, 폐, 유방에 이어 6번째로 흔한 암이며, 2015년 말 발표된 국가암등록자료에 의하면 2013년 한 해 동안 16,192명이 발생하였다. 더욱이 간암은 폐암에 이어 두 번째로 암으로 인한 사망자가 많은 질환이며, 특히 40~50대 남성에게서는 암 사망 원인의 1위를 차지하고 있다.

(3) 간장애의 장애정도

간장애는 장애의 정도가 심한 장애인과 장애의 정도가 심하지 않은 장애인으로 구분하고 있다(장애인복지법, 2019).

가. 장애의 정도가 심한 장애인

㉠ 간경변증, 간세포암종 등 만성 간질환을 가진 것으로 진단받은 사람 중 잔여 간기능이 만성 간질환 평가척도(Child-Pugh score) 평가상 C등급인 사람

㉡ 간경변증, 간세포암종 등 만성 간질환을 가진 것으로 진단받은 사람 중 잔여 간기능이 만성 간질환 평가척도(Child-Pugh score) 평가상 B등급이면서 난치성 복수(腹水)가 있거나 간성뇌증 등의 합병증이 있는 사람

나. 장애의 정도가 심하지 않은 장애인

㉠ 간을 이식받은 사람

10) 안면장애

(1) 안면장애의 개념

안면장애는 면상반흔, 색소침착, 모발결손, 조직의 비후나 함몰, 결손이 포함된다. '함몰이나 비후'라는 것은 연부조직, 골조직 등의 함몰이나 비후, 위축을 말한

다. '안면부'라는 것은 두부, 안면부, 경부, 이부와 같이 상지와 하지, 몸통 이외의 일반적으로 노출되는 부분을 의미하며, '노출된 안면부'라는 것은 전두부와 측두부, 이개후부의 모발선과 정면에서 보았을 때 경부의 전면과 후면을 구분하는 수직선을 연결한 선을 경계로 얼굴, 귀, 목의 앞면을 포함한다. 모발결손은 탈모증에 의한 것은 제외하며 반흔을 동반한 모발결손으로 국한된다. 얼굴 전면에 혈관종을 앓고 있거나 화상으로 인한 얼굴변형도 그 정도에 따라 안면장애인으로 인정받을 수 있다. 안면장애는 신체기능상의 장애는 없으므로 일상생활에서 불편은 느끼지 않으나, 안면장애인들의 사회활동이 활발하지 못한 이유는 사람들의 불편한 시선 때문이다.

장애를 진단하는 전문의는 원인 질환 등에 대하여 6개월 이상의 충분한 치료 후에도 장애가 고착되었음을 진단서, 소견서, 진료기록 등으로 확인한다. 단 장애상태가 고착되었음이 전문적 진단에 의해 인정되는 경우 이전 진료기록 등을 확인하지 않을 수 있다. 이러한 경우 이에 대한 의견을 구체적으로 장애진단서에 명시하여야 한다.

장애의 진단 및 재판정 시기는 첫째, 원인 질환 등에 관하여 충분히 치료하여 장애가 고착되었을 때에 진단하며, 그 기준 시기는 원인 질환 또는 부상 등의 발생 또는 수술 이후 6개월 이상 지속적으로 치료한 후로 한다. 둘째, 수술 또는 치료로 기능이 회복될 수 있다고 판단하는 경우에는 장애진단을 처치 후로 유보하여야 한다. 다만, 1년 이내에 국내 여건 또는 장애인의 건강상태 등으로 인하여 수술 등을 하지 못하는 경우는 예외로 하되 필요한 시기를 지정하여 재판정을 받도록 하여야 한다. 셋째, 향후 장애정도의 변화가 예상되는 경우에는 반드시 재판정을 받도록 하여야 한다. 이 경우 재판정의 시기는 최초의 판정으로부터 2년 이상 경과한 후로 한다. 2년 이내에 장애상태의 변화가 예상될 때에는 장애의 판정을 유보하여야 한다. 넷째, 재판정이 필요한 경우 장애진단을 하는 전문의는 장애진단서에 그 시기와 필요성을 구체적으로 명시하여야 한다.

(2) 안면장애의 원인

안면장애는 선천적인 원인과 후천적인 원인에 의해서 발생할 수 있다. 2014년 장애인 실태조사에 의하면 안면장애의 발생원인은 후천적 원인(사고)이 46.1%, 후천적 원인(질환)이 29.6%, 선천적 원인이 24.4%의 순으로 나타났다.

안면장애의 후천적 발생 원인을 구체적으로 살펴보면 질환으로는 감염성질환(39.1%)에 의한 것이며, 사고로는 교통사고(13.4%), 화상(43.8%), 기타사고 및 외상(3.8%)이 원인인 것으로 나타났는데, 성별로 보면 남자는 감염성질환(44.7%)이, 여자는 화상(69.7%)이 가장 높은 분포를 보인다.

(3) 안면장애의 장애정도

안면장애는 장애의 정도가 심한 장애인과 장애의 정도가 심하지 않은 장애인으로 구분한다(장애인복지법, 2019).

가. 장애의 정도가 심한 장애인

㉠ 노출된 안면부의 75퍼센트 이상이 변형된 사람

㉡ 노출된 안면부의 50퍼센트 이상이 변형되고 코 형태의 3분의 2 이상이 없어진 사람

나. 장애의 정도가 심하지 않은 장애인

㉠ 노출된 안면부의 45퍼센트 이상이 변형된 사람

㉡ 코 형태의 3분의 1 이상이 없어진 사람

11) 장루장애 및 요루장애

(1) 장루 · 요루의 개념

① 장루(intestinal fistular)

장루는 소장, 대장 또는 그 외의 질병으로 인하여 대변의 배설이 어려울 때, 복벽을 통하여 체외로 배변을 배설시키기 위해 만든 구멍을 의미한다. 외과 영역에서 장루의 원인은 대부분 악성 종양과 관련된 수술이다. 장루 조성술을 시행하게 되는 가장 대표적인 악성질환은 직장암이며, 1990년대를 기점으로 대장암 발병률이 급격히 높아짐에 따라 대장암에 관련된 장루 수술도 매우 많아지고 있다. 양성 질환으

로 장루를 만들게 되는 대표적인 질병으로 크론병, 궤양성 대장염, 방사선에 의한 대장염이 있으며, 그 외에 직장질 누공, 직장요도 누공으로 인해 증상 완화를 목적으로 장루를 만들기도 한다(조상은 외, 2018).

장루의 종류는 장루 조성술 시 조성 위치에 따라 회장루(소장의 말단 부분인 회장을 이용하여 만든 장루)와 결장루(대장의 일부를 이용해 만든 장루)로 나뉘며 장루의 위치는 우하복부, 좌하복부, 조상복부, 우상복부 등에 선정될 수 있다.

회장루의 경우 환자가 섭취하는 음식과 수분이 그대로 회장루를 통해 자주, 지속적으로 배출되고, 장 통과 시간이 짧아 가스가 많이 배출된다. 회장루를 통해 배출되는 묽은 형태의 변은 담즙산염과 단백질 분해 소화효소가 포함되어 있어 장루 주위 피부가 화끈거리며 따갑거나 가려움증이 나타날 수 있다.

결장루의 경우 하행, 구불 결장루 조성술이 가장 많이 시행되며, 변에는 소화효소가 남아 있지 않기 때문에 장루 주위 피부손상이 적은 장점이 있다. 그렇지만 상행 결장루는 소화효소가 함유된 묽은 변이 배출되며, 횡행 결장루의 경우에도 장루 위치에 따라 묽은 변(결장루가 오른쪽에 위치)이나 죽과 같은 형태의 변(결장루가 왼쪽에 위치)이 나오기 때문에 회장루와 같은 방법으로 장루 간호를 시행해야 한다.

② **요루(urinary fistular)**

요루는 방광암 등의 질병으로 소변 배출이 어려운 경우 장을 이용하여 요관과 복벽을 연결하여 소변이 배출되도록 만든 것으로 요루조성술은 회장이나 대장을 이용할 수 있으나 주로 회장을 이용한다. 요로전환술의 적응증을 빈도순으로 보면 방광암으로 근치방광 절제술 후 가장 많이 시행하며, 그 외에 신기능을 악화시키는 신경성방광, 방사선치료로 인한 방광손상, 교정되지 않은 여성의 요실금, 만성 골반통증증후군 등이 있다(조상은 외, 2018).

요루 역시 괄약근이 없어 소변이 지속적으로 흘러나오게 되는데, 회장을 이용한 회장도관 요로전환술의 경우 점액이 섞인 소변이 배출되고, 소변이 피부에 닿으면 피부 손상이 일어난다.

(2) 장루 · 요루장애의 발생 원인

장루・요루장애의 발생 원인은 질환이나 사고에 의한 후천적인 원인이다. 그중에서도 질환에 의한 발생 원인이 96.3%이고 나머지 3.7%는 사고로 인하여 발생하였다. 성별로도 남녀 모두 후천적 원인에서 높게 나타났다. 질환에 의한 발생을 세부적으로 보면, 신생물(종양)질환이 79.1%로 가장 높았고, 소화기계 질환이 11.0% 순이었다. 사고로 인한 장루・요루 장애 원인으로서는 교통사고(보행자)와 기타 사고 및 외상이 원인인 것으로 조사되었다(김성희 외, 2014).

〈표 2-4〉 장루 · 요루장애의 후천적 원인

구 분			남자	여자	전체
후천적 원인	질환	소화기계 질환	12.0	8.9	11.0
		대사, 면역 및 내분비계 질환	–	2.4	0.8
		신장 · 비뇨 · 생식기계 질환	0.6	2.3	1.1
		신생물(종양)질환	80.2	76.7	79.1
		감염성 질환	–	9.7	3.2
		미상	1.8	–	1.2
	사고	교통사고(보행자)	1.5	–	1.0
		기타 사고 및 외상	3.9	–	2.6
계			100.0	100.0	100.0
전국 추정수			12,042	5,870	17,912

출처 : 김성희 외(2014).

(3) 장루・요루장애의 장애정도

장루・요루장애는 장애의 정도가 심한 장애인과 장애의 정도가 심하지 않은 장애인으로 구분하고 있다(장애인복지법, 2019).

가. 장애의 정도가 심한 장애인

㉠ 배변을 위한 말단 공장루를 가지고 있는 사람
㉡ 장루와 함께 요루 또는 방광루를 가지고 있는 사람

㉢ 장루 또는 요루를 가지고 있으며, 합병증으로 장피누공 또는 배뇨기능장애가 있는 사람

나. 장애의 정도가 심하지 않은 장애인

㉠ 장루 또는 요루를 가진 사람

㉡ 방광루를 가진 사람

12) 뇌전증

(1) 뇌전증의 개념

뇌전증은 경련이나 의식장애와 같은 발작증상이 다양한 원인과 발병과정을 통해 반복적으로 나타나는 질환이다. 의학적 특성과 함께 사회심리학적 특성을 가진 만성 장애이며 갑작스럽고 무질서한 뇌세포의 이상 흥분상태를 공통적인 특징으로 한다(Hauser & Annergers, 1993). 오늘날 뇌전증은 하나의 질병단위라기보다는 경행동장애를 동반하는 일시적 의식상태의 변화 또는 경련성 느낌, 운동과 같은 특징적 증상이 복합체로 되어있다고 생각된다(이상복, 1994).

뇌전증은 부위, 원인 및 검사소견에 따라 분류를 달리할 수 있다. 발작이 나타나는 부위에 따라 국소관련성(localized-related), 전신성(generalized), 원인미상(undermined)의 뇌전증으로 분류할 수 있고, 발작이 나타나는 원인에 따라서 특발성(idiopathic), 잠인성(cryptogenic) 및 증후성(symptomatic)으로 분류할 수 있다. 또한 환자의 뇌파소견, 신경학적 검사소견, 신경영상검사소견으로 본 병소위치, 발병연령, 발작양상에 따라 특정한 뇌전증 증후군으로 분류할 수 있다(ILAE Commission, 1997).

대한 뇌전증 협회에서는 2010년 사회적 편견과 차별, 낙인이 심각한 '간질'의 공식 명칭을 뇌에서 전기파가 나온다는 의미로 '뇌전증'으로 바꾸어 명명하기로 하였다. 학교, 결혼, 취업과 일상생활, 사회생활 등에서 상당한 불이익을 받고 있는 점에서 사회적 편견과 낙인을 바꾸고 과학적인 이해를 돕기 위해 병명을 변경하였다. 뇌전증 환자의 대부분은 약물 조절을 통해 발작이 완전히 억제되고 있으며, 발작조절이 완전하지 않은 일부 환자라도 대부분 1년에 2~3회, 한번에 1~2분 정도 이상의 발작을 하지 않는다. 1년에 단 10분 이내의 증상을 제외하면 정상적으로 활동하는

데는 전혀 문제가 될 것이 없음에도 심한 차별을 받고 있어, 뇌전증 환자가 사회 공동체의 일원으로 정상적인 생활을 할 수 있도록 만들어 가기 위해서는 사회적 인식의 개선과 정책적인 지원이 시급하다고 본다.

(2) 뇌전증의 원인

뇌전증의 원인으로는 뇌졸중, 선천성기형, 두부외상, 중추신경계 감염, 뇌종양, 퇴행뇌병 등이 있다. 2011년 국제 뇌전증 연맹(ILAE : International League Against Epilepsys)은 뇌전증의 원인을 3개의 넓은 범주로 나누고 있다. 즉, 유전성(genetic), 구조·대사성(structural/ metabolic), 원인불명(unknown)으로 뇌전증의 원인을 분류하였다. 첫 번째는 유전적 원인으로 이미 알려진 혹은 추정되는 유전자의 이상이 뇌전증 증후군의 주요 증상을 유발하는 것으로 알려져 있다. 그러나 유전성이라고 명명하는 것이 뇌전증 증후군의 증상 발현에 있어 환경 요인의 영향을 완전히 배제하는 것은 아니며, 환경 요인의 영향이 있을 것으로 추정하고 있다. 두 번째는 구조적·대사성 원인으로 뇌전증과 연관성이 독립적이지 않은 질환을 강조하여 말하기 위해 도입된 용어이다. 현재까지 대뇌의 많은 구조적인 이상이 뇌전증의 발생과 연관되는 것으로 알려져 있는 것과 달리, 구조적인 이상에는 뇌졸중, 외상, 감염 등의 후천적 구조 이상과 결절경화증이나 대뇌피질 이형성증과 같은 유전적인 구조 이상도 포함된다. 세 번째는 원인 미상으로 아직까지 원인이 밝혀지지 않았거나 모호한 경우를 의미한다. 이는 이전의 '잠재성'이라는 용어가 사용되면서 임상적인 직감이 과학적인 분류의 근거가 되는 경우가 있어 이를 방지하기 위함이다(Glauser, et al., 2016).

(3) 뇌전증장애의 장애정도

뇌전증장애는 성인 뇌전증과 소아청소년 뇌전증으로 나누고, 장애의 정도가 심한 장애인과 장애의 정도가 심하지 않은 장애인으로 구분하고 있다(장애인복지법, 2019).

① 성인 뇌전증

가. 장애의 정도가 심한 장애인

㉠ 만성적인 뇌전증에 대한 적극적인 치료에도 불구하고 연 6회 이상의 발작(중

증 발작은 월 5회 이상을 연 1회, 경증 발작은 월 10회 이상을 연 1회로 본다)이 있고, 발작으로 인한 호흡장애, 흡인성 폐렴, 심한 탈진, 두통, 구역질, 인지기능의 장애 등으로 요양관리가 필요하며, 일상생활 및 사회생활에서 보호와 관리가 수시로 필요한 사람

나. 장애의 정도가 심하지 않은 장애인

㉠ 만성적인 뇌전증에 대한 적극적인 치료에도 불구하고 연 3회 이상의 발작(중증 발작은 월 1회 이상을 연 1회, 경증 발작은 월 2회 이상을 연 1회로 본다)이 있고, 이에 따라 협조적인 대인관계가 곤란한 사람

② 소아청소년 뇌전증

가. 장애의 정도가 심한 장애인

㉠ 전신발작, 뇌전증성 뇌병증, 근간대(筋間代) 발작, 부분발작 등으로 요양관리가 필요하며, 일상생활 및 사회생활에서 보호와 관리가 수시로 필요한 사람

나. 장애의 정도가 심하지 않은 장애인

㉠ 전신발작, 뇌전증성 뇌병증, 근간대(筋間代) 발작, 부분발작 등으로 일상생활 및 사회생활에서 보호와 관리가 필요한 사람

3. 정신적 장애

1) 지적장애

(1) 지적장애의 개념

장애인복지법에서는 지적장애인을 '정신발육이 항구적으로 지체되어 지적능력의 발달이 불충분하거나 불완전하고 자신의 일을 처리하는 것과 사회생활에 적응하는 것이 상당히 곤란한 사람'으로 규정하고 있다. 「장애인 등에 대한 특수교육법」에서는 지적장애를 '지적기능과 적응행동상의 어려움이 함께 존재하여 교육적 성취에 어려움이 있는 사람'으로 규정하고 있다. 이러한 정의는 지적기능의 제한과 적응행

동상의 어려움을 정신지체 판단의 중요한 준거로 제시했으며, 그 어려움으로 인하여 교육적 지원을 받을 필요까지도 고려하고 있다(이은주 외, 2014).

미국 지적 및 발달장애 협회(AAID : American Association on Intellectual and Developmental Disabilities)에서는 지적장애(intellectual disability)란 지적기능과 수많은 일상적인 사회적·실천적 기술을 요하는 적응상 행동에서 상당한 제한을 가지는 특징적인 장애이며, 만 18세 이전에 발생하는 것으로 정의하고 있다.

DSM-5는 지적장애에 대해 다음과 같이 정의하고 있다. 개념, 사회, 실용 영역에서 지적기능 및 적응 기능의 결함이 발달기에 발병하는 장애이다. 추리, 문제 해결, 계획, 추상적 사고, 판단, 학업, 경험 학습 등과 같은 지적기능의 결함은 임상적 평가와 개별 표준화 기능 검사 모두 확인되어야 한다. 개인의 독립성 및 사회적 책임에 대한 발달적 및 문화적 기준을 충족시키지 못하는 적응 기능에서의 결함, 지속적인 도움이 없다면, 가정·학교·일터·지역사회 등 여러 환경에서의 의사소통, 독립생활과 같은 일상생활 활동 중 한 가지 이상 부문의 적응에 제한을 가져온다. 정신적인 지체를 인지 기능과 손상이 경한 정도(mild), 중간 정도(moderate), 중증 정도(severe), 최중증(profound) 정도로 구분한다(APA, 2018).

(2) 지적장애의 원인

지적장애의 원인은 생물학적 원인이나 환경적 원인일 수 있고 또는 이 두 원인의 복합 요인일 수도 있다. 생물학적 원인이란 병리적 혹은 임상적으로 명확하게 분류되는 구체적인 원인으로 염색체 이상, 유전적 장애, 조산, 모체의 질병 등으로 인하여 지적장애가 나타나는 경우를 말한다. 반면 환경적 원인은 아동기의 성장을 둘러싼 심리사회적인 영향으로 빈곤, 영양 결핍, 부적절한 양육방식 등으로 인해 나타나는 경우를 말한다(송중만 외, 2016).

일반적으로 지적장애의 발생 원인은 중도 지적장애 60~80%, 중증도 지적장애의 약 25%에서 유전적 또는 뇌손상과 상관이 있는 것으로 나타났으며, 경도 지적장애는 원인이 분명하지 않은 경우가 대다수이다(박용순, 2002). 2015년 보건복지부에서 조사한 지적장애인의 발생원인 현황에서도 전국 추정인원 207,703명 중 선천적 원인이 27.8%, 출산 시 원인이 8.7%, 후천적 원인이 23.8%, 원인 불명이 37.6%로 나타났다(김영진, 2016).

발달장애(developmental disability)란 지각, 인지, 운동, 언어 등의 발달영역에서 발생하는 장애를 말한다. 발달장애는 지적장애, 전반적 발달장애, 특이적 발달장애의 3 종류로 나누어 볼 수 있다. 그렇지만 발달장애는 근본적으로 뇌의 문제에 의해 발생하기 때문에 현재까지는 치료가 불가능하다.

〈표 2-5〉 발달장애의 종류와 증상

구 분	증 상	종 류
지적 장애	• 전반적 기능에서 평균적인 지체를 보인다.	
전반적 발달 장애	• 사회적 대인관계를 형성하기 어렵다. • 의사소통이 어렵다. • 활동과 흥미의 범위가 협소하고 집착이 강하다.	• 자폐범주성장애 : 전반적 발달장애의 세 가지 조건이 모두 나타난다. • 소아기붕괴성장애 : 2세경까지는 정상적으로 발달하고, 이후 여러 기능 영역의 능력이 퇴행한다. • 아스퍼거 증후군 : 지적으로 정상 발달을 하고, 언어 · 인지능력도 그다지 지체되지는 않으나, 사회성과 애착행동에서 자폐적증상이 보인다. • 비정형 자폐범주성장애 : 전반적 발달장애의 세 가지 증상 중 두 가지는 보이나 세 가지 전부는 나타나지 않는다.
특이적 발달 장애	• 전반적인 능력과 기능에서는 해당 연령에 상응하는 발달을 하고 있으나, 읽고 쓰는 것과 운동 등 부분적인 능력이나 기능에 현저한 지체를 보인다.	• 학습장애(LD) : 읽기, 쓰기, 셈하기 등 특정 능력이 해당 연령에 비해 현저하게 낮다. • 주의력결핍 과잉행동장애(ADHD)

출처 : 이형석 · 이종모(2018).

① 발달장애의 원인

가. 뇌손상의 원인

발달장애의 원인은 명확하게 밝혀지지는 않았지만, 선천적으로 뇌 기능 중 어딘가가 태어날 때부터 불완선한 것으로 보고 있다. 발달장애아를 가진 부모들은 자신들의 양육방법 및 성격, 생활환경에 원인이 있다고 보는 사람도 있으나, 지금까지의 연구를 통해서 대다수의 전문가가 발달장애는 선천적 장애이기 때문에 부모의 양육방법 및 환경과는 무관하다고 말한다. 발달장애는 뇌의 전두엽, 간뇌, 소뇌, 해마, 편도체 등의 활동과 관계가 있는 것으로 알려져 있다. 자폐범주성장애는 중추신경계와 관련이 있는 것으로 알려져 있다. 중추신경계는 뇌와 척수를 연결하는 신경으로서 언어, 소리, 맛, 통증, 온도 등의 정보를 수용하고 전달하고 행동을 조절하며 생명을 유지하는 역할을 한다. 자폐범주성장애 아동은 이러한 중추신경계의 기능이 활발하지 않아 뇌와 신체 각 부분의 정보가 원활하게 교환되지 않는 것으로 본다. 그러므로 언어를 통한 대화가 어렵고, 피아노 소리 등을 싫어하며, 맛에 둔감하여 같은 음식만 계속 먹거나, 큰 상처를 입어도 통증을 호소하지 않으며, 온도 감각이 둔하여 무더운 여름에도 두꺼운 옷을 입는 등의 행동특성이 나타나기도 한다(이형석 · 이종모, 2018).

나. 유전적 요인

지금까지 학자들의 견해를 보면, 발달장애의 원인 중의 하나로는 뇌의 장애에 의해서 발생한다고 보는 견해가 있으며, 다른 하나는 유전적 원인에 의해서 발생한다고 보는 견해가 있다. 유전적 원인의 경우, 일란성 쌍둥이의 예를 들면, 한 명이 자폐범주성장애아이면 다른 한 명도 자폐범주성장애일 확률이 40~98%로 상당히 높다. 이러한 결과는 자폐범주성장애와 유전자 사이에 관련이 있는 것으로 볼 수 있다. 쌍둥이라도 유전자가 다른 이란성 쌍둥이이거나 보통의 형제자매인 경우에는 두 사람 모두에게서 자폐범주성장애가 발생할 확률은 5~10% 정도이다. 그렇지만 자폐범주성장애 부모로부터 자폐범주성장애 자녀가 태어날 확률은 높은 것으로 조사되었다. 자폐범주성장애가 부모로부터 자녀에게 유전된다고 단정 지을 수는 없지만, 부모 자녀가 자폐범주성장애인 경우를 적지 않게 접할 수 있다. 그렇지만 이를 증명할 확실한 데이터는 불충분한 실정이다. 또한 자폐범주성장애의 유전자를 가지고 있지 않은 부모로부터 자폐범주성장애 아동이 태어나는 경우도 있으며, 자폐범주성장애 아동의 형제자매일지라도 대다수는 정상적인 발달과정을 나타내고 있다(이형석 · 이종모, 2018).

② 발달장애의 발견

발달장애는 출생 후 보통 아기들과 거의 다른 것이 없으나, 시간이 지나면서 조금씩 나타나게 된다. 자폐범주성장애와 아스퍼거증후군의 아기는 우유를 원할 때나

기저귀가 젖었을 경우 울음으로 알려주어야 하나 그렇지 않은 경우가 많으며, 혼자 재워도 칭얼거리지 않고 조용히 있는 경향이 있다. 그렇기 때문에 키우기 편한 아이로 느끼는 경우도 있다. 발달장애는 시간이 지나면서 다른 아이들과 다르다는 사실을 알게 되고, 병원 등에서 진료 후 진단을 받는 경우가 많으며, 이 시기는 약 3~4세경이 대다수를 차지한다. 자폐범주성장애와 아스퍼거증후군의 특징 중의 하나는 언어지연인데 2세 이전에는 이를 알아채기가 힘들며, 2세경까지는 정상적으로 발달을 하는 것처럼 보이나, 그 후 장애가 발견되기도 한다.

③ 발달장애의 중복

발달장애는 다른 장애와 중복되는 경우도 많은데, 아스퍼거 증후군은 ADHD(주의력결핍과잉행동장애) 등의 발달장애를 동반하는 경우도 많으며 개인차가 크다. 또한 초등학교까지 과잉행동이 눈에 띄게 나타나, ADHD로 진단을 받았다가 사춘기 전후에 아스퍼거증후군으로 진단이 변경되는 경우도 있다. ADHD 아동 중 약 30% 정도가 학습장애(LD)를 동반하기도 하며, 약 90%의 아동들은 학습상의 문제를 가지고 있다. ADHD의 경우 계산이 되지 않는 경우는 집중력이 지속되지 못하는 것이 원인이지만, LD아동은 숫자와 산수라는 개념을 이해하지 못하는 것이 원인이다.

(3) 지적장애, 자폐성장애의 장애정도

지적장애 및 자폐성장애는 장애의 정도가 심한 장애인에 해당한다(장애인복지법, 2019).

가. 지적장애인(장애의 정도가 심한 장애인에 해당함)

㉠ 지능지수가 70 이하인 사람으로서 교육을 통한 사회적・직업적 재활이 가능한 사람

나. 자폐성장애인(장애의 정도가 심한 장애인에 해당함)

㉠ 제10차 국제질병사인분류(International Classification of Diseases, 10th Version)의 진단기준에 따른 전반성발달장애(자폐증)로 정상발달의 단계가 나타나지 않고, 기능 및 능력 장애로 일상생활이나 사회생활에 간헐적인 도움이 필요한 사람

2) 정신장애

(1) 정신장애의 개념

정신장애에 대해 명확히 이해하기 위해서는 정신건강의 상대적 용어인 정신병(psychosis), 정신질환(mental illness), 정신장애(mental disorder)의 개념에 대한 이해가 필요하다(권진숙 외, 2014).

정신병은 일상생활에서 가장 널리 사용되는 용어로서 넓은 의미로서는 정신기능에 이상을 나타내어 사회생활에 적응하지 못하고 일상생활에 지장을 초래하는 병적 상태를 의미하며, 좁은 의미로서는 정신증적인 증상을 일컫는 제한적인 의미를 가지고 있다. 대개 정신병은 극단적인 성격변화나 현실성을 인지하지 못하는 망상이나 환각 현상을 보이며 이를 믿는 태도를 뜻한다. 정신병은 질병이 아닌 일종의 증상으로 정신적 또는 신체적 질병, 약물 남용, 극심한 스트레스 또는 외상으로 인해 발생할 수 있다(Addington, et. al., 2004; Williams, et. al., 2004).

정신질환은 사람이 생각하고 느끼고 행동함에 있어 영향을 미치는 질병 또는 상태를 뜻하며, 다른 사람이나 주변 환경과 관련이 있다. 정신병과의 가장 큰 차이는 정신질환은 질병을 강조하며 정신병보다 포괄적인 의미로 간주된다(Joseph, 2012). 즉, 정신질환은 신경증적(neurotic)인 것과 정신병적(psychotic)인 것을 모두 포함하고 있다. 신경증은 내적인 심리적 갈등이 있거나 불안, 공포를 중심으로 외부에서 오는 스트레스를 다루는 과정에서 무리가 발생하여 심리적 긴장이나 증상이 일어나는 인격 변화를 의미한다. 반면 정신질환은 정신기능(지능, 인지와 지각, 생각, 기억, 의식, 감정, 성격 등)의 이상상태에서 병적인 현상이 나타나는 모든 질환을 말한다(권진숙 외, 2014).

정신장애는 가장 광의적인 개념으로 정신병과 정신질환의 개념을 모두 포함하고 있으며 정신기능 이상에 따른 사고, 감정, 행동상의 병리학적 이상 징후를 나타내는 장애를 말한다. 정신장애는 질병 외에도 질병으로 인한 사회적 기능의 상실까지 포함한다. 즉, 질병의 증상이 사라진다고 해도 후유증으로 인해 질병 이전의 상태로 복귀하지 못하는 비가역적인 경우에 해당되는데 만성 정신질환으로 인한 사회적 기능의 장애가 여기에 해당된다(Natasha, 2015).

정신장애는 2000년 장애인복지법 개정 때부터 장애범주로 포함되었으며, 2013년 개정된 DSM-5에서는 '정신 기능의 기초를 이루는 심리학적, 생물학적 혹은 발달 과정에서의 기능 이상을 반영하는 개인의 의지, 정서조절 또는 행동에서 임상적으로 유의미한 장애라는 특징을 가진 증후군'으로 정의하고 있다(권준수, 2015). 정신장애의 유형은 신경발달장애(neurodevelopmental disorders), 조현병 스펙트럼 및 기타 정신병적장애(schizophrenia spectrum and other psychotic disorders), 양극성 및 관련 장애(bipolar and related disorders), 우울장애(depressive disorders), 불안장애(anxiety disorder), 강박 및 관련 장애(obsessive-compulsive and related disorders) 등 20개의 유형으로 구분된다.

정신장애는 '뇌의 기능적, 기질적 손상과 사회 심리적인 요인에 의해 발생되는 정신질환으로서 정신적 기능의 이상 상태를 의미하며, 일상생활에서의 제한을 받는 기능적 결함과 개인에게 적용되는 사회적 분리를 포함하는 용어로 정의하고 있다(김기태, 2005). 이는 정신장애인이 일상생활과 직업의 기능을 포함한 사회활동에 제한을 받는 것으로 신체적 질환과는 다르게 증상의 발생, 진행 과정과 회복에서 장시간을 필요로 하는 경우가 많으므로 정신장애의 개념을 이해하는 것이 매주 중요하다고 한다(양옥경, 2000).

(2) 정신장애의 종류

① 조현병(schizophrenia)

조현병(정신분열병)이란 사고(思考), 감정, 지각(知覺), 행동 등 인격의 여러 측면에 걸쳐 광범위한 임상적 이상 증상을 일으키는 정신 질환이다. 조현병은 여러 가지 유형으로 나타나며, 단일 질병이 아닌, 공통적 특징을 지닌 몇 가지 질병으로 이루어진 질병군으로 파악되고 있다. 뇌는 인간의 모든 정신적 · 신체적 기능들을 조절, 관리하는 기관이기 때문에 뇌에 이상이 생기면 아주 다양한 증상이 나타날 수 있다. 조현병은 뇌의 이상에 의해 발생하는 뇌질환, 뇌장애로 보는 것이 옳고, 그렇기 때문에 다양한 증상으로 나타난다.

② **분열형 정동장애**(schizotypal disorder)

별난 행동, 사고 및 정동의 이상 등 조현병과 유사하나 어느 시기에도 명확하고 특징적인 조현병적 이상이 나타나지 않는 장애이다. 이 증상은 냉정동 또는 부적합한 정동, 성적냉감, 별난 행동, 사회적 금단의 경향, 진정한 망상은 못되나 편집증 또는 이상한 생각, 강박관념의 되새김, 사고장애 및 지각장애, 외부자극 없이 발생하는 심한 환상, 청각과 관련된 또는 기타 환각 그리고 망상 같은 생각을 동반하는 일과성 유사정신병적 에피소드가 포함된다. 명확한 발병 시점은 없으며 진전 및 경과는 보통 인격장애와 같다.

③ **양극성 정동장애**(bipolar disorder)

양극성 장애는 기분, 에너지, 생각과 행동에 극단적인 변화가 일어나는 것이 특징으로, 치료가 가능한 병이다. 양극성 장애를 조울증이라고 하는 이유는 조증(상승한 상태)과 우울증(가라앉은 상태)의 양극단 사이에서 기분이 변화하는 특징적인 증상 때문이다. 이러한 기분 변화는 수 시간, 수 주 또는 수개월간 지속되기도 한다.

④ **우울장애**(depressive disorder)

기분・의욕・행동 등에 대한 우울증상이 있는 증상기가 지속되거나 자주 반복되는 경우를 의미한다. 최소 2주간 지속되는 정동, 인지, 생장 기능의 명백한 변화를 수반한다(서울대학교 의학정보).

(3) 정신장애의 원인

많은 학자들은 정신질환이 유전적, 생리적, 심리적, 환경적 요인에 의해 발생된다고 보고 있다. 유전적(genetics) 원인은 집안병력으로 인한 정신질환 유전자가 유전되어 질병이 발병한다고 본다. 생리적 원인(biology)은 여러 정신질환이 뇌 속에 존재하는 신경전달물질(neuro-transmitters)과 관련이 있다고 본다. 신경전달물질은 뇌세포 사이에 교류를 도와주게 되는데 만일 균형이 깨질 경우나 제대로 역할을 못하게 되면 신호전달이 제대로 이루어지지 않고 이로 인해 증상들이 나타나게 된다. 여기에 뇌손상으로 뇌의 특정 부위가 이상이 올 경우도 정신장애가 일어나게 된다. 심리적 외상(psychological trauma)은 어릴 적에 겪었던 감당하기 어려운 경험(부모의 사망, 심각한 정신적・육체적 학대 등)들이 심리적 외상이 원인이 되어 나타나기도 한다. 환경적 스트레스는 사망, 이혼, 직업상실, 결손가정, 약물남용 등의 환경적 요인들에 의해 질병이 발병한다고 본다.

(4) 정신장애의 장애정도

정신장애는 장애의 정도가 심한 장애인에 해당한다(장애인복지법, 2019).

가. 정신장애인(장애의 정도가 심한 장애인에 해당함)

㉠ 조현병으로 인한 망상, 환청, 사고장애 및 기괴한 행동 등의 양성증상이 있으나, 인격변화나 퇴행은 심하지 않은 경우로서 기능 및 능력 장애로 일상생활이나 사회생활에 간헐적으로 도움이 필요한 사람

㉡ 양극성 정동장애(情動障碍, 여러 현실 상황에서 부적절한 정서 반응을 보이는 장애)에 따른 기분・의욕・행동 및 사고의 장애증상이 현저하지는 않으나, 증상기가 지속되거나 자주 반복되는 경우로서 기능 및 능력 장애로 일상생활이나 사회생활에 간헐적으로 도움이 필요한 사람

㉢ 재발성 우울장애로 기분・의욕・행동 등에 대한 우울 증상기가 지속되거나 자주 반복되는 경우로서 기능 및 능력 장애로 일상생활이나 사회생활에 간헐적으로 도움이 필요한 사람

㉣ 조현정동장애(調絃情動障碍)로 ①부터 ③까지에 준하는 증상이 있는 사람

4. 장애인 통계

1) 우리나라의 장애인 실태

장애인의 복지정책을 수립하고 추진하기 위해서는 장애인의 장애특성, 생활 전반에 걸친 다양한 영역의 생활실태, 그리고 복지욕구에 대한 기초자료가 필요하다. 이에 따라 2017년에 보건복지부에서는 장애인실태조사를 실시하였으며, 다음의 내용은 이러한 조사를 바탕으로 한다.

(1) 장애인구 및 출현율

'2017년 장애인실태조사'에 의하면, 전국의 장애인은 2,668.4천 명으로 추정되고 있으며, 2014년의 2,726.9천 명에 비해 58.5명이 감소하였다. 이 중 지역사회에 거주하고 있는 재가장애인은 2,580.3천 명이며, 시설에 거주하고 있는 장애인은 88.1천 명이다. 장애인 출현율(인구 1,000명당 장애인 수)은 5.39%로서 2014년의 5.59%에 비해 0.2% 감소하였다(김성희 외, 2017).

〈표 2-6〉 2017년도 전국 장애인 추정수

(단위 : 명, %)

구 분		재가장애인	시설장애인	전 체
2017년	장애인 수	2,580,340	88,071	2,668,411
	출현율	5.21	–	5.39
2014년	장애인수	2,646,064	80,846	2,726,910
	출현율	5.43	–	5.59
2011년	장애인수	2,611,126	72,351	2,683,477
	출현율	5.47	–	5.61
2005년	장애인수	2,101,057	47,629	2,148,686
	출현율	4.50	–	4.59

출처 : 김성희 외(2017).

2) 장애 유형별 추정 장애인 수

전체 장애인 중 지체장애인이 1,278,368명, 뇌병변장애인 306,855명의 순으로 많으며, 안면장애인이 3,180명으로 가장 적다. 전체 장애등록률은 94.1%로 지제장애, 시각장애, 청각장애, 언어장애, 자폐성장애, 신장장애, 간장애, 장루・요루장애의 경우 90% 이상의 등록률을 보이며, 뇌전증장애는 80%에 미치지 못하는 등록률을 보였다.

〈표 2-7〉 장애인 추정수 및 장애등록률 변화추이

(단위 : 명, %)

구 분		2017년		
		등록 장애인수	추정수	등록률
계		2,511,051	2,668,411	94.1
주된 장애 유형별 장애인 수	지체장애	1,267,174	1,278,368	99.1
	뇌병변장애	250,456	306,855	81.6
	시각장애	252,794	266,823	94.7
	청각장애	271,843	288,251	94.3
	언어장애	19,409	21,087	92.0
	지적장애	195,283	233,228	87.5
	자폐성장애	22,853	23,961	95.4
	정신장애	100,069	116,079	86.2
	신장장애	78,750	83,906	93.9
	심장장애	5,507	6,217	88.6
	호흡기장애	11,831	14,111	83.8
	간장애	11,042	11,045	100.0
	안면장애	2,680	3,180	84.3
	장루 · 요루장애	14,404	15,707	91.7
	뇌전증장애	6,956	9,592	72.5

주 : 등록률=(등록장애인수 / 장애인실태조사 추정 장애인수) × 100
출처 : 보건복지부(2017). 2016년 12. 기준 등록장애인수.

3) 재가 장애인 실태

(1) 일반 현황

① 성비 및 연령

장애인의 성별분포는 남자 57.2%, 여자 42.8%로 남자가 여자에 비해 14.4% 높다.

〈표 2-8〉 성별 분포

(단위 : %, 명)

구 분	남 자	여 자	계	전국추정수
지체장애	56.0	44.0	100.0	1,261,555
뇌병변장애	59.9	40.1	100.0	286,600
시각장애	58.7	41.3	100.0	262,381
청각장애	56.6	43.4	100.0	282,255
언어장애	72.4	27.6	100.0	20,700
지적장애	56.7	43.3	100.0	197,182
자폐성장애	85.6	14.4	100.0	22,972
정신장애	50.4	49.6	100.0	103,628
신장장애	58.7	41.3	100.0	83,583
심장장애	41.9	58.1	100.0	6,174
호흡기장애	78.8	21.2	100.0	14,033
간장애	71.9	28.1	100.0	11,042
안면장애	47.1	52.9	100.0	3,173
장루 · 요루장애	68.3	31.7	100.0	15,542
뇌전증장애	43.0	57.0	100.0	9,520
전 체	57.2	42.8	100.0	2,580,340

출처 : 김성희 외(2017).

장애인의 연령 분포는 만 65세 이상이 46.6%로 가장 높았으며, 50~64세가 30.3%로 다음으로 높았다. 이러한 결과는 우리나라의 사회가 고령화 사회로 진입하면서 장애노인이 지속적으로 증가하는 것을 알 수 있다.

〈표 2-9〉 연령 분포

(단위 : %, 명)

구 분	0~17세	18~29세	30~39세	40~49세	50~64세	65세 이상	계	전국추정수
지체장애	0.5	0.8	3.3	9.5	35.5	50.4	100.0	1,261,555
뇌병변장애	4.9	2.2	4.6	8.0	29.9	50.3	100.0	286,600
시각장애	1.8	2.6	5.0	10.0	28.6	52.0	100.0	262,381
청각장애	1.6	2.6	2.4	4.5	15.7	73.2	100.0	282,255
언어장애	25.8	4.4	7.2	11.0	26.0	25.6	100.0	20,700
지적장애	18.7	36.3	13.8	15.2	12.4	3.5	100.0	197,182
자폐성장애	52.5	38.9	8.6	–	–	–	100.0	22,972
정신장애	–	2.9	13.8	30.3	38.4	14.6	100.0	103,628
신장장애	–	0.6	2.9	19.7	41.1	35.7	100.0	83,583
심장장애	5.4	6.3	0.7	–	31.3	56.3	100.0	6,174
호흡기장애	–	–	–	3.3	48.6	48.1	100.0	14,033
간장애	0.5	3.1	1.9	20.2	53.3	21.1	100.0	11,042
안면장애	–	5.8	6.5	19.6	44.9	23.2	100.0	3,173
장루 · 요루장애	1.2	1.4	1.6	10.4	24.4	61.1	100.0	15,542
뇌전증장애	–	19.4	13.2	21.3	42.0	4.1	100.0	9,520
전 체	3.3	4.6	4.8	10.4	30.3	46.6	100.0	2,580,340

출처 : 김성희 외(2017).

② 장애정도

2017년 등록장애인 중 1~3급의 중증장애인은 38.6%, 4~6급의 경증장애인은 61.4%의 분포를 보이고 있다.

4) 신체적 특성

(1) 장애 원인과 치료

장애인의 장애 원인은 88.1%가 후천적 질환이나 사고로 인하여 발생한 것으로 나타났으며, 특히 후천적 원인 중 질환(56.0%)이 사고(32.1%)보다 더 높게 나타났다.

장애인의 82.3%가 지난 1년간 치료나 재활, 건강관리의 목적으로 정기적 진료를 받는 것으로 조사되었으며, 장애유형별로는 신장, 심장, 간, 뇌전증(간질) 장애 등 내부 장애의 진료를 받는 비율이 다른 장애유형보다 높게 나타났다.

(2) 일상생활지원

기본적 일상생활동작(ADL)의 수행 정도를 살펴보면, 스스로 수행하는 데 있어서 도움이 가장 많이 필요한 항목은 이동, 보행, 목욕하기, 옷 갈아입기인 것으로 조사되었다.

수단적 일상생활능력(IADL)을 보면, 전적으로 도움이 필요한 비율이 가장 높은 활동은 대중교통수단 이용하기, 식사준비, 청소하기, 빨래하기, 금전관리인 것으로 나타났다.

이번 조사에서 장애인의 46.9%는 거의 모든 일상생활을 타인의 도움 없이 혼자 수행할 수 있다고 하였으며, 14.4%는 대부분 혹은 거의 남의 도움을 전적으로 필요로 한다고 답하였다. 특히 자폐성장애인(60.3%), 뇌병변장애인(44.4%), 지적장애인(37.3%)의 경우 일상생활에서 남의 도움의 필요 정도가 높았다. 일상생활 수행 시 타인의 도움이 필요한 장애인 중 실제로 도와주는 사람이 있는 장애인은 83.3%이며, 도와줄 사람이 없는 경우는 16.7%로 나타났다. 일상생활을 도와주는 사람은 배우자가 39.4%, 부모 21.1%, 자녀 16.6%의 순으로 나타났으며, 도움의 제공자는 대부분 가족 구성원(81.9%)이었다.

(3) 장애인 보조기기

건강보험(의료급여)의 급여 품목에 포함되어 있는 전동휠체어와 전동스쿠터의 경우, 전동휠체어나 전동스쿠터를 필요로 하는 사람은 14.7%이었으나, 소지율은 6.7%로 나타났다.

장애인 보조기기가 필요한데 구입하지 않은 주된 이유는 경제적 비용 부담 때문인 경우가 55.0%로 조사되었으며, 적합한 장애인 보조기기가 무엇인지 몰라서(19.4%), 구입처를 몰라서(5.9%), 사용해도 별 효과가 없을 것 같아서(5.7%)의 순으로 조사되었다.

(4) 정보통신기기 사용률

정보통신기기의 사용률은 스마트폰 54.4%, 휴대폰 31.4%, 인터넷 36.3%, 컴퓨터 30.6%로 나타났다.

5) 사회적 특성

(1) 결혼생활

만18세 이상 장애인 중 84.6%는 결혼한 경험이 있었고, 15.3%는 미혼이며, 남자의 경우 미혼 비율은 18.1%이며, 여자 미혼율은 11.5%로 조사되었다. 결혼 상태는 유배우 비율이 55.3%로 가장 많았고, 사별 18.7%, 미혼 15.3%, 이혼 9.0%, 별거 1.6%의 순으로 조사되었다.

(2) 사회 및 여가활동

장애인의 46.6%는 집 밖 활동 시 불편하다고 하였으며, 이 중 31.1%는 매우 불편한 정도였으며, 불편하지 않다는 비율은 53.4%였다. 특히 자폐성장애, 뇌병변장애, 호흡기장애, 장루・요루장애의 순으로 집 밖 활동 시 불편하다는 비율이 높았다.

장애인의 집 밖 활동 시 불편한 이유로는, 장애인 관련 편의시설 부족이 49.7%로 가장 많았으며, 이외에 외출 시 동반자가 없어서가 26.9%, 의사소통의 어려움이 있어서가 11.0%, 주위사람들의 시선 때문에가 10.6%의 순으로 조사되었다.

장애인들이 문화 및 여가활동에 만족하는 비율은 49.3%였으며, 만족하지 않는 비율은 50.7%, 문화 및 여가활동에 대해 불만족하는 비율과 만족하는 비율이 유사한 수준으로 나타났다. 뇌병변장애, 호흡기장애, 뇌전증장애, 정신장애, 신장장애, 안면장애의 순으로 불만족 비율이 높게 나타났다.

(3) 사회적 차별 경험

입학・전학, 학교생활, 결혼, 취업 시, 직장생활, 운전면허제도상(취득 시), 보험제도상(계약 시), 의료기관 이용 시, 정보통신 이용 시(방송 포함), 지역사회생활 중에서 장애인이 장애로 인해 차별을 가장 많이 받은 분야는 학교생활에서 또래 학생으로부터가 50.7%로 가장 높았으며, 초등학교 입학・전학 시가 40.3%, 유치원 입학・전학 시가 37.1%, 보험 계약 시가 36.4%, 중학교 입학・전학 시 33.0%, 취업 시가 30.9% 등의 순으로 나타났다.

6) 경제적 특성

(1) 경제상태

장애인 가구의 월평균 소득은 242.1만 원으로 전국 월평균 가구소득(2017. 2/2분기 기준 361.7만 원)의 66.9% 수준으로 나타났다. 가구 규모별로는 1인 가구 97.4만 원, 2인 가구 194.3만 원, 3인 가구 318.7만 원, 4인 가구 400.9만 원, 5인 가구 469.4만 원, 6인 가구 이상은 507.7만 원으로 조사되었다.

장애인 가구의 월평균 지출은 190.8만 원으로 전국 월평균 가구지출(2016. 4/4분기 기준 276.1만 원)의 69.1%의 수준으로 조사되었다. 가구 규모별로는 1인 가구 82.2만 원, 2인 가구 155.2만 원, 3인 가구 245만 원, 4인 가구 314.8만 원, 5인 가구 359.9만 원, 6인 가구 이상은 392.2만 원으로 조사되었다.

장애인 중 지난 1년간 장애로 인해 추가 비용이 발생되었던 장애인은 77.1%이었으며, 추가 비용의 내용은, 의료비가 65.9천 원으로 가장 많았고, 교통비가 20.5천 원, 보호·간병비가 20.6천 원, 부모사후 및 노후대비비 22.9천 원, 통신비 9.8천 원, 보육·교육비 8.0천 원, 장애인보조기기 구입·유지비가 7.2천 원 등으로 조사되었다. 장애유형별로는 거의 모든 장애에서 의료비로 인한 추가비용이 가장 많았으며, 자폐성장애 및 지적장애는 보육·교육비, 교통비, 재활기관이용으로 인한 추가 비용이 많았고, 뇌병변장애는 교통비, 보호·간병인비로 인한 추가 비용이 많았으며, 청각장애의 경우 통신비, 장애인 보조기기 구입·유지로 인한 비용이 많았고, 호흡기 장애의 경우에는 교통비로 인한 추가비용이 많았다.

(2) 취업상태

통계청에서 사용하는 ILO(국제노동기구 : International Labor Organization)기준을 적용하였을 경우, 15세 이상 장애인의 경제활동참가율은 38.9%로 나타났다. 실업률은 5.1%로 전체 실업률 3.4%에 비해 1.5배 높은 수준으로 조사되었다. 만 15세 이상의 장애인 중 실업자는 49천 명으로 추정되는데, 성별로 보면, 남성장애인의 인구대비 취업자 비율(고용률)은 47.0%이고, 여성장애인은 23.4%로 남성장애인의 취업자 비율은 여성장애인에 비해 2배 이상 높게 나타났다.

실업 및 비경제활동 장애인의 현재 일하지 않는 주된 이유로서는, 장애로 인해 업무를 제대로 수행할 수 없을 것 같아서가 37.5%로 가장 높았으며, 장애 이외의 질병이나 사고로(건강문제)가 19.2%, 나이가 너무 어리거나 많아서가 15.6%로 조사되었다.

취업 장애인의 임금 수준은 171만 원으로 우리나라 전체 임금근로자 월평균 임금 243만 원(통계청, 2017. 8 「경제활동인구조사-근로형태별 부가조사」)의 70.4%에 불과한 수준이다. 월평균 임금 수준은 간장애가 278만 원으로 가장 많았으며, 시각장애 196만 원, 지체장애 189만 원, 장루·요루장애 188만 원, 신장장애 176만 원으로 조사되었다. 자폐성장애의 경우는 월평균 임금 35만 원, 심장장애 65만 원, 지적장애 70만 원, 정신장애 87만 원, 뇌전증장애 90만 원으로 낮게 조사되었다.

7) 복지서비스

(1) 장애등록

2017년 장애인실태조사에서는 장애인의 97.3%가 장애등록을 한 것으로 나타났다. 장애등록 이후 혜택을 받는 정도에 대해서 받고 있다고 응답한 비율은 35.8%, 별로 받고 있지 못하다는 64.2%로 등록 이후 혜택에 대해서 부정적인 응답 비율이 다소 높게 나타났다. 지적장애, 신장장애, 자폐성장애, 정신장애, 언어장애의 경우에는 등록 이후 지원에 대해 긍정적인 비율이 높았으며, 지체장애, 시각장애, 청각장애, 간장애, 장루·요루장애는 부정적 응답의 비율이 높았다.

(2) 장애인복지서비스에 대한 이용경험 및 만족도

현재 실시하고 있는 장애인복지사업 중 가장 이용경험률이 높은 사업은 통신관련 요금 감면 및 할인(85.4%), 교통관련 요금 감면 및 할인(75.8%), 공공시설 이용 시 요금 감면 할인(65.7%), 세금공제 및 면제(49.2%), 장애인자동차 표지 발급(38.8%)의 순으로 조사되었다.

장애인복지사업 이용 경험자를 대상으로 한 이용 만족도는, 여성장애인 출산비 지원, 여성장애인 교육 지원, 장애아 보육료 지원, 장애검사비 지원, 아동양육수당,

장애인 의료비 지원, 장애인 등록진단비 지급, 장애아가족 양육 지원, 장애인 자녀 교육비 지원, 승용자동차 관련 세금 면제, 장애아동수당 등이 높은 수준으로 나타났다. 장애인복지사업 이용 만족도가 낮은 경우는, 장애인 자립자금 대여, 장애인 근로자 자동차구입자금 대여, 경증장애수당으로 나타났다.

장애인복지사업 기관의 이용경험은 장애인복지관이 10.0%로 가장 높게 나타났으며, 장애인특별운송사업(장애인 콜택시, 해피콜 등) 5.3%, 직업재활시설 3.4%, 장애인 단체 3.3%, 장애인 체육시설 2.2%의 순으로 조사되었다. 향후 이용을 희망하는 비율은 장애인특별운송사업(장애인 콜택시, 해피콜 등) 37.1%, 장애인 재활병원・의원 36.1%, 장애인 체육시설 21.0%, 장애인복지관 20.7%의 순이다.

(3) 복지서비스의 욕구

사회 및 국가에 대해 가장 우선적으로 요구하는 사항은 소득보장(41.0%), 의료보장(27.6%), 고용보장(9.2%), 장애 건강관리(장애 예방 포함)(6.0%), 주거보장(5.1%)의 순으로 조사되었다.

5. 각 나라별 장애의 정의와 범주

장애의 개념과 정의, 장애의 범주나 평가기준은 누가 어떤 목적으로 정하느냐에 따라 다르므로, 각 나라의 장애인의 정의나 범주도 서로 다르다.

〈표 2-10〉 나라별 장애인의 정의

국 가	장애인의 정의
대한민국	신체적 · 정신적 장애로 인하여 장기간에 걸쳐 일상생활 또는 사회생활에 상당한 제약을 받는 자(장애인복지법, 2000)
미 국	사람의 주요 일상활동의 한 가지 또는 그 이상에 실질적 제약을 갖는 신체적 혹은 정신적 손상이나 손상기록, 또는 그러한 손상이 있는 것으로 간주되는 경우(장애인법; ADA, 1990)
독 일	보통에서 벗어난 신체적, 정신적, 심리적 상태에서 기인하는 6개월 이상의 지속적인 기능저하 상태(장애인법)

영 국	정상적인 일상생활을 하기 위한 개인의 능력에 지속적이고 장기적으로 불리한 영향을 주는 신체적 또는 정신적 손상(장애인차별금지법, 1992)
일 본	신체장애, 정신박약 또는 정신장애가 있기 때문에 장기간에 걸쳐 일상생활 또는 사회생활에 상당한 제한을 받는 자(장애인기본법, 1995)
대 만	시각장애, 청각 또는 평형기능장애, 음성기능 또는 언어기능장애, 지체장애, 지능장애, 중복장애, 주요기관 기능상실자, 안면장애, 식물인간 치매노인, 자폐, 기타 중앙기관이 인정하는 장애인(장애인복지법, 1990)

출처 : 대한의학회(2016).

〈표 2-11〉 장애범주의 국제비교

국 가	장애범주
대한민국	• 외부 신체기능의 장애 : 지체장애, 뇌병변장애, 시각장애, 청각장애, 언어장애, 안면장애 • 내부기관의 장애 : 신장장애, 심장장애, 간장애, 호흡기장애, 장루 · 요루장애, 뇌전증장애 • 발달장애 : 지적장애, 자폐성장애 • 정신장애 : 정신장애
미 국	• 신체장애 : 지체장애, 시각장애, 청각장애, 언어장애, 외형적 추형, 신경계, 근골격계, 감각기관장애 • 정신장애 : 정신질환, 정서장애, 학습장애, 알코올 중독 • 내부장애 : 생식기, 소화기, 비뇨기, 피부, 혈액, 내분비계, 암, 에이즈
프랑스	• 신체장애 : 지체, 시각, 청각, 언어, 기형, 추형(미관장애) • 정신장애 : 정신지체, 정신질환, 정서장애 • 내부장애 : 심장, 신장, 호흡기, 비뇨기, 내분비, 신진대사
스웨덴	• 신체장애 : 지체장애, 시각장애, 청각장애, 언어장애 • 정신장애 : 정신지체, 정서장애, 학습장애, 약물, 알코올 중독 • 내부장애 : 폐질환, 심장질환, 알레르기, 당뇨 • 사회적 장애 : 의사소통에 장애가 있는 외국 이민자, 타인의존, 노동력 감소자
호 주	• 신체장애 : 지체장애, 시각장애, 청각장애, 언어장애, 안면장애 • 정신장애 : 정신지체, 정서장애, 알코올 중독, 약물 중독 • 내부장애 : 심장, 신장, 호흡기, 당뇨, 암, 에이즈 등
독 일	• 신체장애 : 지체장애, 시각장애, 청각장애, 언어장애, 안면기형 • 정신장애 : 정신질환, 정신지체, 정서장애 • 내부장애 : 호흡기, 심장순환기, 소화기, 비뇨기, 신장, 생식기, 신진대사, 혈관, 피부

출처 : 장애인복지법(2019); 대한의학회(2016).

제3장
장애인복지정책

1. 사회복지정책
2. 장애인복지정책
3. 장애인정책의 발달
4. 선진국의 장애인복지정책

제3장 장애인복지정책

1. 사회복지정책

1) 사회복지정책의 정의

사회복지정책은 '사회복지'와 '정책'이라는 두 용어의 합성어이다. 그러므로 사회복지정책의 개념은 '사회복지란 무엇인가'와 '정책이란 무엇인가'라는 두 가지 질문의 해답에 따라 결정된다고 볼 수 있다.

정책이란 특정한 목적을 이루기 위해 필요한 행동들에 관한 원칙, 지침, 일정한 계획 혹은 조직화된 노력 등으로 정의하고 있으나, '사회복지란 무엇인가'라는 질문이 더 중요하다고 본다. 이는 사회복지정책의 개념정의와 관련된 대부분의 쟁점들은 '정책'의 본질과 개념정의보다는 '사회복지'의 개념정의에서 비롯되는 것이기 때문에 '정책'의 개념을 둘러싼 논의는 실질적으로 사회복지정책의 개념에 있어서 많은 도움을 주지 못하고 오히려 혼란을 초래할 수도 있기 때문으로 본다.

'사회복지'의 '복지'라는 말은 사전적 의미로서 '만족스러운 상태, 건강, 번영, 안녕' 등이다. 그러므로 복지는 더할 나위 없이 좋고 만족스러운 삶이 영위되는 것이며, 건강과 행복의 조건들이 충족되는 상태를 말한다. 그렇다면, 이러한 복지와 반대되는 '비복지(diswelfare)'의 상태란, 만족스럽지 못한 상태, 질병, 빈곤, 불안, 불행한 상태를 말한다고 볼 수 있다. 이렇게 복지-비복지를 대비시킬 때 가장 단순한 수준에서 복지국가는 '국민의 비복지를 제고하고 복지를 향상시키기 위해 노력하는 국가' 또는 '국민의 복지향상을 가장 중요한 책임과 의무로 삼는 국가'로 정의할 수 있다. 이러한 정의는 국가가 국민들의 복지향상을 위해 개입한다고 할 때 어느 정도까지, 또한 무엇을 목표로 복지를 제공할 것인가에 대한 논의가 포함되어 있지 않다. 그러므로 복지국가에 대한 개념의 정의는 이러한 요소들을 포함할 수 있어야 한다.

복지국가에 대한 개념을 정교화하고자 할 때 부딪치는 문제는 논자의 가치관, 이데올로기적 입장, 그리고 이론적 관점에 따라 복지국가의 개념 정의가 매우 다양하게 제시된다는 것이다. 다음의 정의를 보면 복지국가에 대한 통일적 개념정의를 수립하는 것이 얼마나 어려운 것인지를 알 수가 있다.

(1) Wilensky(1975)의 정의

복지국가의 핵심은 국가가 모든 국민에게 최소한의 수입, 영양, 건강, 주택, 그리고 교육을 보장하는 것이다. 국가에 의한 이러한 복지제공은 자선이 아니라 모든 국민이 누리는 정치적 권리에 대응하여 주어지는 것이다. 최소한의 수준을 보장하기 위해 국가가 시행하는 제반 프로그램들은 비록 그 결과에 있어서 재분배를 통해 평등을 증진시킬 수 있다고 하더라도 그 목적에서는 평등과 아무런 관계가 없다.

(2) HeckshER(1984)의 정의

복지국가는 자국 내에 거주하는 국민들의 삶에 대해 집합적 책임을 지는 국가이다. 따라서 복지국가는 빈곤을 제거하기 위해 노력하고 국민들이 빈곤상태에 빠지는 경우 그들을 위해 적절한 사회보장을 제공한다. 또한 복지국가는 기회의 평등을 촉진하여 국민들의 삶을 향상시키기 위해 노력한다.

(3) Mishra(1990)의 정의

복지국가란 국민들의 삶과 관련된 '최소한의 전국적 기준(national minimum standards)'을 유지하기 위해 국가의 책임을 제도화하는 것이다. 특히 제2차 세계대전 이후의 이 같은 최소한의 전국적 기준을 보장하기 위해 완전고용의 실현, 국민의 기본 욕구를 충족시키기 위한 보편적 서비스의 제공, 그리고 빈곤의 해소와 예방에 정책의 초점을 둔다.

(4) Korpi(1983)의 정의

복지국가의 발전 정도는 정치적 민주주의와 국민들에 대한 최소한의 사회보장을 전제조건으로 하여 상대적으로 빈곤이 어느 정도 감소되는가, 혹은 결과의 평등이 어느 정도 실현되는가에 의해 결정된다.

(5) Esping-Andersen(1990)의 정의

복지국가는 다양한 형태의 복지체제가 존재한다. 그러나 복지국가의 발전의 정도는 국가에 의해 부여되는 사회권이 국민들의 시장에 대한 의존성을 얼마나 줄이느냐, 즉 탈상품화의 정도가 어느 정도인가에 달려있다.

2) 사회복지정책의 영역

사회복지정책의 영역은 어떠한 영역에서 제기되는 어떠한 욕구를 해결하고자 하는 것으로, 해결해야 할 기본적 욕구가 무엇인가에 달려있다고 볼 수 있다. 즉, 인간답게 살 수 있는 데 필요한 기본적인 욕구 중 가장 먼저 해결해야 할 욕구는 생존의 욕구일 것이다. 그러므로 음식을 비롯하여, 생존에 필요한 기본적 재화를 구입할 수 있는 소득보장, 질병이 발생하였을 때 치료해 줄 수 있는 의료서비스, 주택 등은 생존에 가장 필수적인 것들이라고 할 수 있다. 그렇지만 인간다운 생활은 이와 같은 물질적인 측면만의 욕구로서는 해결되는 것은 아니다. 사람에게는 비물질적인 측면의 욕구 또한 중요한데 이를 위해서는 사회통합을 위한 교육과 아동, 노인, 장애인 등 사회적 약자들의 특별한 비물질적인 욕구의 해결을 위한 개별 사회적 서비스(personal social services)가 필요하다(송근원 외, 1997).

그러므로 사회복지정책의 주요 영역은 소득보장, 건강, 교육, 주택 그리고 개별 사회적 서비스 등 다섯 가지로 볼 수 있다. 이외에 사회복지정책의 개념을 보다 넓게 조세정책, 노동시장정책 등을 포함시키기도 한다. 이러한 이유는 조세정책의 경우 소득보장정책과 같이 직접적인 급여를 통하여 소득을 보장시키지는 않지만 간접적으로 소득의 재분배에 크게 기여하기 때문에 실질적으로는 소득보장의 기능을 하기 때문으로 본다. 또한 노동시장정책의 경우에도 이들 정책들이 저소득층이 시장에서 얻는 일차소득을 높이는 데 크게 기여하기 때문에 전체적인 소득보장이라는 차원에서 본다면 이차소득과 관련된 소득보장정책과 더불어 필요한 것으로 본다.

그러므로 사회복지정책은 소득보장, 건강, 교육, 주택, 개별 사회적 서비스, 조세정책, 그리고 노동시장정책의 7대 영역으로 구성할 수 있다(송근원 외, 1997).

2. 장애인복지정책

1) 장애인복지정책의 이념과 원칙

장애인복지는 장애인을 인간으로서 존중하고 더불어 살며 능력을 최대한 발휘하여 인권차원에서 가치 있는 삶을 영위하도록 지원하여야 한다. 이러한 차원에서 장애인 복지정책은 다음의 이념에 기초하여 수립되어야 한다(남기민, 2007).

① **인권존엄의 원칙** : 장애인에 대한 일반적인 사회적 인식은 인간의 본질적인 면은 보지 않은 상태에서 차별과 편견이 지배적이라 할 수 있다. 그러나 신체적・정신적으로 장애가 있다 하더라도 한 인간으로서 생명이 존중되어야 하며, 비장애인과 동일한 사회의 기본적인 의무와 권리가 보장되어야 한다.

② **개별화의 원칙** : 장애를 가지고 있어도 개인이 추구하는 삶의 목표는 다르다. 그러므로 다양한 장애를 가진 개인에 대한 장애의 의미 여부와 문제해결을 위한 접근 방법은 개별화가 요구된다.

③ **발달보장추구의 원칙** : 모든 개체는 변화하고 발달하며 그 가능성을 믿고 능력을 개발하는 것이 발달보장이다. 그러므로 장애인의 개성적 발달과 잔존능력의 성장 가능성을 찾아 그 성장에 기대를 걸고 개성이나 특성을 파악하여 발달시켜야 한다.

④ **기회균등의 원칙** : 기회균등이란 모든 사람이 일상생활을 하는 데 필요한 모든 사회적 기구와 서비스를 이용할 수 있는 것을 의미한다. 장애인도 한 사람의 사회 구성원이기 때문에 모든 사람들이 공유하는 사회적 기회가 장애인에게도 보장되어야 한다. 즉, 비장애인과 다른 생활이나 분리된 생활은 바람직하지 못하므로 정상적인 사회생활을 할 수 있도록 하여야 한다.

⑤ **사회참여와 평등성의 원칙** : 장애인은 신체적・정신적 장애가 있다는 이유로서 기본권이 보장되지 않고 사회에서 소외된 존재로 무시되어져 왔다. 장애인의 평등한 기본권이란 정치적・법적・사회적 권리로 비장애인과 동등한 의무와 권리가 인정되어야 한다. 장애인의 완전한 사회참여와 평등이 진행되어야 장애인과 비장애인이 하나의 사회를 형성할 때 사회통합이 가능하다.

⑥ **사회적 가치화의 원칙** : 장애를 가지고 있다는 이유로 장애인은 사회로부터 가치가 절하되는 평가를 받게 되고, 장애인의 잠재적 능력은 인정받지 못하는 경우가 있다. 그러나 장애인도 사회의 한 구성원으로서 역할을 부여받아 함께 살 수 있는 존재로 사회적 권리가 부여되어야 한다.

장애인복지의 원칙은 UN의 인권선언과 우리나라의 인권헌장과 같이 어떤 심신의 상태에서도 인간으로서 존중되어야 할 자유권과 사회권의 주체임을 인정한다. 그리고 사회와 국가는 인간의 존엄과 가치를 가지고 행복을 추구할 권리를 가지고 있는 장애인의 인권을 보호하고 완전한 사회참여와 평등을 이루어 더불어 살아가는 사회를 만들기 위한 여건과 환경을 조성하도록 노력하여야 한다.

2) 장애인복지정책의 이론적 배경

(1) 장애 패러다임

패러다임이란 '특정한 학문집단 내에서 공유되고 있는 어떤 개념적・이론적 틀'을 말한다(김인숙, 2007). 장애 패러다임은 장애 현상과 관련하여 어떻게 장애를 규정하느냐와 그 범위 그리고 그 해결방안에 대한 연구의 틀을 마련해 주는 것이라고 볼 수 있다. 장애 패러다임의 변화는 장애를 규정하는 것에서부터 장애에 대해 어떻게 문제를 제기하고 그에 대한 해결방안으로서 어떠한 장애인복지정책을 제시할 수 있을지에 대한 것이라고 볼 수 있다.

장애 패러다임은 제2차 세계대전 이후 복지국가의 형성과 그에 따른 복지국가의 성과를 '시민권'이라는 측면에서 접근하게 되면서 변화의 기반이 마련되었다. Marshall(1981)은 시민권의 구성요소로서 자유권, 참정권, 사회권을 제시하였고, 이

세 가지 권리는 역사에 따라 순차적으로 발전하여 왔다고 본다. 이를 자본주의적 시민권, 민주주의적 시민권, 복지주의적 시민권으로 명명하였으며, 이 세 가지 요소가 조화롭게 구현된 형태를 '복지국가'라고 표현하였다. 그중 사회권은 '약간의 경제적 복지와 보장, 사회적 유산에 참여하고 공유하며 문명화된 삶을 지배적인 기준에 따라 살 수 있는 권리'라고 말한다(이아영, 2015). 즉, 개인에게 제공되는 보장의 의미, 삶 속에서 발견하는 집단적 정체성은 사회권의 특징이라고 할 수 있으며 Marshall은 이를 '사회적 시민권'이라고 말한다(서정희, 2008). 이러한 사회적 시민권은 복지국가에서 시민으로서의 복지권과 정책수행 준거가 될 수 있다는 점에서 중요한 의미를 갖는다고 볼 수 있다.

복지국가의 성장과 함께 소수에 불과했던 시민권 확장의 역사 속에서 배제되었던 소수집단의 문제가 제기되었으며, 이에 따라 다양한 사회적 운동이 나타났고, 그 속에서 장애인 문제도 나타나게 되었다. 이러한 흐름 속에서 영국의 Oliver에 의해 개인모델과 사회모델이라는 장애 패러다임이 주목을 받게 되었다(신은경, 2007).

개인모델과 사회모델이라는 장애 패러다임을 이해하기 위해서는 장애에 대해서 '정상성(normality)'이 무엇인지 그 본질을 찾아내는 작업이 중요하다. 정상성이라는 개념은 현대 프랑스 생명과학 철학에서 유래하였다. 현대 프랑스 생명과학 철학은 건강한 '정상'의 신체와 질병에 걸린 '비정상성'의 이분법이 아닌 생명과학의 과학적 진리와 다양한 가치들을 분석하기 위해 '역사적 인식론'이라는 독창적 연구방법을 발전시켜 나갔으며, 이에 따라 생리학자나 의사와 같은 전문적인 생명과학자들뿐만 아니라 우리가 익히 알고 있는 여러 철학자들이 그 연구방법을 사용하였다. 이 정상성은 네 가지의 기본 특징으로 규정하는데, 관계성(relativité), 적응성(adaptabilité), 규범성(normativité), 주관성(subjectivité)이다(이아영, 2015).

관계성이란 정상이라고 규정되는 것은 생명체 자체의 본질이 아니라 생명체가 외부환경과 맺는 특정한 관계에서 나타난다는 것이다. 그러므로 절대적으로 존재하는 것이 아니라 오직 추상적인 이론에서 하나의 가설로서 상정될 수 있다는 것이다.

적응성이란 생명체의 정상성은 외부환경이나 내부환경에 대한 수동적 적응의 결과가 아니라, 이러한 환경에 능동적으로 적응할 수 있는 능력 자체라는 것이다. 기능이 떨어지거나 질병에 걸린 생명체는 외부 환경에 대한 적응능력이 떨어진다는 것이다.

규범성이라는 것은, 정상성이라는 것은 단지 생명이 지켜야 할 여러 규범 중의 하나라고 간주될 수 있다. 여기서 규범이란 대상이 가치 판단에 의해서 구성되는 분야를 뜻하며, 이러한 대상에 대한 학문의 과제는 그 분야의 지배적인 가치를 비판하는 것이다. 즉, 절대적 규범이 생기면 그것에 의해 가치판단이 이루어지며, 이에 대한 가치판단을 비판해야 하는 것이 학문의 과제라는 것이다.

주관성이라는 것은, 생명체는 특정한 시점, 특정한 환경, 특정한 개체라는 조건에 주관적 경험이라는 조건이 추가되어야 실재한다고 본다. 생명체의 정상성은 규범적일 뿐만 아니라 주관적이며, 이러한 특징으로 인하여 생명체의 객관화가 근본적으로 쉽지는 않다. 그러므로 병리적인 것은 환자가 주관적으로 인지하는 상태이지 의사에게서 객관적으로 판단받은 상태라는 것이 아니다(이아영, 2015).

개인모델은 장애의 개념을 '비정상'적인 신체나 정신으로 인하여 어느 정도 기능의 한계가 온 것이라고 보았다. 또한 개인모델은 '의학적 모델'로 불리기도 하였는데 의학 전문가들이 장애인에게 장애 없는 신체라는 정상성(able-bodied normalcy)을 기준으로 장애를 부과하고 이를 해결하기 위한 대안을 의학 전문가들이 중심이 되어 재활 및 치료를 하는 것으로 보았기 때문이다(Giddens, 2006). Faucalt(1999)는 보편적 기준에 의해서 자연적 한계의 위반, 분류의 위반, 일람표의 위반, 법의 위반들의 혼합체로서 비정상적인 '괴물'이 나타난다고 하였다. 신제적 손상(impairment)을 장애인 개인의 비극으로 인식하게 하면서 사회적 장애요인은 무시하였다.

이렇게 타자화된 장애는 그 사회의 보편적 기준을 형성하는 주체들이 생성한 지식과 그 담론 속에서 더욱더 배제와 금지, 분한과 배척을 당하게 된다. 장애인 스스로 자신에게 주어진 '병자 역할'을 지속하면서 자신을 비정상적이고 타당하지 않은 사람으로 받아들이게 하였다(오혜경, 2001). 또한 사회에서는 장애인을 사회적으로 열등한 존재, 시혜적인 특수보호대상자로서 인식하게 되었다. 이러한 것은 우리 사회에서 장애인을 '병신', '애자' 등의 용어로 표현하며 장애의 개념이 더욱 굳어지게 하였다.

정상성 추구가 만연한 사회에서는 장애인과 전문가의 관계가 의존적으로 될 수밖에 없는데, 전문가는 정상성의 논리에 따라 결함 또는 장해를 가진 신체를 비정상 또는 일탈로 간주한다. 장애인의 적응을 전문가가 원조하는 관계에서 사회복지사와 같은 전문가들은 장애인과는 대조적으로 지위와 권력을 가질 수 있으며, 이에 따라 불평등한 관계가 형성될 수 있다. 결국 정상성이라는 기준을 통해 사회적으로 구조화되어 나타나게 되고 이것을 해결하기 위해서 사회구조가 변화되어야 한다고 주장하는 사회모델이 등장하게 되었다(이아영, 2015).

사회모델은 장애의 개념을 어떤 개인의 손상 및 결함이 아닌 사회생활을 하는 데 있어서 사회적 기반이 불충분하기 때문에 발생하는 것으로 보며, 장애는 개개인이나 집단의 다양한 활동을 사회가 제약하는 상황으로 보는 패러다임이다(김용득, 2002).

이러한 사회모델로의 패러다임의 변화로 먼저 장애를 보는 개념이 변화하였으며, 장애인 문제 해결의 방향 또한 수정되었다. 이전의 개인모델에서는 신체적·정신적 결함을 해결(치료)하고, 장애인을 보호하는 방향이었다면, 사회모델에서는 장애인의 사회참여를 방해하는 장애물이나 사회생활에 참여하더라도 그곳에서 느끼는 불편함을 제거하기 위한 해결 방안을 모색하게 되었다.

이러한 개념은 세계보건기구(WHO)의 장애의 개념에도 반영되었으며, 1980년에는 ICD(International Classification of Diseases)를 근간으로 하여 장애분류모델(ICIDH : International Classification of Impairments, Disabilities, and Handicaps)을 발표하게 되었다. 이는 장애의 개념을 '손상(impairment)', 손상으로 인한 '행위 무능력' 그리고 '사회적 불이익'의 세 가지로 나누어서 제시하였다. 여기서 손상이란 심리적·생리적 또는 해부학적인 구조나 기능의 감소를 불러온 영구적 또는 일시적인 병리적 상태(예 시각장애, 청각장애 등)를 의미하며, 행위 무능력이란 정신적·신체적 손상으로 인해 일상생활의 기능적 능력의 제약 혹은 부족상태가 나타나고, 그 상태에 대해 개인이 적응한 결과가 나타난 것이다. 또한 사회적 불이익이란 특정 개인에게 신체적·정신적 상태가 일시 또는 영구적으로 손상되어 그 결과 독립생활, 교육, 취업 등이 저해되고 있는 상태를 말한다.

1997년에는 신장애분류모델(ICIDH-2)의 분류법에 '장애를 둘러싼 상황적 요인'을 추가하였다. 이러한 새로운 분류 모델은 장애를 손상(impairment), 활동(activities), 참여(participation)로 구분하였는데, 이 세 가지는 상호관련성을 갖는 것으로 보았다. 신장애분류모델의 특징은 환경과 상호적인 관계 속에서 포괄적인 장애를 규정하는 것이다. 예를 들면, 다리를 저는 사람이 사무실에 앉아서 일을 하는 것은 문제가 없으나, 장애를 가지고 있다는 이유로 채용 자체가 되지 않거나 채용에 있어서 불평등한 대우를 받을 수 있는데, 이러한 경우 사회참여의 제한 측면에서 장애가 될 수 있다는 것이다. 그러므로 장애는 개인이 해결할 수 있는 것이 아니라, 사회 내에서의 인식개선, 정책개선과 같은 해결의 책임이 있다는 것이다(이아영, 2015).

WHO는 2001년에 장애분류기준을 국제기능·장애·건강분류(ICF : International Classification of Functioning, disability, and health)로 제시하였다. ICF에 의하면 장애(disability)는 '손상(impairment)', '활동제한(activity limitation)', '참여제약(participation restriction)'을 포괄하는 용어로 정의하였다. 이는 신(新)장애분류 모델(ICIDH-2)에서 제시되고 있는 대부분의 내용을 계승하였으며, 이전에 비해 분류체계와 언어사용을 보다 긍정적이고, 환경지향적인 맥락에서 제시하였다는 점에서 좀 더 진보한 개념이라고 할 수 있다(이석원 외, 2008). 또한 이는 국제질병분류인 ICD-10과 병행해서 상호보완하도록 하였으며, 언제든지 누구에게나 닥칠 수 있는 장애의 위험에 대비해 장애인에게 제한되어 적용할 수 있는 것이 아니라, 모든 사람의 건강 요소를 분석할 수 있는 보편적인 적용이 가능한 틀이라고 볼 수 있다(조한진, 2011). 장애의 개념은 개인모델에서 사회모델로 이전하고 있으며, 장애는 신체적 손상만을 가리키는 것이 아니라 신체적 손상 여부와 관계없이 사회적 환경과의 관계에 따라 생기는 장벽을 의미하고 있다.

우리나라는 장애인 관련법의 제·개정과 5년마다 정부가 발표하는 '장애인정책종합계획'의 목표변화 과정에서 패러다임의 변화를 볼 수 있다. 제2차 종합계획(2003~2008)의 목표는 '장애인이 대등한 시민으로 참여하는 통합적 사회실현'으로 '시민'으로서의 장애인이 '참여'하는 것이며, 제3차 종합계획(2008~2012)은 '권리'로서 참여확대와 '통합사회'를 목표로 하였다. 제4차 종합계획(2013~2017)의 목표는 '함께 더불어 가는 사회'이다. 이러한 변화는 우리 사회의 장애를 보는 패러다임이 참여 및 권리 그리고 포함을 강조하는 개념으로 변화하고 있는 것을 볼 수 있다.

(2) 장애에 대한 태도

① 사회적 배제(social exclusion)

사회적 배제란 어떤 개인 및 집단이 사회에 포괄적으로 참여할 수 있는 경로가 차단되어 있는 것으로서 사회의 어떤 개인이나 집단을 주류로부터 격리시키는 원리로서 작동한다고 할 수 있다. 사회적 배제라는 개념은 1974년 프랑스 정부의 사회부장관이었던 Rene Lenoir가 '배제된 사람, 프랑스인 열 사람 중의 하나(Les Exclus, Un Francais sur dix, 1974)'라는 저서를 출판하면서부터 사용되기 시작하였다. 초기에는 사회적 배제가 사회보장 제도의 수혜대상이 되지 못하는 집단을 의미하는 개념에서 점차 범위가 넓어져 장애인, 일탈 청소년, 장기 실업(자) 등 사회적, 심리적, 그리고 문화적 영역에서 기본적인 권리에 대한 접근을 하지 못하는 것으로 확대되었다(심창학, 2001).

Silver(1994)는 사회적 배제의 근본 원인에 따라 그 유형을 다음의 세 가지로 구분하였다(문진영, 2004).

㉠ **배제는 개인과 사회 간의 사회적 연대가 붕괴되었을 때 발생한다는 관점** : 이 관점에서는 국가, 인종, 지역 등 집단 간의 경계를 만드는 배제뿐만 아니라 빈곤 문화 및 장기간 실업 등 포괄적인 개념에서 보고 있다. 따라서 배제의 극복은 국가적인 합의, 공동체 의식 등을 통해서 사회구성원이 보다 넓은 사회에 통합함으로써 이루어진다고 본다. 이러한 관점에서 배제의 반대는 사회통합(integration)이고 이에 도달하기 위한 과정은 편입(insertion)을 통해서 이루어질 수 있다.

㉡ **분화 관점** : 주로 자유주의 사상에 기초하여 배제를 사회집단에서의 분화를 야기하는 개인적 차이를 전제로 한 사회적 분화, 경제적 노동 분리, 영역의 분리 등 분화의 결과로 간주한다. 즉, 사회적 배제는 사회적 분화 과정에서 자연스럽게 나타날 수 있다는 것이며, 이러한 관점에서는 상층 계급의 하층 계급에 대한 자발적인 배제도 포함될 수 있다.

㉢ **집단 내의 구성원들이 자원 독점 형성의 결과로 배제를 보는 것** : 배제를 희소자원을 분배하는 과정에서 자원을 가진 자들이 가지지 못한 자들의 진입을 통제하는 사회적 폐쇄(social closure)를 제도적으로 재생산하여 가지지 못한 자들의 참여가 제약을 받는 일련의 과정으로 본 것이다. 이러한 시각에서는 자원을 가진 주류집단이 자신들의 권익과 희소자원의 독점을 지속시키기 위해 차별과 배제를 제도화하여 재생산한다고 본다.

사회적 배제로 인하여 우리 사회의 장애인은 장애 그 자체보다도 일상생활에서의 격리, 주변 사람들로부터의 소외, 거주시설에서의 단체 생활 및 감시로 인한 주체성의 상실, 낙인 등으로 어려움을 겪으며, 장애인의 의도와는 관계없이 사회에서 배제된다. 결국 사회적 배제란 시민권의 불인정, 즉 시민으로서의 다양한 정치적·경제적·사회적·문화적 권리들의 부인에 대한 다른 표현일 수 있다는 것이다(김도현, 2009; 박형진, 2008).

사회적 배제에서 벗어나기 위해서는 사회, 경제, 문화 등 다차원적 측면에서 장애인을 아웃사이더로 경계 짓는 사회적 원인과 결과를 탐색하고 이를 양산해 내는 과정을 분석하여야 한다. 그 과정에서 도출된 문제의 해결을 중심으로 사회의 구성원으로 살아가는 데 어려움을 겪는 장애인이 다른 구성원들과 동등한 권리를 가지고 참여하는 삶을 살 수 있도록 사회, 경제, 문화 등 다양한 영역에서 장애인을 포함하는 정책 방안을 모색하여야 한다(강신욱 외, 2005).

② 사회적 포함(social inclusion)

사회적 포함과 밀접한 관련을 갖는 개념으로서는 '사회적 배제'와 '사회통합'이 있다. 사회적 배제에 대응하는 개념으로서는 사회적 포함(social inclusion)과 사회통합(social integration)이 있다. 사회통합은 사회적 포함과 유사한 개념이어서 혼용되어 사용되는 경우가 있는데, 사회통합은 사회의 폐쇄적인 속성에 의해 배제되었던 사람들을 사회 속으로 진입시킨다는 점에서 사회적 포함과 유사하다고 볼 수 있다. 그러나 사회통합은 기존의 사회질서유지를 지향하는 개념이라고 할 수 있으며, 사회의 경계 외부에 머물던 사람들이 사회 내부로 들어와 기존 사회관계 양식과 그 내부질서에 따르고 그것에 적응해 가면서 사회에 '결합'되는 것이다. 이러한 사회통합의 개념은 주로 이민자 정책에 많이 쓰이고 있다,

사회적 포함이란 사회구성원들이 서로 정서적인 유대감을 가지고 공통의 목표를 추구하며, 주류가 되는 집단 없이 사회에 모두 동등하게 참여하는 것을 지향한다. 즉, 사회통합처럼 비장애인이 주류가 되는 사회에 장애인이 편입되는 것이 아니라 장애인과 비장애인의 구분 없이 모든 사람들이 함께 하는 연대적 개념을 더욱 강조한 것이라고 할 수 있다. 복지국가의 '사회적 시민권' 개념에서 접근할 경우 장애인

은 비장애인과 마찬가지로 한 사회의 시민으로서 동등한 지위를 보장받는다는 점에서 사회적 포함은 더욱 의미를 가진다고 볼 수 있다.

'사회적 시민권'은 19세기 말부터 20세기에 이르기까지 형성되어 온 경제·사회·문화적 권리를 통칭하는 것으로서 우리 헌법에서 말하는 '인간다운 생활을 할 권리', '행복을 추구할 권리'를 의미한다(서정희, 2008). 사회적 시민권은 시민이라는 지위에 기초하여 사회구성원에게 부여한 매우 평등한 권리라고 할 수 있으며, 시민 개개인은 사회적 시민권을 통해 자신의 지위를 보장받을 수 있다. 장애인은 사회적으로 주체적이고 능동적인 시민(active citizenship)으로서 자기결정권을 가지고, 그 사회에 참여하는 존재로 인정을 받을 가치가 있는 것이다. 탈시설화 운동, 정상화, 사회적 역할의 가치화 등 장애운동과 이념들은 사회적 포함 개념의 등장배경에서는 상당히 영향을 미쳤다. 이러한 이론 및 운동 등은 장애인 당사자들의 완전 참여와 사회적 포함에 요구되는 다양한 자원, 관계성, 선택 및 통제, 자율성 등 기존의 개인·의료 모델 패러다임에서 간과되었던 다원적이고 능동적인 요소들에 대해 다루었다. 이를 통해 사회적 포함의 개념에서 장애인과 사회가 상호작용할 수 있도록 장애인을 배제시키는 사회 자체를 변화시키는 것으로, 이와 더불어 사회적으로 사회보험, 공적부조, 사회복지서비스 등의 각종 복지제도와 노동, 의료 및 교육보장에 대한 권리뿐만 아니라 환경권, 건강권 등의 사회적 권리를 누릴 수 있도록 보장의 필요성이 대두되었다(나영희 외, 2009).

최근 우리나라에서 장애인복지서비스의 흐름 역시 장애의 문제를 사회에서 기인한 것으로 보는 시각으로 변화되면서 탈시설화, 지역사회 내에서의 자립과 참여에 대한 필요성이 대두되고 있다. 이러한 흐름 속에서 발표된 '제4차 장애인정책종합계획'은 '장애인과 비장애인이 더불어 행복한 사회'를 목표로 삼고 있으며, 이는 기존의 장애인 자립을 대안으로 삼거나, 기존의 사회에 장애인을 통합시키는 패러다임에서 더 나아가 장애인을 우리 사회의 동등한 구성원으로 인정하고 비장애인인 다른 사회의 구성원들과 함께 연대하며 살아가는 사회적 포함의 개념을 더욱 강조하고 있다.

그럼에도 불구하고 장애인은 경제적 빈곤뿐만 아니라 사회참여, 의료, 관계, 일상생활 등의 여러 가지 어려움들에 직면해 있다. 특히 완전한 사회 참여, 즉 지역사회 내에서 일상 활동 및 생산적 활동, 여가활동 등을 수행하는 데 어려움을 겪고 있다. 특히 넓은 복지사각지대와 체계적이지 못한 장애인복지 전달체계는 이용자 중심과 자기결정이라는 사회복지의 기본 가치를 충족하지 못하고 있다(김동기, 2009).

3) 장애인복지정책

(1) 장애인 소득보장

장애인은 전 세계 인구의 약 10%를 차지하며, 가장 빈곤한 인구 중 장애인이 차지하는 비중은 약 20%이다(Quinn, 2002; USAID, 2000). 우리나라의 경우 장애인 가구 중 국민기초생활보호 대상자의 비율은 13.1%로 비장애인 가구의 비율인 6.8%에 비해 2배 정도 높게 나타났다(변용찬 외, 2006). 이러한 장애인들에게 국가가 소득보장 정책을 행하는 것은 인간의 생존권 보장과 인권적 기본 시책으로서의 성격이 강하다. 그러므로 UN은 이미 30년 전에 장애인은 경제적 사회적 소득을 보장받을 권리가 있다고 규정하고 있으며, 사회보장제도의 전제로서 소득보장정책을 고려하였다. 특히 장애인의 노동참여는 여전히 낮기 때문에 시장을 통한 해결을 기대하기 어렵고, 국가가 개입한 소득보장의 필요성이 있다. UN은 2006년 총회에서 만장일치로 체결된 장애인권리협약(Convention on the Rights of Persons with Disabilities) 전문에 '장애인의 대다수가 빈곤한 삶을 영위하고 있다는 사실을 강조하고, 이와 관련하여 빈곤이 장애인에게 미치는 부정적인 영향을 해결할 필요성을 인지하여야 한다'라고 규정하였다. 장애인의 소득보장 정책은 크게 세 가지로 이루어진다. 즉, 빈곤을 해결하기 위한 공공부조, 영구 장애에서 기인하는 노동능력 감소로 인한 소득상실을 보존하는 제도인 장애 연금, 장애로 인한 추가적인 비용을 보존하기 위한 장애수당으로 이루어진다(서정희, 2009).

공공부조 정책은 장애인만을 위한 정책이라기보다는 장애와 상관없이 빈곤을 해결하기 위한 자산조사 복지 프로그램이다. 산업사회에서 사회적 위험에 대한 대응책으로서 가장 근간이 되는 것은 베버리지보고서(Social Insurance and Allied Services)이다(Hills, et. al., 1994). 베버리지는 국민최저선(national minimum)을 설정하고 사회적 위험에 대한 사회보험 방식의 사회보장제도를 제기하였다. 사회보장수급권의 최저선(minimum)의 확보는 자유권과 정치권과 같은 다른 권리의 실현에 있어서도 전제조건이 된다(King & Waldron, 1988; Lister, 2005).

장애인은 비장애인에 비해 삶을 영위하는 데 드는 추가비용은 많은 반면에 차별과 일상적 장벽들로 인해 사회보장 제도에 대한 접근의 기회는 제한되기도 한다. 그러므로 장애인을 비장애인과 동일하게 처우하는 것만으로는 사회보장수급권의 분배적 정의 실현이 불가능하고 추가적인 비용이나 욕구를 반영할 수 있는 집단 지향적인(group-oriented) 제도들이 필요하다(Stein, 2001). 대부분의 국가들은 장애인의 추가적인 욕구 및 비용을 보상하기 위해 장애수당을 제공하고 비급여로 제공된다.

(2) 고용보장

고용은 개인의 사회적 참여를 가능하게 하는 중요한 요인이며, 개인의 재능, 자기 가치, 시민권적 권리의 발현을 위한 능력에 있어서 중심적이고 보편적인 역할을 수행한다. 개인은 고용을 통해서 급여를 받을 기회를 얻고, 자신이 생산적이라는 자존감을 얻으며, 사회적 지지와 관련된 동료관계 및 네트워크를 형성하게 된다. 그렇지만 장애인의 고용비율은 비장애인의 고용비율에 비해 50~70%에 불과하다(OECD, 2003). 장애인들이 고용으로부터 배제로 인해 직면하는 문제는 시민으로서 그리고 성인으로서 그들의 지위가 좌절된다는 것이다. 그러므로 장애인들의 자아실현과 사회적 참여를 가능하게 하기 위해서는 국가가 개입을 통하여 고용보장정책을 제공하여야 한다.

고용보장 정책은 국가마다 다양하게 구성되는데, 최근에는 미국을 시작으로 전 세계적으로 장애인의 고용보장을 위해 논의되고 있는 제도는 반차별입법(anti-discrimination low)이다. 1990년 미국을 시작으로 2008년에는 40여 개국에서 반차별입법을 도입하여 시행하고 있다.

반차별입법 이외에 장애인 고용보장 정책은 국가마다 다양하며, 고용할당제(quota system), 보조금고용(subsidized work), 직업재활(vocational rehabilitation), 우선권 설정(allocation of preference), 유보고용(reserved work), 보호고용(sheltered work), 지원고용(supported work) 등

이 있다(서정희, 2009).

고용할당제는 고용주가 근로자를 채용할 때 전체 고용인 대비 장애인의 의무고용 비율 이상 장애인을 채용하도록 강제하고 비순응 시 벌금을 부과하여 장애인의 고용을 촉진하는 제도이다. 이러한 제도는 1923년 독일, 오스트리아, 이탈리아, 폴란드, 프랑스에서 시작되어 제2차 세계대전 이후 점차 대부분의 유럽 국가들과 아시아, 아프리카, 아랍 라틴 아메리카로 확대되었다(O'Reilly, 2003).

보조금 고용은 장애인을 고용하는 고용주에게 노동비용의 일부를 보상하여 지급하는 제도이다. 보조금 고용은 대부분의 선진 국가들에서 사용하는 고용보장제도로서 스웨덴, 프랑스, 오스트리아, 덴마크, 노르웨이와 같은 나라들은 상대적으로 높은 장애인 고용률을 나타내고 있다(OECD, 2003).

직업재활 제도는 훈련 또는 재훈련, 직업 지도, 선택적 장소에서의 프로그램 등을 포함하고 있으며, 장애인들의 적절한 고용과 유지를 가능하게 한다.

유보고용은 특정 부문에 특정 집단만을 고용하게 하는 고용보장 정책이다. 대표적으로는 그리스의 전화교환원(switchboard operator), 이탈리아의 전화교환원과 안마물리사(masseur physiotherapist)와 교사, 영국의 주차장 근무요원 및 승강기 운영요원, 우리나라의 안마사 등이 있다. 유보고용을 실시하는 국가는 세계적으로 드물고, 유보고용을 실시하는 대부분의 국가들은 그 대상을 시각 장애인에게 한정하는 경우가 많다.

지원고용은 중증장애인에 대한 지원을 통해 그들의 경쟁력을 높임으로써 중증장애인들이 경쟁시장에서 고용이 가능하도록 하기 위해 특별히 만들어진 제도이다(Revell, et. al., 2000). 이 제도는 미국에서 시작이 되었는데, 보호고용과는 달리 경쟁고용 상태에서 개인적 지원을 수행하는 제도이다(Bergeskog, 2001).

〈표 3-1〉 장애인 고용보장 정책

고용보장 제도	제도 내용
반차별 입법 (anti-discrimination)	장애라는 이유로 고용 및 해고에 있어서 장애인을 비장애인과 차별하지 않도록 하는 제도
보조금 고용 (subsidized work)	낮은 생산성을 보상하기 위한 재정적 보조금 또는 다른 경제적 동기를 부여하는 고용보장제도
고용할당제 (quota system)	전체 고용인 대비 장애인 고용 비율을 책정하고 비순응 시 벌금을 부과함으로써 고용을 촉진하는 고용보장제도
직업재활 (vocational rehabilitation)	직무 지도나 직업훈련, 직업재활 프로그램을 통해 적절한 고용을 보장하고, 유지 · 발전시키기 위한 고용보장제도
우선권 설정 (allocation of preference)	장애인을 동등 능력을 가진 비장애인보다 우선할 수 있도록 우선권 설정
유보고용 (reserved work)	특정 부문에 특정 집단만을 고용하게 하는 고용보장제도
지원고용 (supported work)	작업장에서 작업 코치를 배치하거나 작업장에서의 훈련과 같은 개인적 원조를 제공하는 고용보장제도
보호고용 (sheltered work)	특수 작업장(special workshop), 고립 작업장(enclaves), 사회적 기업(social firms)과 같이 보호된 환경에서의 고용보장제도

출처 : 서정희(2009).

(3) 의료보장

장애인은 비장애인들에 비해 장기간의 치료와 재활을 요구하므로 의료부분에 대한 복지정책과 그에 따른 부담경감제도가 필수적으로 요구된다. 그러므로 장애의 결과에 따른 육체적 · 정신적 능력을 회복하여 자립적으로 직업생활 및 사회생활이 가능하도록 지원하는 것을 목적으로 하고 있다. 우리나라 장애인 의료보장정책으로서는 사회보험제도로서의 다음과 같은 의료보험, 공적부조제도로서의 의료보호, 저소득장애인 의료비 지원, 장애인 보조기구 교부 등이 있다(설환희, 2010).

① 의료보험제도

의료보험제도는 장애인 본인 또는 가구원이 평상시에 일정율의 보험료를 납부하고 의료서비스 이용 시 현물 또는 현금으로 급여를 받는 제도이다.

② **의료보호제도**

공적부조제도인 의료보호제도는 거택보호, 자활보호 및 시설보호대상자 등 자력으로 의료문제를 해결할 수 없는 자를 대상으로 국가재정으로 의료혜택을 부여하는 제도로서 장애인의 경우 국민기초생활보장법상 수급자로 확정된 자에 한하여 의료보호의 혜택을 받을 수 있다.

③ **장애인 보조기구 교부**

생활이 어려운 저소득 장애인에게 장애인보조기구를 교부함으로서 이들의 생활능력의 향상 및 복지증진의 도모를 목적으로 하고 있다.

교부 대상자는 장애종별로 장애인복지법 제32조에 의거해 등록한 지체 · 뇌병변 · 시각 · 청각 · 심장장애인으로 소득수준이 국민기초생활보장법상 수급자 및 차상위 계층이다.

(4) 교육보장정책

① **자녀 교육비 지원**

1992년부터 실시된 장애인 가구에 대한 교육비 지원은 비장애인에 비해 소득활동에 제한을 받으면서 의료비, 교통비, 보장구 구입비 등 교육간접비용이 상대적으로 높은 저소득장애인 가구의 교육비를 지원함으로써 경제적 부담을 줄여 최소한의 균등한 교육기회를 보장하고 장애인 가구의 생활안정을 도모하는 데 그 목적을 둔다. 교육비 지원대상은 1995년까지는 1~3급 등록장애인, 저소득가구의 중학교 자녀 및 저소득가구의 1~3급 장애인 중학생으로 제한하였으나, 점차 범위를 확대하여 1997년에는 중학생뿐만 아니라 인문계 및 실업계 고등학교 장애인 학생 본인과 장애인 자녀까지 포함하게 되었다.

② **특수교육**

1977년 12월 31일에 제정 · 공포된 특수교육진흥법은 장애아동들의 교육기회 확대제공과 특수교육의 질적 향상이라는 측면에서 크게 기여하였다. 이후 특수교육에 대한 욕구의 증대, 특수교육기관의 급격한 신 · 증설, 부모들의 권리주장 등 특수교육 여건이 크게 변화되어 특수교육진흥법의 개정이 불가피하게 되었다. 1994년 1월 17일에 이 법이 개정되었으나, 지금은 폐기되어 「장애인 등에 대한 특수교육법」이 제정되어 시행되고 있다.

「장애인 등에 대한 특수교육법」은 장애인 등 특수교육에 관한 법으로서 2007년 5월 25일에 제정되어 2008년 5월 26일부터 시행되고 있다.

「장애인 등에 대한 특수교육법」은 모든 교육체계법의 기본법인 교육기본법 제18조(특수교육)에 법률 제정의 근거를 두고 있고, 1997년 12월 교육기본법이 제정되어 교육법 단일체계에서 교육기본법, 초·중등교육법, 고등교육법 체계로 분화되면서 특수교육, 영재교육, 유아교육, 직업교육, 과학기술교육, 교육의 정보화, 학술문화의 진흥, 사학의 육성, 국제교육 등 여러 분야의 진흥을 추구하고 있으며, 그중의 한 분야로 제18조에 특수교육을 규정하고 있다.

「장애인 등에 대한 특수교육법」의 목적은 장애인 및 특별한 교육적 요구가 있는 사람에게 통합교육의 환경을 제공하고 생애주기, 장애유형, 장애정도를 고려한 교육을 실시함으로써, 그들이 자아를 실현하고 사회가 통합되는 데 기여할 수 있도록 하는 것이다.

「장애인 등에 대한 특수교육법」의 내용에는 장애인 진로 및 직업교육, 순회교육, 개별화교육, 의무교육, 장애인평생교육과정 등이 있다.

장애인 진로 및 직업교육은 종전에는 용어의 정의 없이 직업교육에 중점을 두고 직업교육과 진로교육 등을 별도의 조문에서 규정하였으나 「장애인 등에 대한 특수교육법」에서는 특수교육대상자의 장애유형이나 장애정도 등을 고려하여 직업생활의 준비뿐만 아니라 독립적인 성인생활의 준비를 강조하면서 진로 및 직업교육의 개념 속에 직업재활훈련과 자립생활훈련 등의 실시를 포함하는 정의를 하고 있다.

순회교육은 지역 내 학교, 병·의원, 가정, 복지시설 등에 있는 특수교육대상자를 직접 방문하여 실시하는 교육을 의미하는데, 종전과는 달리 특수교육원뿐만 아니라 특수교육 관련서비스 담당 인력이 순회교육을 하도록 규정하고 있다.

개별화교육은 종전에는 용어의 정의 없이 별도의 조문에서 각급 학교의 장으로 하여금 개별화교육방법을 강구하도록 규정하고 있지만, 「장애인 등에 대한 특수교육법」에서는 개별화교육의 실질적인 운영을 위해 명확하게 용어 정의를 하고 각급

학교의 장으로 하여금 개별화교육지원팀의 구성, 개별화교육계획 수립 및 실시 등을 이행할 수 있도록 별도의 조문에서 세부적으로 규정하고 있다.

의무교육은 「장애인 등에 대한 특수교육법」 제3조에 의거하여 특수교육 대상자에 대하여는 교육기본법 제8조에도 불구하고 유치원・초등학교・중학교 및 고등학교 과정의 교육은 의무교육으로 하고, 「장애인 등에 대한 특수교육법」 제24조에 따른 전공과와 만 3세 미만의 장애영아교육은 무상으로 한다. 의무교육 및 무상교육에 드는 비용은 입학금, 수업료, 교과용 도서대금 및 학교 급식비이며, 이외에 학교 운영 지원비, 통학비, 현장・체험학습비 등을 부담하거나 보조할 수 있다.

③ 대학

교육부는 1994년 10월 15일 교육법 시행령과 대학 학생정원령을 개정함으로서 장애인 중 일정한 기준에 해당하는 사람이 1995년부터 대학 및 전문대학에 정원 외로 특례입학을 할 수 있도록 하였다. 특례입학 대상자는 장애인복지법에 의한 장애인 등록을 필하고 특수교육진흥법의 규정에 의해 특수교육대상자로 선정된 자로서 시각장애, 청각장애, 지체장애 중 어느 한 가지 장애에 해당하거나 이들 장애의 중복장애에 해당하는 사람이며, 이들에 대해서는 현행의 입학방법 이외에 학교의 장이 정하는 방법에 의해 대학 및 전문대학에 입학할 수 있도록 하였다. 특히 1997년부터는 획일적으로 적용하던 특수교육대상자 특별전형방식을 전형대상, 자격기준, 전형방법을 대학 자율로 정하도록 하여 대학의 특성과 수험생의 신체적 특성을 다양하게 반영하도록 하였다.

(5) 소득보장정책

장애인의 경제적 문제를 해결하고자 정부에서 제공하는 소득보장정책은, 첫째, 공적부조에 의한 국민기초생활보장제도가 있으며, 둘째, 장애수당, 셋째, 사회보험에서의 장애연금, 기초장애연금, 장애인 자립자금대여사업, 넷째, 조세감면 및 이용할인요금 등을 통한 경제적 부담 경감 정책이 있다.

① 공적부조에 의한 소득보장

가. 국민기초생활보장제도

국민기초생활보장제도는 의료급여제도와 함께 우리나라의 대표적인 공공부조제도로서 생활이 어려운 자에게 필요한 급여를 행하여 이들의 최저생활을 보장하고 자활을 조성하는 것을 목적으로 하고 있다. 즉, 빈곤층에게 최저생활을 유지할 수 있도록 지원하는 최후의 안전망이 국민기초생활보장제도이다. 장애인의 소득보장 측면에서 국민기초생활보장제도는 장애인을 대상으로, 장애로 인한 빈곤 위험에 직접적으로 개입하는 것을 목적으로 하는 장애급여는 아니며, 장애인을 포함한 일반 시민을 대상으로 하는 일반 소득보장 급여로서 빈곤층의 최저소득 보장을 목적으로 하는 공공부조이다. 우리나라의 국민기초생활보장제도는 장애인, 노인 등 근로능력이 없는 취약계층과 근로능력이 있는 계층 전부를 대상으로 하는 통합형 사회부조(general assistance)로서의 특징을 가지고 있다.

나. 장애수당

국민연금에 가입되어 있지 않은 저소득 중증장애인의 소득 보전을 목적으로, 저소득 장애인에게 지급되는데, 추가비용을 보전하기 위해 지급되는 현금 급여이다. 장애인복지법 시행령 제30조에는 장애수당 지급대상자를 '국민기초생활보장 수급자로서 장애로 인한 추가비용 보전이 필요한 자'라고 명시하고 있어 장애수당이 추가비용 보전 급여임을 규정하고 있다. 즉, 장애수당은 장애인의 근로능력 및 기회의 부족으로 인한 소득상실을 보전하는 소득대체 급여가 아니라, 교통비, 보호·간병비, 의료비 등의 생활영역에서 장애로 인해 추가적으로 발생되는 비용에 대한 추가비용 보전 급여라는 것을 밝히고 있다.

장애인복지법 시행령 제30조에는 장애수당의 성격과 관련하여 또 다른 중요한 특성을 명시하고 있는데, 장애수당은 소득보장의 주요 전략 중 사회부조 방식을 채택한 급여라는 것이다. 즉, 장애수당의 지급대상자를 '국민기초생활보장 수급자로서 장애로 인한 추가비용 보전이 필요한 자'로 규정함으로써 장애수당이 자산조사를 실시하여 자산이 일정수준 이하의 사람에게만 소정의 급여를 지급하는 사회부조 급여임을 밝히고 있다.

② 사회보험에 의한 소득보장

가. 장애연금

우리나라의 대표적인 사회보험제도인 국민연금제도는 1988년부터 시행이 되었다. 여기에 장애연금은, 국민연금 가입자가 가입 중에 발생한 질병 또는 부상으로 인하여 완치 후에도 신체 또는 정신상의 장애가 있는 자를 대상으로 하며, 질병 또는 부상을 당한 자가 초진일로부터 2년이 경과하여도 완치되지 아니하는 경우 그 1년 6개월이 경과한 날을 기준으로 장애정도를 결정하되, 그 1년 6개월이 경과된 날에 장애연금의 지급대상이 되지 아니하는 자가 그 질병 또는 부상의 악화로 인하여 60세가 되기 전에 장애연금의 지급대상이 되는 경우에는 본인의 청구에 의하여 그 청구한 날을 기준으로 장애정도를 결정하고 있다. 그러나 국민연금제도에 가입하기 이전에 질병으로 인해 장애인이 되었다 할지라도 이후 소득활동에 종사하게 되어서 국민연금제도의 적용대상이 되어 보험료를 상당 기간 동안 납부해 오다가 장애정도가 악화되어 소득활동을 할 수 없게 된 경우 현행 국민연금법상으로는 장애연금수급권을 취득할 수 없다.

나. 기초장애연금

기초장애연금은 최근 몇 년간 장애인 단체 등을 중심으로 새로운 장애급여로서 기초장애연금 도입을 주장하는 요구가 복지권 확보 운동 차원에서 활발히 전개되어 왔다. 이후 국회 및 정부 차원에서도 관련 입법 논의가 진행되어져 온 가운데, 2010년 정부 예산안에 반영된 중증장애인 기초장애연금의 주요 내용이 잠정 확정되었다.

다. 장애인 자립자금 대여

장애인 자립자금 대여는 자활자립이 가능한 저소득층 장애인에게 자립자금을 대여해 줌으로써 자활자립 및 생활안정을 도모하는 데 목적을 두고 있다. 1989년 장애인복지법의 개정으로 그 법적 근거를 마련하고 1992년에 처음 실시되었다.

대여자금의 종류는 생업자금 및 생업을 위한 자동차 구입비, 취업에 필요한 지도 및 기술훈련비, 기능회복 훈련에 필요한 장애인보조기구 구입비, 사무보조기기 구입비, 기타 특별자치도지사・시장・군수・구청장(자치구의 구청장을 말함)이 장애인 재활에 필요하다고 인정하는 비용을 말한다.

③ 경제적 부담경감에 의한 소득보장

간접적 방식을 통한 장애인 소득보호정책으로는, 자동차세, 소득세, 상속세 등 각종 세금감면 및 교통・통신 요금 할인 등의 경제적 부담경감시책들이 있다.

가. 세금감면

㉠ 자동차세

장애인(장애인복지법에 따른 장애인으로서 장애정도가 심한 장애인)이 보철용・생업활동용으로 사용하기 위하여 취득하는 배기량 2천시시 이하인 승용자동차 등으로서 취득세 또는 자동차세 중 어느 하나의 세목에 대하여 먼저 감면 신청하는 1대에 대해서는 취득세 및 자동차세를 면제한다. 선정기준은 장애인 본인이나 장애인과 주민등록법에 따른 세대별 주민등록표에 의하여 세대를 함께 하는 것이 확인되는 배우자・직계존속・직계비속・형제자매 등이 공동명의로 1대를 등록할 수 있다.

승용자동차에 대한 개별소비세 면제로 개별소비세법 제18조 제1항 제3호 가목, 개별소비세법 시행령 제31조 제1항 제2호, 제3항에 의거하여 장애의 정도가 심한 장애인이 장애인용 승용자동차 1대(배기량 제한 없음)를 새로 구입할 때 개별소비세 전액이 면제된다.

㉡ 소득세

소득세 공제로 소득세법 제50조 제1항 제3호, 제51조 제1항 제2호에 의거하여 장애인을 대상으로 소득세를 감면한다. 연간 종합소득금액에서 본인 또는 배우자, 부양가족 공제 시 추가하여 1인당 연간 200만 원을 공제하며, 부양가족 공제는 생계를 같이하고 연소득이 100만 원 이하인 경우에 해당하며, 비장애인과 달리 연령에 관계없이 기본공제대상자에 해당한다. 근로소득의 경우 연소득(연간급여액 - 비과세급여)에서 장애인의 경우 비장애인과 달리 상한액에 관계없이 의료비지출액 전액을 공제하여 소득세를 적게 부과하고 기본 공제대상자 중 장애인을 피보험자(수익자)로 하는 보험의 보험계약에 의하여 보험자에게 지급하는 보험료로서 근로자가 실제로 납입한 금액(장애인전용 보장성보험료)에 대하여는 연간 100만 원을 한도로 공제한다. 기본공제대상자인 장애인(소득금액의 제한을 받지 아니함)의 재활을 위하여 사회복지시설 및 비영리법인 등에 지급하는 특수교육비(장애인 특수교육비공제)를 공제한도 없이 전액 공제한다. 장애인 등이 가입한 생계형 저축에 대해서는 소득세(이자·배당)를 비과세한다. 장애인이 직접 경영하는 사업(단순경비율 적용대상자에 한함)에 대하여는 소득금액을 추계로 계산하는 경우 '산순경비율에 의하여 산정된 소득금액'의 20%를 경감하여 소득금액을 계산한다.

ⓒ 상속세

상속세로 「상속세 및 증여세법」 제20조 제1항 제4호 및 동조 제2항, 동법 시행령 제18조 제2항, 제3항에 의거하여 상속인 및 동거가족인 등록장애인에게 상속 공제한다. 장애인이 재산을 상속받아 상속세를 납부하게 될 때에는 '상속세 과세가액'에서 그 장애인이 75세에 달하기까지 1년에 500만 원을 곱한 금액을 공제한다.

증여세 과세가액 불산입으로 「상속세 및 증여세법」 제52조의2, 동법 시행령 제45조의2에 의거하여 장애인이 직계 존·비속 또는 친족으로부터 증여받는 증여재산 중 신탁회사에 신탁한 재산(금전, 부동산, 유가증권)에 대하여 5억 원까지 증여세 과세가액에 미산입된다.

ⓓ 요금감면

- **전화요금 할인** : 전기통신사업법 시행령 제2조 제1항 제3호 및 「보편적역무손실보전금 산정방법 등에 관한 기준」 제4조 제1항 사업자별 이용약관에 의거하여 장애인명의의 전화 1대, 장애인복지법에 의한 장애인단체와 또는 비영리목적의 장애인복지시설 운영자로 등록된 자의 명의의 전화 2대(청각·언어 장애인복지시설 및 특수학교의 경우는 FAX전용 전화 1대 추가 가능)를 시내전화요금(상한액 없이 50% 할인), 시외전화요금(3만 원 범위 내에서 50% 할인, 최고 15,000원 할인), 114안내요금 전액 면제, 이동전화에 걸은 전화요금 월 1만 원 사용한도 내에서 30% 감면된다.
- **전기요금 지원** : 한국전력 전기공급약관에 의거하여 중증장애인 1~3급에 한하여 전기요금의 20%가 감면된다.

- **도시가스요금 할인** : 할인의 대상으로서는 장애인복지법에 의한 1~3등급 등록 장애인으로 대상자 가구가 사용하는 주택용(취사용 및 개별난방용에 한함) 도시가스에 대해 $1m^3$당 81원이 할인된다.
- **TV수신료 면제** : 방송법 시행령 제44조에 의거하여 보건복지가족부에 등록된 시각·청각장애인이 생활하는 가정의 수상기(세대주 불문) 주거전용 주택 안에 설치된 TV수신료 전액이 면제된다.
- **이동통신 요금 감면** : 전기통신사업법 시행령 제2조 제1항 제3호 및 「보편적역무손실보전금 산정방법 등에 관한 기준」 제4조 제1항, 사업자별 이용약관에 의거하여 장애인복지법에 의한 장애인·장애인복지시설 및 장애인복지단체, 국민기초생활보장법에 따른 수급자 중 「장애인고용촉진 및 직업재활법」 제2조 제2호에 따른 중증장애인, 장애인복지법 제49조(장애수당) 및 제50조 제1항(장애아동수당) 수급자가 속한 가구의 구성원(다만, 가구당 4인 이내로 한정. 이 경우 만 6세 미만의 아동은 산정에서 제외)을 대상으로 가입비 면제 및 표준요금제 또는 이용자가 선택한 요금제의 기본료, 음성통화료, 데이터 통화료 각각 35% 감면, 무선호출 서비스의 기본사용료의 30%가 감면된다.
- **초고속인터넷 요금감면** : 사업자별 이용약관에 의거하여 장애인복지법에 의한 장애인·장애인복지시설 및 장애인복지단체, 국민기초생활보장법에 따른 수급자 중 「장애인고용촉진 및 직업재활법」 제2조 제2호에 따른 중증장애인을 대상으로 기본 이용료의 30%가 감면된다.
- **장애인 차량에 대한 고속도로통행료 50% 감면** : 할인대상은 장애인자동차표지가 부착된 장애인 차량에 할인카드를 소지한 등록장애인이 탑승하여 유효한 할인카드를 제시할 때에 통행료를 할인한다.
- **철도 및 도시철도요금 감면** : 대상은 장애정도가 심한 장애인의 보호자 1인을 대상으로 철도(무궁화, 통근열차)요금이 50% 할인되며, 도시철도 요금은 전액 면제된다.
- **연안여객선 요금 할인** : 장애정도가 심한 장애인은 국내 연안여객선 요금 50% 할인, 장애정도가 심하지 않은 장애인은 국내연안여객선 요금이 20% 할인된다.
- **항공요금 할인** : 대상으로는 등록장애인, 장애정도가 심한 장애인을 동행하는

보호자 1인을 대상으로 대한항공, 아시아나 항공 국내선 요금의 약 50%가 할인된다.

- **공공시설 이용요금 면제** : 등록장애인을 대상으로 고궁, 능원, 국·공립 박물관 및 미술관, 국·공립공원의 이용시설이 면제된다.
- **공영주차장의 주차요금 감면** : 광역 및 기초지방자치단체에서 운영하는 주차장은 대부분 장애인이 이용하는 차량에 대해 주차요금이 감면된다. 이 경우 지방자치단체의 조례(주차장관리 조례)에 의하므로 광역 및 지방자치단체에 따라 감면대상과 감면율이 상이하다. 감면대상은 장애인자가운전차량 또는 장애인이 승차한 차량 등으로 규정하고 있으며, 대부분 장애인등록증으로 장애인운전 또는 승차 여부를 확인하며, 장애인자동차표지부착차량에 대하여 감면하는 경우도 있다. 지방자치단체에 따라 전액면제 또는 20%만 할인하는 경우도 있으나, 대부분의 경우 50%가 할인된다.
- **국·공립공연장 관람료 할인** : 대상시설 및 단체는 국립중앙극장, 문예회관, 예술의 전당, 정동극장, 서울예술단이 있다. 대상공연은 자체공연(대관공연의 경우 공연주체에 따라 상이)으로 등록장애인, 동행하는 보호자 1인을 대상으로 하며, 감면은 50%이다.
- **공영버스 요금 감면** : 시·군·구 등 지방자치단체에서 직접 운영하는 버스를 대상으로 하며, 할인대상 및 할인율은 지방자치단체의 조례로 정한다.
- **특허출원료 또는 기술평가 청구료 감면** : 등록장애인을 대상으로 감면하며, 지원내용은 특허출원 시 출원료, 심사청구료, 1~3년차 등록료, 기술평가청구료가 면제되며, 특허·실용신안원 또는 의장권에 대한 적극적인 권리범위 확인심사 시 그 심판청구료의 70%가 할인된다.

(6) 고용보장정책

「장애인고용촉진 및 직업재활법」은 장애인이 그 능력에 맞는 직업생활을 통하여 인간다운 생활을 할 수 있도록 장애인의 고용촉진 및 직업재활을 꾀하는 것을 목적으로 하며, 국가경제 및 사회발전에 적극 동참하고 기여할 수 있는 '생산적 시민'으로서의 권리를 실현하는 데 의의가 있다.

고용보장의 유형과 특성으로 고용보장제도, 고용안정제도가 있으며, 고용안정제도에는 보호고용, 지원고용, 유보고용이 있다.

고용보장제도 중 장애인고용촉진 및 직업재활법 제28조 제1항에 보면, 상시 50명 이상의 근로자를 고용하는 사업주는 그 근로자의 총수의 100분의 5의 범위에서 대통령령으로 정하는 비율 이상에 해당하는 장애인을 고용하여야 한다고 명시되어 있다.

고용안정제도 중 보호고용이 있는데, 일반기업체에 취업하기 어려운 중증장애인을 위한 보호고용제도이다. 이는 1986년에 장애인복지시설 내의 자립작업장 설치 운영계획에 의하여 22개의 보호작업장이 설치되면서 본격화되었다. 장애인을 위한 보호고용 시설로는 보건복지부에서 운영을 지원하고 있는 장애인 근로시설과 장애인 이용 및 수용·요양 시설에 부설된 보호작업장, 그리고 노동부 산하 근로복지공단에서 운영하고 있는 산업재해근로자 자립작업장이 있다.

지원고용은 고용 전문가가 근로자를 지역사회 내의 직업현장에 배치하여 훈련시키고, 배치된 근무 위치에서 업무를 수행할 수 있을 정도로 훈련을 시켜서 고정 배치하며 추후 지도를 한다. 직무지도원은 일대일 개별화 원칙에 입각하여 장애근로자를 훈련시키고, 시간이 지남에 따라 직무지도원의 지원량을 줄여가고, 특정 영역은 지속적인 지원 서비스를 제공한다. 직장을 선택할 때는 장애근로자의 선호도, 노동경험, 지역 노동시장의 변인에 따라 배치할 직장을 결정하게 된다.

유보고용은 특정 유형의 장애인에게 특정 직종을 배타적으로 유보해 주는 제도로서 일정한 직종을 지정하여 그 직종에 대해 장애인을 우선 고용하도록 하는 것이다. 영국에서는 주차관리원이나 승강기 조작원, 전화교환원 등에 장애인을 우선적으로 고용하고 있으며, 우리나라에서는 시각장애인에게 안마, 마사지 등을 유보고용 직종으로 정해놓고 있다.

장애인의 생활안정을 도모하기 위해서는 저소득 중증장애인 전세자금의 융자시책과 영구임대아파트 입주 시에 가산점 등 다양한 혜택을 전개해 가고 있다. 또한 장애인들의 편의를 도모하기 위해 건축물이나 이용시설에 대한 규정을 두고 있다.

3. 장애인정책의 발달

우리나라의 장애인정책의 주요 연혁은 다음과 같다(보건복지부, 2019).

1) 1980년대 : UN이 1981년을 '세계장애인의 해'로 정한 이후 장애인에 대한 관심 증대

우리나라는 전쟁으로 인한 장애아동들에 대한 수요구호 중심으로 정책이 추진되었으나, 1980년대부터 본격적으로 장애인복지에 대한 연구 및 정책을 수립・추진하였다. 1981년에는 심신장애자복지법을 제정하였으며, 1986년에는 국립재활원을 개원하였고, 1987년에는 장애인등록 시범사업을 시작하였으며 1988년에 전국으로 확대되었다. 1988년에는 제8회 서울장애인올림픽을 개최하였다.

2) 1990년대 : 장애인의 권리보장을 위한 기틀 마련

1990년대에는 저소득 장애인에 대한 생계비 지원 등 기본적 복지서비스의 확충 및 장애인에 대한 의료, 직업, 교육, 재활의 기초를 마련하여 장애인의 인권과 인간다운 삶을 보장하는 원칙과 기준을 제시하였다.

1989년에는 심신장애자복지법을 장애인복지법으로 전면 개정하였으며, 1990년에는 저소득 중증・중복장애인 생계보조수당 지급 및 의료비 지원 「장애인 고용촉진 등에 관한 법률」을 제정하였고, 1992년에는 저소득 장애인 자녀(중학생)의 교육비 지원 및 자립자금 대여 재가장애인 순회재활서비스를 설치・운영하였다. 1994년에는 특수교육진흥법이 전면 개정되었으며, 1997년에는 「장애인・노인・임산부 등의 편의증진 보장에 관한 법률」이 제정되었고, 1998년에는 장애인인권헌장이 제정・공포되었다.

3) 2000년대 : 장애인정책의 확대 발전

2000년대에는 장애인 편의시설 설치의 확대, 장애수당의 도입, 「장애인차별금지 및 권리구제 등에 관한 법률」이 제정되었고, 활동보조지원사업의 실시 등으로 장애인의 생활영역 전반으로 정책의 범위가 확대・발전하였다.

(1) 장애인 관련 국가종합계획의 수립

정부 각 부처별로 시행 중이던 장애인복지사업을 총망라한 '장애인정책종합계획'을 수립·추진하였다. 1차는 1998~2002년, 2차는 2003~2007년, 3차는 2008~2012년, 4차는 2013~2017년까지이다. 또한 2015년에는 '제4차 편의증진 국가종합 5개년 계획'을 수립하여 공공시설, 주거환경, 교육환경, 작업환경, 문화시설, 근린생활시설에의 편의시설을 확충 추진하였다.

(2) 장애 인정 범위의 확대

지체, 시각, 청각, 언어, 지적장애에 국한되어 있던 장애범주를 15개 유형으로 확대하였다. 2000년에는 뇌병변, 자폐, 정신, 신장, 심장 등 5종을 추가하였으며, 2003년에는 안면변형, 장루, 간, 간질, 호흡기장애 등 5종을 추가하였다.

(3) 장애인차별금지 및 권리구제 등에 관한 법률 제정(2007. 4. 10) 및 시행(2008. 4. 11)

「장애인차별금지 및 권리구제 등에 관한 법률」 제정 및 시행 이후, 2010년에는 정보통신·의사소통 등에서의 정당한 '편의제공의무'와 관련된 개정[장애인시청편의서비스 제공 방송사업자(인터넷 멀티미디어방송사업자 포함)]의 단계적 범위 설정, 기간통신사업자에 대한 통신중계서비스 제공의무 부과 등)이 이루어졌으며, 2012년에는 사법·행정절차 및 서비스 제공에 있어서의 '차별금지' 관련 개정이 이루어졌다. 개정이유는 '형사사법 절차에서 조력을 받을 수 있음과 그 구체적인 조력의 내용을 알려주어야 함'이었다. 2014년에는 점자·음성변환용코드 보급을 위한 법적 근거를 마련하기 위한 개정이 이루어졌다.

(4) 장애인 활동보조지원사업의 실시

2011년 1월에는 「장애인활동 지원에 관한 법률」이 제정되었으며, 2011년 10월에는 장애인활동 지원제도가 시행되었다. 2015년 6월에는 장애인활동지원 급여의 신청자격을 2급에서 3급으로 확대하였다. 2016년 3월에는 중증장애인 가산급여를 시행하였다(인정조사점수 440점 이상 시급 가산).

(5) 장애인 연금 지급

2010년 7월에는 장애인연금법이 제정되었으며, 2011년 11월에는 「장애인연금법 시행령」을 '65세 이상 차상위 초과자 부가급여 2만 원 지급'으로 개정하였다. 2014년 5월에는 장애인연금의 급여를 99,100원에서 20만 원으로 인상하였으며, 대상을 소득 하위 70% 수준으로 확대하였다.

(6) 복지사각지대 해소

장애인의 복지사각지대의 해소를 위해 2011년에는 장애아동복지지원법을 제공 및 공포하였으며, 2012년 1월에는 여성장애인 출산비용 지원사업을 실시하였다. 또한 2013년 1월에는 외국인 및 재외동포 장애인 등록제도를 시행하였으며, 2014년 5월에는 발달장애인법을 제정하였다. 2015년 5월에는 국가유공자 및 보훈보상대상자 상이등급자의 장애인 등록을 허용하였으며, 12월에는 장애인 건강권 및 의료접근성 보장에 관한 법률을 제정하였다.

4. 선진국의 장애인복지정책

1) 미 국

미국은 미국사회의 전통적 가치관, 합중국으로서의 독특한 특성, 지역적 특수성, 다양한 인종 등으로 인해 다른 선진국가와는 다른 장애인복지의 특성을 가지고 있다.

① 50개 주로 구성된 연방국이기 때문에 사회보장제도, 즉 장애인복지정책도 강한 지방분권적 성격을 갖는다.

각종 장애인복지정책을 실현하는 데에 있어 연방정부는 대체로 주정부에 강제적인 방법을 사용하지 않고 대부분의 경우 무상의 재정원조(grant-in-aid)를 통해 주정부의 자발적인 참여를 도모한다. 연방정부에서는 각종 제도의 기본적인 골격(재정원조의 요건이 되는 기준)만을 규정하고 제도의 세부규칙과 운영은 주정부나 지방정부에서 담당한다. 이 때문에 같은 이름의 사회보장제도라도 그 주에 따라 그 자격요건과 급여수준 또는 프로그램의 규모가 매우 다른 것을 볼 수 있다.

② 장애인복지제도의 수혜자와 직접 접촉하는 운영기관의 대부분이 사설이다.

이는 정부가 흔히 계약을 통해서 사설기관에 장애인복지서비스의 제공을 위탁하기 때문이다. 초기 식민지 시기부터 현대에 이르기까지 미국사회의 사회보장기능은 사적, 자발적인 부분이 여전히 미국 사회복지의 주요한 부분을 형성하고 있다. 사설기관은 먼저 수혜자들에게 서비스를 제공하고 후에 정부로부터 요금을 지급받게 된다. 이러한 속성 때문에 미국의 장애인복지체계는 때때로 정부, 민간의 구분이 어렵다.

③ 미국의 사회보장법에서는 제도의 수혜자에 대한 자조의 원칙이 매우 강조되고 있다.

거의 모든 사회보장 프로그램의 규정에 근로의욕과 관련된 규정을 두고 있다는 사실에서도 잘 나타나 있는데, 이러한 것은 미국이 아직도 복지권이 없는 사회로 널리 인식되고 있다는 사실과 맥락을 같이한다.

1990년 제정된 미국 장애인법(ADA : Americans with Disabilities Act)은 20세기 초 민간자선단체가 활동의 주체가 되어 장애인보상 및 재활활동이 1917년 제정된 스미스-헉스법(The Smith-Hughes Act)을 통하여 최초로 연방법체계로 수용된 이래 제정된 다양한 장애인 권익보호관련 법률들의 한계를 극복하고, 명확하고 종합적인 장애인 차별금지정책을 규정하기 위한 연방차원의 입법적 시도였다. ADA는 기본적으로 1964년 제정된 시민권법(Civil Rights Act of 1964)의 구조와 틀을 장애인 영역에 확장·적용하여 마련된 망라적인 장애인차별금지법이라고 볼 수 있다. 이 법은 제정 당시 이제까지 인류가 만든 장애인차별금지법 중 가장 종합적이고, 상세하며, 강력한 법이라는 찬사를 받아 '장애인 권리장전'이라는 평가를 받기도 하였다(설환희, 2010).

ADA에서 정의하는 장애의 개념은, ① 사람의 주요 일상생활의 한 가지 또는 그 이상에 실질적 제약을 갖는 신체적 혹은 정신적 손상, ② 그러한 손상의 기록, ③

그러한 손상이 있는 것으로 간주되는 경우로 정의하고 있다. 주요 내용으로는, ① 일할 능력이 있는 장애인에 대하여 고용에 있어서 차별을 금지하고, ② 장애인의 식당 · 호텔 · 쇼핑센터 · 사무실 등 일체의 공공시설에 접근 이용(access)을 보장하며, ③ 장애인의 수송기관에의 접근 이용을 보장하고, ④ 언어 청각장애인에 대하여 비장애인과 동등한 전기통신 서비스를 보장하는 것을 내용으로 하고 있다.

이러한 4개의 골격을 이루는 문제에 대해서 ADA는 모두 차별금지 차원에서 규정하고 있으며, 차별행위를 당한 자에 대하여 권리회복을 할 수 있는 길을 마련하고 있다. 미국은 장애인의 고용에 관해 할당고용제를 채택하지 않고, 사업주가 종업원을 고용함에 있어 장애인을 장애인이라는 이유로 차별하는 것을 금지하는 법률을 채택하고 있다. 또한 사업자가 고용에 있어서 구인응모절차 · 채용이나 해고 · 보수 · 승진 · 훈련 및 기타의 고용조건이나 특전에 관하여 가하는 적극적인 차별뿐만 아니라 소극적으로 아무 조치도 취하지 않는 것, 즉 적절한 배려(reasonable accommodation)를 하지 않는 것도 차별의 행위로 규정하고 있다. 적절한 배려는 장애인이 살고 있는 물리적 환경 · 사회적 환경을 적극적으로 장애인이 이용하기에 용이하도록 장애인에게 적응시키는 것이다. 즉, 장애인을 사회에 적응시키는 것이 아니라 사회를 장애인에게 적응시키는 것으로 볼 수 있다. 이러한 것은 장애인의 교육 · 훈련과 더불어 '함께 사는 사회'를 이루기 위한 하나의 방법이라고 할 수 있다.

(1) 장애인 재활정책

미국의 장애인복지는 재활프로그램에 집약되어 있는데, 특히 1935년의 사회보장법(Social Security Act) 제정 이래 장애인정책의 확충이 있었고 그 중심은 직업재활(vocational rehabilitation)이다. 이는 장애인복지의 최종적인 목표가 장애인의 취업에 있기 때문에 장애인 대책의 범위도 한정된 것이라 본다. 이후 1973년에는 재활법(Rehabilitation Act)이 제정되었으며, 이 법은 종래의 직업재활의 성과를 계승함과 동시에 사회적 재활의 개념도 도입하여 발생장애인의 자립생활을 위해 포괄적인 원조를 새로이 규정하고 있다. 이와 같은 두 가지의 법에 의하여 직업훈련, 상담 및 지도, 취업알선, 보장 지원 및 장애의 정도에 따라 취업할 수 없는 자에게는 장애연금을 지급하고 있다. 이러한 원조의 내용을 보면 다음과 같다(조흥식, 1994).

① 소득보장을 위해 공무재해, 산업재해 등의 보험제도가 완비된 영역에서 장애인에게는 소득보장의 연금제도가 있으며, 기타 일반시민 중에 장애를 입은 사람들에 대해서는 재활법에 의해 도움을 주고 있다. 또한 특수한 요구에 의한 소득문제는 여러 유형의 공적부조제도에 의해 보충되고 있다.
② 장애인 고용시책의 특징으로 긍정적 행동계획, 재활서비스와 재활 관련 전문인력 양성, 기업과의 제휴에 의한 훈련 프로그램의 실시 등이다.
③ 의료제도는 장애를 경감시키기 위해서 투약, 기술, 진찰, 처치 등의 재활서비스를 제공하며 필요에 따라 의료기구나 보장구를 교부한다.
④ 교육제도로서, 교육서비스는 일반학교조직의 특수학교, 일반학교 내의 특수학급으로 이루어진다.
⑤ 사회서비스는 장애를 가진 노동자가 고용 중에 만족감을 갖도록 사후 지도서비스나 사회적 서비스를 제공한다.

2) 일 본

일본은 신체장애인복지법 및 정신지체복지법에 기초한 복지시책 이외에도 직업훈련법, 신체장애인 고용촉진법, 직업안전법 등에 의한 고용촉진, 노동자 재해보상법에 의한 재해보상, 공적연금제도에 의한 장애연금 등의 소득보장과, 18세 미만의 장애아에 대해서는 아동복지법을 중심으로 시책을 강구하고 있는데 주요 시책은 다음과 같다(변용찬 외, 2004).

(1) 소득보장정책

일본의 소득보장정책으로서는 생활보호제도, 장애관련수당, 장애연금제도가 있다.

① 생활보호제도

생활보호제도는 생활의 곤궁으로 인하여 생계를 유지할 수 없는 자에 대해 최저한도의 생활을 보장함과 동시에 그 자립을 조장하는 것을 목적으로 한다. 생활보호는 공적부조로서의 성격 때문에 보충성과 세대단위 등의 원칙에 기초하여 운영이 이루어지고 있으나, 헌법상의 권리로서 보장되는 최저생활수준을 유지하기 위해 운영상 여러 가지의 배려를 하고 있다.

생활보호의 내용을 보면, 생활부조, 주택부조, 교육부조, 의료부조, 출산부조, 생업부조, 장애부조의 7가지의 종류가 있으며, 보호기준은 거주지별, 연령별, 세대구성별 등에 의해 결정된다. 특히 일정 이상의 장애를 가진 자에 대해서는 일상생활상 특별한 수요를 필요로 하는 것으로 각종 가산이 이루어지고 있다. 일본은 생활보호법상에서 보충급여제도를 시행하고 있는데, 가구당 보충급여액은 각 가구별로 마련된 기준인 최저생활비에다 수입 충당액을 뺀 금액이 된다. 보충급여액은 다시 1류비, 2류비, 각종 가산금으로 구분되며, 1류비(개인적 경비)는 음식물비, 피복비 등의 개인 단위로 소비하는 비목으로서 연령별로 차이가 있으며, 2류비(가구 공통적 경비)는 가구비, 광열비 등 가구 전체가 소비하는 생활비로 세대 인원수별로 차이를 두고 있다. 가산제도는 특별한 요구가 있는 사람에 대하여 지급하는 것인데, 노령가산, 모자가산, 장애인가산, 아동양육 가산, 방사선 장애인 가산, 임산부 가산, 재택환자 가산 등이 있다. 일본에서는 이러한 생활보호제도를 시행하면서 다양한 가산제도를 통해 가구유형별로 다양한 최저생계를 충족시키기 위해 노력하고 있다.

② 장애관련수당

장애관련수당은 1985년 연금제도의 개혁에 수반하여, 중증장애인에 대하여 지급되고 있던 복지수당에 대해서도 개혁이 이루어졌다. 특히 중증장애인을 대상으로 하는 특별장애인수당과 장애기초연금이 지급되지 않는 중증장애아동에게 지급하는 장애아복지수당으로 개편되었으며, 특별장애자수당의 지급액이 복지수당과 비교해 약 2배 정도 인상되게 되었다. 또한 장애아동을 둔 부모에게는 특별아동부양수당을 지급하고 있다. 특별장애인수당은 복지적 조치의 일환으로서 중증의 장애로 인하여 정신적·물질적 부담을 경감시키기 위해 지급되고 있으며, 대상은 정신 또는 신체에 중증의 장애로 인하여 일상생활에 있어서 항상 특별한 개호를 필요로 하는 상태에 있는 20세 이상의 재가 장애인에게 지급하고 있다. 장애아복지수당은 중증 장애아동에 대하여 이 장애로 인해 필요로 하는 정신적 또는 물질적 추가 부담을 경감시키기 위해 수당을 지급하고 있으며, 지급대상은 정신 또는 신체에 중증의 장애가 있기 때문에 일상생활에 있어서 항상 특별한 개호를 필요로 하는 상태일 경우 지급되게 된다. 특별아동부양수당은 정신 또는 신체에 장애를 가진 아동을 가정에서 양육하는 부모 또는 보호자에게 지급되고 있다.

③ 장애연금제도

장애연금제도의 국민연금제도는 1986년 4월부터 실시된 기초연금의 도입 등을 골자로 하는 제도개정에 따라 전 국민을 대상으로 하는 연금제도가 되었으며, 일본의 국민은 모두 국민연금의 적용을 받고, 전 국민 공통의 기초연금에 따른 보장을 하게 되었다. 일본의 공적연금제도는 미리 일정의 보험료를 납부하고, 연금을 지급하는 사회보험 방식을 따르고 있지만, 국민연금제도에 있어서는 갹출능력이 부족한 저소득계층에 대하여 보험료를 면제해 주고 있다. 또한 수급요건에 대해서도 완화를 도모하는 등 다른 공적연금제도에서는 볼 수 없는 특례조치가 설계되어 있다. 국민연금의 보험료 납부 면제는 법률로 정해져 있는데, 신청만으로 면제되는 법정면제와, 납부가 곤란하다는 뜻을 사회보험청 장관에게 신청하여 그 승인을 받아야 하는 신청면제의 2종류가 있다. 법정면제는 장애기초연금 또는 장애후생연금(3급의 장애후생연금은 제외) 등 법령으로 정한 장애급부를 받을 수 있는 경우, 생활보호법에 따라 생활부조, 기타 원조를 받을 수 있을 때 가능하다.

한편 후생연금제도는 민간의 회사, 공장, 선박 등에서 일하는 근로자의 노령, 장애, 사망에 대하여 보험급부를 행하는 것으로서, 근로자 본인이나 그 가족의 생활 안정과 복지의 향상을 도모하는 것을 목적으로 한다. 후생연금제도는 일본의 피용자연금제도 중 가장 중요한 것으로 보는데, 1986년 4월부터 연금제도가 개정됨에 따라 후생연금보험도 납부 내용 등이 크게 개정되었다. 장애후생연금은 후생연금보험의 피보험자 기간 중에서 초진일이 있는 상병에 의한 장애로서 장애기초연금의 수급요건을 만족하는 경우에 합쳐서 지급된다(1급, 2급 장애인 경우). 또한 장애기초연금의 지급 요건에 해당되지 않는 정도의 장애 상태가 있는 경우에도 후생연금의 장애등급표에 해당된다면, 독자적으로 3급 장애후생연금 또는 장애수당금이 지급된다.

일본의 장애인에 대한 소득보장은 장애인의 경제적 자립을 도모하기 위해 장애기초연금과 장애후생연금 제도, 장애로 인하여 추가로 부담해야 하는 추가부담액 등을 감안하여 추가부담액을 경감하는 각종 수당제도로 이루어져 있다. 일본의 연금제도는 원칙적으로 모든 국민이 연금에 가입되어 있다. 그러므로 피보험자 기간 중의 장애에 대해서는 장애기초연금과 장애후생연금이 지급되고 있으며, 그 외에 국민연금에 가입하는 20세 이전에 의사의 진료를 받은 자로서 장애가 있는 상태에서 20세에 도달하게 되면 연금이 지급된다. 원칙적으로 모든 성인장애인이 연금을 지급받고 있으므로 연금은 성인장애인의 소득보장에 가장 중요한 역할을 하고 있다.

(2) 고용 및 직업재활제도

일본의 고용 및 직업재활제도로서는 장애인 할당고용제도와 보호고용제도로 구분하여 볼 수 있다.

① 할당고용제

할당고용제는 의무적으로 장애인을 고용할 것을 법으로 정해둔 것이다. 할당고용제는 일반노동시장의 상시근로자와 실업자를 고려하여 결정하며, 노동시장의 변화를 반영하여 5년마다 개정하고 있다. 의무고용율을 초과하여 장애인을 고용하는 사업주에게는 장애인고용조정금을 지불하며, 미이행 기업으로부터 징수한 납부금을 재원으로 장애인 고용을 더욱 장려하고 있는데, 장애인의 특성을 배려한 작업시설의 설치와 개선에는 많은 비용이 필요하므로 장애인을 고용하는 사업주에게는 조성금을 지급하여 경제적 부담을 경감시켜 주고 있다.

장애인고용 지원제도에는 특례자회사제도, 신원보증제도, 취업자금대부제도가 있으며, 직업재활을 위한 핵심적인 기능을 수행하는 기관으로서는 일본장해자고용촉진협의가 있는데, 기업의 장애인 고용상담과 지원을 하고, 장애인의 직업상담 및 교육, 홍보와 계몽을 지속적으로 함으로써 장애인복지의 수준과 질을 높이고 있다.

② 보호고용제도

일본은 경쟁적 노동시장에서의 일반고용이 곤란한 장애인을 위해 마련된 취로형태로 수산시설, 복지공장, 공동작업장 등의 보호고용 형태가 있다.

수산시설은, 현재의 조건으로는 경쟁적 노동시장에서의 고용이 어렵다고 판단되는 중증장애인들을 대상으로 그들의 잠재능력을 개발하여 일반 기업으로 취업을 시키기 위한 목적으로 설립된 재활훈련시설을 말한다.

복지공장은 중증 장애인들에게 취업의 기회를 제공함으로써 건전한 사회생활을 영위할 수 있도록 하는 것을 목적으로 하는 보호고용시설로서, 주로 신체에 중증의 장애를 가진 사람으로 작업능력은 있으나 직장의 설비, 구조, 통근 시의 교통문제 등으로 인하여 일반기업체에 취업이 곤란한 장애인들에게 고용계약을 맺어 직장을 마련해 주고 생활지도나 건강관리지도 등을 지원해 주고 있다.

또한 일본에서는 작업형 Day Service 등과 같은 작업시설의 조성에 충실을 기하고 있으며, 고용부문과 복지부분이 제휴할 수 있도록 노력하고 있고 자영업 종사자들에 대한 지원책도 마련하고 있다.

일본에서는 장애유형에 따라 다양한 고용확대정책을 시행하고 있는데, 신체장애인들의 고용을 확대하기 위해 의료기기 개발 등과 같은 재활 공학적 지원을 추진하고 있으며, 다양한 조사 연구 사업뿐만 아니라 제3섹터 방식에 의한 중증장애인 고용확대를 위해 노력하고 있다.

일본에서는 정신지체인의 고용을 촉진하기 위해 장애인 직업능력 개발교육, 직업훈련, 제3섹터 방식에 의한 정신지체인 능력개발센터 육성사업, 기업체 내의 교육훈련 등에 충실을 기하는 등 각종 훈련대책에 많은 노력을 기울이고 있다. 정신지체인의 고용을 원활히 하기 위해서는 기업체에 고용되기 전에 학교나 사회복지시설에서의 지도와 훈련에 있어서 직업인으로서 필요한 기본적인 지식이나 기능과 함께 적절한 태도와 소양을 몸에 익힐 수 있도록 현장실습훈련이 중요하다는 인식 아래 이러한 측면에 대한 지도와 훈련에 많은 노력을 기울이고 있다.

(3) 주택원조

일본의 주택원조로서는, 취업 장애인의 출근 및 중증장애인의 교통상의 편리를 위해 교통운임의 할인, 자동차운전훈련사업, 생활보호자금에 의한 자동차운전기능습득비 대부, 유료도로 통행요금 할인, 시각장애인용 신호기, 점자블록 및 복지택시 등 자치에의 독자적인 제도가 있다.

(4) 거택보호

일본에는 장애인의 거택보호를 위해 홈메이커 서비스제도와 홈헬퍼 서비스제도가 있다.

3) 독 일

독일의 장애인복지정책의 기본 이념은 '궁극의 원리(Allgemeinheit, 장애의 원인이나 종류에 상관없이 보호해야 할 책임을 의미)', '정상화 원리(Normalisierung)', '기회균등(Chancengleichheit, 기회균등의 문제는 장애인으로서의 삶을 시작하는 출발점, 그 자체에서부터 요구된다)'이라고 볼 수 있다. 이러한 장애인복지정책의 기본 이념에 따라 여러 가지 정책이 시행되고 있다(설환희, 2010).

(1) 소득보장제도

독일의 장애인에 대한 소득보장 정책은 크게 경제적 지원정책과 경제적 부담 경감 정책으로 구분할 수 있다.

① 경제적 지원정책

경제적 지원정책의 첫 번째 방식은 직업불능 연금과 경제활동 불능 연금이 있는데, 연금은 재활조치를 한 후에도 직업 또는 경제활동능력의 재생이 더 이상 불가능할 때 지급된다. 직업불능이란 자신과 비슷한 교육과 지식을 가진 사람이 벌어들이는 소득의 절반 이하를 노동에 의하여 벌어들이는 경우를 말하며, 경제활동 불능이란 정규적인 근로를 더 이상 할 수 없고 그 기간도 예측되지 않거나 최저소득 이상의 소득수준을 유지할 수 없는 경우를 말한다. 장애인으로서 경제활동 불능의 조건을 다 충족시키지 못한 경우에는 유동적 경제활동 불능연금을 받을 수 있다. 이러한 급여만으로 생계보장을 받지 못할 경우에는 사회부조급여를 부가적으로 신청할 수 있다.

경제적 지원정책의 두 번째 방식으로서는 재해보험에서 보상연금을 지급하는 방식이 있다. 이는 근로사고 또는 출퇴근 사고, 질병에 의한 장기간의 소득손실이 발생할 경우에 지급된다.

세 번째 방식은 각종 수당으로 질병수당, 부상수당 또는 질병보호수당이 있는데, 급여수준은 기존 총소득의 80%나 과거의 과세 후 순소득을 넘지 못하도록 되어 있다.

② 경제적 부담 경감 대책

독일의 경제적 부담 경감 대책으로서는, 먼저, 대부분의 장애인은 생활을 유지하기 위해 지속적으로 많은 비용을 필요로 하는데, 이러한 비일상적인 재정압박을 해소하기 위해 일괄급여를 지급하여 일정액의 손해를 보전해 준다.

둘째, 중증장애인에게는 일괄급여 대신에 실제 지출된 비용을 충당해 주는데, 이 때에는 전체 급여지급액과 가족상황을 고려하여 결정한다.

셋째, 배우자가 없는 부 또는 모의 육체적, 정신적, 심리적 장애가 있는 경우 세금 공제 혜택을 받는다.

넷째, 장애인으로서 자동차세를 완전히 면제받는 경우 자동차 배상책임보험의 보험료를 할인받는다.

다섯째, 장애인으로서 교통기관 이용에 현저한 지장이 있거나 간호보호가 지속적으로 필요한 장애인은 근거리 공공교통기관을 무료로 이용할 수 있다.

여섯째, 장애인이 있는 가구에 대해서는 아파트나 주택을 건축할 때 건축 자금을 융자받을 수 있으며, 가족 수와 소득수준, 집세에 따라 주택수당이 제공된다.

(2) 장애인 고용제도 및 정책

독일은 장애인 고용제도 및 정책에 있어서 장애인에 대한 고용의무를 세계 최초로 법률로 제정한 국가이다. 1919년 1월 「중증부상자의 고용에 관한 규정」에서 1%의 고용의무를 부여하였으며, 1974년에 제정한 중증장애인법에서는 16인 이상 공기업이나 사기업은 장애의 종류와 원인에 관계없이 전체 근로자의 6%를 장애인으로 채용하여야 한다고 명시되어 있다. 6%의 고용의무를 달성하지 못한 사업주는 부담금을 내야하며, 장애근로자의 안정된 직장생활을 위해 중증장애인을 해고하기에 앞서 중앙사회복지국의 사전 승인을 받도록 의무화하였다.

연방노동사회성과 연방고용청 고용사무소가 장애인 고용과 관련된 행정서비스를 담당하는데, 직업탐색과 작업시도과정을 통해 장애인에게 적합한 훈련 직종이 결정되면 장애인의 연령과 장애정도에 따라 적합한 직업훈련기관에서 훈련을 실시한다. 종전에 직업을 갖지 않았던 18~22세의 청소년들은 50개 청소년직업훈련기관에서 훈련을 받는다. 중도장애인이나 성인장애인은 28개 중도장애인 직업훈련기관에서 1년 또는 2년간의 훈련을 받게 되며, 일반적인 직업훈련을 받을 수 없는 중증장애인은 보호작업장에서 직장생활을 하게 된다.

(3) 통합교육정책

독일에서의 학령기 장애아동 및 청소년을 위한 특수교육은 1970년 이후 모습이 많이 바뀌었는데, 특수교육적 서비스의 조직과 형태가 매우 다양해졌다. 즉, 독일의 특수교육은 단지 특수학교에서만 이루어지고 있는 것은 아니며, 더욱 그 범위가 확대되어 일반학교에서도 특수교육적 서비스가 활발하게 이루어지고 있다. 특히 독일의 대부분의 주에 있는 일반 초등학교에서는 장애학생을 교육할 수 있는 능력의 범위가 넓어졌으며, 특수교육의 촉진을 위한 조직, 즉 통합교육의 여건도 가지고 있다. 일반학교 내에서 장애학생이 수업을 받는 '통합교육'을 독일 내에서는 하나의 교육개혁으로 생각한다. 1976년에 베를린에 있는 플래밍 학교(Flaeming-Schule)에서 공공 교육기관으로서는 처음으로 통합교육을 시도하였으며, 이후 독일 내에 각 주로 조금씩 다른 방법으로 통합교육이 확대되어 갔다.

제4장

장애인복지 관련 법률

1. 장애인 권리보장의 국제적 동향
2. 우리나라 장애인 관련 입법 동향
3. 장애인복지법
4. 장애인의 차별금지 및 권리구제 등에 관한 법률
5. 장애인연금법
6. 장애인 · 고령자 등 주거약자 지원에 관한 법률
7. 장애인 · 노인 · 임산부 등의 편의증진 보장에 관한 법률
8. 교통약자의 이동편의증진법
9. 기타 장애인 관련 법
10. 외국의 장애인복지 관련 법령

제4장 장애인복지 관련 법률

1. 장애인 권리보장의 국제적 동향

UN은 완전한 사회참여와 평등을 누리는 것을 목표로 장애인에 대한 적극적인 시책을 펼 것을 각국에 촉구하며 1981년을 '장애인의 해(International Year of Disabled Person)'로 선포하였다. 1982년에는 '장애인에 관한 세계행동계획(WPA : World Programme of Action Concerning Disabled People)'을 채택하였고, 이 행동계획을 위한 '세계장애인 10년(Decade of Disabled Persons : 1983~1992)'을 지정하여 세계적 차원에서 장애문제 해결을 위해 지속적인 노력을 촉구하였다(김정순, 2014).

2006년에는 '장애인권리협약(CRPD : Convention on the Rights of Person with Disabilities)'이 UN에서 채택되었으며, 2008년에 발효되었다. 우리나라에서는 2007년 3월에 장애인권리협약에 서명하고 2008년 12월에 UN사무국에 기탁함으로써 2009년 1월에 협약이 발효되었다. 장애인권리협약은 모든 장애가 있는 사람이 인간으로서의 존엄성과 기본적 권리를 보장하기 위한 유엔인권협약이다. 이는 21세기 최초의 종합적 인권 조약이며 지역통합기국의 서명이 허용되는 최초의 인권 협약이다. 이 협약은 장애인을 자선, 의료 및 사회적 보호의 '객체'에서부터 사회의 구성원으로서 권리를 주장하고 자신의 삶에 대한 결정을 내릴 수 있는 권한을 가진 '주체'로 보고 있다.

〈표 4-1〉 UN의 장애인권리협약의 주요 내용

구 성	조 항	규정 내용
기본 이념	제1~4조	목적, 정의, 일반원칙, 일반의무
자유권 및 사회권 보장	제5~34조	평등과 차별금지(제5조), 여성장애인(제6조), 장애아동(제7조), 인식제고(제8조), 접근성(제9조), 생존권(제10조), 위험상황 및 인도적 긴급사태(제11조), 법앞의 평등(제12조), 사법에 대한 접근권(제13조), 개인의 자유와 안전(제14조), 고문 등으로부터 자유(제15조), 착취 · 폭력 및 학대로부터 자유(제16조), 개인의 존엄성 보호(제17조), 이주 및 국적의 자유(제18조), 자립생활과 사회통합(제19조), 개인의 이동성(제20조), 의견 · 표현 및 정보접근의 자유(제21조), 사생활 존중(제22조), 가정과 가족에 대한 존중(제23조), 교육(제24조), 건강(제25조), 자활 및 재활(제26조), 근로와 고용(제27조), 적정한 생활수준 및 사회적 보호(제28조), 정치와 공적 생활 참여(제29조), 문화생활, 레크리에이션, 여가생활 및 체육활동에 대한 참여(제30조), 통계 및 자료수집(제31조), 국제협력(제32조), 국내이행 및 모니터링(제33조), 장애인권리위원회(제34조)
당사국 행정 및 수반조치 등	제35~50조	당사국 보고, 보고서 심사, 당사국과 위원회와의 관계, 위원회 보고서 발효, 유보 개정 및 협약의 폐기 등

출처 : 김정순(2014).

2. 우리나라 장애인 관련 입법 동향

우리나라의 주요 장애인 관련 입법 동향을 2014년까지 보면 다음과 같다.

① 1963년 : 산업재해보상보험법을 제정하여 업무상 재해로 인해 장애를 입은 근로자를 지원하는 장애급여의 근거를 마련하였다.

② 1977년 : 시청각장애인의 특수교육종합계획을 수립하였으며, 특수교육진흥법을 제정하였다.

③ 1981년 : 심신장애 발생의 예방과 심신장애자에 대한 의료 및 직업재활, 생활보호 등의 복지시책을 규정하는 심신장애자복지법을 제정하였다.

④ 1989년 : 심신장애자복지법이 장애인복지법으로 법명이 변경되었으며, 장애인등록제가 신설되었다.

⑤ 1990년 : 장애인의 직업재활과 고용기회확대를 통한 자활여건을 조성하기 위

해 장애인고용의무제와 장애인고용촉진공단의 설립 등을 내용으로 하는 「장애인 고용촉진 등에 관한 법률」이 제정되었다.

⑥ 1997년 : 장애인 등이 일상생활을 함에 있어서 시설이나 설비, 정보에 대해 안전하고 편리한 이동이나 접근권을 제공하기 위해 「장애인·노인·임산부 등의 편의증진 보장에 관한 법률」이 제정되었다.

⑦ 2005년 : 일상생활에서 교통수단의 이용 및 보행의 어려움을 겪는 장애인 등을 위한 조치를 마련하기 위해 「교통약자 이동편의 증진법」이 제정되었다. 또한 장애인의 창업과 기업활동을 촉진하기 위한 「장애인 기업활동 촉진법」이 제정되었다.

⑧ 2007년 : 모든 생활영역에서 장애인의 완전한 사회참여를 위해 「장애인차별금지 및 권리구제 등에 관한 법률」이 제정되었으며, 「장애인 등에 대한 특수교육법」이 제정되었다.

⑨ 2008년 : 중증장애인 생산품의 우선구매촉진계획을 수립하고 추진하는 등을 규정하는 「중증장애인 생산품 우선구매 특별법」을 제정하였다.

⑩ 2010년 : 중증장애인의 공적소득보장의 사각지대의 해소와 생활안정과 복지를 증진할 수 있도록 장애인연금제도를 내용으로 하는 장애인연금법을 제정 및 시행하였다.

⑪ 2011년 : 1월에는 장애인의 자립생활을 지원하기 위해 활동지원급여에 관한 사항을 규정하는 「장애인 활동지원에 관한 법률」이 제정되었다. 8월에는 장애아동과 장애아동의 가족에 대한 종합적인 지원을 내용으로 하는 「장애아동 복지 지원법」이 제정되었다.

⑫ 2012년 : 장애인·고령자 등 주거약자의 주거안정과 주거복지를 지원하는 「장애인·고령자 등 주거약자지원에 관한 법률」이 제정되었다.

⑬ 2014년 : 발달장애인의 권리를 보장하고 발달장애인에 대한 복지서비스 지원 및 발달장애인의 보호자 지원을 내용으로 하는 「발달장애인 권리보장 및 지원에 관한 법률」이 제정되었다.

3. 장애인복지법

장애인복지법은 1981년에 심신장애자복지법으로 제정되었으며, 1989년에 장애인복지법으로 개정되었다. 장애인복지법은 장애인의 인간다운 삶과 권리보장을 위한 국가와 지방자치단체 등의 책임을 명백히 하고, 장애발생 예방과 장애인의 의료·교육·직업재활·생활환경개선 등에 관한 사업을 정하여 장애인복지대책을 종합적으로 추진하며, 장애인의 자립생활·보호 및 수당지급 등에 관하여 필요한 사항을 정하여 장애인의 생활안정에 기여하는 등 장애인의 복지와 사회활동 참여증진을 통하여 사회통합에 이바지함을 목적으로 하고 있다.

1) 장애인복지법의 장애인의 개념, 장애인등록

(1) 장애인의 개념

장애인복지법의 적용을 받는 장애인은 신체적·정신적 장애로 오랫동안 일상생활이나 사회생활에서 상당한 제약을 받는 자로서 대통령령이 정하는 장애의 종류 및 기준에 해당하는 자이다(장애인복지법 제2조). 동법 시행령은 장애인을 지체장애인, 뇌병변장애인, 시각장애인, 청각장애인, 언어장애인, 지적장애인, 자폐성장애인, 정신장애인, 신장장애인, 심장장애인, 호흡기장애인, 간장애인, 안면장애인, 장루·요루장애인, 뇌전증장애인의 15개 종류로 유형화하고 있으며 장애의 구체적인 판정기준도 정하고 있다(장애인복지법 시행령 제2조).

(2) 장애인등록

장애인복지법은 장애인등록제를 도입하여 장애인 등으로 하여금 특별자치도지사·시장·군수·구청장에게 등록하게 하였다. 또한 장애 상태의 변화에 따른 장애정도 조정을 위해 진단을 받게 하는 등의 필요한 조치를 할 수 있으며, 더 나아가서는 장애인의 장애 인정과 장애정도 사정이 적정한지를 확인하기 위해 필요한 경우 국민연금공단에 정밀검사를 의뢰할 수 있다(장애인복지법 제32조).

2) 중증장애인과 여성장애인의 보호

장애인복지법에는 중증장애인과 여성장애인의 보호를 위한 특별 규정을 두고 있는데, 이 법률에는 장애정도가 심하여 자립하기가 매우 곤란한 장애인에 대한 평생 보호 정책에 대한 강구 및 여성장애인의 권익보호와 사회참여확대에 필요한 시책을 강구할 것을 규정하고 있다.

3) 국가와 지방자치단체의 책임

장애인복지법에는 장애인의 복지향상에 관한 국가, 지방자치단체, 국민의 책임을 규정하고 있다. 국가 및 지방자치단체는 장애발생예방, 장애조기발견에 대한 국민의 관심 제고, 장애인의 자립지원, 요보호장애인 보호의 책임을 가지며, 국민은 장애발생예방 및 장애조기발견 노력, 장애인의 인격존중 그리고 사회통합 이념에 기초한 장애인 복지향상에의 협력책임을 갖는다라고 명시되어 있다(장애인복지법 제9조).

4) 장애인정책종합계획 수립

보건복지부장관은 5년마다 장애인정책종합계획을 수립・시행하며, 이러한 장애인정책종합계획의 수립, 관계부처 의견 조정 및 정책이행의 감독・평가를 위해 국무총리 소속하에 장애인정책조정위원회를 둔다(장애인복지법 제10조의2, 제11조). 또한 장애인정책의 효율적 수립・시행을 위한 장애인정책책임관의 지정, 장애인복지 관련 사업의 기획・조사・실시 등을 심의하기 위하여 지방자치단체에 지방장애인복지위원회의 설치에 관하여 규정하고 있다(장애인복지법 제12조, 제13조).

5) 기본정책의 강구

장애인복지법에는 장애인의 권익보호와 복지향상을 위해 국가와 지방자치단체에게 기본정책을 강구할 것을 규정하고 있다. 기본정책은 다음과 같다(장애인복지법 제17~30조).

① 장애발생 예방
② 재활의료와 재활치료의 제공
③ 재활치료 후의 사회적응 훈련
④ 사회통합이념에 따라 장애인의 연령·능력·장애의 종류 및 정도에 따른 교육 제공
⑤ 장애인의 적성과 능력에 맞는 직업재활훈련의 제공
⑥ 정보에의 원활한 접근과 의사표시 지원을 위한 전기통신·방송시설 등의 개선
⑦ 공공시설과 교통수단 등의 이용편의를 위한 편의시설의 설치
⑧ 안전사고 및 비상재해 등에 대비한 장애인의 특성을 배려한 안전대책 등의 조치
⑨ 교육 및 홍보사업을 통한 장애인에 대한 사회적 인식개선
⑩ 선거권 행사를 위한 편의 제공
⑪ 장애인의 일상생활에 적합한 주택의 보급 및 개선 지원
⑫ 문화활동과 체육활동 등의 지원을 위한 문화환경정비
⑬ 정책개발, 복지진흥 및 재활체육진흥을 위한 한국장애인개발원의 설립
⑭ 장애인과 장애인을 부양하는 자의 경제적 부담 경감 및 장애인의 자립촉진을 위한 세제상의 조치, 공공시설 이용료 감면, 그 밖에 필요한 정책 그리고 장애인과 장애인동행보호자의 운송운임 감면

6) 복지조치

「장애인복지법」의 제3장에 구체적인 복지조치를 규정하고 있다. 복지조치는 다음과 같다(장애인복지법 제31~52조).

① 장애실태조사를 3년마다 실시하여 장애인복지정책 수립의 시초 자료로 활용
② 시·군·구에 장애인복지상담원 배치
③ 의료기관이나 장애인복지시설에서의 주거편의, 상담, 치료, 훈련 등의 필요한 서비스 제공 등 및 직업훈련 또는 취업알선의 소개 등
④ 장애인의 일상생활의 편리와 사회활동 참여 제고를 위한 장애 유형·장애 정도별 재활 및 자립지원 서비스 제공

⑤ 경제적 부담능력 등을 감안한 여성장애인에 대한 산전·산후조리도우미 지원

⑥ 경제적 부담능력 등을 고려하여 장애인이 부양하거나 또는 장애인인 자녀에 대한 교육비 지급

⑦ 장애인이 사용하는 자동차 등에 대한 조세감면 등 지원

⑧ 장애인 보조견의 훈련·보급지원 등

⑨ 장애인 사업 등에 대한 자금대여 등

⑩ 공공시설 내 매점이나 자동판매기 설치의 허가 및 위탁 신청에 대한 장애인의 우선권 등 생업지원

⑪ 장애인복지시설에서의 자립훈련에 대한 지원비 지급

⑫ 장애인복지시설과 장애인복지단체의 생산물품에 대한 우선 구매

⑬ 고용촉진

⑭ 장애인 자립지원을 위한 공공시설의 우선 이용 제공

⑮ 장애인복지시설 및 관련 시설 설치에 필요한 경우의 국유·공유 재산의 매각이나 유상·무상 대여

⑯ 장애로 인한 추가적 비용을 보전하게 하기 위하여 장애수당을 지급(장애수당, 장애아동수당, 보호수당)

7) 자립생활의 지원

장애인복지법에는 자립생활지원시책강구, 장애인자립생활지원센터, 활동지원급여의 지원, 장애동료 간 상담 등에 대하여 규정하고 있다(장애인복지법 제53~56조).

① 장애인의 자립생활을 실현하기 위하여 장애인자립생활지원센터를 통하여 필요한 각종 지원서비스를 제공

② 장애인자립생활지원센터를 통한 장애인의 자립생활 실현을 위한 각종 지원서비스를 제공

③ 장애인이 일상생활 또는 사회생활을 원활히 할 수 있도록 활동지원급여를 지원

④ 장애인이 장애를 극복하는 데 도움이 되도록 장애동료 간 상호대화나 상담의 기회를 제공

8) 장애인복지시설

장애인이 제58조에 따른 장애인복지시설의 이용을 통하여 기능회복과 사회적 향상을 도모할 수 있도록 필요한 정책을 강구하여야 한다. 장애인복지시설은 장애인 거주시설, 장애인 지역사회재활시설, 장애인 직업재활시설, 장애인 의료재활시설로 규정되어 있다.

9) 장애인학대 및 장애인 대상 성범죄 신고의무

누구든지 장애인학대 및 장애인 대상 성범죄를 알게 된 때에는 제59조의11에 따른 중앙장애인권익옹호기관 또는 지역장애인권익옹호기관이나 수사기관에 신고할 수 있다. 사회복지전담공무원, 사회복지시설의 장과 그 종사자, 활동지원인력 및 활동지원기관의 장과 그 종사자, 의료인 및 의료기관의 장, 의료기사, 응급구조사, 구급대의 대원 등은 그 직무상 장애인학대 및 장애인 대상 성범죄를 알게 된 경우에는 지체 없이 장애인권익옹호기관 또는 수사기관에 신고하여야 한다라고 명시되어 있다.

10) 장애인복지 전문인력

국가와 지방자치단체 그 밖의 공공단체는 의지·보조기 기사, 언어재활사, 장애인재활상담사, 한국수어 통역사, 점역(點譯)·교정사 등 장애인복지 전문인력, 그 밖에 장애인복지에 관한 업무에 종사하는 자를 양성·훈련하는 데에 노력해야 한다라고 규정되어 있다(장애인복지법 제71조).

4. 장애인차별금지 및 권리구제 등에 관한 법률

「장애인차별금지 및 권리구제 등에 관한 법률」은 모든 생활영역에서 장애를 이유로 한 차별을 금지하고 장애를 이유로 차별받은 사람의 권익을 효과적으로 구제함으로써 장애인의 완전한 사회참여와 평등권 실현을 통하여 인간으로서의 존엄과 가치를 구현함을 목적으로 2007년에 제정되었다. 「장애인차별금지 및 권리구제 등에 관한 법률」은 총 6장으로 구성되어 있는데, 제1장은 총칙, 제2장은 차별금지, 제3장은 장애여성 및 장애아동, 제4장은 장애인차별시정기구 및 권리구제, 제5장은 손해배상, 입증책임, 제6장은 벌칙으로 편제되어 있다.

1) 장애인차별의 금지

「장애인차별금지 및 권리구제 등에 관한 법률」에는 '누구든지 장애 또는 과거의 장애경력 또는 장애가 있다고 추측됨을 이유로 차별을 하여서는 아니 된다'라고 규정하여 '장애'를 이유로 한 차별을 금지하고 있다.

(1) 차별행위

「장애인차별금지 및 권리구제 등에 관한 법률」에서는 '차별'을 다음과 같이 규정하고 있다(제4조).

① 장애인을, 장애를 사유로 정당한 사유 없이 제한・배제・분리・거부 등에 의하여 불리하게 대하는 경우
② 장애인에 대하여 형식상으로는 제한・배제・분리・거부 등에 의하여 불리하게 대하지 아니하지만 정당한 사유 없이 장애를 고려하지 아니하는 기준을 적용함으로써 장애인에게 불리한 결과를 초래하는 경우
③ 정당한 사유 없이 장애인에 대하여 정당한 편의 제공을 거부하는 경우
④ 정당한 사유 없이 장애인에 대한 제한・배제・분리・거부 등 불리한 대우를 표시・조장하는 광고를 직접 행하거나 그러한 광고를 허용・조장하는 경우. 이 경우 광고는 통상적으로 불리한 대우를 조장하는 광고효과가 있는 것으로 인정되는 행위를 포함한다.
⑤ 장애인을 돕기 위한 목적에서 장애인을 대리・동행하는 자(장애아동의 보호자 또는 후견인 그 밖에 장애인을 돕기 위한 자임이 통상적으로 인정되는 자를 포함한다. 이하 "장애인 관련자"라 한다)에 대하여 ①부터 ④까지의 행위를 하는 경우. 이

경우 장애인 관련자의 장애인에 대한 행위 또한 이 법에서 금지하는 차별행위 여부의 판단대상이 된다.

⑥ 보조견 또는 장애인보조기구 등의 정당한 사용을 방해하거나 보조견 및 장애인보조기구 등을 대상으로(제4호에 따라) 금지된 행위를 하는 경우

차별의 원인이 두 가지 이상이고, 그 주된 원인이 장애라고 인정되는 경우 그 행위는 장애에 따른 차별로 보며, 차별 여부를 판단할 때에는 장애인 당사자의 성별, 장애의 유형 및 정도, 특성 등을 충분히 고려하여야 한다(제5조).

(2) 정당한 편의

「장애인차별금지 및 권리구제 등에 관한 법률」 제1항에 '정당한 편의'라 함은 장애인이 장애가 없는 사람과 동등하게 같은 행동에 참여할 수 있도록 장애인의 성별, 장애의 유형 및 정도, 특성 등을 고려한 편의시설 · 설비 · 도구 · 서비스 등 인적 · 물적 제반 수단과 조치를 말한다(제4조). 또한 국가 및 지방자치단체는 장애인 등에게 정당한 편의가 제공될 수 있도록 필요한 기술적 · 행정적 · 재정적 지원을 하여야 한다(제8조).

(3) 차별의 예외

① 정당한 사유가 있는 경우

「장애인차별금지 및 권리구제 등에 관한 법률」 제4조에서 규정하고 있는 금지된 '차별행위'에 해당하는 경우라도, 금지된 차별행위를 하지 않음에 있어서 과도한 부담이나 현저히 곤란한 사정 등이 있는 경우와, 금지된 차별행위가 특정 직무나 사업 수행의 성질상 불가피한 경우에 해당하는 정당한 사유가 있는 경우에는 차별로 보지 않는다(제4조).

② 차별시정을 위한 적극적 조치

장애인의 실질적 평등권을 실현하고 장애인에 대한 차별을 시정하기 위하여 「장애인의 차별금지 및 권리구제 등에 관한 법률」 또는 다른 법령 등에서 취하는 적극적 조치는 차별로 보지 않는다(제4조).

2) 장애인차별 금지영역

「장애인차별금지 및 권리구제 등에 관한 법률」에 차별행위가 금지되는 영역으로는, 고용, 교육, 재화와 용역의 제공 및 이용, 사법・행정 절차 및 서비스와 참정권, 모・부성권, 성 등, 그리고 가족・가정・복지시설, 건강권의 영역을 설정하여 장애인에 대한 차별을 금지하고 있다.

장애인 중에서도 특히 장애여성, 장애아동, 그리고 정신적 장애를 가진 자에 대한 차별금지를 규정하고 있다(제3장). 예를 들어 장애여성의 경우 장애를 가진 여성임을 이유로 모든 생활 영역에서 차별이 금지되며, 사용자는 남성근로자 또는 장애인이 아닌 여성근로자에 비하여 장애여성 근로자를 불리하게 대우하지 않아야 하고, 국가 및 지방자치단체는 정책의 결정과 집행과정에서 장애여성임을 이유로 참여 기회를 제한 또는 배제하지 말아야 한다.

〈표 4-2〉 장애인차별 금지영역

영역(대상)	내 용
고 용	• 차별금지(제10조) • 정당한 편의제공 의무(제11조) • 의학적 검사의 금지(제12조)
교 육	• 차별금지(제13조) • 정당한 편의제공 의무(제14조)
재화와 용역의 제공 및 이용	• 재화 · 용역 등의 제공에 있어서의 차별금지(제15조) • 토지 및 건물의 매매 · 임대 등에 있어서의 차별금지(제16조) • 금융상품 및 서비스 제공에 있어서의 차별금지(제17조) • 시설물 접근 · 이용의 차별금지(제18조) • 이동 및 교통수단 등에서의 차별금지(제19조) • 정보접근에서의 차별금지(제20조) • 정보통신 · 의사소통 등에서의 정당한 편의제공 의무(제21조) • 개인정보보호(제22조) • 정보접근 · 의사소통에서의 국가 및 지방자치단체의 의무(제23조) • 문화 · 예술활동의 차별금지(제24조) • 체육활동의 차별금지(제25조)
사법 · 행정절차 및 서비스와 참정권	• 사법 · 행정절차 및 서비스 제공에 있어서의 차별금지(제26조) • 참정권(제27조)

모 · 부성권, 성 등	• 모 · 부성권의 차별금지(제28조) • 성에서의 차별금지(제29조)
가족 · 건강 · 복지시설, 건강권 등	• 가족 · 가정 · 복지시설 등에서의 차별금지(제30조) • 건강권에서의 차별금지(제31조) • 괴롭힘 등의 금지(제32조)
장애여성, 장애아동, 정신적 장애를 가진 사람	• 장애여성에 대한 차별금지(제33조) • 장애여성에 대한 차별금지를 위한 국가 및 지방자치단체의 의무(제34조) • 장애아동에 대한 차별금지(제35조) • 장애아동에 대한 차별금지를 위한 국가 및 지방자치단체의 의무(제36조) • 정신적 장애를 가진 사람에 대한 차별금지 등(제37조)

출처 : 김정순(2014).

3) 장애인차별시정기구 및 권리구제

장애인차별행위의 피해자 등은 국가인권위원회에 진정을 할 수 있으며, 진정이 없는 경우에도 위원회의 직권조사권이 있으며, 장애인 차별행위에 대한 조사와 구제업무를 전담할 장애인차별시정소위원회를 두고, 금지된 차별행위에 대한 국가인권위원회의 구제조치 등 권고 내용의 법무부장관에 대한 통보, 차별행위 피해자의 신청 또는 직권에 의한 법무부의 시정명령, 법무부장관 시정명령에 대한 행정소송의 제기 또는 시정명령의 확정, 법무부장관의 차별행위자에 대한 확정된 시정명령 이행 상황의 제출요구 등, 손해배상, 입증책임의 분배, 법원의 구제조치 및 악의적 차별행위자에 대한 벌금 또는 징역형의 벌칙, 확정된 시정명령을 정당한 사유 없이 불이행한 자에 대한 과태료 처분에 대하여 규정하고 있다.

5. 장애인연금법

장애인연금법은 장애로 인하여 생활이 어려운 중증장애인에게 장애인연금을 지급함으로써 중증장애인의 생활 안정 지원과 복지 증진 및 사회통합을 도모하는 데 이바지함을 목적으로 2010년에 제정되었다. 이 법은 총 27개조로 편제되었는데, 제1조는 목적, 제2조는 정의, 제3조는 국가 및 지방자치단체의 책무, 제4조는 수급권자의 범위, 제5조는 장애인연금의 종류 및 내용, 제6조는 기초급여액, 제7조는 부가

급여액, 제8조는 장애인연금의 신청, 제9조는 신청에 따른 조사, 제10조는 장애인연금 지급의 결정 등, 제11조는 수급자에 대한 사후관리, 제12조는 금융정보 등의 제공, 제13조는 장애인연금의 지급기간 및 지급시기, 제14조는 지급되지 아니한 장애인연금, 제15조는 수급권의 소멸과 지급정지, 제16조는 신고의 의무, 제17조는 장애인연금의 환수, 제18조는 이의신청, 제19조는 압류 금지 등, 제20조는 시효, 끝수의 처리, 제21조는 비용의 부담, 제22조는 장애인연금정보시스템의 구축 및 운영, 제23조는 업무의 위탁, 제24조는 벌칙 적용 시의 공무원 의제, 제25조는 벌칙, 제26조는 양벌규정, 제27조는 과태료에 대하여 규정하고 있다.

1) 중증장애인의 정의

장애인연금법에서 '중증장애인'이란 장애인복지법 제32조에 따라 등록한 장애인 중 근로능력이 상실되거나 현저하게 감소된 사람으로서 같은 법 제2조 제2항에 따라 장애의 정도가 심한 장애인으로서 보건복지부 장관이 정하여 고시하는 요건을 갖춘 사람을 말한다.

2) 국가 및 지방자치단체의 책무

국가 및 지방자치단체는 장애인연금이 중증장애인의 생활안정을 지원하고 복지를 증진하는 데 필요한 수준이 되도록 최대한 노력하여야 하며, 매년 필요한 재원을 조달하여야 하고, 장애인연금의 지급에 따라 계층 간 소득 역전 현상이 발생하지 아니하고 근로의욕 및 저축 유인이 저하되지 아니하도록 최대한 노력하여야 한다(제3조).

3) 수급권자의 범위 등

장애인연금법에 의한 수급권자는 18세 이상의 중증장애인으로서 소득인정액이 그 중증장애인의 소득·재산·생활수준과 물가상승률 등을 고려하여 보건복지부장관이 정하여 고시하는 금액 이하인 사람으로 하되, 20세 이하로서 초·중등교육법 제2조에 따른 학교에 재학 중인 사람은 제외하며, 보건복지부장관은 선정기준액을 정하는 경우에 18세 이상의 중증장애인 중 수급자가 100분의 70 수준이 되도록 한다(제4조).

4) 장애인연금의 종류 및 내용

장애인연금법에 따른 장애인연금은 기초급여와 부가급여가 있는데, 기초급여는 근로능력의 상실 또는 현저한 감소로 인하여 줄어드는 소득을 보전하여 주기 위하여 지급하는 급여를 말하고, 부가급여는 장애로 인하여 추가로 드는 비용의 전부 또는 일부를 보전하여 주기 위하여 지급하는 급여를 말한다(제5조).

5) 장애인연금의 신청

장애인연금을 지급받으려는 사람은 관할 특별자치시장・특별자치도지사・시장・군수・구청장에게 장애인연금의 지급을 신청할 수 있다(제8조).

6) 비용의 부담

장애인연금은 지방자치단체의 재정 여건 등을 고려하여 대통령령으로 정하는 바에 따라 국가, 특별시・광역시・도 또는 특별자치시・특별자치도・시・군・구가 부담한다(제21조).

6. 장애인・고령자 등 주거약자 지원에 관한 법률

「장애인・고령자 등 주거약자 지원에 관한 법률」은 장애인・고령자 등 주거약자의 안전하고 편리한 주거생활을 지원하기 위하여 필요한 사항을 정함으로써 주거약자의 주거안정과 주거수준 향상에 이바지함을 목적으로 2012년에 제정되었다. 이 법은 총 21개조로 구성되어 있는데, 제1조는 목적, 제2조는 정의, 제3조는 국가 등의 의무, 제4조는 다른 법률과의 관계, 제5조는 주거지원계획의 수립, 제6조는 시・도 주거지원계획의 수립, 제7조는 주거실태조사, 제8조는 주거약자용 주택에 대한 최저주거기준의 설정, 제9조는 주거약자용 주택의 편의시설 설치기준의 설정, 제10조는 주거약자용 주택의 의무건설, 제11조는 주거약자용 주택의 건설기준, 제12조는 주거약자용 주택 임대사업자 지원, 제13조는 주거약자용 주택 임대 조건 등, 제

14조는 임대 현황 등의 신고, 제15조는 주택개조비용 지원, 제16조는 주거약자용 주택 개조비용을 지원받은 임대인의 의무, 제17조는 주거지원센터의 설치 등, 제18조는 권한의 위임·위탁, 제19조는 벌칙, 제20조는 양벌규정, 제21조는 과태료에 대하여 규정하고 있다.

1) 주거약자 등의 정의

「장애인·고령자 등 주거약자 지원에 관한 법률」에서 '주거약자'란, 65세 이상인 사람, 장애인복지법 제2조 제2항에 해당하는 장애인, 그 밖에 대통령령으로 정하는 사람 중의 어느 하나에 해당하는 사람을 말한다(제2조).

2) 국가 등의 책무

국가 및 지방자치단체는 주거약자의 주거안정과 주거수준 향상을 위하여, 주거약자의 주거생활이 쾌적하고 안전하게 이루어지도록 하고, 주거약자용 주택이 원활하게 공급되고 효율적으로 관리될 수 있도록 하며, 주거약자의 쾌적하고 안전한 주거생활에 필요한 정보가 원활하게 제공되고, 편의시설이 주거약자용 주택에 적정하게 설치될 수 있도록 노력하여야 한다(제3조).

3) 주거지원센터의 설치

국가, 시·도지사 또는 시장·군수·구청장은 주택개조비용 지원을 위한 대상주택의 확인, 개조공사의 적정성 확인 등 주택개조 지원에 관한 업무, 주거약자의 주거문제 상담 및 생활관리 등에 대한 지원업무, 주거약자가 거주하는 주택 및 주거환경에 대한 실태조사, 그 밖에 주거약자용 주택과 관련한 정보제공 등 대통령령으로 정하는 사항에 관한 업무를 수행하기 위하여 주거약자 주거지원센터를 둘 수 있으며, 주거지원센터의 업무를 수행하는 데 적합한 조직·인력 등 대통령령으로 정하는 요건을 갖춘 자에게 위탁할 수 있다(제17조).

7. 장애인 · 노인 · 임산부 등의 편의증진 보장에 관한 법률

「장애인 · 노인 · 임산부 등의 편의증진 보장에 관한 법률」은 장애인 등이 생활을 영위함에 있어 안전하고 편리하게 시설 및 설비를 이용하고 정보에 접근하도록 보장함으로써 이들의 사회활동참여와 복지증진에 이바지함을 목적으로 1997년에 제정되었다. 이 법률은 29개조로 편재되어 있는데, 제1조는 목적, 제2조는 정의, 제3조는 편의시설 설치의 기본 원칙, 제4조는 접근권, 제5조는 다른 법률과의 관계, 제6조는 국가 및 지방자치단체의 의무, 제7조는 대상시설, 제8조는 편의시설의 설치기준, 제9조는 시설주의 의무, 제9조의3은 편의시설 설치기준 적합성 확인업무의 대행, 제10조는 편의시설에 관한 지도 · 감독, 제11조는 실태조사, 제12조는 설치계획의 수립 · 시행 및 보고, 편의증진심의회의 설치 등, 제13조는 설치의 지원, 제14조는 연구개발의 촉진 등, 제15조는 적용의 완화, 제16조는 시설이용상의 편의제공, 제17조는 장애인전용주차구역 등, 제22조는 자료제출 요구 및 검사, 제23조는 시정명령 등, 제24조는 이행강제금, 제25조는 벌칙, 제26조는 양벌규정, 제27조는 과태료에 대하여 규정하고 있다.

1) 장애인 등의 편의시설 접근권

「장애인 · 노인 · 임산부 등의 편의증진 보장에 관한 법률」에서 '장애인 등'이라 함은 장애인 · 노인 · 임산부 등 생활을 영위함에 있어 이동과 시설이용 및 정보에의 접근 등에 불편을 느끼는 자를 말한다(제2조).

'편의시설'이라 함은 장애인 등이 생활을 영위함에 있어 이동과 시설이용의 편리를 도모하고 정보에의 접근을 용이하게 하기 위한 시설과 설비를 말한다(제2조).

'접근권'이라 함은 장애인 등이 인간으로서의 존엄과 가치 및 행복을 추구할 권리를 보장받기 위하여 장애인 등이 아닌 사람들이 이용하는 시설과 설비를 동등하게 이용하고 정보에 자유롭게 접근할 수 있는 권리를 말한다(제4조).

2) 국가 및 지방자치단체의 의무

국가 및 지방자치단체는 장애인 등이 생활을 영위함에 있어 안전하고 편리하게 시설 및 설비를 이용하고 정보에 접근할 수 있도록 각종 시책을 마련하여야 하며, 편의시설에 관한 실태조사와 지도・감독을 한다(제6조, 제10조).

3) 편의시설 설치계획의 수립 및 편의증진심의회의 설치 등

시설주관기관은 편의시설의 설치를 촉진하기 위하여 소관 대상시설에 대한 편의시설설치계획을 수립・시행하고 장애인 등의 편의증진에 관한 사항을 심의하기 위하여 보건복지부에 편의증진심의회를 둔다(제12조).

4) 편의시설을 설치하여야 하는 대상 시설

편의시설을 설치하여야 하는 대상은 공원, 공공건물 및 공중이용시설, 공동주택, 통신시설, 기타 장애인 등의 편의를 위하여 편의시설의 설치가 필요한 건물・시설 및 그 부대시설에 해당하는 것으로서 대통령령으로 정하는 것을 말한다(제7조).

5) 편의시설의 설치와 편의제공

편의시설 설치의 기본 원칙은 최단거리 이동의 원칙이며, 이는 장애인 등이 공공건물 및 공중이용시설을 이용함에 있어 가능한 최단거리로 이동할 수 있도록 설치하여야 한다(제3조).

시설주는 대상시설의 설치 등의 경우 장애인등이 항상 대상시설을 편리하게 이용할 수 있도록 편의시설을 설치기준에 적합하게 설치하고 이를 유지・관리하여야 한다(제9조).

장애인 등의 이용이 많은 공공건물 및 공중이용시설의 시설주는 휠체어・점자안내책자・보청기기 등을 비치하여 장애인 등이 해당 시설을 편리하게 이용할 수 있도록 하며, 이러한 편의 제공의 이용료는 무료를 원칙으로 하되 수리에 소요되는 비용 등을 감안하여 실비로 할 수 있다(제16조).

장애인은 일정한 공공건물 및 공중이용시설을 이용하고자 할 때에는 시설주에 대하여 안내서비스·한국수어통역 등의 편의제공을 요청할 수 있으며, 이 경우 시설주는 정당한 사유가 없는 한 이에 응하여야 한다(제16조의2).

공공건물 및 공중이용시설의 시설주는 주차장법령이 정하는 설치비율에 따라 장애인전용주차구역을 설치하여야 한다(제17조).

시설주관기관은 편의시설 활성화 정책의 기초자료 확보 등을 위하여 편의시설 설치에 관한 실태조사를 실시하여야 하며, 실태조사의 실시에 필요한 한도 내에서 시설주에 대하여 필요한 자료제출을 요구할 수 있다(제11조).

「장애인·노인·임산부 등의 편의증진 보장에 관한 법률」은 민간 시설주에게도 편의시설의 설치·유지·관리 의무를 부여하고 있으므로, 국가 및 지방자치단체는 민간부담을 경감하고 편의시설 설치 촉진을 위한 금융지원과 기술지원 등 필요한 조치를 강구하며, 법인과 개인이 편의시설을 설치한 경우 당해 시설 설치에 소요된 금액에 대하여 조세특례제한법, 지방세특례제한법 등 조세관계법령이 정하는 바에 의하여 조세를 감면한다(제9조, 제13조).

대상시설의 시설주가 「장애인·노인·임산부 등의 편의증진 보장에 관한 법률」의 규정을 위반한 경우에 시설 주관기관은 편의시설의 설치 및 개선 등 시정명령을 할 수 있고, 시설주가 시정기간 내에 시정명령을 이행하지 아니한 때에는 벌금, 과태료와 함께 이행강제금을 부과한다(제23조, 제24조, 제25조, 제26조).

8. 교통약자의 이동편의증진법

「교통약자의 이동편의증진법」은 교통수단이나 도로 등을 이용한 장애인 등의 차별 없는 이동권 보장을 위해 2015년에 제정되었다. 이 법은 교통약자가 안전하고 편리하게 이동할 수 있도록 교통수단, 여객시설 및 도로에 이동편의시설을 확충하고 보행환경을 개선하여 사람중심의 교통체계를 구축함으로써 교통약자의 사회참여와 복지 증진에 이바지함을 목적으로 하고 있다.

「교통약자의 이동편의증진법」은 총 6장으로, 제1장은 총칙, 제2장은 교통약자 이동편의 증진계획, 제3장은 이동편의시설 설치기준 등, 제4장은 보행우선구역 및 보행안전시설물의 설치 등, 제5장은 보칙, 제6장은 벌칙으로 편제되어 있다.

1) 교통약자의 이동권

「교통약자의 이동편의증진법」에서 '교통약자'라 함은 장애인, 고령자, 임산부, 영유아를 동반한 사람, 어린이 등 일상생활에서 이동에 불편을 느끼는 사람을 말한다. 교통약자는 인간으로서의 존엄과 가치 및 행복을 추구할 권리를 보장받기 위하여 교통약자가 아닌 사람들이 이용하는 모든 교통수단, 여객시설 및 도로를 차별없이 안전하고 편리하게 이용하여 이동할 수 있는 권리를 가진다(제2조, 제3조).

2) 국가, 지방자치단체 및 교통사업자 등의 책무

국가와 지방자치단체는 교통약자의 안전하고 편리한 이동을 위하여 교통수단과 여객시설의 이용편의 및 보행환경 개선을 위한 정책의 수립·시행할 책무가 있으며, 교통사업자는 이동편의시설 설치기준의 준수 및 교통약자에 대한 지속적인 서비스 개선에 대한 노력의무가 있으며, 교통수단제작 사업자는 교통약자의 편리한 이동을 위한 구조·설비 또는 장치를 갖춘 교통수단의 개발·제조에 대한 노력의무가 있다(제4조, 제5조).

3) 이동편의 증진계획 등

국토교통부장관은 5년 단위의 '교통약자 이동편의 증진계획'을 수립하고, 시장·군수는 5년 단위의 '지방교통약자 이동편의 증진계획'과 '연차별 시행계획'을 수립하여야 한다(제7조, 제8조).

4) 이동편의시설을 설치해야 하는 대상시설

이동편의시설의 설치대상은 교통수단, 여객시설, 그리고 도로로서 대통령령이 정하는 시설이다(제9조).

5) 이동편의시설의 설치 등과 편의제공

'이동편의시설'이란 휠체어 탑승설비, 장애인용 승강기, 장애인을 위한 보도, 임산부가 모유수유를 할 수 있는 휴게시설 등 교통약자가 교통수단, 여객시설 또는 도로를 이용할 때 편리하게 이동할 수 있도록 하기 위한 시설과 설비를 말한다(제2조).

(1) 이동편의시설의 설치기준

대상시설별 이동편의시설의 종류는 규모·용도 등을 고려하여 대통령령으로 정하며, 이동편의시설의 구조·재질 등에 관한 세부기준은 국토교통부령으로 정한다(제10조).

(2) 교통사업자의 의무

교통사업자 또는 대상시설을 설치·관리하는 자는 대상시설의 설치 등을 할 때 설치기준에 맞게 이동편의시설을 설치하고 이를 유지·관리하여야 하며, 교통행정기관은 교통수단과 여객시설에 대한 면허·허가·인가 등을 하는 경우 교통수단과 여객시설에 설치된 이동편의시설에 대한 기준적합성심사를 하여야 한다(제11조, 제12조).

(3) 노선버스의 이용 보장 등

노선버스 운송사업자는 교통약자의 안전하고 편리한 버스 이용을 위하여 충분한 승하차 시간과 승하차 편의를 제공하여야 하며, 저상버스를 보유하고 있는 경우 일반버스와의 배차순서를 적절히 편성하여야 한다(제14조). 시장이나 군수는 '지방교통약자 이동편의 증진계획'을 수립할 때 저상버스 등 도입 및 저상버스 등의 운행을 위한 버스정류장과 도로 등 시설물의 정비 계획을 반영하고, 이에 따라 저상버스 등을 도입하여야 한다. 이 경우 노선버스 운송사업자에게 예산의 범위 내에서 재정을 지원을 하여야 한다(제14조).

(4) 도시철도의 이용 보장

도시철도운송사업의 면허를 받은 자는 도시철도사업에 사용되는 차량의 10분의 1 이상에 해당하는 부분을 교통약자 전용구역으로 배정하여야 한다(제15조).

(5) 특별교통수단의 운행 등

'특별교통수단'이란 이동에 심한 불편을 느끼는 교통약자의 이동지원을 위하여 휠체어 탑승설비 등을 장착한 차량을 말한다(제16조).

(6) 교통이용정보 등의 제공

교통사업자는 교통약자 등이 교통수단, 여객시설 또는 이동편의시설을 편리하게 이용할 수 있도록 안내정보 등 교통이용에 관한 정보와 한국수어 · 통역 서비스 등 교통이용과 관련된 편의를 제공하여야 한다(제17조).

(7) 교통수단 등의 장애물 없는 생활환경 인증

국토교통부장관은 교통약자의 안전하고 편리한 이동을 위하여 이동편의시설을 설치한 교통수단 · 여객시설 및 도로에 장애물 없는 생활환경 인증을 할 수 있으며, 이러한 교통수단 · 여객시설 및 도로를 계획 또는 정비한 시 · 군 · 구 및 대통령령으로 정하는 지역에 대하여 인증을 할 수 있다(제17조의2).

(8) 보행우선구역의 지정 등

시장 · 군수는 교통약자를 포함한 보행자의 안전하고 편리한 보행환경을 위하여 보행우선구역의 지정, 보행우선구역에서의 보행시설물의 설치, 불법시설물의 정비 등의 필요한 조치를 하여야 한다(제18조, 제21조, 제23조).

6) 장애인 등의 자가운전 지원 등

국가와 지방자치단체는 장애인 등이 자가운전을 통하여 안전하고 편리하게 이동할 수 있도록 운전면허제도의 정비 등 필요한 시책을 강구하여 지원하여야 한다(제27조).

7) 실태조사

국토교통부장관은 교통약자의 이동편의 증진을 위한 정책을 효과적으로 수립하는 데 필요한 기초자료로 활용하기 위하여, 교통약자의 숫자 등 현황, 교통약자의 이동 실태, 이동편의시설의 설치 및 관리 현황, 보행환경 실태, 교통수단, 여객시설, 이동편의시설 및 보행환경에 대한 교통약자의 만족도, 그 밖에 교통약자의 이동편의 증진을 위하여 필요한 사항을 조사하여야 한다(제25조).

9. 기타 장애인 관련 법

1) 장애인고용촉진 및 직업재활법

「장애인고용촉진 및 직업재활법」은 1990년 제정되었으며, 주요 내용은 다음과 같다.

① 장애인의 고용촉진과 직업재활
② 직업지도, 직업적응훈련, 직업능력개발훈련, 보호고용, 취업알선, 취업알선기관 연계, 자영업 장애인에 대한 지원, 취업 후 지도, 사업주 고용지도, 장애인 고용 사업주 융자 등 지원, 장애인 표준사업장 지원, 장애인 고용 우수사업주 지원, 장애인 관련 정보·자료 제공, 장애인 실태조사
③ 장애인고용의무 및 부담금제도
④ 한국장애인고용공단, 장애인고용촉진·직업재활기금

2) 장애인기업활동 촉진법

「장애인기업활동 촉진법」은 2005년에 제정되었으며, 주요 내용은 다음과 같다.

① 장애인의 창업·기업활동 촉진
② 차별적 관행 시정
③ 장애인기업활동촉진기본계획, 장애인기업활동촉진위원회
④ 장애인창업지원특례, 자금지원우대, 공공기관구매촉진, 경영능력향상지원, 세제지원, 국유·공유재산 무상 대부
⑤ 한국장애인경제연합회, 장애인기업종합지원센터

3) 중증장애인 생산품 우선구매 특별법

「중증장애인 생산품 우선구매 특별법」은 2008년에 제정되었으며, 주요 내용은 다음과 같다.

① 중증장애인 고용 직업재활시설 생산품 우선구매 지원을 통한 중증장애인 직업재활
② 중증장애인생산품우선구매촉진계획 수립, 중증장애인생산품우선구매촉진위원회 설치
③ 우선구매지원, 공공기관 구매촉진, 중증장애인 생산품 품질인정, 생산시설·업무수행기관 지정
④ 세제지원, 국·유공재산 중 무상대부

4) 장애인 등에 대한 특수교육법

「장애인 등에 대한 특수교육법」은 2007년에 제정되었으며, 주요 내용은 다음과 같다.

① 장애인과 특별한 교육적 요구가 있는 사람에게 통합적 교육환경 제공, 생애주기에 따라 자애유형·정도의 특성을 고려한 교육 실시
② 특수교육대상자
③ 의무교육·무상교육 : 유치원·초·중·고등학교과정교육 의무교육. 진로·직업교육을 위한 전공과와 만 3세 미만 장애영아 무상
④ 배치 : 일반학교 일반학급, 일반학교 특수학급, 특수학교
⑤ 특수교육운영위원회, 특수교육운영센터
⑥ 영유아 및 초·중등교육, 고등교육 및 평생교육

5) 장애인활동지원에 관한 법률

「장애인활동지원에 관한 법률」은 2011년에 제정되었으며, 주요 내용은 다음과 같다.

① 일상생활・사회생활을 원활히 할 수 있도록 중증장애인 활동지원급여 지원
② 신청자격 : 혼자서 일상생활과 사회생활을 하기 어려운 장애인으로서 국민기초생활보장법상 보장시설 등에 입소하지 않은 사람
③ 급여종류 : 활동보조, 방문목욕, 방문간호 기타 대통령령으로 정하는 활동지원급여
④ 활동지원급여 신청, 수급자격심의, 활동지원 등급 변경 등
⑤ 활동지원급여 한도액과 본인부담금, 활동보조지원급여 제한・정지
⑥ 활동지원기관, 활동지원인력

6) 장애아동 복지지원법

「장애아동 복지지원법」은 2011년에 제정되었으며, 주요 내용은 다음과 같다.

① 장애아동의 특별한 복지적 욕구에 적합한 통합적 지원
② 18세 미만 등록장애인과 장애가 있다고 인정되는 만 6세 미만 아동
③ 장애아동 복지지원에 관한 특별법
④ 장애아동의 권리, 국가와 지방자치단체 임무
⑤ 중앙장애아동지원센터, 지역장애아동지원센터, 장애아동 복지지원 실태조사
⑥ 복지지원 대상자 선정, 복지지원 제공절차
⑦ 복지지원의 내용 : 의료비, 보조기구, 발달재활 서비스, 보육, 가족, 돌봄 및 일시적 휴식지원, 지역사회 전환, 문화・예술 등 복지지원, 취약가정 복지지원 우선 제공
⑧ 복지지원 제공기관, 장애영유아 어린이집

7) 발달장애인 권리보장 및 지원에 관한 법률

「발달장애인 권리보장 및 지원에 관한 법률」은 2014년에 제정되었으며, 주요 내용은 다음과 같다.

① 발달장애인 인권보호체계 및 발달장애인과 가족을 위한 복지서비스체계 구축
② 지원대상을 아동 및 성인 발달장애인과 그 보호자로 함
③ 개인별지원계획 수립 및 연계를 통해 발달장애인 맞춤형 복지서비스 제공
④ 발달장애인의 권리보호를 위해 자기결정권의 보장, 성년후견제 이용지원, 의사소통도구 개발 및 지원, 발달장애인 전담조사제, 발달장애인 대상 범죄의 신고의무, 발달장애인지원센터에 조사권 부여 등
⑤ 발달장애인에 대해서 정밀진단비용 지원, 치료 및 재활체계 구축, 발달장애인에 특화된 직업훈련 서비스 제공, 평생교육지원 등의 서비스 제공
⑥ 발달장애인의 보호자에 대한 교육 및 상담, 정보제공, 휴식지원 및 비장애 형제・자매에 대한 지원 등
⑦ 발달장애인지원센터 설치 : 복지정보 제공, 발달장애인 학대 등 신고접수 시 현장출동・조사・보호조치, 상담 및 인식개선 홍보 등의 업무

10. 외국의 장애인복지 관련 법령

1) 미 국

미국의 장애인 관련법의 전개과정은 1990년 장애인법 제정 전후를 기준으로 차이가 있다고 볼 수 있다. 장애인법 제정 전에는 장애인 관련법은 사회복지법의 일부로서, 사회보장법(Social Security Act of 1935), 재활법(Rehabilitation Act, 1973) 등 장애인에게 재정적 지원을 해주는 복지제도 중심이었다고 볼 수 있다(Samuel, 2004). 그러나 1960년대부터는 단순한 복지차원의 재정지원이나 의료지원은 장애인의 동등권을 위한 것이 아니라, 일시적 혜택이나 자선이라는 비판이 나오기 시작하였다. 미국 시민권(Civil Rights) 운동과 발맞추어 장애인에게도 비장애인과 같은 동등한 권리를 향유할 자격이 있으며, 장애인의 문제는 장애인 자신의 신체적, 정신적 문제가 아니라 사회 전반의 장벽(barrier) 문제로 보기 시작하였다(Mark, 2011). 장애인은 고용이나 공공시설 등의 장벽을 넘지 못하여 경제, 사회생활에 참여할 수 없기 때문에, 사회 인식변화나 기반시설의 장벽을 없애고, 장애인에게 사회참여의 기회를 보장해

주면 장애인의 사회참여가 늘어나고, 취업을 통해 자립할 수 있다는 시민권적 발상에 기초하여 1990년에 장애인법이 제정되었다.

미국의 장애인법 이외에 장애인 관련 법률로서는, 통신법(Telecommunications Act), 공정주택공급법(Fair Housing Act), 항공운송접근법(Air Carrier Access Act), 노인과 장애인을 위한 선거접근성법(Voting Accessibility for the Elderly and Handicapped Act), 국가유권자등록법(National Voter Registration Act), 시설입소자 시민권법(Civil Rights of Institutionalized Persons Act), 장애인교육법(Individuals with Disabilities Education Act), 재활법(Rehabilitation Act), 건축장애물법(Architectural Barriers Act), 21세기 통신 및 비디오 접근성법(Twenty-first Century Communications and Video Accessibility Act of 2010), 유전자정보 차별금지법(Genetic Information Nondiscrimination Act), 환자보호 및 부담적정보험법(Patient Protection and Affordable Care Act) 등이 있다. 이러한 유형의 법률은 장애인의 시설 이용에 장벽을 없애고 접근성을 보장하며, 고용에서의 차별금지, 권리침해구제 등 장애인의 동등한 권리를 보장하려는 취지로 제정된 법률이라 할 수 있겠다.

장애인이나 장애인 가족을 재정적으로 지원하는 연방법으로서는, 사회보장법(Social Security Act)에 근거한 사회보장장애연금(Social Security Disability Insurance)과 추가보장수입(SSI : Supplemental Security Income)이 있으며, 의료지원으로서는 장애인을 위한 Medicare(노인 및 장애인 의료보험제도), Medicaid(저소득층 의료보험제도) 등이 있다.

(1) 장애인법

미국의 장애인법은 인종, 종교, 성별 등에 의한 차별을 금지하고 장애인의 권리를 종합적으로 보호하는 대표적인 연방법이다. 이 법은 공공서비스, 편의시설, 교통시설, 통신시설에의 접근성을 보장하며, 장애인의 취업, 이동, 상품구매, 서비스 이용 등의 경제, 사회활동을 할 수 있도록 장애인에게 '동등한 권리(equal rights)'가 주어져야 한다는 취지로 제정되었다. 2008년에는 장애인개정법(ADAAA : ADA Amendments Act of 2008)으로 개정되었다. 2008년의 장애인개정법의 기본적인 구성은 다음과 같다.

① 제1장(Title Ⅰ) : 고용

② 제2장(Title Ⅱ) : 공공서비스

제1절(Subtitle A) : 차별금지와 기타 일반규정

제2절(Subtitle B) : 공공기관의 공공교통 제공 시 차별 관련 조치

제1부(Part Ⅰ) : 항공기 또는 철도운영 이외의 공공교통

제2부(Part Ⅱ) : 도시 간, 출퇴근용 철도의 공공교통

③ 제3장(Title Ⅲ) : 사설기관의 공공편의시설 및 공공서비스

④ 제4장(Title Ⅳ) : 전신, 전화 등 전기통신 서비스

⑤ 제5장(Title Ⅴ) : 기타 규정

(2) 장애인의 접근성을 보장하는 법률

장애인의 접근성 차별금지의 법률화는 초기에는 서비스 이용과 관련된 시설물이나 전기, 전화 등의 통신에 대한 접근성의 차별금지법이 주를 이루었으나, 최근에는 인터넷 등의 정보통신매체의 접근성의 문제, 인터넷 등을 통한 정보 자체의 접근성 문제를 해결하는 법률 등이 제정되었다. 또한 동등권, 시민권적 차원에서 헌법에서 보장한 권리와 접근성 문제와 연결시켜 법률화하였다(김정순, 2014).

① 정보통신의 접근성 보호

가. 통신법

통신법은 1934년에 정보통신법(Communications Act of 1934)을 근거로 1996년에 대대적인 정비를 거쳐 통신법(Telecommunications Act of 1996)으로 개정되었다. 통신법은 통신기기 제조업체나 통신서비스 제공자에 의한 장애인 차별을 금지한다. 제조업체나 서비스 제공자는 통신서비스 접근이 쉽지 않은 지역에서, 장애를 가진 소비자나 이용자가 접근가능(accessible), 사용가능(usable), 호환가능(compatible)한 통신기기와 서비스를 제공하거나 제조해야 한다. 연방통신위원회(FCC : Federal Communications Commission)의 시행규칙에 통신기기의 범위는 하드웨어와 소프트웨어 통신망시설과 고객댁내장치(customer premises equipment)에 적용되며, 고객댁내장치는 가정이나 사무실 등에 있는 통신시설이나 장치를 말하고, 일반전화, 휴대전화, 팩스, 페이저, 통화중 대기 서비스, 교환서비스 등이 포함된다.

나. 21세기 통신 및 비디오 접근성법

21세기 통신 및 비디오 접근성법(CVAA : The 21st Century Communications and Video Accessibility Act of 2010)은 장애인이 일상생활에 필요한 정보를 쉽게 획득할 수 있도록 장애인의 인터넷 통신서비스 이용이나, 새로 개발된 통신기기 사용의 접근성을 용이하게 하려는 취지로 제정되었다.

CVAA는 2개의 장으로 구성되어 있는데, 제1장은 장애인이 광대역통신제품이나 서비스에 제한이 없이 접근 가능하도록 하였으며, 제2장은 장애인도 시청이 가능한 TV나 인터넷의 비디오 프로그램 서비스를 제공하여야 한다고 한다. 예를 들면, TV 프로그램에 자막이 있어 청각장애인이 TV 시청이 가능하였다면, 해당 프로그램을 인터넷에서도 다시 볼 수 있도록 인터넷 프로그램도 자막서비스가 제공되어야 한다.

(3) 유권자의 선거권 보호를 위한 접근성 보장 법률

① 노인과 장애인을 위한 선거접근성법

노인과 장애인을 위한 선거접근성법(Voting Accessibility of the Elderly and Handicapped Act of 1984)은 장애인과 노인의 기본권인 선거권을 행사하는 데 있어서 장애인이 차별을 받지 않을 시민권적 보호차원의 법률이다. 주와 지방정부는 연방선거에서 장애인이 물리적으로 접근이 가능한 투표장소를 제공하여야 한다고 하며, 만약 장애인 출입이 불가능한 장소를 투표장소로 지정하였을 때에는 투표 당일에 다른 곳에서 투표를 할 수 있도록 장소를 제공하여야 한다. 또한 투표 등록이나 투표 시 장애인이나 고령자를 보조하거나, 투표정보를 받아 볼 수 있도록 지원하여야 한다.

② 국가유권자등록법

국가유권자등록법(NVRA : National Voter Registration Act of 1993)은 미국인 모두에게 투표할 수 있는 기회를 제공할 목적으로 제정되었다. 이 법은 유권자의 투표 등록이나 투표권 행사를 지원하는 제도이다. 연방선거관리위원회(FEC : Federal Election Commission)는 주정부가 이 법에 따라 할 수 있게 하며, 국가는 유권자등록을 우편으로 할 수 있는 제도를 개발할 의무를 부여하고 있다.

③ 시설물 이용 관련 접근성 보장 법

가. 공정주택공급법

공정주택공급법(FHA : Fair Housing Act)은 공공 또는 민간주택을 매매하거나 주거하는 장애인의 권리를 보호한다. 장애를 이유로 입주를 하지 못하거나 장애인에게 주택매매 또는 임대 시 가격, 계약조건 등을 비장애인과 다르게 요구할 수 없다. 또한 장애인 입주자에게는 합리적인 편의를 제공하여야 한다. 즉, 장애인을 위해 장애인주차구역을 설정, 출입구에 경사로 설치, 문턱을 낮추거나 욕조에 가로대를 설치하는 것 등이다. 또한 연방정부가 지원한 주택에 거주하는 장애인은 정부보조금을 받는다는 이유로 차별을 받지 않는다.

나. 건축장애물법

건축장애물법(ABA : Architectural Barriers Act of 1968)은 1968년에 제정되었으며, 1978년에 개정되었다. 이 법에는 연방정부의 기금이나 대출로 설계, 건축 또는 변경되거나, 연방정부기관이 소유하거나 임대한 건물이나 시설의 경우, 장애인을 위한 물리적 접근성이 확보되었는가에 대한 기준을 제시하고 있다.

다. 항공운송접근법

항공운송접근법(ACAA : Air Carrier Access Act of 1986)은 민간항공회사가 공항이나 기내에서 장애인 고객에 대한 차별을 금지하기 위해 1989년에 제정되었다. 이 법은 미국 항공회사뿐만 아니라 외국 항공사에도 적용이 되며, 장애인이 공항과 기내의 시설물, 서비스 이용에 장애로 인한 차별을 받지 않도록 하고 있다. 공항과 기내에서는 청각장애인과의 의사소통에 필요한 장비를 제공하고, 호흡보조기나 심리적 또는 정신적으로 동물 지원이 필요한 장애인에게는 48시간 전에 사용가능 여부를 통지하여야 한다.

(4) 장애인 자립 관련 법

① 재활법

재활법(Rehabilitation Act of 1973)은 장애인 고용이나 자립을 지원하기 위해 직업재활 프로그램과 보조금을 지급하는 연방법이다. 재활서비스를 담당하는 행정기관은 장애인을 위해 직업훈련과 보조금을 지원하는데, 국립장애재활연구소(National Institute on Disability and Rehabilitation Research)와 국립장애위원회(National Council on Disability)의 연구 활동도 지원한다. 이 법의 제504조에는 연방정부로부터 보조금을 받는 자가 장애로 인하여 고용, 교육, 건물출입, 보건, 복지, 사회서비스 등에서 차별을 받는 것을 금지하고 있다. 제504조의 내용을 확대실시하기 위해 1978년 '재활, 종합서비스, 발달장애법(Rehabilitation, Comprehensive Services, and Developmental Disabilities Act of 1978)이 추가적으로 개정되면서 장애인을 위한 지역사회 고용 프로그램을 개설하고, 장애인의 자립생활을 지원하며, 발달장애인을 위한 서비스를 제공, 시설물 건축법에 근거한 차별을 금지하는 내용이 추가되었다.

② 장애인 교육 관련 법

미국 공공교육기관의 초중등 장애아동과 대학 이상의 고등교육기관의 장애학생 권리를 보호하는 법으로서는 장애아동교육법(EAHCA : Education for All Handicapped Children Act), 장애인교육법(IDEA : Individuals with Disabilities Education Act), 재활법 제504조, 장애인법 제2장(Title Ⅱ. Public Services) 등이 있다. 장애아동교육법(EAHCA)은 1975년에 제정되었으며, 1990년에 개정되면서 장애인교육법(IDEA)으로 명칭이 변경되었다. 2004년에는 장애인교육개선법(Individuals with Disabilities Education Improvement Act)으로 개정되었으나 주로 IDEA로 불리고 있다.

장애인교육개선법에 의하면 연방정부 교육부로부터 연방기금을 제공받기 위해서 주정부는 장애아동을 위한 특정 수준에 맞는 특수교육 프로그램을 개설하여야 한다. 또한 장애아동은 적절한 무상의 공공교육을 받을 권리가 있으며, 장애아동에 대한 교육은 제한적 환경을 최소화하는 것을 원칙으로 한다. 통합교육제도에 따라 장애아동은 비장애아동과 같이 정상수업을 받을 수 있으나 장애아동이 보조기구나 서비스를 부수적으로 지원받았음에도 정상수업에서 만족할 만한 학습효과를 얻지 못할 정도로 장애가 큰 경우에만 장애아동을 특별학습이나 정상교육환경에서 분리할 수 있다.

(5) 사회보장법의 장애인복지 재정지원 제도

① 사회보장법

사회보장법(Social Security Act)은 대공황으로 인한 경제 불안 상태로부터 근로자를 보호하는 사회안전망을 구축하고자 1935년에 제정되었다. 이 법에는 노인 퇴직금을 국세로 조성하고, 실업자보험제도를 구축하며, 빈곤층을 위한 재정지원금을 주정부에게 제공하는 것 등이 포함되어 있다. 뉴딜정책에서 기인된 미국의 사회복지제도는 공적부조(public assistance)제도와 사회복지(social welfare)의 두 방향으로 진행되어 왔는데, 국가의 노동인력의 필요성과 빈곤층의 정부지원이 필요함에 따라 복지혜택 대상자의 자격 여부를 판단함에 있어 재산이나 수입에 근거하여 자격 여부를 결정하게 되었다(Matthew, et al., 1996).

② 사회보장장애연금

1950년대에는 사회보장장애연금(SSDI : Social Security Disability Insurance) 제도가 소개되었는데, 근무지를 통하여 사회보장세(Social Security Tax)를 일정기간 납부한 경우 퇴직연령에 이르지 못하여 퇴직금 혜택을 받지 못하거나, 장애로 인하여 더 이상 일을 하지 못하는 장애인에게 지급된다. 그러나 취업을 할 수 없는 장애인의 경우, 직장을 통하여 사회보장세를 납부하지 못하기 때문에 이를 보완하기 위해 1970년대에 추가보장급여(SSI : Supplemental Security Income)라는 제도가 신설되었다.

③ 추가보장급여

추가보장급여(SSI : Supplemental Security Income)는 65세 이상의 저소득층 장애인에게 지급하는 정부보조금이다. SSDI의 혜택을 받지 못하는 빈곤층 장애인은 SSI를 신청할 수 있으나, 혜택을 받을 수 있는 장애인인지 재산은 얼마인지 등에 대해 수급자격 여부의 심사를 받는다. SSDI와 SSI의 수급대상자를 선정할 때 의료기준에 따라 장애의 범주를 엄격하게 제한하고 있어서 수급대상자로 선정되기 어려운 점이 있다. 특히 SSI는 재정지원이 필요한 장애인에게 혜택을 주는 제도이기 때문에 장애인의 자산이나 소득이 일정금액 이상이면 수급대상자에서 제외된다.

2) 일 본

일본의 장애인복지 관련법으로서는 장애인기본법, 신체장애인복지법, 지적장애인복지법, 발달장애인지원법, 「정신보건 및 정신장애인 복지에 관한 법률」, 「장애인 학대 방지・장애인의 양호인에 대한 지원 등에 관한 법률」, 「장애인의 일상생활 및 사회생활을 종합적으로 지원하기 위한 법률」, 「장애인 고용 촉진 등에 관한 법률」, 「고령자 및 장애인 등의 이동 등의 원활화 촉진에 관한 법률」, 「국가 등에 의한 장애인 취업시설 등으로부터의 물품 등의 조달 추진 등에 관한 법률」 등이 있다.

(1) 장애인기본법

장애인기본법은 모든 국민이 장애의 유무에 관계없이 동등하게 기본적 인권을 향유하는 소중한 개인으로서 존중된다는 이념하에 모든 국민이 장애의 유무에 따라 분리되지 않고 상호 인격과 개성을 존중하며 공생하는 사회를 실현하기 위해 장애인의 자립 및 사회참여의 지원 등을 위한 시책에 관한 기본 원칙을 정립하고, 국가・지방공공단체 등의 책무를 명확히 하며, 장애인의 자립 및 사회참여의 지원 등을 위한 시책의 기본이 되는 사항을 규정하는 등을 통해 장애인의 자립 및 사회참여의 지원 등을 위한 종합적이고 계획적인 추진을 목적으로 1970년에 제정되었다. 이 법은 총 4장 36개조로 구성이 되어있다.

① 주요 내용

가. 장애인의 자립과 사회참여지원 등

장애인의 자립과 사회참여지원 등을 위한 시책은 장애인의 성별・연령・장애상태와 생활실태에 따라 유기적인 연계하에 종합적으로 책정 및 실시되어야 하며, 국가 및 지방공공단체는 장애인의 자립과 사회참여지원 등을 위한 시책을 강구함에 있어 장애인 기타 관계자의 의견을 듣고 그 의견을 존중하도록 하여야 한다(제10조).

나. 장애인 기본계획 수립

정부는 장애인의 자립과 사회참여지원 등을 위한 시책의 종합적이고 계획적인 추진을 도모하기 위해 장애인을 위한 시책에 관한 기본적인 계획을 수립하여야 한다(제11조).

다. 의료 · 간호 등

국가 및 지방공공단체는 장애인이 생활기능을 회복하고 취득하거나 유지하기 위해 필요한 의료혜택 및 재활의 제공을 할 수 있도록 필요한 시책을 강구하고, 의료 및 재활의 연구 · 개발 및 보급을 촉진해야 한다(제14조).

국가 및 지방공공단체는 장애인이 그 성별 · 나이 · 장애상태 및 생활실태에 따라 의료 · 간호 · 보건 · 생활지원과 그 밖의 자립을 위한 적절한 지원을 받을 수 있도록 필요한 시책을 강구하여야 한다.

국가 및 지방공공단체는 시책을 강구하는 데 필요한 전문적 기술지원과 그 밖의 전문적 지식 또는 기능을 갖는 직원을 육성하도록 노력하여야 한다.

국가 및 지방공공단체는 의료나 간호 급부 또는 재활의 제공을 실시함에 있어 장애인이 가능한 한 그 가까운 장소에서 받을 수 있도록 필요한 시책을 강구하여야 할뿐만 아니라 그 인권을 충분히 존중해야 한다.

국가 및 지방공공단체는 복지용구 및 신체장애인보조견의 급부 또는 대여와 그 밖의 장애인이 일상생활 및 사회생활을 영위하는 데 필요한 시책을 강구하여야 한다.

국가 및 지방공공단체는 전항에 규정하는 시책을 강구하기 위해 필요한 복지용구의 연구 및 개발, 장애인 보조견의 육성 등을 추진하여야 한다.

라. 연금 등

국가 및 지방공공단체는 장애인의 자립과 생활안정에 이바지하기 위해, 연금 · 수당 등의 제도에 관하여 필요한 시책을 강구하여야 한다(제15조).

마. 교육

국가 및 지방공공단체는 장애인이 그 연령 및 능력에 따라 그 특성을 감안한 충분한 교육을 받을 수 있도록 가능한 한 장애인 아동 및 학생들이 비장애 아동 및 학생들과 함께 교육을 받을 수 있도록 배려하면서 교육의 내용 및 방법의 개선, 충실을 도모하는 등 필요한 시책을 강구하여야 한다. 국가 및 지방공공단체는 전항의 목적을 달성하기 위해 장애인 아동 및 학생과 그 보호자에 대하여 충분한 정보를 제공하는 동시에 가능한 한 그 뜻을 존중해야 한다. 국가 및 지방공공단체는 장애인 아동 및 학생과 비장애인 아동 및 학생들과의 교류 및 공동 학습을 적극적으로 추진함으로써 그 상호 이해를 촉진해야 한다. 국가 및 지방공공단체는 장애인의 교육에 관하여 조사 및 연구와 인력의 확보 및 자질의 향상・적절한 교재 등의 제공・학교 시설의 정비와 그 밖의 환경의 정비를 촉진해야 한다(제16조).

바. 치료교육

국가 및 지방공공단체는 장애인 자녀가 가능한 한 가까운 장소에서 치료교육과 그 밖에 이와 관련된 지원을 받을 수 있도록 필요한 시책을 강구하여야 한다. 국가 및 지방자치단체는 치료교육에 관하여 연구・개발 및 보급의 촉진・전문적 지식 또는 기능을 가지는 직원의 육성과 그 밖의 환경의 정비를 촉진해야 한다(제17조).

사. 직업상담 등

국가 및 지방공공단체는 장애인의 직업 선택의 자유를 존중하면서 장애인이 그 능력에 맞는 직업에 종사할 수 있도록 장애인의 다양한 취업기회를 확보하게끔 노력함과 동시에 각 장애인의 특성을 고려한 직업상담・직업지도・직업훈련 및 직업소개의 실시와 그 밖에 필요한 시책을 강구하여야 한다. 국가 및 지방공공단체는 장애인의 다양한 취업기회의 확보를 도모하기 위해 전항에 규정하는 시책에 관한 조사 및 연구를 촉진해야 한다. 국가 및 지방공공단체는 장애인의 지역사회에서의 작업 활동 장소 및 직업훈련시설의 확충을 도모하기 위해 필요한 비용의 보조와 그 밖에 필요한 시책을 강구하여야 한다(제18조).

아. 고용의 촉진 등

국가 및 지방공공단체는 장애인고용을 촉진하기 위해 장애인 우선 고용과 그 밖의 시책을 강구하여야 한다. 업주는 장애인의 고용에 관하여 그의 능력을 정당하게 평가하고 적절한 고용의 기회를 확보함과 동시에 각 장애인의 특성에 따라 적정한 고용관리를 함으로써 고용안정을 도모하도록 노력하여야 한다. 국가 및 지방공공단체는 장애인을 고용하는 사업주에 대하여 장애인 고용에 대한 경제적 부담을 경감함으로써 그 고용촉진 및 지속을 도모하기 위해 장애인 고용에 따른 필요한 시설 또는 설비정비 등에 소요되는 비용의 조성과 그 밖에 필요한 시책을 강구하여야 한다(제19조).

자. 주택의 확보

국가 및 지방공공단체는 장애인이 지역사회에서 안정된 생활을 영위할 수 있도록 장애인을 위한 주택의 확보 및 장애인의 일상생활 적응을 위한 주택의 정비를 촉진하도록 필요한 시책을 강구하여야 한다(제20조).

차. 공공시설의 장벽제거

국가 및 지방공공단체는 장애인의 이용편의를 도모하고 장애인의 자립 및 사회참여를 지원하기 위해 관공시설・교통시설(차량・선박・항공기 등의 이동시설을 포함)과 그 밖의 공공시설에 대해 장애인이 원활하게 이용할 수 있도록 시설의 구조 및 설비정비 등의 계획적인 추진을 도모해야 한다. 교통시설과 그 밖의 공공시설을 설치하는 사업자는 장애인의 이용 편의를 도모하고 장애인의 자립 및 사회참여를 지원하기 위해 해당 공공시설에 장애인이 원활하게 이용할 수 있는 시설의 구조 및 설비정비 등의 계획적인 추진을 위하여 노력하여야 한다. 국가 및 지방공공단체는 전항의 규정에 의하여 행하여지는 공공시설의 구조 및 설비의 정비 등이 종합적이고 계획적으로 추진될 수 있도록 필요한 시책을 강구하여야 한다(제21조).

카. 정보이용의 장벽제거 등

국가 및 지방공공단체는 장애인이 원활하게 정보를 취득 및 이용하고 그 의사를 표현하며 타인과의 의사소통을 도모할 수 있도록 장애인이 이용하기 쉬운 전자계산기 및 관련 장비와 그 밖에 정보통신기기의 보급・통신 및 방송서비스의 이용에 관한 장애인의 편의증진・장애인에 대한 정보를 제공하는 시설의 정비・장애인의 의사소통을 중개하는 장의 양성 및 파견 등을 위해 필요한 시책을 강구하여야 한다. 국가 및 지방공공단체는 재해와 그 밖의 비상사태의 경우 장애인에 대한 안전을 보장하기 위해 필요한 정보를 신속하고 정확하게 전달할 수 있도록 필요한 시책을 강구하는 한편, 행정의 정보화 및 공공분야에서의 정보통신기술의 활용에 있어 장애인의 이용 편의를 도모할 수 있도록 특별히 배려하여야 한다. 전기통신 및 방송과 그 밖의 정보제공에 관한 서비스의 제공 및 전자계산기 및 관련 장비와 그 밖에 정보통신기기 제조 등의 사업자는 당해 서비스의 제공 또는 해당 장비제조 등에 있어서도 장애인의 이용편의를 도모하도록 노력하여야 한다(제22조).

타. 상담 등

국가 및 지방공공단체는 장애인의 의사결정을 배려하고 장애인 및 그 가족과 그 밖의 관계자에 대한 상담업무・성년후견제도와 장애인의 권익보호 등을 위한 시책 또는 제도가 이루어지고 널리 이용될 수 있도록 해야 한다. 국가 및 지방공공단체는 장애인 및 그 가족과 그 밖의 관계자로부터의 각종 상담에 대응할 수 있도록 관계기관 상호 유기적인 연계하에 필요한 상담체계의 정비를 도모함과 장애인 가족에 대하여 장애인 가족이 서로 의지하기 위한 활동지원과 그 밖의 지원을 적절히 실시한다(제23조).

파. 경제적 부담의 경감

국가 및 지방공공단체는 장애인 및 장애인을 부양하는 장의 경제적 부담의 경감을 도모하거나 장애인의 자립촉진을 도모하기 위해 세제상의 조치・공공시설 이용료 등의 감면과 그 밖에 필요한 시책을 강구하여야 한다(제24조).

하. 문화적 조건의 정비 등

국가 및 지방공공단체는 장애인이 원활하게 문화예술활동・스포츠 또는 레크리에이션을 할 수 있도록 시설・장비와 문화예술・스포츠 등에 관한 활동의 조성과 그 밖에 필요한 시책을 강구하여야 한다(제25조).

거. 방재와 방범

국가 및 지방공공단체는 장애인이 지역사회 내에서 안전하게 생활을 영위할 수 있도록 장애인의 성별・연령・장애상태와 생활실태에 따라 방재 및 방범에 관한 필요한 시책을 강구하여야 한다(제26조).

너. 장애인 소비자 보호

국가 및 지방공공단체는 장애인 소비자의 옹호 및 증진을 도모할 수 있도록 적절한 방법에 의한 정보의 제공과 그 밖에 필요한 시책을 강구하여야 한다. 사업자는 장애인 소비자의 옹호 및 증진을 도모할 수 있도록 적절한 방법에 의한 정보제공 등을 위하여 노력하여야 한다(제27조).

더. 선거 등의 배려

국가 및 지방공공단체는 법률 또는 조례가 정하는 바에 의하여 행하여지는 선거 · 국민심사 또는 투표에 장애인이 원활하게 투표할 수 있도록 투표소의 설치 또는 설비정비와 그 밖에 필요한 시책을 강구하여야 한다(제28조).

러. 사법 절차에서의 배려 등

국가 또는 지방공공단체는 장애인이 형사사건 또는 청소년보호사건에 관한 절차와 그 밖에 이에 준하는 절차의 대상이 된 경우 또는 법원의 민사사건 · 가사사건 또는 행정사건에 관한 절차에 있어서 그 권리를 원활하게 행사할 수 있도록 하기 위해서 각 장애인의 특성에 따른 의사소통의 수단을 확보하도록 배려하고, 관계 직원에 대한 교육과 그 밖에 필요한 시책을 강구하여야 한다(제29조).

머. 국제 협력

국가는 장애인의 자립 및 사회참여의 지원 등을 위한 시책을 국제적 협조하에 추진하기 위해 외국 정부 · 국제기구 또는 관계단체 등과의 정보 교환과 그 밖에 필요한 시책을 강구하도록 노력하여야 한다(제30조).

버. 장애인정책위원회의 설치

내각부에 장애인정책위원회를 두고, 장애인 기본계획에 관하여 규정된 사항을 처리하며, 해당 규정사항에 관하여 조사 · 심의가 필요하다고 인정될 때에는 내각총리대신 또는 관계 각 장관의 의견을 듣고, 장애인 기본계획의 실시상황을 모니터링할 필요가 있다고 인정될 때에는 국무총리를 통해 관계 각 대신에게 권고한다(제32조).

(2) 신체장애인복지법

신체장애인복지법은 「장애인의 일상생활 및 사회생활을 종합적으로 지원하기 위한 법률」과 함께 신체장애인의 자립과 사회경제활동에 참여를 촉진하기 위하여, 신체장애인을 지원하고, 필요에 따라 보호함으로써 신체장애인의 복지증진을 도모하는 것을 목적으로 1949년에 제정되었다.

① 주요 내용

가. 정의

'신체장애인'이라 함은 신체장애가 있는 18세 이상의 자로서 도도현지사로부터 신체장애인 수첩을 교부받은 자를 말한다(제4조, 별표에 따름).

나. 장애인 자립의 노력 및 기회의 확보, 국가·지방공공단체 및 국민의 책무

모든 장애인은 장애를 극복하여 사회구성원의 일원으로서 사회, 경제, 문화 기타 모든 분야의 활동에 참여할 수 있도록 자조 노력을 하여야 하고, 이러한 참여의 기회를 확보할 수 있도록 국가와 지방자치단체는 필요한 지원과 보호를 종합적으로 실시하며, 국민의 상호연대의 이념에 따라 협력하도록 하여야 한다(제2조).

다. 신체장애인 보호를 위한 보호기관 등

신체장애인 보호기관 등은 시정촌, 복지사무소, 신체장애인재활상담소, 신체장애인복지사 그리고 신체장애인상담원 등이 있다(제9조, 제11조, 제12조).

㉠ 신체장애인 보호의 실시자

신체장애인 또는 간호자에 대한 지원·보호는 신체장애인이 거주하는 시정촌이 실시자가 되며, 시정촌은 신체장애인의 복지에 필요한 정보를 제공하여야 하고, 신체장애인과 상담을 통하여 생활의 실정·환경 등을 조사하며, 재활지원의 필요 및 종류를 판단하여 본인에게 직접 또는 간접적으로 사회적 재활을 지도한다(제9조).

㉡ 복지사무소 및 신체장애인재활상담소

시정촌이 설치한 복지사무소 또는 그의 장은 이 법률의 시행에 관하여, 신체에 장애가 있는 사람을 발견하거나 그 상담에 응하고 복지증진을 도모하기 위하여 필요한 지도를 하며, 신체장애인 복지에 대하여 필요한 정보를 제공하고, 신체장애인의 상담에 따라 그 생활실정, 환경 등을 조사하며, 재활지원의 필요 및 그 유형을 결정하고, 당사자에게 직접 또는 간접적으로 사회적 재활의 방법을 지도 및 이에 따르는 업무를 시정촌장이 수행한다(제9조).

도도부현은 신체장애인에 대한 재활지원의 편의를 위하여, 그리고 시정촌의 적절한 실시를 지원하기 위해 필요한 지역에 신체장애인재활상담소를 설치하여야 한다. 신체장애인재활상담소는 시정촌의 지원에 관하여, 시정촌 상호 간의 연락조정, 시에 대한 정보의 제공 및 그 밖에 필요한 지원과 이에 따르는 업무, 신체장애인에 관한 상담 및 지도 중 전문적인 지식과 기술을 필요로 하는 일, 장애인의 의학적・심리학적 및 직능적 판정, 필요에 따라 보장구의 처방 및 적합판정 업무, 간호급부비 등의 지급필요여부결정에 대한 의견 제시, 지역상담지원급부비 등의 업무를 수행한다(제11조).

㉢ 신체장애인복지사 및 신체장애인상담원

도도부현이 설치하는 신체장애인지원상담소에는 신체장애인복지사를 두어야 하며, 시정촌이 설치하는 복지사무소에는 신체장애인복지사를 둘 수 있다. 도도부현의 신체장애인복지사는 신체장애인재활상담소의 장의 명에 따라 시정촌의 지원에 관한 연락조정 및 장애인에 대한 상담 및 지도업무 중 전문적 지식 및 기술을 필요로 하는 업무를 수행한다. 시정촌의 신체장애인복지사는 당해 시정촌의 복지사무소장의 명에 따라 신체장애인의 복지에 대해서 복지사무소 직원의 기술적 지도, 신체장애인 상담에 따른 생활실정・환경 등을 조사하고, 재활지원의 필요 및 유형을 결정하며, 당사자에게 직접 또는 간접적으로 사회적 재활을 지도 및 이에 따르는 업무 중 전문적 지식 및 기술을 요하는 업무를 수행한다. 시의 신체장애인사회복지사는 복지사무소의 장이 요청하는 전문상담지도에 대한 기술적 원조 및 조언을 요구할 때에는 이에 협조하여야 한다(제11조).

시정촌은 사회적 신임이 있고 신체장애자의 재활지원에 열의와 식견을 갖추고 있는 자에게 상담을 위탁할 수 있으며, 도도부현은 장애의 특성과 그 밖의 사정에 따라 상담의 위탁이 곤란하다고 인정되는 경우에 대해서는 당해 시정촌의 구역에서 사회적으로 신망이 있고 신체에 장애가 있는 사람의 재활에 열의와 식견을 가지고 있는 자에게 위탁할 수 있으며, 위탁을 받은 자는 신체장애인상담원이라 칭한다. 신체장애인상담원은 그 위탁받은 업무를 수행함에 있어 개인의 인격을 존중하고 그에 대한 비밀을 지켜야 한다(제12조).

라. 갱생원호

㉠ 신체장애인수첩

신체에 장애가 있는 자는 도도부현 지사가 정하는 의사의 진단서를 첨부하여 거주지 또는 현 소재지의 도도부현 지사에게 신체장애인수첩의 교부를 신청할 수 있으며, 당사자가 15세 미만일 때에는 보호자가 대신 신청한다(제15조).

㉡ 장애복지서비스 제공·장애인지원시설 입소 등의 조치

시정촌은 「장애인의 일상생활 및 사회생활을 종합적으로 지원하기 위한 법률」 제15조에서 규정하는 장애복지서비스를 필요로 하는 장애인이 부득이한 사유로 지원급부비 등을 지급받기에 곤란하다고 인정될 때에는 그 장애인에 대해 장애복지서비스를 제공하거나 해당 시정촌 이외의 자에게 장애복지서비스 제공을 위탁할 수 있다.

시정촌의 장애인지원시설 등에 입소를 필요로 하는 신체장애인이 부득이한 사유로 지원급부비 등을 지급받기에 곤란하다고 인정될 때에는 그 신체장애인을 당해 시정촌에 설치되어 있는 장애인지원시설 등에 입소시키거나 국가·도도부현 또는 기타 시정촌 또는 사회복지법인에 설치된 장애인지원시설 등 또는 지정 의료기관에 그 장애인의 입소 또는 입원을 위탁해야 한다(제18조).

㉢ 맹도견 등의 대여

도도부현은 시각장애가 있는 신체장애자·신체부자유 신체장애인 또는 청각장애가 있는 신체장애인의 신청이 있을 때에는 필요에 따라 맹도견 훈련 시설에서 훈련된 맹도견 또는 안내견훈련사업을 행하는 자에게 훈련된 안내견 또는 청도견(聽導犬) 훈련사업을 행하는 자에게 훈련된 청도견을 대여하거나 당해 도도부현 이외의 자에게 이를 대여하는 것을 위탁할 수 있다(제20조).

㉣ 신체장애인의 사회참여 촉진 등

신체장애인의 재활을 지원하여 사회참여를 촉진하기 위해, 지방공공단체의 신체장애인의 사회참여촉진사업 실시 노력의 의무, 신체장애인의 매점설치신청에 대한 공공시설관리자의 허락 노력의 의무, 신체장애인의 담배 소매판매업 신청에 대한 재무부장관의 허가 노력의 의무, 신체장애인 제작 물품에 대한 국가 또는 지방공공 단체의 구매 노력 등을 규정하고 있다(제21조, 제22조, 제24조, 제25조).

마. 시설

도도부현, 시정촌, 사회복지법인 및 기타의 자는 신체장애자사회참여지원시설을 설치할 수 있으며, 이러한 신체장애자사회참여지원시설에는 신체장애자사회참여지원사무종사자 양성시설을 설치할 수 있다. 신체장애자사회참여지원시설 및 양성시설의 설비 및 운영기준은 후생노동성장관이 따로 정하며, 이러한 신체장애인 시설에는 신체장애인복지센터, 보장구제작시설, 맹도견훈련시설, 청각장애인정보제공시설이 있다(제28조, 제29조, 제31조, 제32조, 제33조, 제34조).

(3) 정신보건 및 정신장애인 복지에 관한 법률

「정신보건 및 정신장애인 복지에 관한 법률」은 정신장애인의 의료와 보호를 행하고, 「장애인의 일상생활 및 사회생활을 종합적으로 지원하기 위한 법률」에 상응하여 사회복귀의 촉진 및 자립과 사회경제활동의 참여를 촉진하기 위하여 필요한 지원을 하고, 정신장애의 발생을 예방하며 그 밖의 국민의 정신적 건강 유지 및 증진에 노력함으로써 정신장애인의 복지 증진 및 국민의 정신보건 향상을 도모하기 위해 1950년에 제정되었다.

① 주요 내용

가. 정신보건복지센터의 설치 및 의무

도도부현은 정신보건의 향상 및 정신장애인의 복지증진을 도모하기 위한 기관을 두며, 센터는 정신보건 및 정신장애자의 복지에 관한 지식의 보급 및 조사연구, 정신보건 및 정신장애자의 복지에 관한 상담 및 지도 중 복잡하고 곤란한 것, 정신의료심사회의 사무, 정신장애자보건복지수첩의 교부 신청에 대한 결정 및 「장애자의 일상생활 및 사회생활의 종합적 지원법」 제52조 제1항의 자립지원의료비의 지급인정에 관한 사무 중 전문적인 지식 및 기술을 필요로 하는 것, 「장애자의 일상생활 및 사회생활의 종합적 지원법」 제22조 제2항에 따른 개호급부비 등의 지급요부의 결정에 관한 의견 등을 업무로 한다(제6조).

(4) 지적장애인복지법

지적장애인복지법은 「장애인의 일상생활 및 사회생활을 종합적으로 지원하기 위한 법률」과 함께 지적장애인의 자립과 사회경제활동의 참여를 촉진하기 위하여 지적장애인을 지원하고 필요한 보호를 행함으로써 지적장애인의 복지를 도모하는 것을 목적으로 1960년에 제정되었다.

① 주요 내용

가. 지적장애인의 자립 노력 및 기회의 확보

모든 지적장애인은 가진 능력을 활용하여 스스로 사회경제활동에 참여하도록 노력하여야 하며, 모든 지적장애인은 사회를 구성하는 일원으로서 사회·경제·문화 그 밖의 모든 분야의 활동에 참여할 수 있는 기회를 부여받아야 한다(제1조).

나. 지적장애인재활상담소의 설치와 지적장애인사회복지사

도도부현은 지적장애인재활상담소를 설치하여야 하며, 이 상담소에는 지적장애인복지사를 두어야 한다(제12조, 제13조).

다. 지적장애인상담원

시정촌은 지적장애인의 복지증진을 위하여 지적장애인 또는 보호자(배우자·친권을 행사하는 자·후견인과 그 밖의 지적장애인을 실제로 보호하는 자를 말함)의 상담 및 지적장애인의 재활을 위해 필요한 지원업무를 사회적 명망이 있고 지적장애인에 대한 재활지원에 열의와 식견을 가진 자에게 위탁할 수 있으며, 위탁을 받은 자를 '지적장애인상담원'이라 한다(제15조).

(5) 발달장애인지원법

발달장애인지원법은 발달장애인 심리기능의 적절한 발달 및 원활한 사회생활의 촉진을 위하여 발달장애 증상 발현 후 가능한 한 조기에 발달지원을 하는 것이 중요하다는 점을 감안하여 발달장애를 조기에 발견하고 발달지원을 하는 것에 관해 국가 및 지방공공단체의 책무를 명확히 함과 동시에 학교교육에 있어서 발달장애인 지원·발달장애인 취업 지원·발달장애인지원센터의 지정 등에 관하여 규정함으로써 발달장애인의 자립 및 사회참여에 도움이 되도록 생활 전반에 걸친 지원을 도모하여 복지증진에 기여하는 것을 목적으로 2004년에 제정되었다.

① 주요 내용

가. 정의

'발달장애'라 함은 자폐증・야스퍼거증후군과 그 밖의 전반적 발달장애・학습장애・주의력결핍과잉행동장애와 그 밖의 이와 유사한 뇌기능 장애이며, 그 증상이 일반적으로 낮은 연령에서 발현하는 것을 말한다. '발달장애인'이라 함은 발달장애를 가짐으로써 일상생활 또는 사회생활에 제한을 받는 자를 말하며, '발달장애아동'이라 함은 발달장애인 중에서 18세 미만의 자를 말한다(제2조).

나. 아동의 발달장애 조기 발견 등

시정촌은 모자보건법 제12조 및 제13조에서 규정하고 있는 건강진단을 실시함에 있어서 발달장애의 조기발견에 충분히 유의하여야 하며, 시정촌의 교육위원회는 학교보건안전법 제11조에 규정하고 있는 건강진단을 실시함에 있어서 발달장애의 조기발견에 충분히 유의하여야 한다(제5조).

시정촌은 아동에게 발달장애의 의심이 있는 경우에는 적절한 지원을 실시하기 위해 해당 아동에 대한 지속적인 상담의 노력과 동시에 필요에 따라서는 해당 아동이 조기에 의학적 또는 심리학적 판정을 받을 수 있도록 해당 아동의 보호자에게 발달장애인지원센터, 도도부현이 확보한 의료기관과 그 밖의 기관을 소개하거나 조언을 실시한다. 시정촌은 당해 조치의 대상이 되는 아동과 보호자의 의사를 존중하고 필요한 배려를 하여야 한다. 도도부현은 시정촌의 요청에 따라 아동의 발달장애의 조기발견에 관한 기술적 사항에 대한 지도, 조언과 그 밖의 시정촌에 필요한 기술적 지원을 실시한다(제5조).

다. 조기 발달지원

시정촌은 발달장애아동이 조기에 발달지원을 받을 수 있도록 발달장애 아동의 보호자의 상담에 응하고 센터 등을 소개하거나 조언을 하며, 그 밖의 적절한 조치를 강구하여야 한다. 또한 조치의 대상이 되는 아동과 보호자의 의사를 존중하고, 필요한 배려를 하여야 한다. 도도부현은 발달장애아동의 조기 발달지원을 위해 필요한 체제의 정비를 실시하고, 발달장애아동에게 수행되는 발달 지원의 전문성을 확보하기 위하여 필요한 조치를 취하여야 한다(제5조, 제6조).

라. 보육

시정촌은 보육의 실시에 있어서 발달장애아동의 건전한 발달이 다른 아동과 함께 생활하는 것을 통해 이루어지도록 적절한 배려를 하여야 한다(제7조).

마. 교육

국가 및 지방공공단체는 발달장애아동이 그 장애 상태에 따라 충분한 교육을 받을 수 있도록 적절한 교육적 지원, 지원 체제의 정비와 그 밖의 필요한 조치를 취하여야 하며, 대학 및 고등전문학교는 발달장애인의 장애상태에 따라 적절한 교육상의 배려를 하여야 한다(제8조).

바. 방과후아동건전육성사업의 이용

시정촌은 방과후아동건전육성사업에 있어서 발달장애아동의 이용기회의 확보를 도모하기 위해 적절한 배려를 하여야 한다(제9조).

사. 취업지원

도도부현은 발달장애인의 취업을 지원하기 위해 필요한 체제의 정비의 노력과 공공직업소개소・지역장애인직업센터・장애인취업생활지원센터・사회복지협의회・교육위원회와 그 밖의 관계기관 및 민간단체와의 상호 협력을 확보하면서 발달장애인의 특성에 따른 취업기회의 확보에 노력하여야 한다. 도도부현 및 시정촌은 필요에 따라 발달장애인이 취업을 위한 준비를 할 수 있는 지원이 학교에서 이루어지도록 필요한 조치를 취하여야 한다(제10조).

아. 지역생활지원

시정촌은 발달장애인이 그 희망에 따라 지역사회에서 자립된 생활을 영위할 수 있도록 발달장애인의 사회생활적응을 위해 필요한 교육을 받을 기회의 확보・공동생활을 영위할 주거와 그 밖의 지역생활을 영위할 거주의 확보와 그 밖의 필요한 지원에 노력하여야 한다(제11조).

자. 권리옹호

국가 및 지방공공단체는 발달장애인이 발달장애로 인하여 차별을 받는 등 권익이 침해되는 일이 없도록 권리옹호를 위해 필요한 지원을 하여야 한다(제12조).

차. 발달장애인 가족에 대한 지원

도도부현 및 시정촌은 발달장애아동의 보호자가 적절한 양육을 할 수 있도록 하며, 이를 통해 발달장애인의 복지증진에 기여하기 위해 아동상담소 등 관계기관과의 연계를 도모하면서 발달장애인의 가족에 대한 상담 및 조언과 그 밖의 지원을 적절히 하도록 노력하여야 한다(제13조).

카. 발달장애인지원센터의 업무

도도부현지사는 발달장애인지원센터로 하여금 발달장애의 조기발견·조기발달지원 등에 이바지할 수 있도록 발달장애인과 그 가족에 대한 전문적인 상담과 조언, 발달장애인의 전문적인 개발지원 및 취업지원, 발달장애에 대한 정보제공 및 교육, 발달장애 관련 의료 등의 업무를 수행하는 관계기관 및 민간단체와의 연락조정을 실시할 수 있다(제14조).

(6) 장애인의 일상생활 및 사회생활을 종합적으로 지원하기 위한 법률

「장애인의 일상생활 및 사회생활을 종합적으로 지원하기 위한 법률」은 장애인기본법의 이념에 따라 신체장애인복지법, 지적장애인복지법, 「정신보건 및 정신장애인복지법에 관한 법률」, 아동복지법 기타 장애인 및 장애아의 복지에 관련한 법률과 상응하며 장애인 및 장애아가 기본적 인권을 향유하는 개인으로서 일상생활 또는 사회생활을 영위할 수 있도록 필요한 장애복지서비스에 관한 급부·지역생활지원사업·기타 지원을 종합적으로 수행함으로써 장애인 및 장애아의 복지증진을 도모함과 동시에 장애의 유무에 관계없이 국민이 상호 인격과 개성을 존중하고 안심하며 살 수 있는 지역사회의 실현에 기여하기 위해 2005년에 제정되었다.

① 주요 내용

가. 자립지원금

자립지원급부는 간호급부비・특례간호급부비・훈련등급부비・특례훈련등급부비・특정장애인특별급부비・특례특정장애인특별급부비・지역상담지원급부비・특례지역상담지원급부비・계획상담지원급부비・특례계획상담지원급부비・자립지원의료비・요양간호의료비・기준해당요양간호의료비・보장구비용 및 고액장애복지서비스 등의 급부비를 지급한다(제6조).

나. 간호급부비 등의 지급결정

간호급부비・특례간호급부비・훈련등급부비 또는 특례훈련등급부비를 지급받고자 하는 장애인 또는 장애아동의 보호자는 시정촌의 간호급부비 등의 지급 결정을 받아야 한다(제19조).

다. 지정장애복지서비스 사업자 및 지정장애인지원시설의 지정

지정장애복지서비스 사업자의 지정은 후생노동성령에서 정하는 바에 따라 장애복지서비스 사업을 하는 자의 신청에 따라 장애복지서비스의 종류 및 장애복지서비스 사업소별로 실시한다(제36조).

지정장애인지원시설의 지정은 후생노동성령에서 정하는 바에 따라 장애인지원시설의 설치자의 신청에 의하여 시설 장애인 복지서비스의 종류 및 당해 장애인지원시설 입소정원을 정하여 실시한다(제38조).

라. 시정촌 및 도도부현의 장애복지계획

후생노동대신은 장애복지서비스 및 상담지원과 시정촌, 도도부현의 지역생활지원사업의 제공 체체를 정비하고 자립지원급부 및 지역생활지원사업의 원활한 이행을 보장하기 위한 기본적인 지침을 정하여야 한다. 시정촌은 기본 지침에 맞추어 장애복지서비스 제공체제의 확보와 그 밖의 법에 근거한 업무의 원활한 실시에 관한 계획을 정하고, 도도부현은 기본 지침에 맞추어 시정촌 장애복지계획의 달성의 지원을 위하여 각 도시를 포함하는 광역적인 견지에서 장애복지서비스 제공체제의 확보와 그 밖의 법에 근거한 업무의 원활한 실시에 관한 계획을 정하여야 한다(제89조).

(7) 장애인고용촉진 등에 관한 법률

「장애인고용촉진 등에 관한 법률」은 신체장애인 또는 지적장애인의 고용의무 등에 관하여 고용촉진 등을 위한 조치・직업재활의 조치・기타 장애인이 그 능력에 적합한 직업에 종사하는 것 등을 통하여 직업생활의 자립을 촉진하기 위한 조치를 종합적으로 강구하고, 장애인의 직업안정을 도모하는 것을 목적으로 1960년에 제정되었다.

① 주요 내용

가. 직업재활을 위한 직업지도와 적응훈련의 실시

공공직업소개소는 장애인의 능력에 맞는 직업에 종사할 수 있도록 적성검사를 실시하고, 고용정보를 제공하며 장애인에게 적합한 직업지도를 수행하는 등의 필요한 조치를 강구하여야 한다. 도도부현은 필요하다고 인정될 때에는 장애인 구직자에 대하여 능력에 맞는 작업환경 및 적응훈련을 실시하여야 한다(제13조).

나. 장애인직업센터의 설치

후생노동대신은 장애인의 직업생활의 자립을 촉진하기 위하여 장애인직업종합센터・광역장애인직업센터・지역장애인직업센터의 설치 및 운영업무를 실시한다(제19조).

다. 장애인취업・생활지원센터의 지정

도도부현지사는 직업생활의 자립을 도모하기 위해 취업 및 이에 따른 일상생활 또는 사회생활상의 지원을 필요로 하는 장애인의 직업안정을 도모하는 것을 목적으로 하는 일반사단법인 또는 일반재단법인, 사회복지법인, 특정비영리활동법인과 그 밖에 후생노동성령으로 정하는 법인이 장애인취업・생활지원센터의 업무에 관하여 직원업무방법과 그 밖의 사항에 대한 업무실시에 관한 계획이 적정한 경우, 또한 계획을 확실하게 수행하기에 충분한 경리적・기술적인 기초를 가진다고 인정되는 경우와 그 밖의 업무운영이 적정하고 확실하게 수행되고, 지원대상인 장애인의 고용촉진과 그 밖의 복지증진에 이바지한다고 인정되는 경우에는 신청에 따라 장애인취업・생활지원센터로 지정할 수 있다(제27조).

(8) 국가 등에 의한 장애인 취업시설 등으로부터의 물품조달 추진 등에 관한 법률

「국가 등에 의한 장애인 취업시설 등으로부터의 물품조달 추진 등에 관한 법률」은 국가, 독립행정법인 등 지방공공단체 및 지방독립행정법인에 의한 장애인 취업시설 등으로부터의 물품 및 용역의 조달 추진 등에 관한 국가 등의 책무를 명확히 함과 동시에 기본방침 및 조달정책의 수립과 그 밖의 장애인 취업시설 등의 수주기회를 확보하기 위해 필요한 사항 등을 규정함으로써 장애인 취업시설 등이 공급 물품 및 용역에 대한 수요증진 등을 도모하고, 장애인 취업시설에서 근무하는 장애인, 재택취업장애인 등의 자립의 촉진에 이바지하고자 함을 목적으로 2013년에 제정되었다.

① 주요 내용

가. 국가 등의 책무

국가 및 독립행정법인 등은 물품 및 용역의 조달에 있어서 장애인취업시설 등의 수주기회 증대를 도모하기 위하여 예산의 적정한 사용에 유의하면서 우선적으로 장애인취업시설 등으로부터 물품 등을 조달하도록 노력하여야 한다. 지방공공단체는 그 지역의 장애인취업시설에서 장애인의 취업 또는 재택취업장애인의 취업실태에 따라 장애인취업시설 등의 수주기회의 증대를 도모하기 위한 조치를 강구하도록 노력하여야 한다(제3조, 제4조).

나. 장애인 취업시설 등으로부터의 물품 등의 조달 추진에 관한 기본방침 및 조달정책

국가는 국가 및 독립행정법인 등의 장애인 취업시설 등으로부터 물품 등 조달을 종합적·계획적으로 추진하기 위해 장애인 취업시설 등으로부터 물품 등의 조달 추진에 관한 기본방침을 정하여야 한다. 이에 따라 각 성, 각 청의 장 및 독립행정법인 등의 장은 매년 기본방침에 입각하여 물품 등 조달에 관한 정책을 정하여야 하고, 도도부현·시정촌 및 지방독립행정법인은 예산 등을 감안하여 매년 장애인 취업시설 등으로부터 물품 등 조달을 추진하기 위한 정책을 정하여야 한다(제5조, 제6조, 제9조).

다. 공급물품 등에 관한 장애인 취업시설의 정보제공

장애인 취업시설 등은 단독으로 또는 서로 연계하여 또는 공동으로 그 공급물품 등의 구입자 등에 대하여 당해 물품 등에 관한 정보를 제공하도록 노력함과 동시에 당해 물품 등의 품질향상 및 원활한 공급에 노력하여야 한다(제11조).

(9) 고령자 및 장애인 등의 이동 등의 원활화 촉진에 관한 법률

「고령자 및 장애인 등의 이동 등의 원활화 촉진에 관한 법률」은 고령자・장애인 등의 자립된 일상생활 및 사회생활을 확보하는 것의 중요성을 감안하여 대중교통의 여객시설 및 차량 등・도로・야외주차장・공원시설과 건축물의 구조 및 설비를 개선하기 위한 조치・일정한 지구의 여객시설・건축물 등과 이들 사이를 연결하는 도로・역전광장・통로 기타 시설의 일체적인 정비를 추진하기 위한 조치 등을 강구함으로써 고령자・장애인 등의 이동상 및 시설의 이용상 편의성 및 안전성 향상을 촉진함으로써 공공복지 증진에 이바지함을 목적으로 2006년에 제정되었다.

① 주요 내용

가. 이동 등의 원활화 촉진에 관한 기본방침

주무대신은 이동 등의 원활화를 종합적・계획적으로 추진하기 위해 이동 등의 원활화 촉진에 관한 기본 방침을 정하여야 한다. 기본 방침에는 이동 등의 원활화 의의 및 목표에 관한 사항, 이동 등 원활화를 위한 시설 설치 관리자가 강구하여야 할 조치에 관한 기본적인 사항, 중점정비지구에서의 이동 등 원활화 기본 구상의 지침이 되는 사항, 그 밖의 이동 등 원활화 촉진을 위한 시책에 관한 사항을 포함한다(제3조).

나. 이동 등 원활화를 위한 시설 설치・관리자가 강구하여야 할 조치

대중교통사업자・도로관리자・야외주차장관리자・공원관리자 등 시설설치・관리자는 주무 성령이 정하는 이동 등의 원활화를 위하여 필요한 기준에 적합하도록 하여야 한다(제3장).

다. 시정촌의 중점정비지구에서의 이동 등 원활화에 관한 기본 구상 작성

시정촌은 기본 방침에 따라 단독으로 또는 공동으로 당해 시정촌의 중점 정비지구에 대한 이동 등 원활화에 관한 사업의 중점적이고 일체적인 추진에 관한 기본 구상을 만들 수 있으며, 이 기본 구상은 중점정비지구 위치 및 지역, 생활관련시설 및 생활관련경로 및 이들의 이동 등 원활화에 관한 사항, 이동 등 원활화를 위해 실시해야 할 특정사업에 관한 사항과 그 밖의 기타 중점정비지구에서의 이동 등 원활화를 위해 필요한 사항을 포함하며, 시정촌은 기본 구상작성에 관한 협의 및 실시에 관한 연락조정을 위한 협의회를 조직할 수 있다(제25조, 제26조).

(10) 장애인 학대방지 · 장애인의 양호인에 대한 지원 등에 관한 법률

「장애인 학대방지 · 장애인의 양호인에 대한 지원 등에 관한 법률」은 장애인에 대한 학대가 장애인의 존엄을 해치는 것이며, 장애인의 자립 및 사회참여에 있어서 장애인에 대한 학대를 방지하는 것이 매우 중요하다는 것을 감안하여 장애인에 대한 학대금지 · 장애인학대의 예방 및 조기발견 그 밖의 장애인 학대방지 등에 관한 국가 등의 책무 · 장애인학대를 받은 장애인에 대한 보호 및 자립지원을 위한 조치 · 양호인의 부담경감을 도모하는 등 양호인에 대한 양호인의 장애인학대 방지에 이바지하는 지원을 위한 조치 등을 규정함으로써, 장애인 학대방지 · 양호인에 대한 지원 등에 관한 시책을 촉진함으로써, 장애인의 권익옹호에 이바지함을 목적으로 2011년에 제정되었다.

① 주요 내용

가. 장애인 학대의 조기발견 등

국가 및 지방공공단체의 장애인복지에 관한 사무를 관장하는 부서와 그 밖의 관계기관은 장애인 학대를 발견하기 쉬운 위치에 있는 점을 감안하여 상호 긴밀한 연계를 도모하면서 장애인 학대의 조기발견에 노력하여야 한다(제6조).

나. 양호인에 대한 지원

시정촌은 제32조 제2항 제2호에 규정하는 것 이외에 양호인들의 부담경감을 위해 양호인에 대한 상담 · 지도 및 조언과 그 밖의 필요한 조치를 강구하여야 한다.

시정촌은 전항의 조치로 양호인의 심신 상태에 비추어 그 양호부담의 경감을 도모할 긴급한 필요가 있다고 인정하는 경우 장애인이 단기간 양호를 받기 위해 필요한 거처를 확보하기 위한 조치를 강구하여야 한다(제14조).

다. 장애인복지시설종사자 등의 장애인 학대방지 등을 위한 조치

장애인복지시설의 설치자 또는 장애복지서비스 사업 등을 실시하는 사람은 장애인복지시설 종사자 등의 연수를 실시하여 당해 장애인복지시설에 입소하고, 그 밖의 당해 장애인복지시설을 이용하거나 당해 장애복지서비스 사업 등에서 서비스를 제공받는 장애인 및 그 가족의 불만처리 체제를 정비하며, 그 밖의 장애인복지시설 종사자 등에 의한 장애인 학대방지 등의 조치를 강구하여야 한다(제15조).

라. 고용자에 의한 장애인 학대방지 등을 위한 조치

장애인을 고용하는 사업주는 근로자의 교육 실시・당해 사업장에 고용된 장애인 및 그 가족의 불만처리체제의 정비와 그 밖의 고용자에 의한 장애인 학대방지 등을 위한 조치를 강구하여야 한다(제21조).

마. 시정촌 장애인학대방지센터와 도도부현 장애인권리옹호센터의 설치

시정촌은 장애인복지에 관한 사무를 관장하는 부서 또는 당해 시정촌이 설치한 시설에서의 해당 부서 또는 시설이 시정촌의 장애인학대방지센터로서의 기능을 수행하게 된다. 도도부현은 장애인복지에 관한 사무를 관장하는 부서 또는 당해 도도부현이 설치하는 시설에서의 해당 부서 또는 시설이 도도부현 장애인권리옹호센터로서의 기능을 수행하게 된다(제36조).

제5장
장애평가

1. 우리나라의 장애판정
2. 우리나라 장애종합판정제도
3. 일본의 장애평가
4. 호주의 장애평가
5. 미국의 장애평가

제5장 장애평가

1. 우리나라의 장애판정

장애인복지법 제2조 및 동법 시행규칙 제2조 제2항의 규정에 의한 장애정도 판정기준(보건복지부고시 제2019-117호)은 다음과 같다.

장애인복지법 제32조의 규정에 의하여 장애인으로 등록할 수 있는 사람은 장애인복지법 시행규칙의 기준에 부합하는 장애가 있는 사람이다.

1) 적용범위

이 기준은 장애인복지법 제32조의 규정에 의하여 특별자치도지사 · 시장 · 군수 · 구청장에게 장애인등록을 신청한 사람의 장애정도를 진단 · 판정하는 때에 적용한다.

장애인복지법 제32조의 규정에 의하여 장애인으로 등록할 수 있는 사람은 아래 장애인의 분류에 해당되는 사람으로서 장애인복지법시행규칙 [별표 1]의 장애인의 장애정도표에서 정하는 기준에 부합하는 정도의 장애가 있는 사람이다.

〈표 5-1〉 장애인의 분류

대분류	중분류	소분류	세분류
신체적 장애	외부 신체기능의 장애	지체장애	절단장애, 관절장애, 지체기능장애, 변형 등의 장애
		뇌병변장애	뇌의 손상으로 인한 복합적인 장애
		시각장애	시력장애, 시야결손장애
		청각장애	청력장애, 평형기능장애
		언어장애	언어장애, 음성장애, 구어장애
		안면장애	안면부의 추상, 함몰, 비후 등 변형으로 인한 장애
	내부기관의 장애	신장장애	투석치료중이거나 신장을 이식 받은 경우
		심장장애	일상생활이 현저히 제한되는 심장기능 이상
		간장애	일상생활이 현저히 제한되는 만성 · 중증의 간기능 이상
		호흡기장애	일상생활이 현저히 제한되는 만성 · 중증의 호흡기 기능 이상
		장루 · 요루장애	일상생활이 현저히 제한되는 장루 · 요루
		뇌전증장애	일상생활이 현저히 제한되는 만성 · 중증의 뇌전증
정신적 장애	발달장애	지적장애	지능지수가 70 이하인 경우
		자폐성장애	소아청소년 자폐 등 자폐성 장애
	정신장애	정신장애	조현병, 조현정동장애, 양극성정동장애, 재발성우울장애

출처 : 보건복지부(2013).

2) 판정기준의 적용 원칙

① 장애유형별 장애정도는 원칙적으로 장애유형별 판정기준에 따라 판정한다.

② 2종류 이상의 장애가 중복되는 경우의 장애정도는 제3장의 중복장애의 합산기준에 따라 판정한다.

③ 위 ①과 ②의 적용원칙 이외에 개인의 신체적 · 정신적 특성 등을 고려하여 판정할 필요가 있다고 인정되는 경우에는 장애인복지법시행규칙 제3조 제4항에 따라 고시된 장애정도심사규정 제14조의 장애정도심사위원회에서 다음 사항을 고려하여 장애정도를 판정할 수 있다.

– 2종류 이상의 중복장애가 있는 경우로서 제3장의 중복장애의 합산기준에도 불구하고 주장애 또는 부장애가 부장애 또는 주장애의 신체적 · 정신적 기능 등을 더 심화시키는 결과를 초래하는 경우

– 장애정도에 변화를 일으키는 신체적·정신적 손상 등이 객관적으로 확인되고 그 손상이 장애정도의 심화와 상당한 인과관계가 있다고 인정되는 경우

3) 장애진단서 작성 기준

(1) 장애유형별 장애진단 전문기관 및 전문의 등

〈표 5-2〉 장애유형별 장애진단기관 및 전문의

장애 유형	장애진단기관 및 전문의 등
지체장애	1. 절단장애 : X-선 촬영시설이 있는 의료기관의 의사 2. 기타 지체장애 : X-선 촬영시설 등 검사장비가 있는 의료기관의 재활의학과 · 정형외과 · 신경외과 · 신경과 또는 내과(류마티스분과) 전문의
뇌병변장애	의료기관의 재활의학과 · 신경외과 또는 신경과 전문의
시각장애	시력 또는 시야결손정도의 측정이 가능한 의료기관의 안과 전문의
청각장애	청력검사실과 청력검사기(오디오미터)가 있는 의료기관의 이비인후과 전문의
언어장애	1. 의료기관의 재활의학과 전문의 또는 언어치료사가 배치되어 있는 의료기관의 이비인후과 · 정신건강의학과 또는 신경과 전문의 2. 음성장애는 언어치료사가 없는 의료기관의 이비인후과 전문의 포함 3. 의료기관의 치과(구강악안면외과) · 치과 전속지도 전문의(구강악안면외과)
지적장애	의료기관의 정신건강의학과 · 신경과 또는 재활의학과 전문의
정신장애	1. 장애진단 직전 1년 이상 지속적으로 진료한 정신건강의학과 전문의(다만, 지속적으로 진료를 받았다 함은 3개월 이상 약물치료가 중단되지 않았음을 의미한다) 2. 1호에 해당하는 전문의가 없는 경우 장애진단 직전 3개월 이상 지속적으로 진료한 의료기관의 정신건강의학과 전문의가 판정할 수 있으나, 장애진단 직전 1년 이상의 지속적인 정신건강의학과 진료기록을 진단서 또는 소견서 등으로 확인하고 장애진단을 하여야 한다.
자폐성장애	의료기관의 정신건강의학과(소아정신건강의학과)전문의
신장장애	1. 투석에 대한 장애판정은 장애인 등록 직전 3개월 이상 투석치료를 하고 있는 의료기관의 의사 2. 1호에 해당하는 의사가 없을 경우 장애진단 직전 1개월 이상 지속적으로 투석치료를 하고 있는 의료기관의 의사가 진단할 수 있으나 3개월 이상의 투석기록을 확인하여야 한다. 3. 신장이식의 장애판정은 신장이식을 시술하였거나 이식환자를 진료하는 의료기관의 외과 또는 내과전문의

심장장애	1. 장애진단 직전 1년 이상 진료한 의료기관의 내과(순환기분과) · 소아청소년과 또는 흉부외과 전문의 2. 1호에 해당하는 전문의가 없는 경우 의료기관의 내과(순환기분과) 전문의가 판정할 수 있으나 장애진단 직전 1년 이상 내과(순환기분과) · 소아청소년과 또는 흉부외과의 지속적인 진료기록 등을 확인하고 장애진단을 하여야 한다.
호흡기장애	장애진단 직전 2개월 이상 진료한 의료기관의 내과(호흡기분과, 알레르기분과) · 흉부외과 · 소아청소년과 · 결핵과 또는 직업환경의학과 전문의
간장애	장애진단 직전 2개월 이상 진료한 의료기관의 내과(소화기분과) · 외과 또는 소아청소년과 전문의
안면장애	1. 의료기관의 성형외과 · 피부과 또는 외과(화상의 경우) 전문의 2. 의료기관의 치과(구강악안면외과) · 치과 전속지도 전문의(구강악안면외과)
장루 · 요루 장애	의료기관의 외과 · 산부인과 · 비뇨기과 또는 내과 전문의
뇌전증장애	장애진단 직전 6개월 이상 진료한 의료기관의 신경과 · 신경외과 · 정신건강의학과 · 소아청소년과 · 소아신경과 전문의

출처 : 보건복지부(2019).

(2) 장애유형별 장애진단시기

〈표 5-3〉 장애유형별 장애진단 시기

장애유형	장애진단 시기
지체 · 시각 · 청각 · 언어 · 지적 · 안면장애	장애의 원인 질환 등에 관하여 충분히 치료하여 장애가 고착되었을 때 등록하며, 그 기준시기는 원인 질환 또는 부상 등의 발생 후 또는 수술 후 6개월 이상 지속적으로 치료한 후로 한다(지체절단, 척추고정술, 안구적출, 청력기관의 결손, 후두전적출술, 선천적 지적장애 등 장애상태의 고착이 명백한 경우는 예외로 한다).
뇌병변장애	1. 뇌성마비, 뇌졸중, 뇌손상 등과 기타 뇌병변(파킨슨병 제외)이 있는 경우는 발병 또는 외상 후 6개월 이상 지속적으로 치료한 후에 장애 진단을 하여야 한다. 2. 파킨슨병은 1년 이상의 성실하고 지속적인 치료 후에 장애 진단을 하여야 한다.
정신장애	1년 이상의 성실하고, 지속적인 치료 후에 호전의 기미가 거의 없을 정도로 장애가 고착되었을 때에 한다.
자폐성장애	전반성발달장애(자폐증)가 확실해진 시점
신장장애	3개월 이상 지속적으로 혈액투석 또는 복막투석치료를 받고 있는 사람 또는 신장을 이식받은 사람

심장장애	1년 이상의 성실하고, 지속적인 치료 후에 호전의 기미가 거의 없을 정도로 장애가 고착되었거나 심장을 이식받은 사람
호흡기 · 간장애	현재의 상태와 관련한 최초 진단 이후 1년 이상이 경과하고, 최근 2개월 이상의 지속적인 치료 후에 호전의 기미가 거의 없을 정도로 장애가 고착되었거나 폐 또는 간을 이식받은 사람
장루 · 요루장애	복원수술이 불가능한 장루(복회음절제술 후 에스결장루, 전대장직장절제술 후 시행한 말단형 회장루 등) · 요루(요관피부루, 회장도관 등)의 경우에는 장루(요루) 조성술 이후 진단이 가능하며, 그 외 복원수술이 가능한 장루(요루)의 경우에는 장루(요루) 조성술 후 1년이 지난 시점
뇌전증장애	1. 성인의 경우 현재의 상태와 관련하여 최초 진단 이후 2년 이상의 지속적인 치료를 받음에도 불구하고 호전의 기미가 거의 없을 정도로 장애가 고착된 시점 2. 소아청소년의 경우 뇌전증 증상에 따라 최초 진단 이후 규정기간(1년 내지 2년) 이상의 지속적인 치료를 받음에도 불구하고 호전의 기미가 거의 없을 정도로 장애가 고착된 시점

출처 : 보건복지부(2019).

장애를 진단하는 의료기관의 장애 유형별 소관 전문의는 장애인복지법령 및 「장애등급 판정기준」에 따라 장애판정시기 및 장애의 상태 등에 대하여 진료기록 및 개관적인 검사 등을 통하여 확인하고 장애를 진단하여 장애진단서의 모든 항목을 성실히 기재하고 검사결과지 및 진료기록지 등 필요서류 제공에 협조하여야 한다. 읍・면・동장에게 우편으로 송부하되, 부득이 인편에 의한 경우 봉투의 봉함부분에 의료기관의 간인을 찍어 송부하여야 한다. 성명・주민등록번호 기재 후 투명 테이프로 처리하여야 한다.

의료기관의 폐업 등 부득이한 사유로 인하여 이전 진료기록을 확인할 수 없는 경우, 신청인의 현재 상태가 전문적 판단에 의해 장애판정시기에 해당하는 이전의 치료력이 인정된다는 적합한 근거 및 구체적인 의견을 장애진단서에 명시하고 장애진단을 할 수 있다.

지체, 시각, 청각, 언어, 지적, 안면장애는 장애상태가 고착되었음이 전문적 진단에 의해 인정되는 경우 이전 진료 기록 등을 확인하지 않을 수 있다(예 지체절단, 척추고정술, 안구적출, 청력기관의 결손, 후두전적출술, 선천성 지적장애 등).

장애정도를 판정할 때에는 향후 장애상태가 변화할 가능성이 있는 경우는 장애등급의 변화가 예측되는 시기를 지정하여 장애정도를 재판정하도록 한다.

'보행상 장애 표준 기준표'에 해당하는 경우 당연히 보행상 장애를 인정하되, 그 외의 장애유형 및 등급에 대하여 보행상 장애가 있다고 진단하는 경우 그 사유를 구체적으로 명시하여야 한다.

4) 장애유형별 판정기준

(1) 지체장애 판정기준

① 장애진단기관 및 전문의

가. 절단장애

X-선 촬영실이 있는 의료기관의 의사가 해당된다.

나. 기타 지체장애

X-선 촬영시설 등 검사장비가 있는 의료기관의 재활의학과 · 정형외과 · 신경외과 · 신경과 또는 내과(류마티스분과) 전문의가 해당된다.

② 진료기록 등의 확인

장애진단을 하는 전문의는 원인 질환 등에 대하여 6개월 이상의 충분한 치료 후에도 장애가 고착되었음을 진단서, 소견서, 진료기록 등으로 확인하여야 한다. 다만, 장애가 고착되었음이 전문적 진단에 의해 인정되는 경우 이전 진료기록 등을 확인하지 않을 수 있다. 이 경우 이에 대한 의견을 구체적으로 장애진단서에 명시하여야 한다.

③ 장애진단 및 재판정 시기

장애의 원인 질환 등에 관하여 충분히 치료하여 장애가 고착되었을 때에 진단하며, 그 기준시기는 원인 질환 또는 부상 등의 발생 또는 수술 이후 6개월 이상 지속적으로 치료한 후로 한다. 다만, 지체의 절단, 척추고정술 등 장애의 고착이 명백한 경우는 예외로 한다.

수술 또는 치료 등의 의료적 조치로 기능이 회복될 수 있다고 판단하는 경우에는 장애진단을 수술 또는 치료 등의 의료적 조치 후로 유보하여야 한다. 다만, 1년 이내에 국내 여건 또는 장애인의 건강상태 등으로 인하여 수술 또는 치료를 하지 못하는 경우는 예외로 하되 반드시 필요한 시기를 지정하여 재판정을 받도록 진단서에 명시하여야 한다.

신체가 왜소한 사람(키가 작은 사람)에 대한 장애진단은 남성의 경우 만 18세부터, 여성의 경우 만 16세부터 한다. 다만, 만 20세 미만의 남성, 만 18세 미만의 여성의 경우 2년 후 재판정을 받아야 한다. 다만, 연골무형성증(achondroplasia)으로 왜소증에 대한 증상이 뚜렷한 경우는 만 2세 이상에서 진단할 수 있으며, 2년 후 재판정을 받아야 한다.

향후 장애정도의 변화가 예상되는 경우에는 반드시 재판정을 받도록 하여야 한다. 이 경우 재판정의 시기는 최초 진단일로부터 2년 후로 한다. 신체에서 동일부위의 판단은 해부학적 구분에 의한 부위별로 하되 팔과 다리는 좌・우를 각각 별개의 부위로 본다.

(2) 뇌병변장애 판정 기준

① 장애진단기관 및 전문의

뇌병변장애의 장애기관 및 전문의는 의료기관의 재활의학과・신경외과・신경과의 전문의가 여기에 해당한다.

② 진료기록 등의 확인

장애진단을 하는 전문의는 원인 질환 등에 대하여 6개월 이상의 충분한 치료 후에도 장애가 고착되었음을 진단서, 소견서, 진료기록 등으로 확인하여야 한다.

③ 장애진단 및 재판정 시기

뇌성마비, 뇌졸중, 뇌손상 등과 기타 뇌병변(파킨슨병 제외)이 있는 경우는 발병 또는 외상 후 6개월 이상 지속적으로 치료한 후에 장애 진단을 하여야 한다. 파킨슨병은 1년 이상의 성실하고 지속적인 치료 후에 장애 진단을 하여야 한다.

식물인간 또는 장기간의 의식 소실 등의 경우 발병(외상) 후 6개월 이상 지속적으로 치료한 후 장애진단을 할 수 있으며, 이러한 경우 최초 진단일로부터 2년 후에 재판정을 하도록 진단서상에 명기하여야 한다.

장애상태는 고착되었다 하더라도 수술을 비롯한 기타의 치료 방법을 시행하면 기능이 회복될 수 있다고 판단하는 경우에는 장애판정을 의료적 조치 후로 유보하여야 한다. 그러나 합병증의 발생, 장애인의 건강상태 등의 이유로 1년 이내에 의료적 조치를 실시할 수 없는 경우는 일단 장애판정을 실시한 후 필요한 시기를 지정하여 반드시 재판정을 받도록 하여야 한다.

치료 등에 따라 장애정도가 변화할 수 있는 뇌병변은 매 2년마다 재판정을 하여야 한다. 다만 2회의 재판정(최초 판정을 포함하여 연속 3회)에서 동급판정을 받은 경우에는 이후의 의무적 재판정에서 제외할 수 있다. 이 경우에도 의사의 판단에 의하여 장애상태의 변화가 예상되는 때에는 최종 판정일로부터 2년 이후의 일정한 시기를 정하여 재판정을 받도록 하여야 한다. 그러나 장애정도의 변화가 예상되지 않는 경우에는 의무적 재판정을 제외할 수 있다.

소아청소년은 만 1세 이상의 연령부터 장애판정이 가능하며 판정시기는 해당 의사의 판단에 따라 판정한다. 만 6세 미만에서 장애판정을 받은 경우 만 6세 이상~만 12세 미만에서 재판정을 실시하여야 한다. 만 6세~만 12세 미만 기간에 최초 장애판정 또는 재판정을 받은 경우 향후 장애상태의 변화가 예상되는 경우에는 만 12세 이상~만 18세 미만 사이에 재판정을 받아야 한다.

④ 판정 개요

뇌병변장애의 판정은 뇌성마비, 외상성 뇌손상, 뇌졸중과 기타 뇌의 기질적 병변으로 인한 경우에 한한다.

장애 진단은 주된 증상인 마비의 정도 및 범위, 불수의 운동의 유무 등에 따른 팔·다리의 기능저하로 인한 식사, 목욕, 몸치장, 옷 입고 벗기, 배변, 배뇨, 화장실 이용, 의자/ 침대 이동, 거동, 계단 오르기 등의 보행과 일상생활동작의 수행능력을 기초로 전체 기능장애 정도를 판정한다.

전체 기능장애 정도의 판정은 이학적검사 소견, 인지기능평가와 수정바델지수(MBI : Modified Barthel Index)를 사용하여 실시하며 진단서에 내용을 명기한다.

만 1세 이상~만 7세 미만 소아는 뇌성마비 대운동 기능 분류 시스템(GMFCS : Gross Motor Function Classification System), 대운동 기능평가(GMFM : Gross Motor Function Measure), 베일리발달검사 등을 참고할 수 있다.

뇌병변은 전산화단층영상촬영(CT), 자기공명영상촬영(MRI), 단일광전자전산화단층촬영(SPECT), 양전자단층촬영(PET), 등으로 확인되고, 신경학적인 결손을 보이는 부위와 검사소견이 서로 일치하여야 한다. 다만 뇌성마비 등과 같이 뇌영상자료에 뇌의 병변이 뚜렷이 확인되지 않을 경우에는 임상적 증상을 우선으로 한다.

뇌의 기질적 병변으로 시각·청각 또는 언어상의 기능장애나 지적장애에 준한 지능 저하 등이 동반된 경우는 중복장애 합산 인정기준에 따라 판정한다. 파킨슨병은 호엔야척도 및 진료기록상 확인되는 주요 증상(균형장애, 보행장애 정도 등), 치료경과 등을 고려하여 판정한다. 충분한 약물치료 중인 상태에서 약물반응이 있을 때의 증상을 근거로 하며, 약물에 반응이 없는 경우에는 치료 경과 등을 고려한다.

(3) 시각장애 판정기준

① 장애진단기관 및 전문의

장애진단기관 및 전문의는 시력 또는 시야결손정도의 측정이 가능한 의료기관 및 안과 전문의이다.

② 진료기록 등의 확인

장애진단을 하는 전문의는 원인 질환 등에 대하여 6개월 이상의 충분한 치료 후에도 장애가 고착되었음을 진단서, 소견서, 진료기록 등으로 확인하여야 한다. 다만, 장애 상태가 고착되었음이 전문적 진단에 의해 인정되는 경우 이전 진료기록 등을 확인하지 않을 수 있다. 이 경우 이에 대한 의견을 구체적으로 장애진단서에 명시하여야 한다.

③ 장애진단 및 재판정 시기

장애의 원인 질환 등에 관하여 충분히 치료하여 장애가 고착되었을 때에 진단하며, 그 기준 시기는 원인 질환 또는 부상 등의 발생 또는 수술 이후 6개월 이상 지속적으로 치료한 후로 한다. 다만, 안구적출 등 장애의 고착이 명백한 경우는 예외로 한다.

수술 또는 치료 등의 의료적 조치로 기능이 회복될 수 있다고 판단하는 경우에는 장애진단을 처치 후로 유보하여야 한다.

향후 장애정도의 변화가 예상되는 경우에는 반드시 재판정을 받도록 하여야 한다. 이 경우 재판정의 시기는 최초의 진단일로부터 2년 이상 경과한 후로 한다. 2년 이내에 장애상태의 변화가 예상될 때에는 장애의 판정을 유보하여야 한다. 재판정이 필요한 경우에 장애진단을 하는 전문의는 장애진단서에 그 시기와 필요성을 구체적으로 명시하여야 한다.

각막혼탁으로 각막이식술이 필요한 경우나 국내 여건 또는 장애인의 건강상태 등으로 인하여 수술 등을 받지 못하는 경우는 매 3년마다 재판정을 받도록 하여야 한다. 각막이식술을 받은 경우는 이식수술 1년 후 재판정을 받는다.

장애인의 건강상태 등으로 인하여 백내장 수술을 받을 수 없는 경우 매 2년마다 재판정을 받도록 한다. 다만, 검사 등을 통해 백내장 수술 후 시력 개선의 여지가 없을 것으로 확인되면 재판정을 하지 않을 수 있다. 백내장 수술을 받은 경우는 백내장 수술 6개월 후 반드시 재판정을 받도록 한다.

④ 판정 개요

시각장애는 시력장애와 시야결손장애로 구분하여 판정한다. 시력은 안경, 콘택트렌즈를 포함한 모든 종류의 시력 교정법을 이용하여 측정된 최대교정시력을 기준으로 한다. 시력은 공인된 시력표에 의해 측정된 것을 사용할 수 있다. 시력표에 규정된 거리에서 같은 줄의 여러 시표 중 옆으로 반 이상의 시표를 정확하게 읽은 경우에만 그 줄의 시력으로 인정한다. 0.1보다 나쁜 시력을 측정할 경우에는 ETDRS 시력표나 저시각용 시력표(low vision chart)를 사용할 것을 권장한다. 이와 같은 시력표가 없는 경우에는 0.1과 0.2의 시표를 가까이 다가가서 보게 하여 측정하여 각각을 비교한다. 예를 들어, 4m용 시력표에서 0.1시표의 3개중 2개를 읽으면 0.1이 되고,

0.2시표의 5개 중 3개를 2m에서 읽었다면 시력은 0.1(0.2×2/4)이 되며, 이 0.2시표를 1m에서 읽었다면 시력은 0.05(0.2×1/4)가 된다(교정시력 기재 시 반드시 굴절력을 표기한다). 양안이 안전수지 등으로 표현되는 시력은 모두 '좋은 눈의 시력이 0.02 이하인 사람(장애의 정도가 심한 장애인)'으로 판정한다. 한 눈을 실명한 경우를 '두 눈의 시야가 각각 정상시야의 50% 이상 감소한 사람'으로 판정할 수 없다.

시야검사는 동적시야검사가 원칙이나 경우에 따라 정적시야검사를 할 수 있다. 검사기계의 종류로는 골드만시야계 또는 험프리시야계 등 공인된 시야검사계로 측정한 결과를 기준으로 판정한다. 골드만시야검사계와 험프리자동시야계의 동적시야검사를 사용할 때는 시표는 III-4e로 한다. 옥토퍼스시야계로 할 때는 상기 두 검사의 자극강도인 10dB에 상응하는 자극강도인 7dB로 한다. 피검자의 최대교정시력이 0.2 미만이거나 말기녹내장에서는 시표크기를 'V'로 한다. 정적시야검사 결과지의 신뢰도 지표가 낮은 경우에는 골드만시야검사로 판정하며 이때 '비고란'에 피검사자의 중심부 주시정도 및 협조도를 기록하여야 한다. 고도근시(-8디옵터 이상)와 무수정체안은 콘택트렌즈를 착용한 상태에서 검사하며 무수정체안은 IV-4e 시표를 사용한다.

객관적인 눈의 상태에 비해 시력의 현저한 저하가 있을 때는 반드시 전안부 검사, 망막 검사, 시신경검사를 시행하여 시력 저하가 타당한지 여부를 판단한 후 시각 장애 판정을 한다. 또한 장애를 판정하기 위해서는 각막이나 수정체가 그 원인이면 전안부 사진(각막 또는 수정체 사진)을 확인하고, 그 외에는 시신경과 황반이 포함된 망막 사진과 시유발전위검사를 확인해야 한다.

(4) 청각장애 판정기준

① 장애 판정의

장애 판정의는 청력검사실과 청력검사기(오디오미터)가 있는 의료기관의 이비인후과 전문의이다.

② 진료기록 등의 확인

장애진단을 하는 전문의는 원인 질환 등에 대하여 6개월 이상의 충분한 치료 후에도 장애가 고착되었음을 진단서, 소견서, 진료기록 등으로 확인하여야 한다. 다만, 장애 상태가 고착되었음이 전문적 진단에 의해 인정되는 경우 이전 진료기록 등을 확인하지 않을 수 있다. 이 경우 이에 대한 의견을 구체적으로 장애진단서에 명시하여야 한다.

③ 장애진단 및 재판정 시기

장애의 원인 질환 등에 관하여 충분히 치료하여 장애가 고착되었을 때에 진단하며, 그 기준 시기는 원인 질환 또는 부상 등의 발생 또는 수술 이후 6개월 이상 지속적으로 치료한 후로 한다. 다만, 청력기관의 결손 등 장애의 고착이 명백한 경우는 예외로 한다.

전음성 또는 혼합성 난청의 경우에는 장애진단을 수술 또는 처치 등의 의료적 조치 후로 유보하여야 한다. 다만, 1년 이내에 국내 여건 또는 장애인의 건강상태 등으로 인하여 수술 등을 하지 못하는 경우는 예외로 하되, 필요한 시기를 지정하여 재판정을 받도록 하여야 한다. 전음성 난청 또는 혼합성 난청이 의심되는 경우, 기도 및 골도순음청력검사를 시행하여, 기도-골도차가 6분법에 의해 20데시벨(dB) 이내일 경우 또는 수술 후 난청이 고정되었을 것으로 판단되는 경우에는 재판정을 제외할 수 있다.

향후 장애정도의 변화가 예상되는 경우에는 반드시 재판정을 받도록 하여야 한다. 이 경우 재판정의 시기는 최초의 진단일로부터 2년 이상 경과한 후로 한다. 2년 이내에 장애상태의 변화가 예상될 때에는 장애의 진단을 유보하여야 한다. 재판정이 필요한 경우 장애진단을 하는 전문의는 장애진단서에 그 시기와 필요성을 구체적으로 명시하여야 한다.

④ 청력장애

가. 판정 개요

청력장애의 장애정도평가는 순음청력검사의 기도순음역치를 기준으로 한다. 2~7일의 반복검사주기를 가지고 3회 시행한 청력검사결과 중 가장 좋은 검사 결과를 기준으로 한다. 또한 장애정도를 판정하기 위해서는 청성뇌간반응검사를 이용한 역치를 확인하여 기도순음역치의 신뢰도를 확보하여야 한다. 단 청성지속반응검사를 제출한 경우에는 청송뇌간반응검사를 대체할 수 있다.

평균순음역치는 청력측정기(오디오미터)로 측정하여 데시벨(dB)로 표시하고 장애등급을 판정하되, 주파수별로 500Hz, 1000Hz, 2000Hz, 4000Hz에서 각각 청력검사를 실시한다. 평균치는 6분법에 의하여 계산한다(a+2b+2c+d/6). 6분법 계산에서 소수점 이하는 버린다. 만약 주어진 주파수에서 청력역치가 100데시벨(dB) 이상이거나 청력계의 범위를 벗어나면 100데시벨(dB)로 간주하고, 청력역치가 0데시벨(dB) 이하면 0데시벨(dB)로 간주한다.

청력의 감소가 의심되지만 의사소통이 되지 아니하여 청력검사를 시행할 수 없을 때에는 청성뇌간반응검사를 시행하고, 필요한 경우 청성지속반응검사를 첨부하여 장애등급을 판정한다.

이명이 언어의 구분능력을 감소시킬 수 있으므로 청력역치 검사와 이명도 검사를 같이 실시하여 아래와 같이 장애정도를 가중할 수 있다. 이명은 객관적인 측정이 어려우나 2회 이상의 반복검사에서 이명의 음질과 크기가 서로 상응할 때 가능하다.

- 심한 이명이 있으며, 청력장애 정도가 '한 귀의 청력손실이 80데시벨(dB) 이상, 다른 귀의 청력 손실이 40데시벨(dB) 이상인 사람'인 경우 '두 귀의 청력손실이 각각 60데시벨(dB) 이상인 사람(장애의 정도가 심하지 않은 장애인)'으로 판정한다.
- 심한 이명이 있으며, 양측의 청력손실이 각각 40데시벨(dB) 이상~60데시벨(dB) 미만인 경우 '한 귀의 청력손실이 80데시벨(dB) 이상, 다른 귀의 청력 손실이 40데시벨(dB) 이상인 사람(장애의 정도가 심하지 않은 장애인)'으로 판정한다.
- 단, 심한 이명은 1년 이상 지속적으로 적극적인 진단과 치료 후에도 불구하고 잔존 증상이 남아있는 경우에 한하여 진료기록지를 확인하여 판정하며, 진료기록지에는 이명에 대한 반복적인 검사 기록이 있어야 한다.

최대어음명료도는 다음과 같이 검사하되, 2~7일의 반복검사주기를 가지고 3회 시행한 검사결과 중 가장 좋은 검사결과를 기준으로 한다.

㉠ 검사는 녹음기, 마이크 또는 청력측정기에 의하며 보통 회화의 강도로 발성하고 청력측정기 음량의 강약을 조절하여 시행한다.

㉡ 검사어는 '어음명료도 측정표'에 의하고 2초에서 3초에 하나의 낱말을 나누거나 합하여 발성하고 어음명료도의 가장 높은 수치를 최대어음명료도로 한다.

어음명료도(%) = (피검자가 정확히 들은 검사어음의 수 / 검사어수) × 100

㉢ 녹음된 어음표에 의한 반복검사에서 어음명료도가 12% 이상의 차이를 보일 경우에는 기능성 난청 또는 위난청을 감별한다.

⑤ 평형기능 장애

가. 판정 개요

평형기능이라 함은 공간 내에서 자세 및 방향감을 유지하는 능력을 말하며 시각, 고유 수용감각 및 전정기관에 의해 유지된다. 평형기능의 평가에 있어 검사자는 피검사자의 일상생활 동작수행에 있어 잔존되어 있는 기능을 고려하여 장애정도를 결정하여야 하며, 1년 이상의 진료기록 등을 확인하여야 한다.

평형기능 장애는 최초 판정일로부터 2년 이후의 일정한 시기를 정하여 재판정을 하여야 하며, 재판정 시에 장애상태의 현저한 변화가 예상되는 경우는 다시 재판정일로부터 2년 이후의 일정한 시기를 정하여 재판정을 하여야 한다. 다만, 재판정 당시 장애의 중증도나 연령 등을 고려할 때에 장애상태가 거의 변화하지 않을 것으로 예측되는 경우에는 재판정을 제외할 수 있다.

양측 평형기능의 소실의 경우, 전문적 진단으로 영구적 장애로 판단하는 때에는 재판정을 제외할 수 있다.

모든 평형기능이상의 장애정도 결정에 있어 전정기관 이상의 객관적 징후가 반드시 확인되어야 한다.

양측 전정기능의 이상은 온도안진검사 또는 회전의자검사로 확인하며, 그 외 동요시(oscillopsia), 자발 및 주시 안진, 체위(postulography) 검사 등으로 객관성을 높일 수 있다.

(5) 언어장애 판정기준

① **장애진단기관 및 전문의**

의료기관의 재활의학과 전문의 또는 언어치료사가 배치되어 있는 의료기관의 이비인후과 · 정신건강의학과 · 신경과 전문의이다. 또한 의료기관의 치과(구강악안면외과) · 치과전속지도전문의(구강악안면외과)이다.

② **진료기록 등의 확인**

장애진단을 하는 전문의는 원인 질환 등에 대한 6개월 이상의 충분한 치료 후에도 장애가 고착되었음을 진단서, 소견서, 진료기록 등으로 확인하여야 한다. 다만, 장애 상태가 고착되었음이 전문적인 진단에 의해 인정되는 경우 이전 진료기록 등을 확인하지 않을 수 있다. 이 경우 이에 대한 의견을 구체적으로 장애진단서에 명시하여야 한다.

③ **장애진단 및 재판정 시기**

장애진단의 원인 질환 등에 관하여 충분히 치료하여 장애가 고착되었을 때에 진단하며, 그 기준시기는 원인 질환 또는 부상 등의 발생후 또는 수술후 6개월 이상 지속적으로 치료한 후로 한다.

수술 또는 치료 등 의료적 조치로 기능이 회복될 수 있다고 판단하는 경우에는 장애판정을 처치 후로 유보하여야 한다. 다만, 1년 이내에 국내 여건 또는 장애인의 건강상태 등으로 인하여 수술 등을 하지 못하는 경우에는 예외로 하되, 필요한 시기를 지정하여 재판정을 받도록 하여야 한다. 향후 장애정도의 변화가 예상되는 경우에는 반드시 재판정을 받도록 하여야 한다. 이 경우 재판정의 시기는 최초의 판정시기로부터 2년 이상 경과한 후로 한다. 2년 이내에 장애상태의 변화가 예상될 때에는 장애의 판정을 유보하여야 한다. 재판정이 필요한 경우 장애 판정의는 장애진단서에 재판정 시기와 필요성을 구체적으로 명시하여야 한다.

소아청소년은 적절한 언어발달이 이루어진 이후에 판정하며 원인질환 등에 관하여 6개월 이상 충분히 치료하였음에도 불구하고 장애가 있다고 인정되는 경우는 만 3세 이상에서 진단할 수 있다. 만 6세 미만에서 장애판정을 받은 경우 만 6세 이상~만 12세 미만에서 재판정을 실시하여야 한다. 만 6세 이상~만 12세 미만 기간에 최초 장애판정 또는 재판정을 받은 경우 향후 장애상태의 변화가 예상되는 경우에는 만 12세 이상~만 18세 미만 사이에 재판정을 받아야 한다.

④ 판정 개요

언어장애는 음성장애, 구어장애, 발달기에 나타나는 발달성 언어장애, 뇌질환 또는 뇌손상에 의한 언어중추의 손상에 따른 실어증을 포함한다. 음성장애는 단순한 음성장애와 발성장애를 포함하며, 구어장애는 발음 또는 조음장애와 유창성장애(말더듬)를 포함한다.

언어장애의 유형에 따라 객관적인 검사를 통하여 진단한다.

㉠ 유창성 장애(말더듬) : 파라다이스 유창성검사(P-FA)를 기본 검사로 하며, 필요시 말더듬 심도 검사(SSI) 등을 고려하여 판정할 수 있다.

㉡ 조음장애 : 조음평가는 표준화가 이루어져 있는 아동용 발음평가(APAC)와 우리말조음-음운평가(U-TAP)를 사용하는 것을 권장하며, 부득이한 경우에는 그림자음검사를 사용할 수 있다.

㉢ 발달성 언어장애 : 취학전 아동의 수용언어 및 표현언어 발달척도(PRES)를 주로 사용하도록 권장하며, 언어발달지연이 너무 심한 경우에 대해서는 영유아 언어발달검사(SELSI)를 참고할 수 있다.

㉣ 실어증 : 한국판 웨스턴실어증 검사(PK-WAB-R 또는 K-WAB)을 사용한다. 정확한 판정을 위해 필요한 경우 진료기록지와 언어치료 경과지, 다른 표준화된 실어증 관련 평가인 한국판 보스턴이름대기검사(K-BNT), 표준화된 실어증 선별검사(K-FAST 또는 STAND 등)를 참고자료로 활용할 수 있다.

단, 음성장애는 진료기록지 및 임상적 소견 등을 기준으로 판정하며 음성검사(MDVP, 닥터스피치 등)를 참고자료로 활용할 수 있다.

(6) 지적장애 판정기준

① 장애진단기관 및 전문의

의료기관의 정신건강의학과・신경과 또는 재활의학과 전문의이다.

② 진료기록 등의 확인

장애진단을 하는 전문의는 원인 질환 등에 대하여 6개월 이상의 충분한 치료 후에도 장애가 고착되었음을 진단서, 소견서, 진료기록 등으로 확인하여야 한다. 다만, 장애 상태가 고착되었음이 전문적 진단에 의해 인정되는 경우 이전 진료기록 등을 확인하지 않을 수 있다. 이 경우 이에 대한 의견을 구체적으로 장애진단서에 명시하여야 한다.

③ 장애진단 및 재판정 시기

장애의 원인 질환 등에 관하여 충분히 치료하여 장애가 고착되었을 때에 진단하며, 그 기준시기는 원인 질환 또는 부상 등의 발생 후 또는 수술 후 6개월 이상 지속적으로 치료한 후로 한다. 다만, 만 2세 이상에서 선천적 지적장애 등 장애의 고착이 명백한 경우는 예외로 한다.

발달단계에 있는 소아청소년은 만 6세 미만에서 장애판정을 받은 경우 만 6세 이상~만 12세 미만에서 재판정을 실시하여야 한다.

수술 또는 치료 등 의료적 조치로 기능이 회복될 수 있다고 판단하는 경우에는 장애판정을 처치 후로 유보하여야 한다. 다만, 1년 이내에 국내 여건 또는 장애인의 건강상태 등으로 인하여 수술 등을 하지 못하는 경우는 예외로 하되, 필요한 시기를 지정하여 재판정을 받도록 하여야 한다. 향후 장애정도의 변화가 예상되는 경우에는 반드시 재판정을 받도록 하여야 한다. 이 경우 재판정의 시기는 최초의 진단일로부터 2년 이상 경과한 후로 하여야 한다. 2년 이내에 장애상태의 변화가 예상될 때에는 장애의 진단을 유보하여야 한다. 재판정이 필요한 경우에 장애진단을 하는 전문의는 장애진단서에 그 시기와 필요성을 구체적으로 명시하여야 한다.

④ 지적장애 판정 절차

지적장애는 웩슬러 지능검사 등 개인용 지능검사를 실시하여 얻은 지능지수(IQ)에 따라 판정하며, 사회성숙도 검사를 참조한다. 지능지수는 언어성 지능지수와 동작성 지능지수를 종합한 전체 검사 지능지수를 말하며, 전체 지능지수가 연령별 최저득점으로 정확한 지능지수 산출이 어려운 경우에는 GAS 및 비언어적 지능검사도구(VMI : 시각-운동통합발달검사, BGT : 벤더게슈탈트검사)를 추가 시행하고, 검사내용, 검사결과에 대한 상세한 소견을 제출한다.

만 2세부터 장애판정을 하며, 유아가 너무 어려서 상기의 표준화된 검사가 불가능할 경우 바인랜드(Vineland) 사회성숙도검사, 바인랜드 적응행동검사 또는 발달검사를 시행하여 산출된 적응지수나 발달지수를 지능지수와 동일하게 취급하여 판정한다.

뇌 손상, 뇌 질환 등 여러 가지 원인에 의하여 성인이 된 후 지능저하가 온 경우에도 상기 기준에 근거하여 지적장애에 준한 판정을 할 수 있다. 단, 노인성 치매는 제외한다.

(7) 정신장애 판정기준

① 장애진단기관 및 전문의

장애진단 직전 1년 이상 지속적으로 진료한 의료기관의 정신건강의학과 전문의가 여기에 해당된다. 또한 장애진단 직전 3개월 이상 지속적으로 진료한 의료기관의 정신건강의학과 전문의가 진단할 수 있으나 장애진단 직전 1년 이상의 정신건강의학과 진료기록 등을 확인하여야 한다.

② 진료기록 등의 확인

장애진단을 하는 전문의는 장애판정 직전 1년 이상 지속적으로 치료를 받은 환자로서 진단 시에도 적절한 치료중임에도 불구하고 장애가 고착되었음을 진단서, 소견서, 진료기록 등으로 확인하여야 한다.

③ 장애판정 및 재판정 시기

1년 이상의 성실하고 지속적인 치료 후에 호전의 기미가 거의 없을 정도로 장애가 고착되었을 때에 장애를 판정한다.

최초 판정일로부터 2년 이후의 일정한 시기를 정하여 재판정을 하여야 하며, 재판정 시에 장애상태의 현저한 변화가 예측되는 경우에는 다시 재판정일로부터 2년 이후의 일정한 시기를 정하여 재판정을 하여야 한다. 다만, 재판정 당시 장애의 중증도나 연령 등을 고려할 때에 장애상태가 거의 변화하지 않을 것으로 예측되는 경우에는 재판정을 제외할 수 있다.

④ 정신장애 판정 절차

정신장애의 장애등급 판정은, 현재 치료중인 상태를 확인, 정신질환의 진단명 및 최초 진단시기에 대한 확인, 정신질환의 상태(impairment)의 확인, 정신질환으로 인한 정신적 능력장애(disability) 상태의 확인, 정신장애 정도의 종합적인 판정의 순서를 따라 한다.

가. 현재 치료 중인 상태를 확인

현재 약물복용 등 치료중인 상태에서 정신장애 판정을 하여야 한다.

나. 정신질환의 진단명 및 최초 진단시기에 대한 확인

우리나라에서 공식적인 정신질환 분류체계로 사용하고 있는 국제질병분류표 ICD-10 (International Classification of Diseases, 10th Version)의 진단지침에 따라 ICD-10의 F20 조현병, F25 조현정동장애, F31 양극성 정동장애 및 F33 재발성 우울장애로 진단된 경우에 한하여 정신장애 판정을 하여야 한다.

다. 정신질환의 상태(impairment)의 확인

정신질환의 상태에 대한 확인은 진단된 정신질환의 상태가 정신장애 정도 판정 기준에 따라 임상적 진단평가과정을 통하여 판단한 뒤 정도를 정한다.

라. 정신질환으로 인한 정신적 능력장애(disability) 상태의 확인

정신질환으로 인한 능력장애에 대한 확인은 정신장애자에 대한 임상적 진단평가와 보호자 및 주위 사람으로부터의 정보, 정신보건의료서비스를 제공하고 있는 치료자의 의견, 학업이나 직업활동상황 등 일상환경에서의 적응상태 등을 감안하여 장애정도 판정을 내린다.

'능력장애의 상태'는 정신질환에 의한 일상생활 혹은 사회생활의 지장의 정도 및 주위의 도움(간호, 지도) 정도에 대해 판단하는 것으로서 장애의 정도를 판단하기 위한 지표로서 이용된다.

〈능력장애 측정 기준〉

1) 적절한 음식섭취
 - 영양의 균형을 생각하고, 스스로 준비해서 먹는 음식섭취의 판단 등에 관한 능력장애의 유무를 판단한다.

2) 대소변관리, 세면, 목욕, 청소 등의 청결 유지
 - 세면, 세족, 배설 후의 위생, 목욕 등 신체위생의 유지, 청소 등의 청결의 유지에 관한 판단 등에 관한 능력장애의 유무를 판단한다. 이들에 대해, 의지의 발동성이라는 관점으로부터, 자발적으로 적절하게 행하는 것이 가능한지 여부, 도움이 필요한지 여부를 판단한다.

3) 적절한 대화기술 및 협조적인 대인관계
 - 타인의 말을 알아듣고, 자신의 의사를 상대에게 전하는 의사소통의 능력, 타인과 적절하게 사귀는 능력에 주목한다.

4) 규칙적인 통원 · 약물 복용
 - 자발적 · 규칙적으로 통원 및 복약을 하고, 병상이나 부작용 등에 관하여 주치의에게 잘 이야기하는 것이 가능한가, 도움이 필요한가 여부를 판단한다.

5) 소지품 및 금전관리나 적절한 구매행위
 - 금전을 독립적으로 적절하게 관리하고, 자발적으로 적절하게 물건을 사는 것이 가능한가, 도움이 필요한가 여부를 판단한다(금전의 인지, 물건 사기의 의욕, 물건 사기에 동반되는 대인관계 처리능력에 주목한다).

6) 대중교통이나 일반공공시설의 이용
 - 각종의 신청 등 사회적 수속을 행하거나, 은행이나 보건소 등의 공공시설을 적절하게 이용하는 것이 가능한지 여부를 판단한다.

마. 정신장애 등급의 종합적인 판정

㉠ 정신질환의 상태와 능력장애의 상태에 대한 판정을 종합하여 최종 장애정도 판정을 내린다. 다만, 정신질환의 상태와 능력장애의 상태에 따른 정도에 차이가 있을 경우 능력장애의 상태를 우선적으로 고려한다.

㉡ 정신질환의 상태 및 능력장애의 상태가 시간에 따라 기복이 있거나, 투약 등 치료를 통하여 상태의 변화가 있는 경우에는 최근 3개월간의 증상이 가장 심하였을 경우와 가장 호전되었을 경우의 평균적 상태를 기준으로 정도를 판정한다.

(8) 자폐성장애 판정기준

① 장애진단기관 및 전문의

의료기관의 정신건강의학과(소아정신건강의학과) 전문의가 여기에 해당된다.

② 진료기록 등의 확인

장애진단을 하는 전문의는 원인 질환 등에 대한 충분한 치료 후에도 장애가 고착되었음을 진단서, 소견서, 진료기록 등으로 확인하여야 한다.

③ 장애진단 및 재판정 시기

전반성발달장애(자폐증)가 확실해진 시점(최소 만 2세 이상)에서 장애를 진단한다.

수술 또는 치료로 기능이 회복될 수 있다고 판단하는 경우에는 장애진단을 처치 후로 유보하여야 한다. 다만, 1년 이내에 국내 여건 또는 장애인의 건강상태 등으로 인하여 수술 등을 하지 못하는 경우는 예외로 하되 필요한 시기를 지정하여 재판정을 받도록 하여야 한다.

소아청소년은 만 6세 미만에서 장애판정을 받은 경우 만 6세 이상~만 12세 미만에서 재판정을 실시하여야 한다. 만 6세~만 12세 미만 기간에 최초 장애판정 또는 재판정을 받은 경우 향후 장애상태의 변화가 예상되는 경우에는 만 12세 이상~만 18세 미만 사이에 재판정을 받아야 한다.

향후 장애정도의 변화가 예상되는 경우에는 반드시 재판정을 받도록 하여야 한다. 이 경우 재판정의 시기는 최초의 진단이로부터 2년 이상 경과한 후로 한다. 2년 이내에 장애상태의 변화가 예상될 때에는 장애의 진단을 유보하여야 한다. 재판정이 필요한 경우에 장애진단을 하는 전문의는 장애진단서에 그 시기와 필요성을 구체적으로 명시하여야 한다.

④ 자폐성장애 진단 절차

자폐성장애의 장애정도 판정은, 자폐성장애의 진단명에 대한 확인, 자폐성장애의 상태(impairment) 확인, 자폐성장애로 인한 정신적 능력장애(disability) 상태의 확인, 자폐성장애 정도의 종합적인 진단의 순서를 따라 이루어진다.

가. 자폐성장애의 진단명에 대한 확인

㉠ 우리나라에서 공식적인 자폐성장애의 분류체계로 사용하고 있는 국제질병분류표 ICD-10(International Classification of Diseases, 10th Version)의 진단지침에 따른다.

㉡ ICD-10의 진단명이 F84 전반성발달장애(자폐증)인 경우에 자폐성장애 정도 판정을 한다.

나. 자폐성장애의 상태(impairment) 확인

진단된 자폐성장애의 상태가 자폐성장애판정기준에 따라 장애정도가 적절한지를 임상적 진단평가과정을 통하여 판단한 뒤 장애정도를 정하며, 자폐증상의 심각도는 전문의의 판단에 따른다. 또한 K-CARS 또는 여러 자폐성 척도를 이용하여 판단할 수 있다. 이 경우 사용한 척도와 그 점수 및 판단 소견을 기술한다.

다. 자폐성장애로 인한 정신적 능력장애(disability) 상태의 확인

자폐성장애에 대한 임상적 진단평가와 보호자 및 주위 사람의 정보와 일상 환경에서의 적응상태 등을 감안하여 장애정도 판정을 내린다.

라. 자폐성장애 등급의 종합적인 진단

자폐성장애의 상태와 GAS 평가를 종합하여 최종 장애정도를 판단한다.

(9) 신장장애 판정기준

① 장애진단기관 및 전문의

투석의 경우는 장애진단 직전 3개월 이상 투석치료를 하고 있는 의료기관의 의사가 여기에 해당된다. 해당하는 의사가 없는 경우, 장애진단 직전 1개월 이상 투석치료를 하고 있는 의료기관의 의사가 진단할 수 있으나 장애진단 직전 3개월 이상의 투석치료기록 등을 확인하여야 한다. 신장이식의 경우는 신장이식을 시술하거나 이식환자를 진료하는 의료기관의 외과 또는 내과 전문의가 여기에 해당된다.

② **진료기록 등의 확인**

장애를 진단하는 전문의는 원인 질환 등에 대한 충분한 치료 후에도 장애가 고착되었음을 진단서, 소견서, 진료기록 등으로 확인하여야 한다.

③ **장애진단 및 재판정 시기**

3개월 이상의 기간 동안 지속적으로 혈액투석 또는 복막투석치료를 받고 있는 사람 또는 신장을 이식 받은 사람에 대하여 장애인으로 진단한다. 혈액투석이나 복막투석의 경우 재판정은 매 2년마다 시행한다. 신장이식의 경우는 재판정을 제외한다.

(10) 심장장애 판정기준

① **장애진단기관 및 전문의**

장애진단 직전 1년 이상 지속적으로 진료한 의료기관의 내과(순환기분과)·소아청소년과 또는 흉부외과 전문의가 여기에 해당된다. 해당하는 전문의가 없을 경우 의료기관의 내과(순환기분과)·소아청소년과 또는 흉부외과 전문의가 진단할 수 있으나 장애진단 직전 1년 이상의 내과(순환기분과)·소아청소년과 또는 흉부외과의 진료기록 등을 확인하여야 한다.

② **진료기록 등의 확인**

장애를 진단하는 전문의는 장애판정 직전 1년 이상 지속적으로 동일 심장질환에 대하여 치료 후에 고착되었다는 것을 진단서, 소견서, 진료기록 등으로 확인하여야 한다.

③ **장애진단 및 재판정 시기**

1년 이상의 성실하고 지속적인 치료 후에 호전의 기미가 거의 없을 정도로 장애가 고착되었을 때에 장애를 진단한다.

최초 판정일로부터 2년 이후의 일정한 시기를 정하여 재판정을 하여야 하며, 재판정 시에 장애상태의 현저한 변화가 예측되는 경우에는 다시 재판정일로부터 2년 이후의 일정한 시기를 정하여 재판정을 하여야 한다. 다만, 재판정 당시 장애의 중증도나 연령 등을 고려할 때에 장애상태가 거의 변화하지 않을 것으로 예측되는 경우에는 재판정을 제외할 수 있다. 심장이식의 경우는 재판정을 제외한다.

④ 판정 개요

장애판정 직전 1년 이상의 진료기록 등을 확인하되, 최근 2개월간의 환자상태와 임상 및 검사소견으로 장애정도를 진단한다.

장애판정 직전 2개월 이내에 입원경력이 있는 경우에 입원치료로 인하여 검사결과가 다르게 나타날 수 있으므로 퇴원 후 2개월이 지난 후에 임상적으로 안정된 상태를 평가하여 장애정도를 진단하도록 한다. 다만 마지막 퇴원 후 2개월이 경과하지 않은 경우 검사결과 중 안정된 상태를 반영하지 않는다고 판단되는 검사는 제외하여 평가할 수 있다.

심장장애에 있어 질환의 정도와 질환으로 인한 능력장애의 정도를 다음 7가지의 임상소견과 검사결과 등에 의하여 진단한다.

㉠ 운동부하검사 또는 심장질환증상중등도 : 5점 만점
㉡ 심초음파 또는 핵의학검사상 좌심실구혈률, 선천성 심장질환의 경우(선천성 심장질환 기능 평가), 심실 구혈률이 정상이면서도 일상생활에 제한을 받는 심장질환의 경우(좌심실구혈률 정상이면서 일상생활에 제한을 받는 심장질환의 심장질환 증상중등도 가중 기준표) : 8점 만점
㉢ 검사소견 : 10점 만점
㉣ 심장수술 및 중재시술 병력 : 8점 만점
㉤ 입원경력 : 5점 만점, 최근 9개월 이내
㉥ 입원횟수 : 3점 만점, 최근 9개월 이내
㉦ 치료병력 : 3점 만점, 최근 9개월 이내

⑤ 심장장애 판정 시 검사항목 및 항목별 점수 기준

가. 운동부하 검사상 기준표 또는 심장질환증상 중등도 기준표 - 5점 만점

㉠ 운동부하 검사상 기준표

중등도	Peak METS	점 수
1단계	7 METS 이상	1점
2단계	5~7 METS	2점
3단계	2.5~5 METS	4점
4단계	2.5 METS이하	5점

비고) 가급적이면 객관적인 기준인 운동부하검사 결과를 기준으로 하되, 운동부하검사가 불가능하거나 부적절한 경우에는 심장질환증상중등도를 기준으로 한다.

출처 : 보건복지부(2013).

㉡ 심장질환증상중등도 기준표

중등도	상 태	점 수
1단계	신체활동을 어느 정도 제한할 필요가 있는 심장병 환자. 가정 내의 보통의 활동에는 어떤 제한도 없지만 그 이외의 활동에는 심부전 증상 또는 협심증 증상이 일어나는 경우	1점
2단계	신체활동을 제한할 필요가 있는 심장병 환자. 가정 내에서 극히 쉬운 활동은 상관없지만 그 이외의 활동에는 심부전증상 또는 협심증 증상이 일어나는 경우	2점
3단계	신체활동을 극도로 제한할 필요가 있는 심장병 환자. 신체주위의 일은 간신히 할 수 있지만 그 이상의 활동에는 심부전증상 또는 협심증 증상이 일어나는 경우	4점
4단계	안정을 취할 시에도 심부전증상 또는 협심증 증상이 일어나고 안정을 취하지 않으면 그 정도가 심해지는 경우(호소하는 정도가 심해지는 경우)	5점

출처 : 보건복지부(2013).

나. 심초음파 혹은 핵의학검사상 좌심실구혈률 - 8점 만점

㉠ 심초음파 혹은 핵의학검사상 좌심실구혈률 점수표

중등도	좌심실구혈률	점 수
1단계	41~50%	1점
2단계	31~40%	3점
3단계	21~30%	5점
4단계	20% 이하	8점

비고) 심초음파검사가 불가능하거나, 부적절한 경우에는 핵의학검사를 이용한 좌심실구혈률로 중등도 단계를 정한다.

출처 : 보건복지부(2013).

㉡ 선천성 심장질환 기능 평가 점수표

상 태	점 수
1. 교정 수술이 불가능한 심한 중심폐동맥 고혈압 (대동맥압의 2/3 이상인 중심폐동맥 고혈압) 또는 아이젠맹거 증후군	8점
2. 주심실이 우심실인 양심실 기형	5점
3. 기능적 단심실인 복잡 심기형	5점
4. 중등도 이상의 폐동맥 고혈압(대동맥압의 1/2 이상)	2점

출처 : 보건복지부(2013).

㉢ 좌심실구혈률이 정상이면서 일상생활에 제한을 받는 심장질환의 심장질환증상중등도 가중 기준표

좌심실구혈률이 정상이면서도 일상생활에 제한을 받는 심장질환(만성교압성 심낭염, 비후성 심근병증 중 폐쇄성인 경우, 제한성 심부전 등)에는, 심초음파 혹은 핵의학검사상 좌심실구혈률 점수표 대신 다음의 가중 기준표를 사용한다.

중등도	상 태	점수
1단계	신체활동을 어느 정도 제한할 필요가 있는 심장병 환자, 가정 내의 보통의 활동에는 어떤 제한도 없지만 그 이외의 활동에는 심부전 증상 또는 협심증 증상이 일어나는 경우	1점
2단계	신체활동을 제한할 필요가 있는 심장병 환자, 가정 내에서 극히 쉬운 활동은 상관없지만 그 이외의 활동에는 심부전증상 또는 협심증 증상이 일어나는 경우	3점
3단계	신체활동을 극도로 제한할 필요가 있는 심장병 환자, 신체 주위의 일은 간신히 할 수 있지만 그 이상의 활동에는 심부전증상 또는 협심증 증상이 일어나는 경우	5점
4단계	안정을 취할 시에도 심부전증상 또는 협심증 증상이 일어나고 안정을 취하지 않으면 그 정도가 심해지는 경우(호소하는 정도가 심해지는 경우)	8점

출처 : 보건복지부(2013).

다. 검사소견 - 10점 만점

- 흉부 X-선 : 5점 만점으로 함
- 심전도는 5점 만점으로 하되 선천성심장질환의 경우 3점 만점으로 함
- 청색증은 선천성심장질환의 경우 추가하여 점수를 판정하며 3점 만점으로 함

검사구분	증 상	점 수
흉부 X선	1. 폐울혈, 폐부종	3점
	2. 양측 늑막 삼출	2점
	3. 심비대(심흉곽비 60% 이상)	2점
심전도	1. 심방조동, 심방세동, 비지속성 심실빈맥, 방실전도장애(2도 내지 3도)	3점
	2. 좌각차단(C-LBBB)	3점
	3. 심근경색증	2점
	4. 심실비대(좌 혹은 우심실)	2점
	5. ST분절 및 T파 이상소견	2점
청색증	1. 경도의 청색증 (산소포화도 90 - 95%, 또는 헤마토크리트 50 - 55)	1점
	2. 중등도의 청색증 (산소포화도 85 - 89%, 또는 헤마토크리트 56 - 60)	2점
	3. 중증의 청색증 (산소포화도 85% 미만, 또는 헤마토크리트 61 이상)	3점

비고) 1. 흉부 X-선과 심전도 소견은 각각 5점 만점으로 한다. 단, 선천성 심장질환의 경우에는 심전도 소견을 3점 만점으로 한다.
2. 흉부 X-선과 심전도상 심비대 중복시 한 가지만 적용하여 2점으로 한다. 선천성 심장질환인 경우에는 흉부 X-선 검사에서 심실 확장이 정상치보다 2SD 이상인 경우 심비대를 2점으로 판정한다.
3. 심전도소견상에 다음과 같은 2가지 이상의 소견이 중복된 경우에 다음과 같이 인정한다.
   - o 좌각차단 · 심근경색이 같이 있는 경우 3점
   - o 좌각차단 · 심근경색 · ST분절 및 T파 이상이 같이 있는 경우 3점
   - o 좌각차단 · 심실비대가 같이 있는 경우 3점
   - o 좌각차단 · 심근비대 · ST분절 및 T파 이상이 같이 있는 경우 3점
   - o 좌각차단 · ST분절 및 T파 이상이 같이 있는 경우 3점
   - o 심근경색 · 심실비대가 같이 있는 경우 3점
   - o 심근경색 · ST분절 및 T파 이상이 같이 있는 경우 3점
   - o 심방세동 · ST분절 및 T파 이상이 같이 있는 경우 3점
   - o 심실비대 · ST분절 및 T파 이상이 같이 있는 경우 3점
4. 심흉곽비는 후전방향 촬영 영상(PA)으로 산출한다.
5. 검사 소견에 의한 점수는 총 10점으로 한다.
6. 청색증 항목은 선천성 심장질환 중 환자의 병태생리에 부합하는 경우에 적용한다.

출처 : 보건복지부(2013).

라. 심장수술 및 중재시술 병력 : 8점 만점

종 류	점 수
1. 심장이식	4점
2. 관상동맥우회술	4점
3. 인공판막 대치술 및 성형술	4점
4. 경피적 관상동맥 풍선 확장술(stent삽입술 포함)	3점
5. 경피적 승모판 풍선 확장술	3점
6. 기타 경피적 중재술	3점
7. 인공심박동기 삽입술 혹은 제세동기(ICD), 심장재동기(CRT) 삽입술	3점
8. 선천성 심장 기형으로 인한 수술	1회 4점 2회 6점 3회 이상 8점
9. 교정술을 시행하지 않은 경우로 심한 폐고혈압으로 완전 교정술이 불가능한 경우 교정술을 시행하지 않은 경우로 양심실 교정수술이 불가능한 복잡 심기형을 가진 환자	4점 4점
10. 선천성 심장 질환에서 경피적 중재술	3점

비고) 1. 인공판막 대치술 및 성형술 병력과 경피적 승모판 풍선 확장술 병력이 같이 있으면 4점
2. 선천성 심장기형으로 인한 수술 횟수당 점수 이외의 모든 항목은 횟수에 관계없이 해당 점수를 인정한다.

출처 : 보건복지부(2013).

마. 입원병력(최근 9개월 이내) : 5점 만점

구 분	점 수
1. 심부전 – 입원 시 심부전의 악화의 객관적인 자료가 있어야 한다. 흉부 X–선상 폐부종, 폐울혈소견, 심비대, 심초음파 소견상 심실 확장 및 좌심실 구혈률의 저하	5점
2. 심근허혈 – 입원 시 심근허혈의 객관적인 자료가 있어야 한다. 심근 효소 증가에 의한 심근경색, 또는 심전도상 가역적인 심근허혈 변화	5점
3. 선천성 심질환 – 입원 시 선천성 심질환의 주요 합병증의 객관적인 자료가 있어야 한다. 심기능이나 혈역학적 소견의 악화, 산소 포화도 감소	5점

비고) 1. 심장질환으로 입원하여 심부전 증거나, 심근허혈 증거가 있는 경우와 입원 시 선천성 질환의 주요 합병증의 객관적인 자료가 있는 경우에 한한다.
2. 적극적인 통원치료에도 불구하고 증상이 악화되어 입원한 경우에 한한다(임의적인 약물투여 중지로 악화된 경우, 타 질환으로 입원하였거나 악화된 경우는 제외).

출처 : 보건복지부(2013).

바. 입원 횟수(최근 9개월 이내) : 3점 만점

구 분	점 수
2회	2점
3회 이상	3점

비고) 1. 심장질환으로 입원하여 심부전 증거나, 심근허혈 증거가 있는 경우와 입원 시 선천성 질환의 주요 합병증의 객관적인 자료가 있는 경우에 한한다.
2. 적극적인 통원치료에도 불구하고 증상이 악화되어 입원한 경우에 한한다(임의적인 약물투여 중지로 악화된 경우, 타질환으로 입원하였거나 악화된 경우는 제외).

출처 : 보건복지부(2013).

사. 치료병력(최근 9개월 이내) : 3점 만점

구 분	점 수
1. 정기적인 통원 치료(9개월 이내에 6회 이상)	3점
2. 통원 치료(9개월 이내에 1~5회)	2점

출처 : 보건복지부(2013).

(11) 호흡기장애 판정기준

① 장애진단기관 및 전문의

장애진단 직전 2개월 이상 진료한 의료기관의 내과(호흡기분과, 알레르기분과)·흉부외과·소아청소년과·결핵과 또는 직업환경의학과 전문의가 여기에 해당한다.

② 진료기록 등의 확인

장애진단을 하는 전문의는 원인질환 등에 대하여 1년 이상의 충분한 치료 후에도 장애가 고착되었음을 정기적 흉부 X-선 소견, 폐기능 검사, 동맥혈가스검사 등을 포함한 진단서, 소견서, 진료기록 등으로 확인하여야 한다.

③ 장애진단 및 재판정 시기

현재의 상태와 관련한 최초 진단 이후 1년 이상이 경과하고, 최근 2개월 이상의 적극적인 치료에도 불구하고 호전의 기미가 거의 없는 만성 호흡기 질환의 경우에 장애를 진단한다.

수술 또는 치료로 기능이 회복될 수 있다고 판단하는 경우에는 장애진단을 처치 후로 유보하여야 한다. 다만 1년 이내에 국내 여건상 그 수술이 쉽게 행하여지지 아니하는 경우와 장애인의 건강상태 등으로 인하여 수술 등을 하지 못하는 경우는 예외로 하되, 국내 여건의 변화 등을 감안하여 필요한 시기를 지정하여 재판정을 받도록 하여야 한다.

최초 판정일로부터 2년 이후의 일정한 시기를 정하여 재판정을 하여야 하며, 재판정 시에 장애상태의 현저한 변화가 예측되는 경우에는 다시 재판정일로부터 2년 이후의 일정한 시기를 정하여 재판정을 하여야 한다. 다만, 재판정 당시 장애의 중증도나 연령 등을 고려할 때에 장애상태가 거의 변화하지 않을 것으로 예측되는 경우에는 재판정을 제외할 수 있다. 폐이식의 경우는 재판정을 제외한다.

④ 판정 개요

충분한 내과적 치료에도 불구하고 장애가 지속적으로 유지되는 만성 호흡기 질환임을 확인해야 한다.

장애를 판정하기 위해서는 장애판정 직전 1년 이내에, 호흡곤란 정도 판정, 흉부 X-선 촬영, 폐기능 검사, 동맥혈 가스 검사 등에 의한 객관적인 검사소견이 있어야 하며, 이밖에 필요한 경우 호흡기질환에 따라 흉부 CT, 기관지내시경, 운동부하 폐기능 검사, 폐 환기-관류 동위원소 검사, 폐동맥 촬영술 등을 시행하여 정확한 진단을 하여야 한다. 최소 2개월 이상의 반복적인 검사결과 중 양호한 상태의 검사결과로 판정한다.

폐기능검사는 표준화된 검사에 의하여 1회 검사 시 3차례 시행된 검사결과 중 가장 좋은 검사결과를 기준으로 장애정도를 판정한다. 기관지확장제 반응검사를 동시에 시행하여야 한다. 다만 외상이나 수술에 의한 경우에는 기관지확장제 반응검사를 시행하지 않을 수 있다. 폐기능검사는 기관지확장제 반응검사에 양성인 경우(예를 들어 기관지확장제로 1초시 강제호기량이 200ml 이상 상승하고 비율도 12% 이상 증가한 경우) 3개월 이상의 적극적인 치료 후 다시 평가한다. 3개월 이상 적극적인 치료에도 기관지확장제 반응검사에 양성이면서 폐기능이 호전이 없이 지속적으로 유지되었다면 판정을 할 수 있다.

(12) 간장애 판정기준

① 장애진단기관 및 전문의

장애진단 직전 2개월 이상 진료를 한 의사로서 의료기관의 내과(소화기분과)·외과·소아청소년과 전문의가 여기에 해당된다.

② 진료기록의 확인

장애를 진단하는 전문의는 원인 질환 등에 대하여 1년 이상의 충분한 치료 후에도 장애가 고착되었음을 진단서, 소견서, 진료기록 등으로 확인하여야 한다.

③ 장애진단 및 재판정 시기

대상자의 질병상태 등에 대한 소관 전문의의 최초 진단 이후 1년 이상이 경과하고, 최근 2개월 이상의 적극적인 치료에도 불구하고 호전의 기미가 거의 없는 만성 간 질환의 경우에 장애를 진단한다.

수술 또는 치료로 기능이 회복될 수 있다고 판단하는 경우에는 장애진단을 처치 후로 유보하여야 한다. 다만 1년 이내에 국내 여건상 그 수술이 쉽게 행하여지지 아니하는 경우와 장애인의 건강상태 등으로 인하여 수술 등을 하지 못하는 경우는 예외로 할 수 있다.

최초 판정일로부터 2년 이후의 일정한 시기를 정하여 재판정을 하여야 하며, 재판정 시에 장애상태의 현저한 변화가 예측되는 경우에는 다시 재판정일로부터 2년 이후의 일정한 시기를 정하여 재판정을 하여야 한다. 다만, 재판정 당시 장애의 중증도나 연령 등을 고려할 때에 장애상태가 거의 변화하지 않을 것으로 예측되는 경우에는 재판정을 제외할 수 있다. 간이식의 경우는 재판정을 제외한다.

④ 판정 개요

충분한 내과적 치료에도 불구하고 장애가 지속적으로 유지되는 간경변증, 간세포암종 등 만성 간 질환임을 확인해야 한다. 최소 2개월 이상의 반복적인 검사 결과 중 양호한 상태의 검사결과로 판정한다.

잔여 간기능의 평가는, 5~6점은 A, 7~9점은 B, 10점 이상은 C로 분류한다.

〈표 5-4〉 Child-Pugh 분류법

구 분	1점	2점	3점
혈청 빌리루빈(mg/dL)	〈2.0	2.0~3.0	〉3.0
혈청 알부민(g/dL)	〉3.5	2.8~3.5	〈2.8
복 수	없음	쉽게 조절됨	조절이 용이하지 않음
신경학적 이상	없음	1~2도	3~4도
프로트롬빈 시간 연장(초) / INR	〈4 / 〈1.7	4~6 / 1.7~2.3	〉6 / 〉2.3

출처 : 보건복지부(2013).

합병증의 평가

- **복수** : 저명한 이학적 소견, 복수 천자, 영상검사(복부 초음파 및 복부 전산화단층 촬영 등)에 의해 1개월 이상 지속된 복수가 증명된 경우
- **조절이 용이하지 않은 복수**(난치성 복수) : 최근 6개월 사이에 합병증이 있어 이뇨제를 증량할 수 없거나 최대용량의 이뇨제(spironolactone 400mg/일 및 furosemide 160mg/일을 1주 이상 시행 등)를 투여하고도 복수가 조절되지 않아 한 달 동안 최소 2회 이상의 대량복수천자로 치료한 경우
- **자발성 세균성 복막염** : 복강 내에 외과적으로 치료할 수 있는 감염원이 없고, 복수 다형핵세포수가 250/㎣ 이상이면서 복수 배양검사상 양성이거나 임상적으로 자발성 세균성 복막염으로 진단된 경우
- **간성뇌증** : 만성간질환 환자에서 임상적으로 증명된 간성뇌증에서 혼수를 일으킬 다른 원인이 배제된 경우이면서 뇌기능 장애를 치료함에도 불구하고 최근 6개월 동안 2도 이상의 간성뇌증이 2회 이상 반복되는 경우

(13) 안면장애 판정기준

① 장애진단기관 및 전문의

의료기관의 성형외과・피부과 또는 외과(화상의 경우) 전문의, 의료기관의 치과(구강악안면외과)・치과 전속지도 전문의(구강악안면외과)가 여기에 해당된다.

② 진료기록의 확인

장애진단을 하는 전문의는 원인 질환 등에 대하여 6개월 이상의 충분한 치료 후에도 장애가 고착되었음을 진단서, 소견서, 진료기록 등으로 확인하여야 한다. 다만 장애 상태가 고착되었음이 전문적 진단에 의해 인정되는 경우 이전 진료기록 등을 확인하지 않을 수 있다. 이 경우 이에 대한 의견을 구체적으로 장애진단서에 명시하여야 한다.

③ 장애진단 및 재판정 시기

원인 질환 등에 관하여 충분히 치료하여 장애가 고착되었을 때에 진단하며, 그 기준 시기는 원인 질환 또는 부상 등의 발생 또는 수술 이후 6개월 이상 지속적으로 치료한 후로 한다.

수술 또는 치료로 기능이 회복될 수 있다고 판단하는 경우에는 장애진단을 처치 후로 유보하여야 한다. 다만 1년 이내에 국내 여건 또는 장애인의 건강상태 등으로 인하여 수술 등을 하지 못하는 경우는 예외로 하되 필요한 시기를 지정하여 재판정을 받도록 하여야 한다. 향후 장애정도의 변화가 예상되는 경우에는 반드시 재판정을 받도록 하여야 한다. 이 경우 재판정의 시기는 최초의 판정으로부터 2년 이상 경과한 후로 한다. 2년 이내에 장애상태의 변화가 예상될 때에는 장애의 판정을 유보하여야 한다. 재판정이 필요한 경우 장애진단을 하는 전문의는 장애진단서에 그 시기와 필요성을 구체적으로 명시하여야 한다.

④ 판정 개요

안면장애는 눈에 띄는 면상반흔, 색소침착, 모발결손, 조직의 비후나 함몰, 결손이 포함된다. '함몰이나 비후'라 함은 연부조직, 골조직 등의 함몰이나 비후, 위축을 말한다.

안면변형장애는 이학적 검사로 확인하며 단순 X-선촬영, CT, MRI 등으로 함몰이나 비후의 정도를 결정할 수 있다.

'안면부'라 함은 두부, 안면부, 경부, 이부와 같이 상지와 하지, 몸통 이외에 일상적으로 노출되는 부분을 의미한다. '노출된 안면부'라 함은 전두부와 측두부, 이개후부의 모발선과 정면에서 보았을 때 전면과 후면을 구분하는 수직선을 연결한 선을 경계로 얼굴, 귀, 목의 앞면을 포함한다.

한 부위에 다양한 종류의 증상이 공존할 때는 가장 주요한 증상만을 고려한다. %는 정상부위에 대한 병변부위의 백분율을 말한다.

모발결손은 탈모증에 의한 것은 제외하며 반흔을 동반한 모발결손으로 국한한다.

(14) 장루 · 요루장애 판정기준

① 장애진단기관 및 전문의

의료기관의 외과 · 산부인과 · 비뇨기과 또는 내과 전문의가 여기에 해당한다.

② 진료기록의 확인

장애진단을 하는 전문의는 원인 질환 등에 관하여 충분히 치료한 후에도 장애가 고착(복원수술이 가능한 경우 1년 이상 경과)되었음을 장루조성술 시의 수술기록지, 병리소견서, 진단서, 진료기록 등으로 확인하여야 한다.

③ 장애진단 및 재판정 시기

복원수술이 불가능한 장루(복회음절제술 후 에스결장루, 전대장직장절제술 후 시행한 말단형 회장루 등) · 요루(요관피부루, 회장도관 등)의 경우에는 장루(요루) 조성술 이후 진단이 가능하며, 그 외 복원수술이 가능한 장루(요루)의 경우에는 장루(요루) 조성술 후 1년이 지난 시점에서 장애를 진단한다.

수술 또는 치료로 기능이 회복될 수 있다고 판단하는 경우에는 장애진단을 처치 후로 유보하여야 한다. 다만 1년 이내에 국내 여건상 그 수술이 쉽게 행하여지지 아니하는 경우와 장애인의 건강상태 등으로 인하여 수술 등을 하지 못하는 경우는 예외로 할 수 있다.

복원수술이 가능한 장루(요루)의 경우에는 장애인 등록 이후 매 3년마다 재판정을 받아야 한다. 다만 복원수술이 불가능한 장루(요루) 등 장애의 상태가 고착되었다고 판단하는 경우에는 의무적인 재판정에서 제외할 수 있다.

④ 판정 개요

배변이나 배뇨를 위하여 복부에 인위적으로 조성된 구멍(장루 또는 요루)을 가지고 있는 경우에 장루・요루장애로 진단한다. 요루는 회장도관, 요관피부루, 경피적 신루를 포함한다. 장애의 정도가 심한 장애에 해당하는 말단 공장루는 소장의 2/3 이상 절제한 경우에 판정한다.

⑤ 합병증의 평가

배뇨기능장애는 간헐적 도뇨 등이 필요한 경우를 말하며, 요역동학검사 등 신경학적 검사 소견과 진료기록 및 의사의 소견으로 확인하여야 한다. 전립선비대증 등 타과적 질환으로 인한 배뇨장애나 노화로 인한 요실금, 신경인성방광 등 원발성 배뇨장애는 장루(요루)장애의 합병증으로 인정하지 아니한다.

장피누공(방광질누공, 직장질누공, 요관질누공 포함 등)은 방사선 등에 의한 손상으로 장루 이외의 구멍으로부터 장 내용물이 지속적으로 흘러나오며 수술 등에 의해서도 치유될 가능성이 없는 경우를 말하며 사진 및 방사선검가결과지 등의 객관적 자료로 확인하여야 한다.

(15) 뇌전증(간질)장애 판정기준

① 성인

가. 장애진단기관 및 전문의

장애진단 직전 6개월 이상 진료한 의료기관에서 근무하는 신경과・신경외과・정신건강의학과・소아청소년과・소아신경과 전문의가 여기에 해당한다.

나. 진료기록의 확인

장애를 진단하는 전문의는 원인 질환 등이 2년 이상의 지속적이고 적극적인 치료 후에도 장애가 고착되었음을 진단서, 소견서, 진료기록 등으로 확인하여야 한다.

다. 장애진단 및 재판정

원인 질환 등에 관하여 충분히 치료하여 장애가 고착되었을 때에 진단하며, 그 기준 시기는 현재의 상태와 관련하여 최초 진단 이후 2년 이상의 지속적이고 적극적인 치료를 받음에도 불구하고 호전의 기미가 거의 없을 정도로 장애가 고착되었을 때 장애를 진단한다.

최초 판정일로부터 3년 이후의 일정한 시기를 정하여 재판정을 하여야 하며, 재판정 시에 장애상태의 현저한 변화가 예측되는 경우에는 다시 재판정일로부터 3년 이후의 일정한 시기를 정하여 재판정을 하여야 한다. 다만, 재판정 당시 장애의 중증도나 연령 등을 고려할 때에 장애상태가 거의 변화하지 않을 것으로 예측되는 경우에는 재판정을 제외할 수 있다.

라. 진단 개요

현재 적극적인 치료 중인 상태에서 장애를 진단한다. 모든 판단은 객관적인 의무기록으로 확인하여야 한다. 의무기록에는 확고한 발작의 종류별 분류 근거(자세한 발작의 임상 양상, 뇌파검사 소견, 뇌영상 촬영소견, 신뢰할 수 있는 목격자 진술 등), 정확한 발생 빈도, 적극적 치료의 증거(환자의 순응도, 약물 처방, 약물 혈중농도, 생활관리의 성실도 등)가 기술되어야 한다.

중증발작이란 전신강직간대경련, 전신강직경련 혹은 전신간대경련을 동반하는 발작, 신체의 균형을 유지하지 못하고 쓰러지는 발작, 의식 장애가 3분 이상 지속되는 발작 또는 사고나 외상을 동반하는 발작을 말한다.

경증발작이란 중증발작과 장애정도 판정 대상에서 제외되는 발작에 해당되지 아니하는 발작을 말한다. 수면 중 발생하는 뇌전증은 중증발작에 속하나 일상생활 및 사회생활에 수시로 보호관리가 필요한 경우에 해당하지 않으므로 경증발작으로 본다.

조짐(aura), 소발작(absence), 단발적 근간대성발작은 장애정도 판정에서 제외한다.

경증발작과 중증발작이 모두 발생하는 경우는 경증발작 1회를 중증발작 0.5회 중증발작 1회를 경증발작 2회로 계산한다.

② 소아청소년(만 18세 미만)

가. 장애진단기관 및 전문의

장애진단 직전 6개월 이상 진료한 의료기관의 소아청소년과・소아신경과・신경과・신경외과 또는 정신건강의학과 전문의가 여기에 속한다.

나. 진료기록 등의 확인

장애진단을 하는 전문의는 각각의 질환에 대한 규정 기간(1년 내지 2년)이상 경과하고 지속적이고 적극적인 치료 후에도 장애가 고착되었음을 진단서, 소견서, 진료기록 등으로 확인하여야 한다. 진료기록에는 확고한 발작의 종류별 분류 근거(자세한 발작의 임삭 양상, 뇌파검사 소견, 뇌영상 촬영소견, 신뢰할 수 있는 목격자 진술 등), 정확한 발생 빈도, 적극적 치료의 증거(환자의 순응도, 약물처방, 약물 혈중농도, 생활관리의 성실도 등)가 기술되어 있어야 한다.

장애평가 시 확인사항 : 발작의 형태(seizure type)와 간질의 증후군(epilepsy syndrome)별 진단과 정확한 발생 빈도, 적극적 치료의 증거(환자의 순응도, 약물 처방, 약물 혈중농도, 생활관리의 성실도 등)가 기록된 의무기록, 뇌파검사 소견, 뇌영상 촬영소견 등을 확인한다.

다. 장애진단 및 재판정

영아연축(Infantile spasm), 레녹스-가스토 증후군(Lennox-Gastaur syndrome) 등과 같은 간질성 뇌병변(epileptic encephalopathy)에 속하는 질환의 경우는 최초 진단 이후 1년의 치료기간 이후 장애진단이 가능하며, 재판정은 2년 후로 한다. 간질성 뇌병변(epileptic encephalopathy)에 속하지 않는 질환이면서, 최초 진단이 이후 2년의 치료기간 이후 장애진단이 가능하며, 재판정은 3년 후로 한다.

재판정 시에 장애상태의 현저한 변화가 예측되는 경우에는 다시 재판정일로부터 3년 이후의 일정한 시기를 정하여 재판정을 하여야 한다. 다만, 장애의 중증도 등을 고려할 때에 장애상태가 거의 변화하지 않을 것으로 예측되는 경우에는 재판정을 제외할 수 있다.

라. 소아청소년 간질의 진단명에 대한 확인

기본적인 발작의 형태별 진단은 1981년 ILAE의 진단기준에 따른다.

㉠ 부분발작(partial seizure)이 있는데, 이는 발작 시 의식장애가 없는 단순부분발작(simple partial seizure)과 발작 시 의식장애를 동반하는 복잡부분발작(complex partial seizure)으로 구분한다.

㉡ 전신발작(generalized seizures)은 수 초간 의식소실이 있는 결신발작(absence seizure), 환자는 의식을 완전히 잃고 쓰러지고, 강직성의 근수축과 간헐적인 근굴곡을 일으키는 간대기가 뒤이어 나타나는 강직-간대 발작(대발작 : generalized tonic-clonic seizure), 강직발작(tonic seizure), 간대발작(clonic seizure), 사지나 몸통 근육의 갑작스런 불수의적 수축을 일으키는 근간대성 발작(myoclonic seizures), 근긴장이 소실되어 머리를 갑자기 앞으로 떨어뜨리거나 무릎이 꺾이는 탈력발작(akinetic, astatic, atonic seizure)이 있다.

뇌전증의 증후군별 진단은 1989년 ILAE의 진단기준에 따른다. 잘 알려진 영아연축(infantile spasm), 레녹스-가스토 증후군(Lennox-Gastaut syndrome) 등과 같은 간질성 뇌병증(epileptic encephalopathy) 외에도 소아청소년의 연령에 국한되는 증후군이 다수 있으므로, 이를 참조한다.

항뇌전증약의 적극적인 치료에도 발작이 지속되는 경우 발작의 형태와 평균 발작횟수에 따라 장애정도를 판정한다.

2. 우리나라 장애종합판정제도

1) 장애종합판정제도

우리나라의 장애등급제는 장애인복지법에 근거하여 15개의 장애유형과 1~6등급으로 분류되며, 장애인의 의학적 손상에 의한 의학적 판정 기준만으로 이루어져 왔다. 이 제도는 지난 30여 년 동안 장애인복지 지원을 위한 토대였으며, 장애인의 소득보장, 감면, 할인제도 및 서비스 지원에 있어서 대상자와 지원수준을 결정하는 핵심적 기준이 되어왔다(이승기, 2013).

그러나 장애등급제는 의학적 판단을 근거로 하는 의료모델을 토대로 한 기준으로 그동안 장애인단체나 장애인 당사자들로부터 지속적인 문제제기가 이루어져 왔다(정종화 외, 2011). 이는 의학적 손실에 의해 장애등급이 결정되어 실제 장애인 개인의 욕구와 서비스 필요성을 반영하지 못하여 이로 인해 생기는 문제는 심각하다는 것이다(김윤태, 2010). 장애인에게 점수를 매기는 행위는 그 자체로 차별이고 장애인에 대한 낙인효과가 있으며, 장애등급에 따른 일률적 서비스 제공기준은 욕구나 환경이 모두 다른 장애인들을 고려하지 않은 처사라고 본다(박경석, 2013; 신옥주, 2016).

예를 들어, 장애연금은 근로능력이 없고, 소득이 없거나 빈곤에 처한 장애인에게 지급되어야 하는데, 장애연금을 지급받기 위해서는 장애등급 1~2급 및 3급 중복장애인만 신청이 가능하도록 되어 있다. 이와 같은 장애등급제는 다양화되고 복합적인 장애인의 욕구에 대응하는 데 있어서 서비스 연계 기준으로 활용하는 데 한계가 있다. 즉, 장애등급 기준이 장애인복지 서비스 제공을 위한 기초자료로서 활용되어야 하나 의료적 판정을 중심으로 되어 있어 장애인복지서비스 제공을 위한 기초자료로서의 한계가 있다(김성희 외, 2012).

ICF(International Classification of Functioning Disability and Health)의 분류기준에 따른 장애개념은 신체의 기능과 구조, 활동과 참여 등 환경적인 요인을 포괄하고 있어 한 개인의 기능과 장애는 질병과 같은 건강조건과 배경요인 사이의 복합적인 상호관계로 인식되며, 한 개인의 건강상태를 신체기능과 신체구조로 제한하지 않고 가정, 직장과 같은 개인의 직접적 환경이나 서비스, 공동체와 같은 사회적 측면을 종합적으로 파악하도록 하고 있다(신은경, 2013; 정종화 외, 2011). 이에 정부는 2013년부터 장애등급제 폐지에 대해 구체적인 논의를 추진하여 왔으며, 장애판정체계 기획단을 운영하여 장애계, 학계 등과 지속적으로 논의한 결과 장기적으로는 장애등급 폐지를 추진하되 단기적으로는 장애등급제 개편을 추진하기로 결정하였다. 2015년도에는 장애등급제 개편 모형연구 및 모의적용, 주요부처 및 지자체, 장애인단체 협의 추진 후 1차 시범사업을 6개 지자체에서 실시하였으며, 2016년에는 서비스 종합판정도구 적용과 시군구 역할을 강화한 모형을 10개 시군구를 대상으로 2차 시범사업을, 2017년 4월부터 6개월 동안 18개 지자체를 대상으로 장애등급제 3차 시범사업을 실시하였다.

구체적인 추진방향은 기존의 의학적 판정에 의한 서비스 제공기준인 장애등급을 대신하여 장애인 개인의 복지욕구, 사회환경 등을 고려한 종합판정도구를 단계적으로 개선하며, 2019년 7월부터 장애등급제가 단계적으로 폐지되고, 2022년까지 장애등급을 대신할 종합판정도구가 단계적으로 마련될 것이다. 이를 위해 장애등급을 대신할 종합판정체계를 도입하는데, 1단계로 일상생활분야인 활동지원서비스, 보조기기 지급, 거주시설 입소 자격 기준을 도입하고, 2단계는 장애인 전용 콜택시, 주차구역 이용 등 이동지원, 3단계는 장애인연금 지급, 장애인 의무고용 대상 확대 등 소득, 고용지원 서비스 분야로 확대된다(김경란, 2018).

2) 종합판정

2019년 7월부터는 장애인활동지원, 보조기기 지급, 거주시설 입소 자격부여 등의 일상생활지원, 2020년부터는 장애인콜택시, 주차구역 이용 등의 이동지원, 2022년도부터는 장애인연금 지급, 장애인의무고용 대상 포함 등의 소득·고용지원 관련 서비스 적격성 여부를 서비스 지원종합조사를 통해 종합판정이 이루어진다. 먼저 일상생활 지원 필요도 평가에서는 장애인의 일상생활 수행능력, 인지·행동 등 장애특성, 사회·환경요인을 계량적으로 평가하고, 활동지원서비스 외에도 장애인보조기기, 거주시설 입소자격 부여 등 서비스 지원 기준으로 활용될 수 있도록 종합적으로 이루어진다.

3. 일본의 장애평가

우리나라와 유사한 장애등록제도를 실시하고 있는 일본은 장애유형별로 장애인수첩(신체장애자수첩, 지적장애자요육수첩, 정신보건복지수첩)이 각 유형별로 지급되고 있으며, 법률체계도 장애유형별로 신체장애자복지법, 지적장애자복지법, 정신장애자복지법으로 구분되어 있어 각 장애유형에 대한 배려를 꾀하고 있다. 그렇지만 장애등록만으로 개별 장애인에게 필요한 복지서비스를 제공하는 데는 한계점이 있어 이를 보완하기 위해 2005년에는 장애인자립지원법을 제정하여 장애등급과 '장애정도구분인정조사항목'에 따른 '서비스 필요성 정도'를 구분하여 장애인의 필요에 따른 서비스 제공을 위한 평가를 별도로 실행하고 있다.

일본은 2013년 4월부터 장애자자립지원법에서 장애인종합지원법으로 변경하여, 기존의 장애자자립지원법의 문제점인 장애유형별 서비스의 편차를 제고하고 통합적 서비스를 실시하고자 하는 정책방향에 대응하였다. 이 법은 신체장애인, 지적장애인, 정신장애인, 장애아동 등에 이르기까지 모든 장애인을 포괄하고 있으며, 서비스지원 중심의 장애지원구분 판정을 실시하고 있다.

장애인종합지원법의 목적은 장애인기본법의 기본이념에 따라, 신체장애인복지법, 지적장애인복지법, 「정신보건 및 정신장애인 복지에 관한 법률」, 아동복지법, 「기타 장애인 및 장애아동의 복지에 관한 법률」과 함께 장애인 및 장애아동이 기본적 인권을 향유하는 개인으로서 존중받으며 일상생활 또는 사회생활을 영위할 수 있도록 필요한 장애인복지서비스에 관한 급여, 지역생활지원사업, 기타 지원을 종합적으로 실시하고, 장애인 및 장애아동의 복지증진을 꾀하는 한편 장애유무에 관계없이 국민이 서로 인격과 개성을 존중하며, 안심하고 살 수 있는 지역사회실현에 기여함을 목적으로 하고 있다(장애인종합지원법 제1조). 또한 이 법은 정신장애인과 지적·발달장애인을 배려한 인정조사표로 보완되어 장애의 종별(신체, 지적, 정신장애)에 구분 없이 장애로 인한 기능제한을 중심으로 필요한 서비스를 제공할 수 있도록 되어 있다.

이러한 장애판정은 장애인의 생활과 환경 및 활동 등을 종합적으로 평가하는 ICF를 근거로 하고 있으며, 투명하고 공정한 복지서비스의 지급결정을 실현하기 위해 노력하고 있다. 또한 신체장애, 지적장애, 정신장애의 특성을 반영할 수 있도록 배려한 3개 유형의 '장애공동기준'을 마련하고, 조사자와 평가자의 주관이 개입되지 않은 객관적인 기준을 마련하였으며, 평가프로세스와 평가에 있어서 '특기사항'을 고려하여 '장애정도구분인정기준'을 마련하여 시행하고 있다.

'장애정도구분'은 총 6단계로 구분되어 있는데, 1급에서 6급으로 갈수록 중증으로 타인의 개호가 더 필요한 형태로 구분되어 있다. 일본의 장애평가는 장애인의 심신 상태를 종합적으로 판정하기 위해 일정한 연수를 받은 인정조사원에 의해 방문조사의 형태로 이루어지며, 조사내용은 장애정도구분인정조사, 상황조사, 기타 특이사항의 세 가지로 구성되어 있다(김성희, 2014).

〈표 5-5〉 신체장애자 장애정도 등급표-시각장애

장애등급	기 준	
1급	두 눈의 시력이 0.01 이하인 사람	
2급	두 눈의 시력이 0.02 이상 0.04 이하인 사람	두 눈의 시야가 각각 10도 이내로 두 눈의 시야에 대해서 시능률 손실률이 95%인 사람
3급	두 눈의 시력이 0.05 이상, 0.05 이하인 사람	두 눈의 시야가 각각 10도 이내로 두 눈의 시야에 대해서 시능률의 손실률이 90% 이상인 사람
4급	두 눈의 시력이 0.09 이상, 0.12 이하인 사람	두 눈의 시야의 2분의 1 이상이 보이지 않는 사람
5급	한쪽 눈의 시력이 0.13 이상, 0.2 이하인 사람	두 눈의 시야의 2분의 1 이상이 보이지 않는 사람
6급	한쪽 눈의 시력이 0.02 이하, 다른 눈의 시력이 0.6 이하인 사람으로 두 눈의 시력이 0.2를 넘는 사람	

출처 : 김성희 외(2012).

〈표 5-6〉 신체장애자 장애정도 등급표-청각장애

장애등급	기 준	
1급	없음	
2급	양쪽 귀의 청력 레벨이 각각 100데시벨(dB) 이상인 사람	
3급	양쪽 귀의 청력 레벨이 각각 90데시벨(dB) 이상인 사람	

4급	양쪽 귀의 청력 레벨이 각각 80데시벨(dB) 이상인 사람	양쪽 귀의 보통 들리는 목소리가 최량의 어음 명료도가 50% 이하인 사람
5급	없음	
6급	양쪽 귀의 청력 레벨이 각각 70데시벨(dB) 이상인 사람(40센티미터 이상의 거리에서 들리는 회화를 이해하지 못하는 사람)	한쪽 귀의 청력 레벨이 90데시벨(dB) 이상, 다른 한쪽 귀의 청력 레벨이 50데시벨(dB) 이상인 사람

출처 : 김성희 외(2012).

〈표 5-7〉 신체장애자 장애정도 등급표-평행기능장애

장애급수	기 준
1급	없음
2급	없음
3급	평행기능이 굉장히 심한 장애
4급	없음
5급	평행기능이 심한 장애

출처 : 김성희 외(2012).

〈표 5-8〉 신체장애자 장애정도 등급표 - 음성기능/ 언어기능/ 저작기능

장애급수	기 준
1급	없음
2급	없음
3급	음성기능, 언어기능 또는 저작기능의 상실
4급	음성기능, 언어기능 또는 저작기능의 심한 장애

출처 : 김성희 외(2012).

〈표 5-9〉 신체장애자 장애정도 등급표-신체부자유 상지

장애등급	기 준	
1급	(1) 양 상지 기능을 전부 잃은 사람	(2) 양 상지의 손 관절 아래로 없는 사람
2급	(1) 양 상지의 기능이 뚜렷한 장애 (2) 한쪽 상지의 한쪽 팔 2분의 1이 없는 사람	(3) 양 상지의 모든 손가락이 없는 사람 (4) 한쪽 상지의 기능을 전부 잃은 사람
3급	(1) 양 상지의 엄지손가락 및 집게손가락이 없는 사람 (2) 양 상지의 엄지손가락 및 두 번째 손가락의 기능을 전부 잃은 사람 (3) 한쪽 상지의 기능의 뚜렷한 장애	(4) 한쪽 상지의 모든 손가락이 없는 사람 (5) 한쪽 상지 손가락의 기능을 전부 잃은 사람
4급	(1) 양 상지의 엄지손가락이 없는 사람 (2) 양 상지 엄지손가락의 기능을 전부 잃은 사람 (3) 한쪽 상지의 어깨 관절, 주관절 또는 손목관절 중 어느 한 곳의 관절이 기능을 전부 잃은 사람 (4) 한쪽 상지의 엄지손가락 및 집게손가락이 없는 사람	(5) 한쪽 상지의 손가락 및 집게손가락의 기능을 전부 잃은 사람 (6) 엄지손가락 또는 집게손가락을 포함한 한쪽 상지의 손가락 3개가 없는 사람 (7) 엄지손가락 또는 집게손가락을 포함한 한쪽 상지의 3개 손가락의 기능에 뚜렷한 장애 (8) 엄지손가락 또는 집게손가락을 포함한 한쪽 상지의 4개 손가락의 기능에 뚜렷한 장애
5급	(1) 양 상지의 엄지손가락 기능에 뚜렷한 장애 (2) 한쪽 상지의 어깨관절, 주관절 중 어느 한쪽의 관절 기능에 뚜렷한 장애 (3) 한쪽 상지의 엄지손가락이 없는 사람	(4) 한쪽 상지의 엄지손가락 기능을 전부 잃은 사람 (5) 한쪽 상지의 엄지손가락 및 집게손가락 기능의 뚜렷한 장애 (6) 엄지손가락 또는 집게손가락을 포함한 한쪽 상지의 손가락 3개의 기능에 뚜렷한 장애
6급	(1) 한쪽 상지의 엄지손가락 기능의 뚜렷한 장애 (2) 집게손가락을 포함한 한쪽 상지의 2개 손가락이 없는 사람	(3) 집게손가락을 포함한 한쪽 상지의 손가락 2개가 기능을 완전히 잃은 사람
7급	(1) 한쪽 상지 기능의 경한 장애 (2) 한쪽 상지의 어깨관절, 주관절 또는 손목관절 중 어느 한쪽 관절의 경한 장애 (3) 한쪽 상지의 손가락 기능이 경한 장애	(4) 집게손가락을 포함한 한쪽 상지의 2개 손가락 기능이 뚜렷한 장애 (5) 한쪽 상지의 가운데 손가락, 약손가락, 새끼손가락이 없는 사람 (6) 한쪽 상지 중, 가운데 손가락, 약손가락, 새끼손가락 기능을 전부 잃은 사람

출처 : 김성희 외(2012).

〈표 5-10〉 신체장애자 장애정도 등급표-신체부자유 하지

장애등급	기 준	
1급	(1) 양 하지의 기능을 전부 잃은 사람	(2) 양 하지의 대퇴부 2분의 1 이상이 없는 사람
2급	양 하지의 하퇴(종아리)의 2분의 1이 없는 사람	
3급	(1) 양 하지의 발관절 이상이 없는 사람	(2) 한쪽 하지 대퇴부의 2분의 1 이상이 없는 사람 (3) 한쪽 하지의 기능을 전부 잃은 사람
4급	(1) 양 하지 모든 발가락이 없는 사람 (2) 양 하지 모든 발가락의 기능이 없는 사람	(3) 한쪽 하지 종아리 2분의 1 이상이 없는 사람 (4) 한쪽 하지가 건강한 다리와 비교했을 때 10cm 이상, 또는 길이가 10분의 1 이상 짧은 사람
5급	한쪽 하지가 건강한 다리와 비교했을 때 5cm 이상 또는 길이가 15분의 1 이상 짧은 사람	
6급	한쪽 하지의 발이 반절 이상 없는 사람	
7급	(1) 한쪽 하지의 모든 발가락이 없는 사람 (2) 한쪽 하지의 모든 발가락 기능을 전부 잃은 사람	(3) 한쪽 하지가 건강한 다리와 비교했을 때 3cm 이상, 또는 길이가 20분의 1 이상 짧은 사람

출처 : 김성희 외(2012).

〈표 5-11〉 신체장애자 장애정도 등급표-신체부자유 체간

장애급수	기 준
1급	없음
2급	(1) 체간의 기능장애로 앉아 있거나 계속 서 있을 수 없는 사람 (2) 체간의 기능장애로 일어서는 것이 곤란한 사람
3급	체간의 기능장애로 보행이 곤란한 사람
4급	없음
5급	체간기능이 뚜렷한 장애

출처 : 김성희 외(2012).

〈표 5-12〉 신체장애자 장애정도 등급표-영유아기 이상의 비진행성 뇌병변에 의한 운동기능 장애

장애급수	기 준
1급	운동능력이나 조절능력이 없어서 보행이 불가능한 사람
2급	운동능력이나 조절능력이 없어서 보행이 극도로 제한된 사람
3급	운동능력이나 조절능력이 없어서 보행이 가정 내에서 일상생활운동에 제한된 사람
4급	운동능력이나 조절능력이 없어서 사회에서의 일상생활활동이 뚜렷하게 제한된 사람
5급	운동능력이나 조절능력이 없어서 일상생활활동에 지장이 있는 사람
6급	운동능력이나 조절능력이 없어서 이동기능이 떨어진 사람
7급	하지의 운동능력이나 조절능력이 없는 사람 주)7급에 해당하는 사람은 2개의 중복장애가 있어야 장애수첩이 교부됨

출처 : 김성희 외(2012).

〈표 5-13〉 신체장애자 장애정도 등급표-심장기능장애

장애급수	기 준
1급	심장기능의 장애로 자기의 신변과 일상생활활동이 극도로 제한된 사람
2급	없음
3급	심장기능의 장애로 가정 내에서 일상생활활동이 뚜렷하게 제한된 사람
4급	심장기능의 장애로 사회에서의 일상생활활동이 뚜렷하게 제한된 사람

출처 : 김성희 외(2012).

〈표 5-14〉 신체장애자 장애정도 등급표-신장 기능장애

장애급수	기 준
1급	신장 기능의 장애로 자기의 신변과 일상생활활동이 극도로 제한된 사람
2급	없음
3급	신장 기능의 장애로 가정 내에서의 일상생활활동이 뚜렷하게 제한된 사람
4급	신장 기능의 장애로 사회에서의 일상생활활동이 뚜렷하게 제한된 사람

출처 : 김성희 외(2012).

〈표 5-15〉 신체장애자 장애정도 등급표-호흡기 기능장애

장애급수	기 준
1급	호흡기 기능의 장애로 자신의 신변과 일상생활활동이 극도로 제한된 사람
2급	없음
3급	호흡기 기능의 장애로 가정 내에서의 일상생활활동이 뚜렷하게 제한된 사람
4급	호흡기 기능의 장애로 사회에서의 일상생활활동이 뚜렷하게 제한된 사람

출처 : 김성희 외(2012).

〈표 5-16〉 신체장애자 장애정도 등급표-방광 또는 직장 기능장애

장애급수	기 준
1급	방광 또는 직장기능장애로 자신의 신변과 일상생활활동이 극도로 제한된 사람
2급	없음
3급	방광 또는 직장기능장애로 가정 내에서의 일상생활활동이 뚜렷하게 제한된 사람
4급	방광 또는 직장기능장애로 사회에서의 일상생활활동이 뚜렷하게 제한된 사람

출처 : 김성희 외(2012).

〈표 5-17〉 신체장애자 장애정도 등급표-소장 기능장애

장애급수	기 준
1급	소장 기능장애로 자기의 신변과 일상생활활동이 극도로 제한된 사람
2급	없음
3급	소장 기능장애로 가정 내에서의 일상생활활동이 뚜렷하게 제한된 사람
4급	소장 기능장애로 사회에서의 일상생활활동이 뚜렷하게 제한된 사람

출처 : 김성희 외(2012).

〈표 5-18〉 신체장애자 장애정도 등급표-면역 기능장애

장애급수	기 준
1급	면역 기능장애로 자기의 신변과 일상생활활동이 극도로 제한된 사람
2급	없음
3급	면역 기능장애로 가정 내에서의 일상생활활동이 뚜렷하게 제한된 사람
4급	면역 기능장애로 사회에서의 일상생활활동이 뚜렷하게 제한된 사람

출처 : 김성희 외(2012).

〈표 5-19〉 신체장애자 장애정도 등급표-HIV면역기능장애

장애급수	기 준
1급	HIV면역기능장애로 일상생활이 거의 불가능한 사람
2급	HIV면역기능장애로 일상생활이 극도로 제한된 사람
3급	HIV면역기능장애로 일상생활이 뚜렷하게 제한된 사람(사회생활이 뚜렷하게 제한된 사람은 제외)
4급	HIV면역기능장애로 사회생활이 뚜렷하게 제한된 사람

출처 : 김성희 외(2012).

〈표 5-20〉 신체장애자 장애정도 등급표-간장 기능장애

장애급수	기 준
1급	간장 기능장애로 일상생활이 거의 불가능한 사람
2급	간장 기능장애로 일상생활이 극도로 제한된 사람
3급	간장 기능장애로 일상생활이 뚜렷하게 제한된 사람(사회생활이 뚜렷하게 제한된 사람은 제외)
4급	간장 기능장애로 사회생활이 뚜렷하게 제한된 사람

출처 : 김성희 외(2012).

1) 판정 기준(장애지원 구분)

장애종합지원법에 따른 장애지원구분의 판정은 1차, 2차 심사로 이루어져 있으며, 장애지원구분인정조사원이 장애인의 집을 방문하여 장애인 본인, 장애아동의 보호자와 면접을 통해 인정조사를 실시한다. 1차 심사는 80개 항목으로 구성되어 있는 인정조사표와 의사소견서를 바탕으로 실시되는데, 이들 항목들은 이동이나 동작 관련 항목과 일상생활 등 관련 항목, 의사소통 관련 항목, 행동장애 관련 항목, 특별한 의료 관련 항목으로 구성되어 있다. 2차 심사는 1차 심사의 판정결과와 특기사항을 바탕으로 시·정·촌 심사회 심의를 거쳐 장애지원구분 2차 판정을 하고 있다. 2차 심사가 끝나면 이용자에게 지급결정을 통보하고 서비스이용계획(안)의 작성 후 서비스를 제공하고 있다.

〈표 5-21〉 인정조사 과정 및 조사내용

과 정	조사내용
① 장애정도 구분 인정조사	• 장애인의 심신 상황을 파악하기 위한 80개 항목 조사
② 상황조사	• 주중 활동 상황, 본인, 가족, 개호자의 상황, 서비스 이용 의향, 거주환경 등에 관한 조사
③ 기타 특이사항	• 장애정도 구분 인정조사에서 파악할 수 없었던 본인의 상황에 관한 조사
④ 2차 판정	• 개호급부 신청 시
⑤ 2차 판정(심사회에 의한 판정)	• 개호급부 신청 시
⑥ 장애정도구분 인정	• 개호급부 신청 시
⑦ 감안사항 조사	• 개호급부 신청 시
⑧ 서비스 이용의향 청취	• 훈련급부 신청 시
⑨ 잠정지급 결정	• 훈련급부 신청 시
⑩ 훈련, 취로평가항목, 개별지원계획	• 훈련급부 신청 시

출처 : 김성희 외(2014).

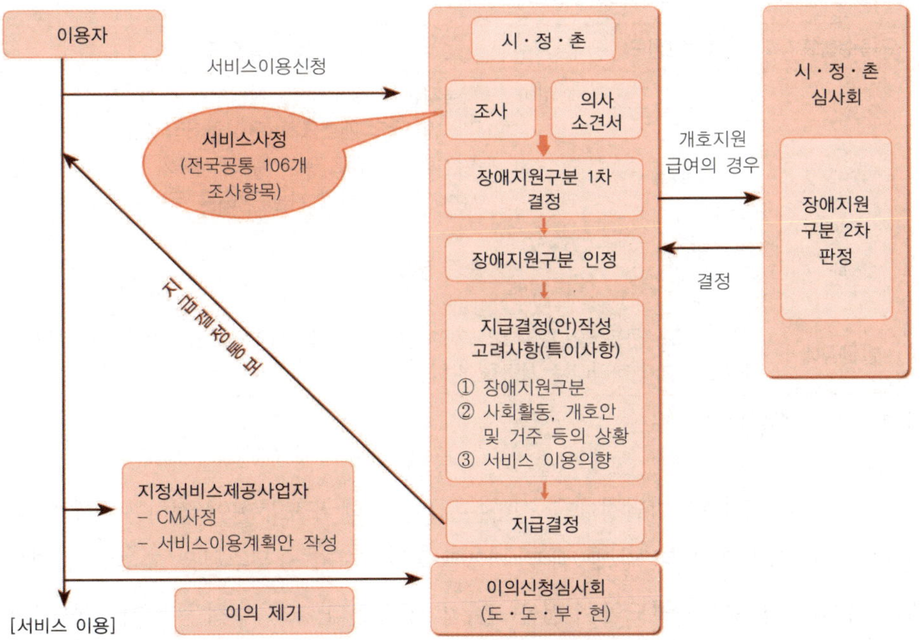

출처 : 김성희(2014).

|그림 5-1| 장애지원구분 판정절차

2) 지적장애 · 발달장애관련 법률에 따른 장애판정과 절차

일본의 지적장애자법에는 지적장애에 대한 정의가 명시되어 있지 않고, 일반적으로 사용되는 정의는 1995년에 실시된 지적장애아(인) 기초조사에서 사용한 정의로 '지적기능의 장애가 발달기인 18세까지 나타나며, 이로 인해 일상생활에 지장이 생겨 어떠한 특별한 지원을 필요로 하는 상태에 있는 사람'이라고 정의하고 있다. 이때의 판정기준은 국가의 가이드라인에 따라 A와 B로 구분하고 있지만, 어느 지역에서는 '최중증', '중증', '경중증', '경증'의 4구분으로 나누기도 한다.

발달장애자지원법 제2조에 보면, 발달장애란 장애의 정도를 구분하고 있지는 않으며, 자폐증, 아스퍼거증후군 외 광범성발달장애, 학습장애, 주의결핍다동성장애가 있거나 그 외 뇌기능에 장애가 있는 경우를 말하며, 이러한 증상들이 어렸을 때 나타나는 경우를 말한다(김성희, 2014).

〈표 5-22〉 지적장애인 장애정도 등급표

요육수첩표기	지적장애정도	지능지수	장애정도
A	최중증	20 미만	지능지수가 35 이하의 사람으로 식사, 착탈의, 배변 및 세면 등의 개호를 받아야 하거나, 이물질을 먹거나 흥분 등의 이유로 일상생활에 장애가 있는 사람. 지능지수가 50 이하로 다른 장애를 동반하는 사람
	경중증	21~35	
B	중경도	36~50	중증 이외의 사람
	경증	51~70	
발달장애	장애정도는 구분되어 있지 않으며, 발달지원법상에 정의되어 있는 사람으로 저연령기에 장애가 나타나는 사람을 말함		

출처 : 김성희 외(2012).

일본은 지적장애나 발달장애를 정하는 기준은 각 도도부현이 정하는 기준에 따른다. 동경도의 경우는, 지적장애로 판정을 받게 되면 요육수첩을 교부받게 되며, 발달장애의 경우에는 별도의 수첩을 교부받지 않는다. 요육수첩을 받기 위한 장애판정을 받기 위해서는 구시정촌의 복지사무소나 지방자치단체의 복지담당자에게 신청을 하며, 이때 18세 이상일 경우에는 지적장애자갱생센터에서 장애판정을 받게 된다. 18세 미만일 경우에는 아동복지법에 근거하여 복지서비스가 제공되기 때문에 본인이 사는 지역관할 아동상담소에 신청서를 제출하고, 각 아동상담소에서 판정을 받게 된다. 특히 요육수첩 교부를 받은 아동은 3세, 6세, 12세, 18세가 되거나 그 전에 지적장애에 뚜렷한 변화가 생기게 되면 갱신 신청을 해야 한다.

3) 정신보건 및 정신장애자복지법 관련 법률에 따른 장애판정과 절차

일본의 정신장애는 「정신보건 및 정신장애자복지에 관한 법률」에 따라 정신장애 수첩을 교부하고 있으며, 장애정도는 일상생활능력의 제한정도에 따라 1급에서 3급으로 구분하고 있다. 정신장애의 판단에 있어서는 치료내용, 현재의 병 상태, 검사 소견, 생활 능력 상태, 장애자복지 등 서비스 이용 상황 등이 활용되고 있다.

〈표 5-23〉 정신장애인 장애정도 등급표

장애등급	정신장애의 상태
1급	일상생활을 영위하는 것이 불가능하여 타인의 원조를 필요로 하는 사람
	입원환자로서 일상생활에 원조를 받고 있는 상태. 재택환자는 의료기관에 외출하는 것을 자발적으로 할 수 없는, 적절한 식사를 준비하거나 정리하는 등의 가사나 신변의 청결유지를 자발적으로 할 수 없는 등 상시원조를 필요로 하는 상태
2급	일상생활이 뚜렷하게 제한적인 상태
	의료기관이나 데이케어 등에 외출하는 등 습관화된 것은 할 수 있지만, 스트레스를 받는 상황에서의 대응이나, 적절한 식사섭취, 신변청결 유지를 스스로 못하고 조언이나 원조를 필요로 하는 상태
3급	일상생활 또는 사회생활에 제한을 받거나 또는 일상생활 아니면 사회생활에서의 제한을 옆에서 도와주어야 하는 생활의 정도
	데이케어의 참가나 가벼운 작업은 할 수 있다. 보호적 배려가 있는 사업소에서 일반취로를 하는 경우도 포함된다. 일상적인 가사는 할 수 있지만, 상황이나 순서가 바뀌거나 최대한의 스트레스를 받게 되는 상황이 생길 경우 조언이나 원조가 필요한 상태

출처 : 김성희 외(2012).

정신장애자의 경우에는 정신장애자수첩 교부를 희망하는 신청인이 거주지 구시정촌 담당창구에 정신장애자수첩 교부 신청서와 의사 진단서(정신장애에 관한 초진일로부터 6개월이 경과한 날 이후에 작성되어 작성일이 신청일로부터 3개월 이내의 것) 또는 정신장애를 지급사유로 한 장애연금 또는 특별장애급부금을 현재 수급받고 있다는 사실을 증명하는 서류(연금 증명서 등)의 복사본, 본인 사진, 주소가 적힌 엽서 등을 제출하면 된다.

교부서류를 접수받은 거주지 구시정촌은 관련 서류를 지역 내 정신보건복지센터에 송부하고 정신보건복지센터는 정신장애수첩 검토위원회에 판정의뢰를 실시하며, 그 결과를 바탕으로 판정결과를 구시정촌을 통해 신청자에게 교부하게 된다.

정신장애수첩은 2년에 한 번씩 진단서를 첨부하여 갱신을 해야 하며 유효기한 3개월 전에 신청을 해야 한다.

4) 복지 혜택

장애판정에 의해 장애등급을 받게 되면 등급 기준에 따라 서비스를 받게 된다. 이러한 서비스는 금전에 관한 혜택들이 대부분이며, 등급에 따라서 금전의 혜택이 결정되기 때문에 장애등급이 중요하다고 볼 수 있다.

(1) 장애복지수당

장애복지수당은, 20세 이상의 재가 장애자로서 장애 때문에 일상생활에서 상시적으로 개호를 필요로 하는 사람이 집에서 생활할 수 있도록 지급하는 수당을 말한다. 지급대상은 신체장애자 1급과 2급이지만 다음의 사항에 해당되는 사람도 지급이 된다. 지적장애자는 A-1에 해당되는 사람, 2급의 일부, 즉 시력이 0.02 이하인 사람이 보청기를 사용해도 음성을 식별할 수 없는 사람, 양 상지나 양 하지에 장애가 있는 사람과 체간장애로 앉아 있기가 어려운 사람이 해당된다.

(2) 특별장애자수당

특별장애자수당은, 20세 이상의 재가 장애자로서 장애 1급이면서 중증장애를 2개 이상 가진 또는 중증의 지적장애 때문에 일상생활능력이 거의 없으며, 일상적으로 개호를 필요로 하는 사람의 재택생활을 향상시키기 위해 지급되는 수당을 말한다.

(3) 특별아동부양수당

특별아동동부양수당은, 20세 미만의 중증장애아(신체장애 1급)와 지적장애아 (A-1)를 키우고 있는 보호자에게 지급된다. 또한 20세 미만의 경중증장애아(신체장애 2급)와 지적장애(A-2)를 키우고 있는 보호자에게도 지급된다.

(4) 장애기초연금

국민연금법에 의해 장애등급(1급, 2급)에 해당하는 자로서 20세부터 지급된다.

(5) 심신장애자 부양공제제도

신체장애자와 지적장애자를 부양하는 보호자로서 부양의무자가 65세 미만인 사람이 가입할 수 있다. 가입자가 사고 및 질병으로 부양능력이 없어질 경우 및 사망한 경우에 본인에 대해서 1구좌마다 월액 2만 엔의 종신연금을 지급한다.

(6) 국세(소득세) 공제

신체장애자 1급과 2급, 지적장애와 정신장애 1급인 경우에는 기초공제 380,000엔과 특별장애자공제 400,000엔을 합한 780,000엔을 공제받을 수 있다. 동거하면서 보호자가 부양인인 경우, 그 외에 부양공제와 동거자 부양공제액 730,000엔을 더해서 1,510,000엔을 제공받을 수 있다. 반면 별거를 하지만 보호자가 부양인인 경우 부양공제 380,000엔을 더해서 총 1,160,000엔을 공제받을 수 있다. 그 외의 등급일 경우 기초공제 380,000엔과 특별장애자공제 270,000엔을 합한 총 650,000엔을 공제받을 수 있다. 보호자가 부양인인 경우에는 부양공제 380,000엔을 더하여 총 1,030,000엔을 공제받을 수 있다.

(7) 지방세(주민세) 공제

신체장애자 1급과 2급, 지적장애나 정신장애가 1급인 경우에는 기초공제 330,000엔에 특별장애자공제액 300,000엔을 합한 630,000엔을 공제받을 수 있다. 보호자가 부양자로 동거 중일 경우에는 부양공제와 동거자부양공제액인 500,000엔을 더해서 총 1,190,000엔을 공제받을 수 있다. 별거인 경우에는 부양공제 330,000엔에 특별

장애자공제 260,000엔을 합한 공제액이 590,000엔이며, 보호자가 부양인인 경우의 부양공제액인 330,000엔을 더해 총 920,000엔을 공제받는다.

(8) 자동차세, 경자동차세, 자동차취득세 공제

신체의 장애부위에 따라서 다르지만 신체장애자와 지적장애 1급과 2급, 정신장애 1급인 사람이 소유한 자동차로 통원, 통학, 통소(시설 등)를 하기 위해 필요한 자동차가 대상(18세 미만의 장애아에 대해서는 같이 사는 사람이 소유하는 자동차도 가능)이 된다.

(9) 상속세 공제

신체와 지적, 정신장애자가 상속한 재산에 대해서는 그 사람이 70세까지 1년마다 6만 엔(중증, 경증) 또는 12만 엔(중증)을 세금에서 공제한다.

(10) 증여세 면제

증여 받은 사람이 신체장애와 지적장애 1급과 2급, 정신장애 1급인 경우, 일정의 조건을 기반으로 신탁은행에서 6,000만 엔까지 과세를 하지 않는다.

(11) 장애자자립지원급부사업

신체와 지적, 정신장애가 있는 사람이 시설입소나 집에서 복지서비스(홈헬프서비스, 단기입소, 생활개호 등)를 이용할 경우, 그리고 장애정도구분을 인정받아 장애자복지서비스를 받게 되면 서비스 이용경비의 10%를 원칙적으로 부담해야 한다. 그러나 이용자의 소득에 따라 부담경비는 줄어든다.

(12) 자립지원의료제도

갱생의료(심장수술, 인공투석, 인공관절수술)로 신체에 장애가 있는 18세 이상의 사람이 수술로 장애정도를 경감하고자 하거나, 없애려고 할 경우, 그리고 장애의 진행을 방지하는 치료를 받을 경우에는 원칙적으로 의료비의 10%를 부담하게 하는 의료비지원을 받을 수 있는 제도이다. 이용자 부담은 소득에 따라 경감될 수 있어 경제적인 부담이 줄어들 수 있다. 18세 미만에 대해서는 '육성의료'라는 제도가 있다.

정신통원의료는 정신장애가 있는 사람이 통원하면서 치료를 받을 경우, 그 의료비의 10%를 부담하게 하는 제도이다. 경제적 부담을 경감시키고 빠른 시기에 사회복귀를 목적으로 하는 제도이다.

(13) 보장구의 급부

보장구의 급부는 신체장애자(아)에게 장애의 주위를 보완해 주고 일상생활이나 직업활동과 사회활동을 쉽게 할 수 있도록 도와주며, 자립 생활을 영위하는 것을 목적으로 한다.

(14) NHK수신료 감면

신체, 정신, 지적 장애자로 등급에 상관없이 장애자수첩을 가진 사람으로 비과세 세대인 사람이 대상이다. 반액 면제인 경우에는 신체 1급, 2급, 지적장애 1급, 2급, 정신장애 1급인 사람으로서 중증장애자수첩을 가진 사람이 세대주이거나 수신계약자인 경우에 해당된다.

(15) 여객운임할인제도

제1종과 제2종의 신체와 지적장애자로 JR이 운영하는 철도, 배 및 자동차가 대상이 된다. 제1종 장애자의 경우 보통승차권과 정기승차권, 회수승차권, 급행권이 50% 할인되며, 제2종 장애자의 경우에는 회수승차권과 급행권에 대한 할인이 없다. 또한 버스인 경우에는 개호인도 할인이 된다. 예를 들면, 장애자와 활동보조인이 함께 승차할 경우에는 각각 50%의 금액을 지급하면 된다. 그러나 활동보조인이 없을 경우에는 100%를 지급한다.

(16) 유료도로할인

제1종과 제2종의 신체와 지적장애자로 장애자가 통근, 통학, 통원을 하기 위해서 본인 또는 개호인(친족)이 운전하는 자동차를 해당 장애자가 이용하는 경우 50%(1인당 1대)할인이 된다.

5) 장애자복지서비스

일본에서는 장애인의 복지서비스의 필요성을 종합적으로 판정하기 위해 장애정도구분을 하는데, 2005년에 제정되어 2006년에 실시된 장애자자립지원법에 의해서 장애자에게 제공되는 모든 서비스를 받기 위해서는 장애정도구분 인정을 통해 1등급에서 6등급의 등급을 받는 것을 기본 전제로 하고 있다.

장애자자립지원법은 기존의 지원비제도로 인한 복지서비스의 지역편차를 없애고 의료적 모델에 입각한 판정기준이 장애자의 생활에 제약을 준다는 판단에서 제정되었다. 이 법에 의한 장애정도구분은 기본적으로 장애자의 개호욕구를 판정하는 지표조사연구 시, 노인의 개호보험의 요개호인정기준의 79항목에 새롭게 추가된 27항목을 합한 106항목을 기준으로 심신의 상황에 대한 인정조사를 실시한다. 장애자자립지원법상의 개호급부를 희망하는 경우에는 장애인의 희망에 따라 컴퓨터에 의한 1차 판정이 실시되고, 그 후 시정촌심사회의 심사판정(2차 판정)을 한 후에 장애정도구분이 인정된다.

주로 금전적으로 면제나 감면혜택을 받게 되는 장애판정등급은 의료모델을 기본으로 하고 있으며, 장애정도구분인정을 통해서 복지서비스의 양이 결정된다. 장애정도구분은 장애자에게 개호급부의 필요도를 6단계로 구분하는데, 6단계에서 1단계로 갈수록 중증으로 판정되며, 장애유형별 법률에 따른 장애정도와는 차이가 있다.

인정조사표는 2005년부터 전국의 60개 시정촌에서 장애정도구분판정 등 시행사업을 실시하였으며, 조사항목으로는 요개호인정 조사항목(79항목)에, 지적장애나 정신장애의 특성을 보다 잘 파악할 수 있는, 다동행동이나 집착에 관한 행동면의 항목, 말을 멈추지 않거나 예상외의 행동을 하는 정신에 관한 항목, 조리나 쇼핑 등 일상생활에 관한 항목 등(27항목)을 추가하여 106항목으로 실시하고 있다.

〈표 5-24〉 장애정도구분 인정조사항목

종 류	내 용
(1) 마비, 구축 항목	1-1 마비 등의 유무 1-2 관절 동작범위 제한 유무
(2) 이동 항목	2-1 잠자리 뒤집기 2-2 누운 상태에서 일어나기 2-3 앉은 자세 유지 2-4 양다리로 선 자세 유지 2-5 보행 2-6 갈아타기 2-7 이동
(3) 복잡한 동작 항목	3-1 일어서기 3-2 한쪽 다리로 선 자세 유지 3-3 세신(몸 씻기)
(4) 특별 개호 항목	4-1 욕창 등의 유무 4-2 삼키기 4-3 식사 섭취 4-4 음수 4-5 배뇨 4-6 배변
(5) 신변 주변 및 관련 항목	5-1 청결 5-2 의복 착탈 5-3 약 복용 5-4 금전관리 5-5 전화이용 5-6 일상 의사결정
(6) 의사소통 항목	6-1 시력 6-2 청력 6-3-1 의지 전달 6-3-2 본인 독자의 표현방법을 이용해 의사표시 6-4-1 개호자의 지시에 대한 반응 6-4-2 언어 이외의 커뮤니케이션 수단을 이용한 설명 이해 6-5 기억 · 이해
(7) 행동	7 행동장애
(8) 특별 의료 항목	-
(9) 사회생활 항목	9-1 조리 9-2 식사 차리기와 정리하기 9-3 청소 9-4 세탁 9-5 입욕준비 후 정리하기 9-6 물건 구입 9-7 교통수단 이용 9-8 문자의 시각적 인식 사용

출처 : 김성희 외(2012).

6) 장애정도구분 인정(지급결정) 절차

자립지원법의 서비스는 모든 시정촌에 신청을 하는데, 서비스를 신청하게 되면, 시정촌은 직원 또는 상담지원사업자에게 위탁을 하게 된다. 위탁내용은 심신상태의 상황, 처한 환경과 후생노동성이 정한 사항을 조사하는데, 이 조사의 목적은 장애정도구분의 인정 및 장애복지서비스의 지급결정을 하기 위해서이다.

인정조사원이 실시한 기본조사 사항을 전국 동일 기준인 컴퓨터로 1차 판정 자료를 작성하고, 시정촌은 1차 판정 결과와 조사현황, 특기사항 및 의사의견서를 첨부하여 시정촌심사회에 심사판정을 의뢰하게 된다. 시정촌심사회는 의뢰받은 자료들을 기본으로 2차 판정을 실시하게 된다. 시정촌은 장애정도구분의 해당 장애자 등 개호를 하고 있는 사람의 상황, 장애당사자 또는 보호자의 장애복지 서비스 이용에 대한 의견을 청취하면서 후생노동성이 정한 사항들을 감안하여 서비스지급을 최종 결정하여 시정촌에 통지하고 시정촌은 당사자에게 통지하게 된다. 이 후에 장애자가 지급결정에 불복종하게 되면, 도도부현 불복심사회에 재심사를 요청할 수 있다.

7) 개호급부와 훈련 등 급부

(1) 개호급부와 2차 판정을 통한 장애정도구분 지급 결정

개호서비스를 이용하는 사람은 시정촌의 창구에 신청서를 제출한 뒤 장애정도구분인정을 받아야 한다. 시정촌은 서비스의 이용신청을 한 이용자에게 '지정특정상담사업자'가 작성하는 '서비스이용계획안'을 요청하고, 이용자는 이를 작성하여 시정촌에 제출하여 1차 판정을 받는다. 그러나 개호서비스 등 개호급부를 신청할 경우에는 의사소견서를 참고로 하여 2차 판정을 받아야 하며, 2차 판정 후 시정촌은 제출된 계획안에 감안해야 할 상황들을 추가적으로 참고하면서 지급을 결정하게 된다.

'지정특정상담지원사업소'는 지급결정을 위해서 서비스 담당자회의를 실시하고, 서비스사업자와 연락 및 조정을 하게 되고, 실제로 이용하게 될 '서비스 이용계획'을 작성하게 되면서 서비스의 양이 최종 결정된다.

2차 판정을 통한 장애정도구분인정(1~6등급)을 필요로 하는 서비스는 홈헬프서비스, 중증방문개호, 행동지원(외출지원서비스), 중증장애자포괄지원(최중증장애자로 복수의 서비스지원), 단기입소, 생활개호, 요양개호(의료와 개호가 동시에 필요), 장애자시설 이용자의 야간 케어, 그룹홈, 케어홈 등이다. 동행개호(이동지원)의 경우는 별도의 사정도구(표)가 있기 때문에 장애정도구분인정은 받지 않아도 된다.

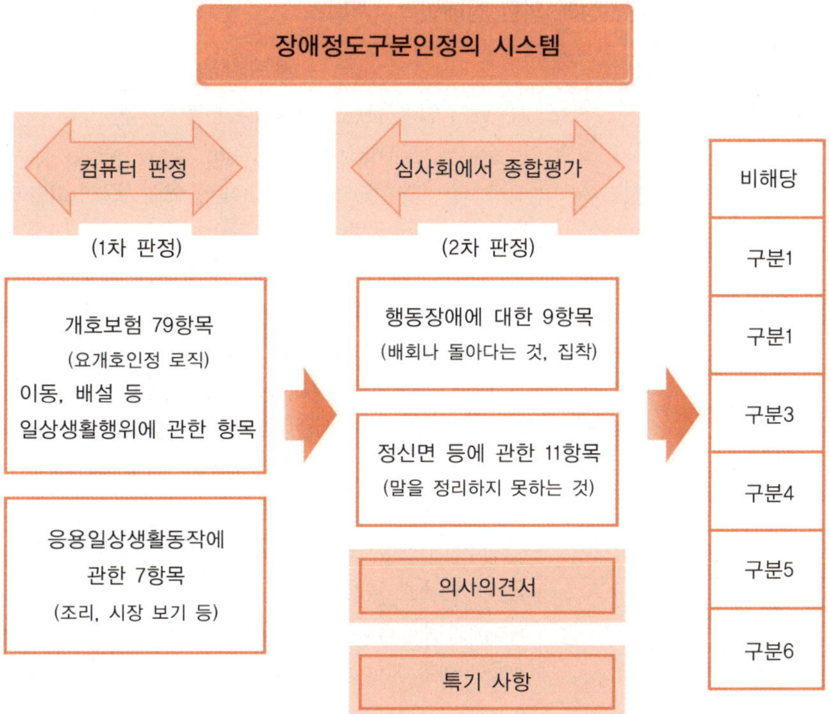

|그림 5-2| 개호급부와 2차 판정

(2) 훈련 등 급부의 지급결정

2차 판정(의사소견서)을 필요로 하지 않는 서비스에는 훈련 등 급부와 지역생활상담지원사업이 속한다. 훈련급부는 장애인 본인의 의사를 존중하여 잠정적인 지급결정을 실시하며, 서비스를 이용한 결과를 참고로 정식 급부를 결정하게 된다. 그러나 지역 내의 서비스자원이 제한되어 있어 이용 희망자가 정원을 초과하였을 경우에는 자립훈련사업(기능훈련, 생활훈련)에 한해서 훈련 등 급부에 관련된 항목의 조사 결과를 점수화하여 잠정지급결정의 우선순위를 결정하기 위해 참고할 때만 사용한다. 또한 훈련 등 급부에 관련한 점수는 잠정지급결정할 때 사용할 수 있는 참고지표이며 장애정도구분은 아니다. 훈련급부에는 자립훈련(훈련기능, 생활훈련), 취업이동지원, 취업계속지원(A형-고용형, B형), 공동생활원조(그룹홈) 등이 해당된다.

〈표 5-25〉 장애정도구분인정에 의한 장애인복지서비스

종 류	내 용	세부 내용
개호급부	거택개호	자택에서 입욕, 배변, 식사 개호 등을 실시함
	중증방문개호	중증의 지체부자유자로서 일상적인 개호를 필요로 하는 사람에게 자택에서 입욕, 배변, 식사 개호, 외출 시에 있어서 이동지원 등을 종합적으로 실시함
	동행개호	시각장애에 의해 이동에 상당한 곤란이 있는 자로서 이동에 필요한 정보제공(대필, 대독을 포함), 이동원조 등 외출지원을 실시함
	행동원호	자기 판단능력이 제한되어 있는 사람이 행동을 할 때 위험을 피하기 위해 필요한 지원, 외출지원을 실시함
	중증장애인 등 포괄지원	개호의 필요성이 상당히 높은 사람에게 거택개호 등 복지 수의 서비스를 포괄적으로 실시함
	아동데이서비스	장애아동에게 일상생활에 있어서 기본적인 동작 지도, 집단생활의 적응훈련 등을 실시함
	단기입소	자택에서 개호를 받는 사람이 병에 걸린 경우 등에 단기간, 야간을 포함한 시설 등에서 입욕, 배변, 식사 개호를 실시함
	요양개호	의료와 상시 개호를 필요로 하는 사람에게 의료기관에서 기능훈련, 요양상 관리, 간호, 개호 및 일상생활 돌봄을 실시함
	생활개호	상시 개호가 필요한 사람으로 주중, 입욕, 배변, 식사 개호 등을 실시하는 동시에 창작적 활동 또는 생산 활동의 기회를 제공함
	장애인지원시설에서의 야간케어 등(시설입소지원)	시설에 입소한 사람을 야간이나 휴일, 입욕, 배변, 식사 개호 등을 실시함
	공동생활개호(케어홈)	야간이나 휴일, 공동생활을 실시하는 주거에서 입욕, 배변, 식사 개호 등을 실시함

훈련 등 급부	자립훈련(훈련기능, 생활훈련)	자립한 일상생활 또는 사회생활을 할 수 있도록 일정기간 신체기능 또는 생활능력향상을 위해 필요한 훈련을 실시함
	취업이동지원	일반기업 등 취로를 희망하는 사람에게 일정기간 취업에 필요한 지식 및 능력향상을 위해 필요한 훈련을 실시함
	취업계속지원(A형-고용형, B형)	일반기업에 취업이 곤란한 사람에게 일할 장소를 제공하면서 지식 및 능력향상을 위해 필요한 훈련을 실시함
	공동생활원조(그룹홈)	야간이나 휴일에 공동생활을 할 수 있는 거주 장소로, 상담이나 일상생활상의 원조를 실시함
지역생활 상담지원 사업	이동지원	원활하게 외출할 수 있도록 이동을 지원함
	지역생활지원센터	창작적 활동 또는 생산 활동의 기회를 제공하고 사회와의 교류를 실시하는 시설
	복지홈	거주를 필요로 하는 사람에게 저렴한 금액으로 거주공간을 제공함과 동시에 일상생활에 필요한 지원을 실시함
	지역이행지원	장애인지원시설, 정신과병원, 아동복지시설을 이용하는 18세 이상인 사람을 대상으로 지역이행지원계획을 작성, 상담을 통해 불안을 해소하고 외출동행지원 등을 지원한다.
	지역정착지원	거주지에서 단신으로 생활하고 있는 장애인 등을 대상으로 상시의 연락체제를 확보하고 긴급 시에 필요한 지원을 실시함

출처 : 김성희 외(2012).

8) 장애정도구분 인정제도

(1) 평가 기준

① 장애등급판정

일본의 장애등급 판정기준은 의학적 기준(신체기능)을 통해 등급이 결정되며, 의학적 기준은 철저하게 의료모델의 전형적인 틀 안에서 진행된다. 중증장애자의 경우는 금전적 혜택을 기반으로 지역에서 생활하는 생활비가 해결된다고 볼 수 있다.

② 장애정도구분

중증장애자들은 경제적인 면이 해결된다고 해서 지역에서의 일상생활이 가능하지는 않다. 이러한 문제를 해결하기 위한 것이 복지서비스이며, 복지서비스를 받기 위해서는 따로 장애정도구분 판정을 받아야 한다. 이러한 판정을 통해서 서비스의 양이 결정되는데, 이 서비스는 타인의 도움을 필요로 하는 개호급부가 중심을 이루고 있다.

장애정도구분의 장점은 사회복지사에 의한 감안사항조사(동거인 여부, 일상생활활동 등)이다. 이는 컴퓨터를 활용하여 주변 환경의 조사를 통해 서비스의 양이 결정된다는 것이다. 의료모델에 입각하여 장애등급을 판정하는 것과 달리 사회모델의 요소가 가미되었다는 것이다. 또한 개호급구서비스 중의 하나인 중증방문개호제도를 통해 개호의 24시간 지원과 미마모리(옆에서 지켜주기), 즉 개호노동을 하지 않고 장애자 옆에서 장애자를 지켜봐 주는 것을 인정하였다는 것은 많은 의미를 담고 있다. 2012년의 장애자기본법의 개정을 통해 장애정의에 '사회적 장벽'으로 인해 일상생활에 제약을 받는 사람도 추가하게 되었다는 것은 사회적모델의 관점이 포함되었다고 볼 수 있다.

(2) 장애의 재판정

① 장애등급 재판정

일본의 경우 장애판정과 등록절차를 거치게 되면 보통 신체장애자들은 영구적으로 장애의 등급을 유지할 수 있으나, 장애수첩 재교부 시 장애정도의 변화가 예상되는 경우에는 각 도지사가 지판정의 기일(수첩 교부일로부터 1년 이상 5년 이내)을 지정하고, 그 날짜까지 의견서를 재제출하여 장애정도를 다시 검사한다. 장애정도에 중요한 변화가 있을 때에는 새로운 수첩으로 교체하게 되는데, 이때 자신이 거주하는 지역의 복지사무소에서 상담하고 재판정제도의 대상이 되면 수첩 교부 시에 그 시기를 서면으로 통지하도록 되어 있다.

② 장애정도구분인정의 재인정

장애정도구분의 재인정은 최종지급결정에 불만이 있을 경우에 이루어진다.

(3) 등록 및 관리

① 장애등급판정

자치단체를 위한 복지종합시스템 Swan을 통해 장애자수첩대장을 관리하는데, 이

시스템은 장애자에 관한 주민정보나 세대정보, 교부상황, 장애내용 등의 정보를 포함하고 있다. 그러나 장애등록 전산망을 이용하기보다는 시정촌 차원에서 장애자에 대한 정보를 보관하고 있는 경우가 많으며, 장애수첩은 전국적으로 사용가능하지만 수첩에 관련된 개인정보는 시정촌 단위로 관리되고 있다. 만약 장애자가 다른 시정촌으로 이사를 가게 되면 새 주소지의 복지사무소는 이사 오기 전의 복지사무소에 정보를 의뢰하고 의뢰받은 쪽은 정보를 제공한다.

② 장애정도구분

장애자정지원시스템을 ALWAYS라고 하는데, 이 시스템에 의해 각 시정촌의 장애자복지과에서 신청정보, 1차 판정, 2차 판정, 의사 소견서, 최종지급결정을 일괄 입력하여 장애 관련 사무시스템의 데이터와 연계를 할 수 있게 되어 있다. 특히 장애자복지과에는 장애자정지원서버가 있어 심사회의 심사위원들도 이 시스템에 들어가 심사고견을 기록할 수 있게 되어 있다. 또한 이 시스템은 전국의 각 지역이나 센터와도 전용 네트워크를 구축하고 있다.

4. 호주의 장애평가

1) 호주의 장애개념과 유형

호주의 장애개념과 유형은 통계국(ABS : Australian Bureau of Statistics)의 장애 관련 인구조사인 장애인, 노인, 보호자에 대한 조사보고서(SDAC : Survey of Disability, Ageing and Carers, 2003)에 명시되어 있다. 이 조사보고서를 보면, 장애로 인정받기 위해서 제약, 제한, 손상이 적어도 6개월 동안 지속되거나 또는 지속될 것으로 예상되어야 하며, 일상생활활동에 제약이 있는 경우 다음의 17가지 조건 중 하나 이상에 부합되면 장애를 가진 대상으로 인정받을 수 있다.

① 시력상실(안경 또는 렌즈에 의한 교정시력이 아닐 때)
② 청력상실(의사소통에 제한이 있거나 보조 장치에 의해 도움을 받아야 하는 경우)
③ 구두 의사소통의 어려움

④ 호흡곤란에 의한 일상생활의 제약

⑤ 만성 혹은 반복적인 고통, 또는 제약을 야기하는 불편함

⑥ 의식의 상실

⑦ 학습 혹은 이해의 어려움

⑧ 팔 혹은 손가락의 불완전한 사용

⑨ 물건 쥐기, 혹은 잡기에서의 어려움

⑩ 발 또는 다리의 불완전한 사용

⑪ 제약을 야기하는 신경 혹은 정서적 상태

⑫ 신체 활동에서의 제약

⑬ 기형 혹은 결함

⑭ 도움이나 관리를 요하는 정신적 질병 혹은 상태

⑮ 제약을 야기하는 뇌손상, 뇌졸중 등의 장기적인 영향

⑯ 기타 장기간 동안 치료 혹은 약물의 투입을 요하며 그에 따른 일상생활의 제약

⑰ 제약을 야기하는 기타 장기간의 상태

이상의 17가지 조건에 따른 장애 정의와 더불어 호주통계국의 조사보고서에는 일상생활에서 요구되는 기본 활동을 의사소통(communication), 이동성(mobility), 자기 관리(self care) 등 세 가지의 핵심 활동으로 구분하였으며, 다음과 같다.

① 의사소통은 가족 혹은 친구들을 이해하는 것, 가족 혹은 친구들에 의해 이해되는 것, 낯선 사람을 이해하는 것, 그리고 낯선 사람에 의해 이해되는 것을 포함하고 있다.

② 이동성은 침대 혹은 의자에 앉고 일어서는 것, 거주지로 이동하는 것, 거주지에서 다른 장소로 이동하는 것, 200미터를 걷는 것, 손잡이 없이 계단을 오르내리는 것, 바닥의 물건을 구부려서 집어 올리는 것, 그리고 공공 교통수단을 이용하는 것을 토대로 평가하고 있다.

③ 자기 관리는 샤워 혹은 목욕하기, 옷 입기, 먹기, 화장실 가기, 그리고 배설의 관리(통제)를 포함하고 있다.

이상의 세 가지 핵심 활동들은 정도에 따라 다음의 4단계로 분류하고 있다.

① **최중도**(profound) : 핵심적인 활동을 할 수 없거나 타인의 도움이 항상 필요한 경우

② **중도**(severe) : 핵심적인 활동을 하는 데 때때로 타인의 도움이 필요한 경우
- 이해하는 데 어려움이 있거나, 가족 또는 친구들의 도움을 받아 이해하는 경우
- 비언어적 형태의 의사소통을 사용해야 보다 쉽게 의사소통이 가능한 경우

③ **중등도**(moderate) : 도움을 필요로 하지는 않지만 핵심적인 활동을 수행하는 데 어려움이 있는 경우

④ **경도**(mild) : 도움을 필요로 하지 않으며 핵심적인 활동을 수행하는 데 어려움은 없으나, 다음과 같은 조건에 해당되는 경우
- 보조 장치를 사용하는 경우
- 쉽게 200미터를 걸을 수 없는 경우
- 손잡이 없이 계단을 오르내릴 수 없는 경우
- 바닥으로부터 물건을 집어 올리기 위해 쉽게 구부릴 수 없는 경우
- 공공 교통수단을 이용할 수 없는 경우
- 공공 교통수단을 이용할 수는 있으나 도움 혹은 감독을 필요로 하는 경우
- 도움이나 감독을 필요로 하지는 않지만 공공 교통수단 이용에 어려움이 있는 경우

2) 장애판정

(1) 장애판정의 법적 기준

호주에서 장애판정이 중요한 것은 사회보장급여를 받기 위해서이다. 사회보장급여는 장애로 인해 근로능력이 현저히 떨어지는 것을 증명하여야 지급되기 때문이다. 사회보장법 1991(Social Security Act. 1991)에 의하면 장애(impairment)란 장애로 인해 근로할 수 있는 기능제한이 현저히 떨어지는 것을 의미하고 있으며, 영구적인 경우이어야 하며, 2년 이상 지속된 경우를 말한다. 이 법에 의하면 장애로 인정받기 위해서는 해당 전문의의 판정을 받아야 하며, 최대한의 치료 노력을 하였음에도

영구적인 장애로 남은 결과이어야 한다.

급여지급이 아닌 경우에는 각 서비스에 해당 장애유형을 명시하는 경우가 있으나, 장애판정이 중요한 서비스 적격 기준은 아니다. 호주에서 장애판정은 근로를 할 수 없을 만큼 중증장애를 가졌다는 것을 증명하는 과정이 장애판정의 핵심이다. 그러므로 장애판정은 근로능력을 판정하는 것을 중심으로 실시되며, 이 과정에서 대부분의 경우 직업재활 서비스와 연동하는 경우가 많다. 최근 들어 사회보장급여를 받고 있는 수급자들은 근로활동에 참여해야 하는 필수 요건이 부여되면서 직업재활의 중요성이 더욱 부각되었다.

(2) 장애판정의 신청, 접수 및 등록 절차

① 장애등록절차

2006년 이전에는 장애인이 직업재활서비스 혹은 장애연금의 수혜를 받기 위해서 WATs(Work Ability Tables)를 통해 적격성 여부를 판정받아 왔으나, 2006년 7월부터 사회보장 급여의 적격성 판정 및 고용지원서비스의 연계 등은 모두 직업능력평가(JCA : Job Capacity Assessments)에 의해 시행되고 있다. JAC는 숙련된 평가자에 의해 이용자의 근로능력에 대한 상황을 고려하여 평가하게 되는데, JAC를 통해 장애 혹은 질환, 손상, 또는 사회적 불이익과 같은 고용획득에서의 장벽, 현재와 미래의 근로 능력, 그리고 직업을 가지거나 혹은 직업을 유지하는 데 요구되는 필요한 서비스들을 결정할 수 있는 근거가 된다.

2010년 3월 1일 호주 정부는 장애인의 고용(장애인이 직업을 찾고 유지)을 좀 더 획기적으로 개선시키기 위해 지역 및 민간단체의 국가적 네트워크를 구축하고 새롭게 증진된 장애고용서비스(Disability Employment Services)를 시작하였다. 서비스를 이용하기 위해 대부분의 장애인들은 JSCI(Job Seeker Classification Instrument)를 실시하고, 필요에 따라 ESAts(Employment Services Assessments) 혹은 JCA(Job Capacity Assessment)를 실시하도록 하고 있다.

장애인이 평가를 통해 장애고용서비스가 적절하다고 판단되는 경우, Centerlink는 장애인에게 맞는 직업재활서비스 기관에 대한 정보를 제공해 주고, 전반적인 서비스를 지원해 주게 된다. 호주 정부는 2010년부터 3년간 17억 달러를 이 서비스에

투자함으로써 장애인, 가족, 보호자 및 고용주의 욕구에 부합되는 개별화되고 유연하며, 전문화된 서비스를 계획하였다. 또한 이 서비스는 그동안 여러 개로 분산되었던 복잡한 프로그램을 장애관리서비스와 장애지원서비스로 단순화하였고, 직업능력평가 및 의뢰 과정 역시 간편하고 편리하게 구성하였다.

② 장애판정 내용

근로능력 평가는 3개의 단계를 거치는데, 첫 번째는 대상자의 정보를 파악하기 위해 다음과 같이 실시하고 있다.

〈표 5-26〉 Work Capacity-Customer Information

문 항	영 역	세부 항목
1	개인정보	• 센터링크 의뢰번호, 이름, 생년월일, 주소, 전화번호, 통역사 필요 여부
2	장애, 질병, 상해 명	• 가지고 있는 장애, 질병, 상해 명
3	장애, 질병, 상해 시기	• 언제 장애, 질병, 상해가 시작되었는가
4	장애, 질병, 상해 치료	• 장애, 질병, 상해의 치료가 필요한가(해당될 시 관련 세부사항 작성)
5	입원기록	• 장애, 질병, 상해로 인해 입원한 적이 있는가
6	수술계획	• 앞으로 수술할 계획이 있는가(해당될 시 관련 세부사항 작성)
7	일상생활에서 장애, 질병, 상해로 인한 불편	• 4점 척도 : 문제 없음, 때때로, 자주, 항상
		• 앉기, 서기, 걷기, 계단 오르내리기, 운전, 대중교통의 이용, 물건 집기, 물건 다루기, 들어올리기, 나르기, 구부리기, 기계의 사용, 읽기, 쓰기, 말하기, 듣기, 집중하기, 기억하기, 타인과의 상호작용, 일이나 약속에 참여, 지시의 이해 및 따르기, 자기, 숨쉬기, 개인적 일의 관리, 스스로 돌보기, 다른 사람 돌보기
8	작업장에서 장애, 질병, 상해로 인한 불편	• 4점 척도 : 없음, 때때로, 자주, 항상
		• 타인과 상호작용하는가, 적절한 행동을 유지하는가, 업무 관련 스트레스나 압박을 조절하는가, 새로운 과업을 배울 수 있는가, 일하는 방법을 기억하는가, 이해하고 따르는가, 개인적인 요구사항을 돌보는가, 물리적으로 과업을 완수하는가, 작업장 주변을 돌아다니는가, 다른 사람과 의사소통하는가, 언어를 구사하고 통제하는가

9	주치의 관련 사항	• 장애, 질병, 상해에 대한 주치의에 대한 세부사항
10	주치의 외에 전문의 관련 사항	• 장애, 질병, 상해와 관련하여 주치의 외에 다른 전문의가 있는가(해당될 시 관련 세부사항 작성)
11	보조원 혹은 상담가 관련 사항	• 장애, 질병, 상해와 관련하여 상담가 혹은 보조인이 있는가(예 카운슬러, 사회복지사, 지역사회보건요원, 교사, 심리학자, 심리치료사)(해당될 시 관련 세부사항 작성)
12	추가 정보	• 장애, 질병, 상해와 관련한 기타 추가 정보(해당될 시 관련 세부사항 작성)
13	교육정보	• 학교 교육 혹은 전일제 교육과 관련된 세부사항 정보
14	자격증 관련 사항	• 취득한 자격증은 있는가(해당될 시 관련 세부사항 작성)
15	근무 경력	• 근무 경력이 있는가(해당될 시 세부사항 작성, 미해당 시 18번 응답)
16	최근 직업	• 가장 최근까지 근무했던 2개의 직업에 대한 세부 사항 작성
17	작업장 환경의 추가적 지원	• 작업장에서 장애, 질병, 상해로 인해 환경적 조정(환경 수정, 근무시간 조정, 재교육 등)을 받은 적이 있는가(해당될 시 세부사항 작성)
18	직무 관련 프로그램 참여 경험	• 구직, 복무, 복직을 돕는 프로그램, 혹은 직업 재활 훈련 등의 직무 관련 프로그램에 참여한 경험이 있는가(해당될 시 세부사항 작성)
19	재활 혹은 훈련 프로그램 참여 의사	• 향후 재활 혹은 훈련 프로그램에 참여 의사가 없는가(해당될 시 이유 및 세부사항 작성)
20	근무 혹은 학업 시작 시기	• 언제부터 일 혹은 학업을 시작할 것인가(지금, 6개월 이내, 1~2년 이내, 2년 이상, 의사 없음)
21	대리 작성 여부	• 대리 작성 혹은 도움을 받았는가(해당될 시 대리인에 관한 정보 작성)
22	동의 및 서명	• 위의 내용에 거짓이 없음을 확인 및 서명

출처 : 김성희 외(2012).

두 번째 과정은 구직자들이 노동시장에서 어느 정도의 상대적인 어려움이 있는지 평가하기 위해 JSCI(Job Seeker Classification Instrument)를 실시한다. 이 평가도구는 1998년에 처음으로 도입되어 구직자가 얼마나 장기적으로 실업상태에 머물러 있게 될지를 측정하는 데 사용되었다.

2007년 7월 1일부터 JSCI는 임금지원을 받는 백만 명의 구직자들에 대한 행정 자료 분석을 토대로 구직자가 노동시장에서 받게 되는 상대적인 불이익 정도를 파악할 수 있게 하였다. JSCI의 일부 항목은 구직자에게 주어지는 질문에 대한 대답을 근거로 평가되며, 또 다른 항목은 구직자의 관련 기록을 근거로 평가하기도 한다. 장애와 의료 상태는 JCA 혹은 ESAt에 근거하여 확인되거나 도출되는데, JSCI를 실시하는 과정에서 구직자가 각 항목에 응답하는 내용에 따라 점수를 부여하게 되며, 그 점수의 총합에 의하여 어느 정도 노동시장에 상대적인 불이익이 있는지 나타내게 된다. JSCI는 18개의 요인을 평가하는데, 요인들은 성, 직업경험, 구직 이력, 학력, 직업관련 자격, 영어 능숙 정도, 출생국가, 원주민 여부, 지리적 위치, 노동시장 접근성, 이동수단 접근성, 전화 접촉 가능성, 장애/ 의료 상태, 주거의 안정성, 생활환경, 전과 유무, 개인 요인 등이다.

가. Stream 1

JSA를 통하여 프로그램을 이용할 수 있는 첫 번째 수준으로서 JSCI에서 '일할 준비(work ready)'가 되어 있는 상태이다. 이 경우 ESP(Employment Service Provider)에서 이력서 작성 지원, 구직 기관 알선, 직업 훈련 알선, 매월 대면 상담 등을 실시하게 된다. Centerlink에서 EPP(Employment Pathway Plan)를 개발하여 당사자와 EPS 간의 권리와 의무를 정하며, 12개월 이내에 직업경험활동을 종료해야 한다. EPF(Employment Pathway Fund)에서 작업복, 작업 기구(장비), 교통비, 훈련비, 급여보조 등의 비용이 지급된다. 3개월 후에 EPS에 의해 기술평가를 실시하여 교육이나 훈련을 통한 기술의 향상과 향후 구직과 직업유지를 위한 전략을 개발하게 된다.

나. Stream 2

JAS를 통해 프로그램을 이용할 수 있는 두 번째 수준으로서 Stream 1의 내용을 포함하며, 구직을 위한 집중적인 활동을 지원하고, 12개월 이상 직업경험 활동을 할 수 있다.

다. Stream 3

Stream 3은 구직에 심각한 방해를 받는 사람을 대상으로 한다. Stream 1, 2와 마찬가지로 JSCI를 실시하며, 그 결과 구직에서 상대적으로 심각한 방해를 받는 사람으로 평가된 경우이다. 3개월 기술평가를 실시하고, 매월 면대면 상담을 하며, 구직을 위한 집중적인 활동을 지원하고, 12개월 이상 직업경험 활동을 할 수 있다.

라. Stream 4

Stream 4에서는 Stream 3에서와 동일하게 구직에 심각한 방해를 받는 사람을 대상으로 한다. Stream 3과 동일하게 JSCI를 실시한 후 추가 평가를 위하여 JCA를 실시하며, 그 결과에 따라 Stream 4로 구분된다. 이 경우 사례관리를 통해 구직자를 지원하게 되는데, 상담과 그 외 전문적인 서비스를 제공하게 된다. 3개월간 기술평가를 실시하며, 매월 면대면 상담을 하고, 구직을 위한 집중적인 활동을 지원한다. 12개월 이상 직업경험 활동을 할 수 있다.

마지막 단계는 JCA(Job Capacity Assessments) 평가이다. 이 평가에서는 Centerlink에서 재정적 지원을 신청하거나 받고 있는 경우에는 필수적으로 실시하여야 한다. JCA는 일을 할 수 있는 능력이나 일을 하는 데 도움을 줄 수 있는 프로그램에 참여할 수 있는지가 평가된다. 평가자는 일을 하거나 프로그램에 참여하는 데 방해가 되는 요소들을 살펴보고 이를 해결하기 위한 방안을 제안하게 되는데, 일을 할 수 있는 능력은 개인이 독립적으로 최저 임금 이상을 받을 수 있는 일을 하거나 향후 일을 하기 위해 훈련을 받을 수 있는 능력을 말한다.

JCA는 CRS Australia 혹은 Centerlink 직원에 의해 주로 실시가 되는데, 일을 하거나 프로그램에 참여하는 데 방해가 되는, 신체적 · 정신적 장애, 문맹, 노숙생활을 하고 있는 자 등에 대해, 의료적 상태나 장애가 현재 및 미래의 직업능력에 어떻게 영향을 미치는지를 확인하게 된다. 이 평가를 통해 어떤 고용서비스로 의뢰할 것이며, 장애연금 대상자로 될 수 있는지를 결정하게 된다.

JCA는 대면 면담으로 약 1시간 동안 실시되는데, 불가피한 상황에서는 전화로도 면담할 수 있다. 면담 시 직원은 JSCI 항목부터 질문을 하거나 고용 서비스 제공자가 제시한 쟁점들에 대해 질문을 한다. JCA 평가를 실시하는 전문가들은 의료기관 전문가들로서 임상심리사, 간호사, 직업재활사, 사회복지사, 물리치료사 등이다.

2011년 7월부터 JCA는 장애연금 수급 결정에 미치는 영향을 고려하여 Centerlink

에 채용된 직원이 직접 평가를 실시하고 있다. 평가는 의료나 장애상태를 고려하여 가능한 한 적합한 인력이 담당하도록 하고 있다.

JCA에서는 신체적 검사나 질병 혹은 장애에 대한 진단을 하지 않는데, 이는 이용자가 전문의에 의한 신체나 정신장애에 대한 의료 평가 및 기록이 제출되기 때문이다. 그러므로 JCA는 장애로 인한 의료상태로 인해 일을 하는 데 어느 정도 방해가 되는지를 중점적으로 평가하게 된다.

〈표 5-27〉 JCA 보고서

ㅁ 인적사항(Client Details)
ㅁ 의뢰 관련 사항(Referral Details)
ㅁ 평가 관련 사항(Assessment Details)
ㅁ 의료적 상태(Medical Conditions)
ㅁ 참고자료(References : Information/ evidence considered in preparation of the assessment but was not limited to the following)
ㅁ 손상(Impairment : Condition; Impairment Table; Functional Impact; Total Impairment Rating)
ㅁ 장애(Barrier)
ㅁ 요구되는 지원(Support Requirement)
ㅁ 작업능력(Work Capacity : Baseline Work Capacity for work within 2 years with intervention)
ㅁ 평가요약(Assessment Summary)
ㅁ 제안(Recommendations)

출처 : 김성희 외(2012).

JCA를 실시한 후 보고서를 바탕으로 장애연금 수급자로 결정이 되면, 근로할 수 있다고 판단이 되면, 근로지원을 위해 Centerlink에서 어느 정도 비용을 받게 되는지, 어떤 프로그램에 참여하게 될 것인지를 결정하는 근거가 된다. JCA보고서에서는 가장 적절한 지역사회 지원, 고용서비스를 제안하고 관련 기관에 의뢰하게 된다.

3) 장애판정기관 및 인력

호주의 장애판정은 의료진에 의한 의료평가만이 아닌 다양한 내용에 대한 평가들이 진행되는데, 장애판정의 핵심은 장애연금 및 그 외 현금성 서비스 지원 여부를 결정하고 적용하기 위한 과정이라 볼 수 있다. 장애판정은 Centerlink에서 직접 수행하고 있으며, 이용자의 개인 상황 및 근로능력에 영향을 미치는 사회적 환경까지 평가하는 특징을 가지고 있다.

4) 장애판정에 따른 서비스 제공체계

호주의 경우 장애인 당사자가 정부로부터 제공받을 수 있는 장애 관련 주요 현물서비스는 주요 사회보장 급여인 Disability Support Pension과 그 외 Sickness Allowance, Mobility Allowance, Wife Pension 등이 있다. 현물 서비스로서는 Rent Assistance가 있는데, 이 서비스는 장애인들만을 대상으로 지급되는 것은 아니며, 장애연금 수급자들이 정부 출연 임대주택이 아닌 개인에게 주거를 임대한 경우 월세를 지원하는 것이다.

호주의 활동지원서비스는 Attendant Care Program(ACP)이라고 하며, 이 서비스를 Family & Community Services Ageing, Disability & Home Care에서 제공하고 있다. ACP의 자격 요건은 16세 이상 64세 이하로 '근로연령' 범주에 있는 자로서 신체적 장애가 있으며, 자신의 환경과 활동보조인을 직접적으로 관리할 수 있고, 주 15시간 이상 34시간까지 개별원조를 필요로 하는 사람을 대상으로 제공되고 있다. 그러므로 대부분의 서비스 수급자들은 척추장애, 뇌성마비, 관절 및 절단장애, 중풍과 뇌졸중, 다발성 경화증, 소아마비와 척추파열 등의 중증장애를 가지고 있다. 서비스 자격으로, 서비스의 대상자는 환경과 자신의 활동보조인에 대해 관리와 통제력을 행사할 수 있으며, 활동보조인과의 의사소통에 문제가 있을 때에는 본인의 희망에 따라 친구나 보호자 등을 이용하는 것도 가능하다. ACP의 지원을 요청하는 모든 신청인은 노인·장애인 및 홈케어담당국(DADHC : Department of Ageing, Disability & Home Care)에서 파견한 실무자가 실시하는 과정에 임해야 한다. 이러한 평가과정을 통해서 서비스 대상자의 적격성을 판정하게 되며, 서비스 필요시간을 배정받을 수 있게 된다(김성희 외, 2012).

활동지원서비스 대상자나 그 외 장애정도가 심각하게 진행되는 경우에는 또 다른 평가를 제공하고 있다. 이 평가를 Rapidly Degenerative Checklist for Referrers라고 하며, 장애정도가 빠르게 진행되어 일주일에 10시간 이상의 서비스가 필요한 경우에 사용되는 평가 체크리스트이다. 이 평가는 기본적으로 신청인의 현재 상태를 평가하기 위해 현재 영향을 받고 있는 신체구조는 어디인지에 대한 질문이다. 또한 이로 인해 어려움이 있는 기능을 평가하고 있으며, 추가적으로는 현재 자기관리를 어느 정도 할 수 있는지도 질문하게 되어 있다. 이러한 기본 질문 후에는 지난 3개월에서 6개월 내의 신청인의 변화에 대해서 구체적인 질문을 하며, 현재 정부로부터 받고 있는 서비스 현황과 시간을 질의하고, 일주일에 10시간 이상 서비스가 필요한 이유를 구체적으로 평가하고 있다.

5. 미국의 장애평가

1) 장애인의 정의 및 판정기준

미국에서 '장애'의 정의는 일상생활이나 자립생활, 직업생활에서의 노동상실률, 사회환경 영향, 교육기회 여부, 의료적 차원 등의 여러 관점에 따라 다르게 해석되고 있다. 미국의 사회보장법이나 미국장애인법(ADA), 활동보조서비스(PAS) 제도 등 각 법과 제도에 따라 장애판정 기준도 다르게 되어 있어 우리와 같은 일원화된 장애등록제도는 없다. ADA 장애 정의에 의한 보호대상자의 적격판정은 한 가지 이상의 주요 일상 활동에 실질적인 제한이 있는 신체적 정신적 장애의 기록이 있느냐가 기준이 되고 있으며, 우리나라와 비교하면 상당히 포괄적인 개념을 가지고 있다.

미국의 장애인 정의는 소비자(이용자) 주권에 많은 영향을 받고 있는데, 소비자 주권은 미국에서 최초로 사용되었으며, 이용자의 선택권을 보장하는 것을 의미하는 것으로서 소비자 중심에서 생각하고 실천하고 판단하는 것을 의미하고 있다.

미국에서 가장 세밀한 장애판정을 하고 있는 기관은 사회보장국(SSA: Social Security Administration)이며, 사회보장국은 우리나라의 국민연금관리공단과 유사한 기능을 하고 있다. 사회보장국의 장애연금 수급자격 심사는 미국사회보장법의 적용을 받고 있으며, 기본적으로 소득활동파악, 심각한 장애상태 여부 확인, 잔존능력평가, 이전 업무수행 여부 심사, 다른 종류의 일을 전혀 할 수 없는지 여부 심사 등 5단계의 과정을 통해 진행되고 있다.

직업재활대상자의 경우에는 신체 및 정신장애로 인해 직업을 찾고 유지하는 데 어려움이 예상되는 대상자들로 직업재활서비스 혜택이 취업을 하는 데 도움이 될 수 있을 장애인들을 서비스 적격대상자로 선정하고 있다.

활동지원서비스의 경우에는 각 주(州)나 서비스 제공기관에 따라 판정을 달리 하고 있으나 캘리포니아의 경우 서비스 적격성 판정은 주정부를 통해 본인이나 가족이 신청을 하면, 우선적으로 자립생활 능력에 대한 자기 평가서를 작성한 후 주치의를 통해 이에 대한 적절성을 검증하고, 사회복지서비스 기관에 제출하면 사회복지사가 신청인의 자택을 방문하여 자립생활 및 활동지원인 필요시간을 결정하게 된다.

미국의 경우 각 법·제도·지역에 따라 장애판정을 달리하지만, 주요 서비스 적격성 결정에서 공통적인 것은 의학적 장애판단보다는 장애인의 소득창출능력, 장애인의 직업능력판정에 주안점을 둔 심사 판정을 실시하고 있다. 이 외에 장애인복지서비스들은 사회에서 일상생활을 하는 데 있어서 필요한 서비스 필요성을 목적으로 서비스 적격성을 심사하고 있다. 궁극적으로는 자립생활을 유도하고 유지할 수 있도록 지원하는 것이 정부입장에서도 비용-효율적이라고 본다.

대부분의 장애인복지 관련 서비스들은 서비스 적격성 심사에서 서비스 제공까지 사례관리자에 의해 진행되고 있는데, 사례관리자에 의해 개별 장애인의 서비스 욕구와 필요성에 의해 적격성 심사를 평가한 후 개별 계획서를 통해 서비스들이 제공된다. 아동기에는 개별화가족지원계획(IFSP : Individualized Family Service Plan), 학년기에는 개별화교육계획(IEP : Individualized Education Plan), 전환기에는 개별전환계획(ITP : Individualized Education Plan), 그리고 성인기에는 개별화고용계획(IPE : Individualized Plan Employment)을 통해 서비스가 계획되고 점검되며 사후지도까지 이어진다. 미국의 경우에는 이러한 사례관리 계획이 마련되지 않으면, 서비스에 대한 예산지원이 되지 않기 때문에 필수적인 실천방안이다. 또한 장애 관련기관들의 예산은 개별 장애인에게 제공되는 서비스 양에 의해 지원된다.

(1) 사회보장국의 장애판정과 절차

사회보장국에서는 사회보험의 성격인 SSDI(Social Security Disability Insurance)와 공공부조의 성격인 SSI(Supplemental Security Income)를 통해 장애인들의 소득보장을 책임지고 있다. SSDI는 장애를 입기 전에 직장생활을 하면서 매달 가입되었던 사회보장이므로 직업경력이 없는 자는 신청할 자격이 없다. 그동안 일하면서 사회보장 세금(Social Security Taxes)을 납부한 경우에만 해당된다.

그러나 SSI는 직업경력과는 무관하며 중증장애를 가진 저소득자에게만 해당되는 제도이다. SSDI와 더불어 SSI도 완전 장애(total disability)의 경우에만 지급된다. 부분적 장애나 임시 장애의 경우에는 지급대상이 되지 않으나, SSI는 수급자격이 있는 장애아동이나 성인을 모두 포함한다.

SSDI나 SSI의 두 가지 제도는 다 같은 장애판정기준과 절차에 따라 수급 여부가 결정된다. 기본적으로 근로능력의 손실로 인해 소득보장을 할 수 없는 것이 장애판정 시 핵심 요소이다. 신청인은 사회보장급여를 받기 위해서는 본인의 장애와 이로 인한 어려움의 정도를 증명할 수 있는 자료를 제출하여야 한다. SSI의 혜택을 받기 위해서는 우선적으로 65세 이상의 노령자이거나, 시각장애 또는 장애가 있는 자, 그 외 제한된 소득과 자원, 미국시민권이나 또는 영주권을 소지하고 있는 자여야 한다.

사회보장국은 장애연금 수급 적격성 심사를 위해 신청서, 제출된 의료자료, 잔존기능능력(RFC : Residual Functional Capacity)을 바탕으로 심사를 진행한다. RFC는 의사에 의해 수급대상자의 잔존신체 및 정신기능에 대한 평가를 한다. 신체적 잔존기능평가는 약 10개의 부분으로 나누어져 있는데, 앉기, 서기, 걷기, 일하기, 들기, 반복동작, 무릎 굽히기, 오르기, 당기기, 물리적 환경적응, 통증 등을 평가한다. 평가 결과에 따라 신청인의 잔존기능을 아주 가벼운 일(sedentary work), 가벼운 일(light work), 중급정도의 일(medium work), 심한 육체적 일(heavy work)의 네 가지 유형으로 구분한다. 정신적 잔존기능평가는 의사가 평가를 하며 내용은 크게 이해력과 기억력, 집중력과 인내력, 사회적 상호작용, 그리고 적응의 네 부분으로 구성되어 있고, 전체 문항 수는 20개이다. 각 RFC는 신체 및 정신적 잔존기능을 평가함에 있어 신청인이 제출한 각종 의학적 기록, 교육, 경력 및 기타 참고자료들을 감안하여 평가한다.

이 외에 신청인은 다음의 다섯 가지 절차들을 거쳐 최종 장애연금 수급 여부가 결정된다(변경희 외, 2012).

① **현재 직장생활 여부** : 만일 지금 한 달에 $1,040 이상의 소득이 있는 직업을 가지고 있다면, 대부분의 경우 장애가 있다고 판정하지 않는다. 만일 현재 일하고 있지 않다면 다음 2단계로 넘어간다.

② **최중증 장애 상태 여부** : 현재 건강상태가 기본적으로 직업을 갖지 못할 만큼 심각한가를 평가한다. 만일 최중증이라면 다음의 3단계로 넘어간다.

③ **사회보장국에서 제시하고 있는 장애판정 해당 여부** : 사회보장국은 각 신체 주요 부분에 의료적 상태에 대한 자료가 있어 그것에 해당되면 자연적으로 장애판정이 가능하다. 만일 그것에 등록이 되어있지 않다면, 현재 장애상태를 사회복장국의 장애판정 기준과 비교하여 판가름한다. 만일 장애가 인정되면 다음 단계로 넘어간다.

④ **예전 직업의 수행 여부** : 건강상태는 중증이나 내담자의 장애를 입기 전의 업무를 수행할 수 있는지 여부를 평가한다. 만일 할 수 없다면 마지막 단계로 넘어간다.

⑤ **직업 수행 능력 여부** : 만일 예전에 수행하였던 업무를 더 이상 할 수 없다면, 다른 일을 할 수 있는지 여부를 평가한다. 사회보장국은 내담자의 의료적 상태, 연령, 교육, 직업경험, 그리고 전이 가능한 기술(transferable skill)을 바탕으로 취업 가능성을 분석한다.

위의 과정을 통해 접수된 관련 자료들은 사회보장국에서 장애판정을 담당하는 장애판정서비스(DDS : Disability Determination Services)로 이관돼서 최종 판정이 내려진다. DDS는 전문적인 장애평가 심사를 위해 심사팀을 운영하고 있다. 심사팀은 DDS와 계약을 맺은 장애판정 관련 전문가들로 구성되어 있는데, 대부분의 DDS 심사팀은 의사, 심리학자, 작업판정 경험을 가지고 있는 장애심사관으로 구성되어 있으며, 장애심사는 전자파일 내용을 근거로 장애연금의 수급 여부를 결정하게 된다.

미국에는 장애평가와 관련된 전문적인 자격제도가 있는데, 1994년 워싱턴에 세

워진 미국의료감정위원회(ABIME)는 신체장애평가와 관련된 새로운 전문의 자격제도로서 시험을 통해 의료감정사 자격을 부여한다. 미국의료감정위원회 소속 전문의사들은 의료사고에 대한 임상적인 진료심사 및 임상소견 분석, 교통사고와 산재사고 후의 장애평가, 노동능력 평가, 감정서 작성, 의학적 증언 등의 업무를 수행하고, 의료감정학회를 통해 평생교육을 이수하며, 매년 보수교육을 의무적으로 이수하여 5년마다 감정의 인증 자격을 재검증하는 시스템을 갖추고 있다.

(2) 직업재활국

1975년 재활법(Rehabilitation Act)에 의한 장애인의 정의는 '하나 이상의 주요 일상 활동을 실질적으로 제한하는 신체적 또는 정신적 장애를 가진 자, 이전에 상기의 장애를 경험한 자, 상기의 장애를 가지고 있는 것으로 간주되는 자'로 규정되어 있다.

재활법에 포함되어 있는 장애유형은, 절단, 관절염, 자폐증, 시각장애, 화상, 암, 뇌성마비, 낭포성 섬유증, 청각장애, 뇌손상, 심장질환, 편마비, 혈우병, 호흡기 또는 폐질환, 정신지체, 정신질환, 다발성 경화증, 근위축증, 근골 질환, 신경계 질환(발작과 간질을 포함), 양측하지마비, 사지마비 및 기타 척수질환, 겸상(鎌狀)적혈구성 빈혈, 특정학습장애, 말기 신장질환 등이다.

그러나 직업재활국에서는 '장애유형이나 장애정도' 등은 중요하지 않다고 보는데, 장애란 개선될 수 있고 제거되거나 대체될 수 있다고 보고 있으며, 학력 및 경력 등 개별적인 여건에 따라 개인의 근로능력이 다르다고 보고 있다. 동일한 뇌성마비를 가진 장애인이라도 지적능력이 높은 자가 있고 지적장애를 동반하는 경우도 있다. 그러므로 장애유형만으로는 장애인의 신체능력을 파악하는 데 한계가 있다.

개별 장애인의 직업능력에 대한 차이는 90년 ADA법 개정 후 더 부각되었는데, 취업을 하는 데 있어서 고용차별이란 장애정도가 중증이어도 직업적 능력이 있는 장애인(qualified individuals with disabilities)에 적절한 배려(reasonable accommodation)를 통해 직무를 수행할 수 있음에도 불구하고 취업을 시키지 않을 때 차별이라고 정의하고 있다. 장애를 가지고 있어도 적절한 배려를 통해 직무를 수행하는 능력은 가능하다는 것을 전제로 하는 개념이다.

미국의 직업재활국 장애판정 목적은 직업재활서비스 대상자 선정을 위한 서비스 적격성 심사(service eligibility)와 직업재활서비스 제공의 방향성을 위한 활용을 위해 실시된다. 사회보장급여를 지급해야 하는 사회보장국과는 달리 직업재활국은 엄격한 장애판정기준을 적용하지는 않는다. 서비스 적격자 선정과정에서 장애가 너무 경증인 경우에는 일반고용을 담당하는 노동부 산하의 직업센터(job center) 등으로 의뢰하여, 직업재활국의 적격성 심사에서 탈락이 되며, 장애가 너무 중증인 경우에도 직업평가 및 그 외 장애 관련 서류검토를 한 후 일반고용을 할 수 없다고 판단되면, 직업재활국 서비스 적격성에서 탈락이 되어 지역사회 재활센터(community rehabilitation center)로 서비스 의뢰가 된다.

직업적 장애정도를 평가하기 위해 직업재활사에 의해 많이 사용되고 있는 평가도구의 한 예로서 FAI(Functional Assessment Inventory)를 들 수 있는데, 직업재활사가 사용하기 위해 만들어진 42문항의 평가도구이다. FAI 문항 중 30개 문항들은 내담자의 직업적 능력과 어려움을 나타낼 수 있는 내용으로 구성되어 있으며, 10개 문항들은 특별한 장점을, 그리고 장애정도를 알 수 있는 2개의 문항으로 구성되어 있다. FAI는 7개의 영역으로 구성되어 있는데, 각 영역은 적응능력(adaptive behavior), 이동성(motor functioning), 신체능력(physical condition), 의사소통(communication), 지적능력(cognition), 직업적 자격(vocational qualification), 환경(environmental orientation) 이다. FAI는 직업재활사에게 내담자의 직업재활서비스를 위한 종합적인 적격성 심사와 내담자가 필요한 영역을 보완할 수 있는 적절한 직업재활서비스를 계획하는 데 활용되고 있다(Bolton, 1982).

직업재활서비스의 적격성은 이동성(mobility), 언어소통(communication), 자기관리(self care), 사회성(interpersonal skills), 지구력(work tolerance), 그리고 직업기술(work skills)의 영역으로 판정이 된다. 이러한 영역에서 세 가지 이상에 장애가 있으면 최중증이며, 두 가지는 중증 그리고 그 이하인 경우에는 장애로 판정이 된다.

장애판정 심사를 통해 적절한 직업재활 대상자로 선정이 되면 신청인의 장애정도는 직업재활 서비스 방향성에 영향을 미치게 된다. 장애정도는 신청인의 직업선정에도 영향을 미치지만 중증장애인에게는 지원고용을 제공할 수 있는 근거를 제공하며 재활공학이 필요한 대상자에게는 기초자료로 활용이 된다.

2) 장애판정과 장애인복지서비스와의 연동성

(1) 장애인복지 이념, 판정, 서비스

미국은 50개 주로 구성된 연방국이기 때문에 장애인복지정책도 지방분권적 성격을 갖는다. 연방정부에서는 각종 제도의 기본적인 골격만 규정하고 제도의 세부규칙과 운영은 주정부나 지방정부에서 담당한다. 그렇기 때문에 같은 이름의 사회보장제도라도 주에 따라 그 자격요건과 급여수준 또는 프로그램의 규모가 매우 다른 것을 볼 수 있다.

① 리저널센터(Regional Center) 판정기준

리저널센터는 지적 및 발달장애를 가진 장애 아동부터 성인까지 생애주기별로 지속적인 서비스를 제공하는 기관이다. 이 기관은 미국의 다른 주에서는 찾아볼 수 없는 캘리포니아 주만의 독특한 서비스 기관으로 캘리포니아 주정부(DDS : California Department of Developmental Services)의 재정 지원으로 운영되는 비영리 민간기관이다. 리저널센터는 1969년 Lanterman법 제정 이후 발달장애인의 독립적이고 생산적인 삶의 영위를 목적으로, 또한 장애인의 권리와 보호요구가 지역사회에 의해 가장 잘 운영될 수 있다는 신념에 기초하여 지역사회 내 '서비스 종합센터'의 조직망으로 설립이 되었다. 리저널센터는 장애의 정도, 서비스 수급 자격, 현재 개인의 능력 및 필요한 서비스의 종류를 결정하기 위해 평가검사를 실시한다. 평가검사 기간 동안 리저널센터는 서비스 신청인에 대한 장애 정보를 수집하고 심의하며, 의사, 심리학자 및 기타 전문가의 검사를 받도록 주선하고 있다.

리저널센터는 생애주기별로 다양한 서비스를 제공하고 있는데, 대표적으로 적용하고 있는 판정기준은 주거지원을 위한 기준과 클라이언트 발달 평가보고서(CDER : Client Development Evaluation Report), 그리고 Frankland Factor가 있다.

주거지원의 기준은 CCF(Community Care Facilities)에서 제공하는 서비스와 연동해서 적용하고 있는데, CCF는 우리나라의 그룹홈과 유사한 거주시설로서 주정부로부터 허가를 받고 리저널센터와 활동계약을 체결한 다음에 아동과 성인을 모두 포함한 발달장애인들에게 주로 비의료적인 분야의 서비스를 24시간 제공하는 시설기관이다. CCF는 발달장애인들이 자신의 일상생활을 유지하고 자기를 보호하는 데 반드시 필요한 각종 도움이나 발달장애인에게 필수적인 개인서비스, 보호와 관찰 등의 서비스를 제공하기 위해 다음의 네 가지 서비스 수준 가운데 한 가지를 선정하여 이와 관련된 서비스를 발달장애인에게 제공하고 있다.

㉠ Service Level 1 : 문제행동을 보이지 않으며, 자기 스스로 돌보기가 가능한 발달장애인에게 한정된 수준의 돌보기와 보호와 관찰서비스를 제공하는 수준
㉡ Service Level 2 : 주된 문제행동은 없으며, 어느 정도 자기 돌보기가 가능한 발달장애인에게 장애인 돌보기, 보호와 관찰, 필요할 때마다 일시적으로 훈련 서비스를 제공하는 수준
㉢ Service Level 3 : 분열성 행동, 자해행동을 하며, 신체적 움직임과 이동능력에 있어서 어느 정도의 한계가 있고, 자기 스스로를 돌보는 기술이 매우 부족한 발달장애인에게 장애인 돌보기, 관찰과 보호, 지속적인 훈련 서비스를 제공하는 수준
㉣ Service Level 4 : 심각한 분열성 행동과 자해행동, 공격적 행동을 하며, 신체적 움직임과 이동능력에 있어서 심각한 손상과 결함이 있고, 자기 스스로를 돌보는 기술이 매우 부족한 발달장애인에게 장애인 돌보기, 관찰과 보호, 전문적인 지도감독 상태에서의 훈련 서비스를 제공하는 수준으로, Service Level 4는 다시 Level 4A와 Level 4B로 나누어지며, 발달장애인에게 제공되는 서비스의 수준이 결정된다.

리저널센터에서 실시하는 주요 평가인 CDER은 주정부의 발달장애국(Department of Developmental Services)에서 사용하고 있는 발달장애인의 진단평가도구로서 1977년에 제정된 'The Lanterman Developmental Disabilities Services Act'를 근거로 개발되었다. 평가의 주요목적은 발달장애인들의 욕구에 맞는 가장 적절한 서비스를 제공하기 위한 것이다.

리저널센터 평가팀은 CDER의 자료를 바탕으로 발달장애인에게 필요한 서비스 욕구(service needs)를 파악하고 그 욕구를 충족시키기 위해 종합적인 서비스 전략을 수립

한다. CDER에 도출된 발달장애인의 평가정보는 리저널센터의 사례관리자들이 발달장애인의 욕구에 적합한 프로그램을 파악하고, 이를 적절히 배치하기 위해 사용된다.

CDER은 크게 진단과 평가의 2개 부분으로 구성되어 있는데, 진단 부분에는 개인의 포괄적인 발달에 관한 내용과, 가장 중요하다고 생각되는 장애에 대한 내용 등을 기록할 수 있으며, 반드시 의사나 임상심리 전문가가 기록하여야 한다. 평가 부분에는 장애인의 기능발달수준을 기록하는데 다음과 같은 6개 영역으로 구성이 되어있다.

㉠ 근육운동 영역(motor domain)
㉡ 자립생활 영역(independent living domain)
㉢ 사회성 영역(social domain)
㉣ 정서 영역(emotional domain)
㉤ 인지 영역(cognitive domain)
㉥ 의사소통 영역(communication domain)

각 영역별 평가항목은 총 66개의 항목으로 구성이 되어있으며, 구체적인 내용은 다음과 같다.

㉠ **근육운동 영역**(7개 항목)

Ⓐ 구르기와 앉아있기
Ⓑ 손의 사용
Ⓒ 팔의 사용
Ⓓ 기어 다니기와 서있기
Ⓔ 이동하기
Ⓕ 계단 오르기
Ⓖ 휠체어 기동성

㉡ **자립생활 영역**(19개 항목)

Ⓐ 음식 준비

Ⓑ 침대 정돈

Ⓒ 설거지하기

Ⓓ 가벼운 가사일 하기

Ⓔ 기본적인 의학적 자가 처치

Ⓕ 자가 약물투약

Ⓖ 음식 섭취

Ⓗ 화장실 사용

Ⓘ 소변 조절 능력 수준

Ⓙ 대변 조절 능력 수준

Ⓚ 개인 위생(청결)

Ⓛ 목욕

Ⓜ 복장 착용

Ⓝ 익숙한 장소로의 이동

Ⓞ 익숙하지 않은 장소로의 이동

Ⓟ 운송수단의 이용

Ⓠ 현금 관리

Ⓡ 물건 구입

Ⓢ 공공 식당에서의 음식 주문

ⓒ 사회적 영역(7개 항목)

Ⓐ 동료들과 일대일 상호 작용

Ⓑ 동료들과는 다른 사람들과의 일대일 상호 작용

Ⓒ 우정관계(긴밀한 사회적 관계) 형성

Ⓓ 우정의 유지

Ⓔ 사회활동 참여

Ⓕ 그룹 공동 과제 수행

Ⓖ 수용 불가능한 사회적 행동(절도, 지나친 괴성, 괴롭힘, 거짓말)

㉣ **정서 영역**(15개 항목)

Ⓐ 공격성
Ⓑ 자해행동의 빈도
Ⓒ 자해행동의 심각성
Ⓓ 배설물로 더럽히기
Ⓔ 자산 파괴행위
Ⓕ 뛰어다니거나 배회하는 행동
Ⓖ 우울증과 같은 행동(무관심, 지나치게 울거나 슬퍼함, 자살 위협)
Ⓗ 좌절에 대한 대응
Ⓘ 상동행동
Ⓙ 부적절한 옷 벗기
Ⓚ 과잉행동
Ⓛ 분노표출
Ⓜ 저항
Ⓝ 사회적 관계 변화에 대한 적응력
Ⓞ 물리적 환경 변화에 대한 적응력

㉤ **인지 영역**(9개 항목)

Ⓐ 청각 인식
Ⓑ 시각 인식
Ⓒ 시간 개념을 가진 사건 진행과 행동 수행
Ⓓ 숫자 인식
Ⓔ 쓰기 기능
Ⓕ 읽기 기능
Ⓖ 주의 집중할 수 있는 시간
Ⓗ 안전 인식(안전 규칙을 따르고 위험 상황 모면하기)
Ⓘ 지시와 의사 표시의 기억

ⓗ **의사소통 영력**(9개 항목)

Ⓐ 단어 사용
Ⓑ 의미 있는 비언어적 의사소통
Ⓒ 수용 가능한 비언어적 의사소통
Ⓓ 수용 가능한 언어
Ⓔ 의미 있는 언어
Ⓕ 수용 가능한 표시 언어(손짓, 몸짓)
Ⓖ 의미 있는 표시 언어
Ⓗ 의도를 지닌 의미 있는 의사소통
Ⓘ 언어의 명료성

서비스의 수급이 결정되면 구체적인 서비스 계획은 FRANKLAND FACTOR에 의해 영향을 받는다. FRANKLAND FACTOR는 매우 객관성을 지닌 신뢰성 있는 자료로 이미 조사된 CDER의 자료를 바탕으로 작성된다. 그러나 이 자료는 CDER상의 모든 자료를 참고로 하기보다는 발달장애인의 행동수준을 평가하기 위해 CDER의 정서 영역 15항목 가운데 34번 공격성, 35번 자해행동의 빈도, 36번 자해행동의 심각성, 37번 배설물로 더럽히기, 38번 자산 파괴행위, 39번 뛰어다니거나 배회하는 행동, 41번 좌절에 대한 대응, 44번 과잉행동, 45번 분노표출, 46번 저항 등의 10개 항목을 바탕으로 작성되며, 각 항목의 평가기준 중에 매우 심각한 행동 수준을 기술하고 있는 1~3번 내지는, 1~2번의 평가기준이 채점항목으로 사용된다.

FRANKLAND FACTOR 평가자는 발달장애인의 행동 수준에 따라 해당 평가기준 항목에 적절한 점수를 부여하며, 항목별 채점이 끝나면, 10개 항목에 부여된 각각의 점수를 합계하여 FRANKLAND FACTOR 점수가 산정된다. 산정된 점수가 0~10점이면 행동 수준이 매우 낮고, 11~20점이면 경미한 행동수준이며, 21~30점이면 중도 행동수준이고, 31점 이상이면 심각한 행동수준인 것으로 판정하고 있다. 이러한 판정 점수는 리저널센터에서 제공되는 서비스 종류와 기간에 영향을 미치게 된다.

② 장애학생의 교육서비스 제공을 위한 판정

학습장애를 가진 학생들은 1990년 미국장애인법 제정으로 장애학생 지원에 대한 보장성과 전장애아동교육법(IDEA : Individuals with Disabilities Education Act) 강화로 인해 대학 진학률이 높아지고 있다. IDEA 법안에서 학습장애란 '같은 학습 환경에서 또래보다 표현 언어, 청취 이해력, 논술, 독해, 읽기, 수학 계산능력 또는 수학능력 중 한 개 또는 그 이상으로 문제가 있는 경우이다. 그러나 만일 학생이 시각, 청각, 지적장애, 정서장애, 그리고 환경, 문화 또는 경제적으로 열악한 상황으로 인해 개인의 능력과 성과에 어려움이 있는 경우는 제외한다'라고 명시되어 있다. 즉, 학습장애란 다른 장애로 인해 학습장애가 발생되는 것이 아니라 특정 분야의 학습에 어려움이 있는 경우를 말한다.

학습장애를 가진 학생들이 급속하게 늘어나면서 학습장애로 인해 학업수행에 어려움이 있는 학생을 우선적으로 지원할 필요성이 제기되었다. 이러한 목적을 달성하기 위해 학습장애로 어려움을 겪고 있는 학생들을 선별하는 방안을 마련하게 되었다. 2001년에는 콜로라도 주 교육부에서 학습장애를 가진 학생들의 평가를 위해 각 학습장애영역을 평가할 수 있는 표준화된 평가도구들을 소개하였고 학습현장에서 사용할 수 있는 지표들을 제시하였다.

Crank과 Deshler(2001)는 미국 중부에 소재하고 있는 대형 주립대학에서 학습장애를 가지고 있는 학생들이 대학에서 필요한 지원을 받기 위한 서비스 적격성 심사 과정에 대한 연구를 실시하였다. 이 연구는 표준화된 도구를 적용하여 적격성 심사 기준을 적용시킨 결과 같은 학습장애를 가진 학생이라도 학습능력에 문제가 없는 경우 서비스 대상에서 제외시켜 학습장애로 인해 학습능력이 현저히 떨어지는 학생들에게 집중적인 지원을 할 때 대학에서 학습장애를 가진 학생들에게 가장 효율성 높은 학습지원 서비스를 제공할 수 있다는 결과를 제시하였다.

③ 지적장애를 가진 학생들을 위한 판정과 서비스

지적장애를 가진 자들의 평가와 지원을 위한 가이드(Assessment and Decision Making Technical Assistance Guide for Mental Disability)(Iowa Department of Education, 1997)라는 보고서에서 지적장애를 가진 학생들의 학습목적에 맞는 서비스를 제공하기 위해서 각

개별학생을 대상으로 다학문적 전문가에 의해 개별 욕구와 필요성을 파악하기 위한 평가를 실시해야 한다고 강조하고 있다. 평가 자료는 평가목적에 부합하게 수집이 되어야 하며, 신체 및 정신적 장애에 대한 평가는 표준화된 평가나 의료평가 등을 활용하는 것이 적절하고, 미래 활동(학교 진학이나 지역사회 내 이용시설 또는 근로활동)에 대한 평가는 현장평가가 더 효율적인 방안이라고 제시하고 있다.

이 보고서에서는 지적장애학생을 평가하는 데 필요한 지침을 제공하였는데 다음과 같다.

㉠ 평가 관련자들은 평가의 목적을 정확하게 인식하여야 한다.
㉡ 평가는 현재 장애정도를 결정하고 분류하는 것이 아니라 문제행동 해결을 위한 것이다.
㉢ 평가도구의 한계점에 대해 관련자에게 인지시켜야 하며 평가과정과 결과에 대한 정보를 제공하여야 한다.
㉣ 평가도구는 타당성과 신뢰도를 인정받은 것으로 실시하여야 한다.
㉤ 평가도구와 실시과정에 대한 문화적, 인종별 그리고 언어적으로 차별하지 않아야 한다.
㉥ 평가는 다면적으로 실시되어야 한다. 다면적 평가를 위해서 다양한 관련자(선생님, 부모, 학생 그리고 학생을 잘 알고 있는 서비스 제공자 등)들의 의견을 수용하고 평가하는 상황까지 고려하여야 한다. 또한 표준화된 도구를 사용하되 필요시 장애를 고려한 다른 평가방안도 고려하여야 하며, 교실, 집, 일터 또는 지역사회 등 다양한 환경에서 이루어져야 한다.
㉦ 단 한 번의 시점에서 평가를 실시하는 것이 아니라 평가는 정보를 수집한다는 개념으로 인식하는 것이 필요하다.
㉧ 평가과정은 개별 학생의 성과들을 취합하기 위해 의미 있고 관련된 정보를 수집하는 것이다.
㉨ 평가과정은 개인의 장점과 단점을 파악하는 것이다.
㉩ 현재 개별학생이 생활하는 실제 환경에서 평가하는 것이 매우 중요하다.
㉪ 장애학생의 학습 성과물 등 다양한 결과들을 가지고 실시하여야 한다.

ⓔ 적응행동평가는 개별학생의 공식적이고 구조적인 면접도 해야 하지만 학생 주변의 사람들과의 인터뷰 등을 통해 같은 문화권의 같은 연령대 친구들과 차이가 있는지를 중심으로 고려하여야 한다.

ⓟ 최종 결과는 다학문적 전문가들에 의해 수집된 양적 및 질적 자료를 가지고 종합적인 평가를 실시하여야 한다.

④ 보조공학을 제공받기 위한 서비스

1992년 유타주에서 보조공학 예산지원을 위한 가이드를 개발하기 위해 미국연방장애연구소(NIDR : National Institute on Disability and Rehabilitation)에서 연구지원비를 받아 연구를 수행하였다. 연구의 목적은 유타주립대학 내 보조공학센터에서 보조공학지원을 받기 위한 서비스 적격성을 검토하는 것이었다.

연구결과, 유타주에서 장애학생의 경우, 보조공학서비스를 받을 수 있는 대상자는 장애를 가진 3세부터 21세 학생들이며, 기본적으로 보조공학 서비스를 받기 위해, 이동성, 의사소통, 그리고 학습에 어려움이 있어 보조공학서비스가 필요하다는 전문가(다학문적 팀)에 의해 사전 서비스 적격성을 승인받아야 한다.

이 외의 대상자는 각 보조공학 서비스 예산을 지원할 수 있는 기관에서 제시하는 적격성 심사를 따로 받아야 한다. 예를 들면, 직업재활서비스를 통해 보조공학서비스를 지원받기 위해서는 우선적으로 직업재활국(Division of Vocational Rehabilitation)에서 실시하는 기본 서비스 적격성인, 신체 또는 정신적 장애로 인해 취업을 하는 데 상당한 어려움이 있으며, 직업재활서비스를 통해 혜택을 받을 수 있다는 서비스 적격성 기준을 통과하여야 한다.

이러한 적격성 심사 후 개별고용계획서(IPE : Individualized Plan of Employment)에서 취업을 하거나 직장생활을 유지하는 데 보조공학서비스가 필요하다는 계획서를 작성해야 한다. 또한 보조공학을 위한 100% 정부지원을 받기 위해서는 재정욕구평가를 통해 보조공학서비스를 스스로 지원하기에는 경제적 어려움이 있다는 것을 증명하여야 한다.

제6장
장애인복지시설

1. 장애인복지시설
2. 장애인 거주시설
3. 장애인 이용시설
4. 장애인 직업재활시설

제6장 장애인복지시설

우리나라 장애인복지법 제58조에 보면, 장애인 거주시설은 거주공간을 활용하여 일반가정에서 생활하기 어려운 장애인에게 일정 기간 동안 거주, 요양지원 등의 서비스를 제공하는 동시에 지역사회생활을 지원하는 시설이라고 하며, 장애인지역사회재활시설은 장애인을 전문적으로 상담, 치료, 훈련하거나 장애인의 일상생활, 여가활동 및 사회참여활동 등을 지원하는 시설이라고 한다. 또한 장애인 직업재활시설은 일반 작업환경에서는 일하기 어려운 장애인이 특별히 준비된 작업환경에서 직업훈련을 하거나 직업생활을 할 수 있도록 하는 시설이라 하며, 장애인의료재활시설은 장애인을 입원 또는 통원하게 하여 상담, 진단, 판정, 치료 등의 의료재활서비스를 제공하는 시설이라고 한다.

장애인복지시설은 공적복지제도 내에 복지서비스의 일부분으로서 심신의 미발달 또는 심신 장애로 인해 사회적인 어려움을 겪는 이들이 경제적 능력, 가족기능의 결여 등으로 스스로의 자립생활이 어렵기 때문에 생활, 치료, 교육, 재활 등의 필요한 모든 서비스를 제공하여, 그들의 생존권을 보장하는 건물, 설비 및 서비스를 제공하는 직원, 시설운영, 조직을 총칭한다(지현민, 2013).

1. 장애인복지시설

장애인복지시설은 장애인복지법 시행규칙 제41조에 의하면, 장애인 거주시설, 지역사회 재활시설, 직업재활시설, 의료재활시설, 생산품 판매시설로 나누어지며, 이용형태에 따라 경제적 능력 저하, 가족기능의 저하 등으로 스스로 자립생활이 불가한 장애를 가진 사람들을 입소시켜 보호하는 거주시설과 재가 장애인들의 통원을 통해 장애유형에 맞는 서비스를 이용하는 이용시설로 나누어진다.

〈표 6-1〉 장애인복지시설의 종류

구 분		시설의 종류
거주시설	장애인 거주시설	장애유형별 거주시설 중증장애인 거주시설 장애영유아 거주시설 장애인 단기거주시설 장애인 공동생활가정
이용시설	장애인 지역사회 재활시설	장애인 복지관 장애인 주간보호시설 장애인 체육시설 장애인 수련시설 장애인 생활이동지원센터 한국수어통역센터 점자도서관 점자도서 및 녹음서 출판시설 장애인 재활치료시설
	장애인 직업재활시설	장애인 보호작업장 장애인 근로사업장 장애인 직업적응훈련시설
	장애인 의료재활시설	장애인 의료재활시설
	장애인 생산품 판매시설	장애인 생산품 판매시설

출처 : 장애인복지법 시행규칙(2019).

〈표 6-2〉 장애인 편의시설 설치율

(단위 : 개소, %)

구 분	1998	2003	2008	2013
설치대상수	667,471	877,257	3,760,792	6,305,374
실제 설치수	316,614	665,293	2,915,369	4,283,679
평균 설치율(%)	47.4	75.8	77.5	67.9

출처 : 장애인 편의시설 설치 현황보고.

〈표 6-3〉 장애인거주시설 현황

(단위 : 개소, 명)

구 분		2015	2016	2017
소 계	인원	31,222	30,980	30,693
	시설수	1,484	1,505	1,517
지체장애인 거주시설	인원	1,668	1,766	1,690
	시설수	39	40	39
시각장애인 거주시설	인원	628	711	700
	시설수	16	17	17
청각언어장애인 거주시설	인원	255	228	232
	시설수	7	7	7
지적장애인 거주시설	인원	12,369	12,112	12,008
	시설수	321	317	313
중증장애인 거주시설	인원	11,314	11,192	10,996
	시설수	233	233	233
장애영유아 거주시설	인원	541	452	429
	시설수	10	9	9
단기거주시설	인원	1,548	1,616	1,699
	시설수	141	146	147
공동생활가정	인원	2,899	2,903	2,939
	시설수	717	736	752

출처 : 보건복지통계연보.

〈표 6-4〉 장애인 복지시설 현황

(단위 : 개소)

구 분	2015	2016	2017
거주시설	1,484	1,505	1,517
직업재활시설	560	582	625
지역사회재활시설	1,248	1,303	1,333
생산품판매시설	17	17	17
의료재활시설	18	20	19

출처 : 보건복지통계연보.

2. 장애인 거주시설

장애인 거주시설은 장애인복지법 시행규칙에 다섯 종류의 시설로 구분되어 있다. 다섯 종류의 시설은 장애유형별 거주시설, 중증장애인 거주시설, 장애영유아 거주시설, 장애인 단기거주시설, 장애인 공동생활가정이다.

장애인 거주시설의 명칭이 사용된 배경은, 1989년 12월 30일 장애인 요양시설에서, 1999년 2월 8일 개정을 통해 2000년 1월 1일부터 장애인 생활시설의 명칭을 사용하게 되었다. 2009년 8월 4일에는 장애인 생활시설을 장애인 거주시설로 명칭과 기능을 재편하는 것을 골자로 국무회의를 통과하여 2011년 3월 30일 개정, 2012년 3월 31일 시행되었다.

장애인 거주시설의 기능으로서는, 첫째, 일상생활지원 기능으로서 기본적인 의식주를 보장하면서 일상생활에서 물리적으로 느낄 수 있는 생활불편과 정서적 안정감을 위해하는 요소를 제거하여 장애인이 인간다운 삶을 영위할 수 있도록 지원한다. 둘째, 교육・재활・치료서비스의 지원으로 장애인의 잠재된 능력을 끌어내고 향상시켜 사회적응을 지원하기 위해 전문적인 치료・상담・지도・교육・훈련 등의 재활서비스를 제공한다. 셋째, 자립생활지원으로 각종 사회적 위험으로 인하여 가족이 해체 위기에 있거나 해체된 가족의 기능을 대신하고 지속적인 시설거주가 아닌 사회복귀를 전제로 자립생활에 필요한 서비스를 제공함으로써 지역사회 내에서 지역사회의 한 구성원으로 살아갈 수 있도록 지원한다(홍영진, 2018).

장애인 거주시설의 기본추진 방향은 시설서비스 제공의무, 불필요한 시설 이용방지를 기본방향으로 설정하고, 시설과 지자체에서는 시설서비스 제공을 위하여 개별시설의 종류와 이용 장애인의 장애특성에 맞는 시설 선택이 가능하도록 시설의 전문화와 특성화를 이룰 수 있도록 지원하고 있다(장애인복지시설 사업안내, 2017).

장애인복지법에는 장애인 거주시설에서 제공하는 서비스에 대해 최저기준을 설정하고 모든 시설은 그러한 기준을 준수할 것을 명시하고 있다. 즉, 모든 시설이 지켜야 할 기준은 서비스안내 및 상담, 이용자의 참여와 권리, 능력개발, 일상생활, 개별지원, 환경, 직원관리 및 시설운영이다. 이는 장애인복지법이 장애인 거주시설의 서비스 질을 향상시키고 제도적, 실천적 측면에서의 근본적인 변화를 가져오기 위해 제정되었음을 의미한다.

〈표 6-5〉 장애인 거주시설의 종류

종 류		시설의 기능
장애인 거주시설	장애유형별 거주시설	장애유형이 같거나 유사한 장애를 가진 사람들을 이용하게 하여 그들의 장애 유형에 적합한 주거지원 · 일상생활지원 · 지역사회생활지원 등의 서비스를 제공하는 시설
	중증장애인 거주시설	장애의 정도가 심하여 항상 도움이 필요한 장애인에게 주거지원 · 일상생활지원 · 지역사회생활지원 · 요양서비스를 제공하는 시설
	장애영유아 거주시설	6세 미만의 장애영유아를 보호하고 재활에 필요한 주거지원 · 일상생활지원 · 지역사회생활지원 · 요양서비스를 제공하는 시설
	장애인 단기거주시설	보호자의 일시적 부재 등으로 도움이 필요한 장애인에게 단기간 주거서비스, 일상생활지원서비스, 지역사회생활서비스를 제공하는 시설
	장애인 공동생활가정	장애인들이 스스로 사회에 적응하기 위하여 전문인력의 지도를 받으며 공동으로 생활하는 지역사회 내의 소규모 주거시설

출처 : 장애인복지법시행규칙(2019).

장애인 거주시설은 1950년대 전쟁고아를 위해 설립되었던 시설들이 1970년대에 장애인 시설로 전환되면서 시작이 되었다. 2015년 전국 장애인 거주시설의 현황은, 지체장애인 거주시설 39개소, 시각장애인 거주시설 16개소, 청각장애인 거주시설 7개소, 지적장애인 거주시설 321개소, 중증장애인 거주시설 233개소, 장애영유아 거주시설 10개소, 단기 거주시설 141개소, 공동생활가정 717개소 총 1,484개소에 31,222명의 장애인이 거주하고 있다(보건복지부, 2016).

〈표 6-6〉 전국 장애인 거주시설 현황(2015)

(단위 : 개소, 명)

구 분	합계	지체	시각	청각	지적	중증 요양	영유아	단기 보호	공동 생활
시설 수	1,484	39	16	7	321	233	10	141	717
거주인 현황	31,222	1,688	628	255	12,369	11,314	541	1,548	2,899

출처 : 보건복지부(2016).

1) 장애인 거주시설의 특성

장애인 거주시설은 입소를 필요로 하는 장애인에게 일정기간 동안 거주, 요양, 지원 등의 서비스를 제공하고, 동시에 지역사회생활을 지원하는 데 목적이 있다.

장애인 거주시설의 목적을 이해하기 위해서는 먼저 사회복지조직에 대한 이해가 선행되어야 한다. 사회복지조직은 첫째, 클라이언트 및 기본적인 욕구를 가진 모든 사람들이 행복하고 만족스러운 상태를 변화·유지·향상시켜 주기 위한 일련의 사회복지서비스를 지원하도록 사회적으로 위임받은 공식적인 조직이다. 둘째, 사회복지조직은 모든 사람들의 행복을 향한 긍정적인 변화를 목표로 함으로써 전문적인 지식에 대한 의존도가 높으나, 목표달성에 대한 불확실성으로 인해 결과에 대한 논란이 다른 조직보다 높다. 셋째, 사회복지조직은 조직구성원과 서비스 대상자와의 상호관계가 핵심적인 활동이라고 볼 수 있다(심명숙, 2014).

장애인 거주시설은 먼저, 각종 재활 프로그램을 통해 장애인을 대상으로 장애의 사정과 평가, 사회심리와 직업재활 등의 종합적인 서비스를 제공하여야 한다. 특히 일상생활케어와 더불어 사회·심리재활서비스, 교육재활서비스, 의료재활서비스, 직업재활서비스 등을 장애인들에게 제공하여야 한다.

둘째, 장애문제의 복합성으로 많은 분야의 전문요원들이 서비스를 제공하여야 한다. 전문가는 의사, 물리치료사, 간호사, 언어치료사, 보장구 기사 등의 의료요원과 심리적·사회적 문제를 돕기 위한 전문사회복지사, 임상심리사 등을 들 수 있다. 이러한 전문요원들은 다른 전문요원들과 협조하여야 한다.

장애인 거주시설의 특성을 정리하면 다음과 같다(이병환, 2006). 첫째, 장애 전반에 걸친 치료와 물리치료 등의 의료적 기능이 나타난다. 둘째, 장애인시설은 교육적 기능을 가지고 있는데, 사회화 과정을 완수하기 위한 학습능력의 배양, 특수교육이나 언어치료 등을 제공하기도 한다. 셋째, 각종 재활 프로그램, 즉 사회·심리재활서비스, 교육재활서비스, 의료재활서비스, 직업재활서비스 등을 복합적으로 장애인들에게 제공하여 삶의 질을 높여준다. 넷째, 장애인 거주시설은 장애문제의 복잡성, 즉 신체적·심리적·사회적·경제적·직업적 문제에 따라 많은 전문분야가 복합되어 있다. 다섯째, 장애인 거주시설의 조직은 비영리에 목적을 두고 있으며 국가 예산으로 조직된 단체이다.

3. 장애인 이용시설

1) 장애인 지역사회재활시설

지역사회재활시설이란 지역사회복지와 재활시설이라는 의미의 통합적인 의미로 이해할 수 있으며, 그중 장애인복지관은 지역사회복지와 장애인의 재활시설의 역할을 포함하는 종합적인 서비스 기관으로 볼 수 있다. 지역사회재활시설은 지역사회복지의 개념에서 이해해야 하는데, 지역사회에 위치하면서 지역사회의 주요 요소들과 융합된 서비스를 지향한다는 의미가 포함되어 있다고 볼 수 있다.

장애인복지법에 의하면 장애인 지역사회재활시설이란 장애인 복지서비스의 보편적인 변화 경향을 고려할 때 지역사회에 기초한 재활서비스를 제공하는 복지시설을 의미한다. 이는 시설 내의 공간에서 잘 짜인 프로그램을 단순히 제공하는 기능보다는 장애인이 지역사회 내 가정, 학교, 직장 등의 현장에서 머무르고 있는 상황에 자연스럽게 통합될 수 있도록 하는 각종 지원서비스를 제공하는 기능을 수행하는 사회통합 지향적 시설이라는 의미로 볼 수 있다(김재일, 2006).

Bradly & Knoll은 지역사회재활이 갖는 특징을 지역사회에 대한 강조, 인간관계, 기능적 지원과 개별화, 서비스에서의 융통성 등으로 표현하였다. Leake & James는 지역사회재활의 원칙으로서 장애인과 그 가족에 의한 자기결정과 관계구축을 통한 장애인의 지역사회 참여를 강조하고 이러한 원칙은 과거의 지역사회 프로그램 패러다임에서 지원 패러다임으로의 전환을 요구하는 것이라고 본다. 이러한 변화는 시설과 의존 중심의 서비스에서 자립생활과 지역사회 중심의 서비스를 강조하는 흐름의 변화로 이어져 현재 지역사회에서의 통합, 독립, 삶의 질, 개별화 등을 증진시키기 위한 기능적 지원을 강조하는 지역사회 구성원 모델(community membership model)로 이어지고 있다.

지역사회재활서비스는 지역사회의 가정에서 생활하고 있는 장애인들을 대상으로 장애에 대한 사정・평가, 사회심리, 직업재활, 특수교육, 의료재활 등의 종합적인 서비스를 제공하기 위해, 물리치료사, 사회복지사, 심리치료사, 언어치료사, 작업치료사, 재활의사, 직업재활상담사, 특수교사 등의 다양한 전문가들이 모여 통합적으로 재활서비스를 제공하는 것을 말한다(김재일, 2006).

지역사회재활서비스를 제공하는 기관은 사회・심리재활서비스, 교육재활서비스, 의료재활서비스, 직업재활서비스 등은 각기 개별적으로 제공되는 것이 아니라, 여러 서비스를 동시에 필요로 하는 장애인에게 서로 조정된 서비스를 제공하는 기능을 수행하여야 한다. 이러한 기능들은 지역사회재활서비스 기관의 고유한 역할로 정립되어 기관 내의 전문 인력들 간의 활발한 참여가 이루어지는 가운데 서비스가 제공되어야 할 것이다.

〈표 6-7〉 장애인 지역사회재활시설의 종류

종 류		시설의 기능
장애인 지역사회 재활시설	장애인복지관	장애인에 대한 각종 상담 및 사회심리 · 교육 · 직업 · 의료재활 등 장애인의 지역사회생활에 필요한 종합적인 재활서비스를 제공하고 장애에 대한 사회적 인식 개선사업을 수행하는 시설
	장애인 주간보호시설	장애인을 주간에 일시 보호하여 장애인에게 필요한 재활서비스를 제공하는 시설
	장애인 체육시설	장애인의 체력증진 또는 신체기능 회복활동을 지원하고 이와 관련된 편의를 제공하는 시설
	장애인 수련시설	장애인의 문화 · 취미 · 오락 활동 등을 통한 심신수련을 조장 · 지원하고 이와 관련된 편의를 제공하는 시설
	장애인 생활이동지원센터	이동에 상당한 제약이 있는 장애인에게 차량 운행을 통한 직장 출퇴근 및 외출 보조나 그 밖의 이동서비스를 제공하는 시설
	수화통역센터	의사소통에 지장이 있는 청각 · 언어장애인에게 수화통역 및 상담서비스를 제공하는 시설
	점자도서관	시각장애인에게 점자간행물 및 녹음서를 열람하게 하는 시설
	점자도서 및 녹음서 출판시설	시각장애인을 위한 점자간행물 및 녹음서를 출판하는 시설
	장애인 재활치료시설	장애아동을 포함한 장애인에게 언어 · 미술 · 음악 등 재활치료에 필요한 치료, 훈련 등의 서비스를 제공하고 서비스를 이용한 자로부터 비용을 수납하여 운영하는 시설

출처 : 장애인복지법 시행규칙(2019).

2) 주요 장애인 지역사회재활시설

(1) 장애인복지관

장애인복지관은 장애인에 대한 각종 상담 및 사회심리 · 교육 · 직업 · 의료재활 등 장애인의 지역사회생활에 필요한 종합적인 재활서비스를 제공하고, 장애인에 대한 사회적 인식개선사업을 수행하는 시설을 말한다. 즉, 장애인복지관은 지역사회의 가정 내에서 생활하고 있는 장애인을 대상으로 장애의 사정과 평가, 사회심리와 직업재활, 특수교육, 의료재활 등의 종합적인 재활서비스를 제공하여 장애인의 사회통합을 위한 종합적이고 총체적인 개념으로서 의료, 직업, 심리, 사회적응, 환경 등의 문제해결을 위한 프로그램을 개발하고 운영하는 사회복지기관이다.

장애인복지관의 기본 운영 방침(2005년도 장애인복지사업 지방이양사무 관리 · 운영에 따른 사업 안내)은 다음과 같다.

① 장애인복지관의 사업운영은 정치활동, 영리활동 및 특정 종교 활동 등으로 이용할 수 없으며, 인도주의적 원칙하에 이를 이용하는 장애인의 인간적 존엄성과 기본적 권리가 유지되도록 하여야 한다.

② 종사자는 사회복지사업법 제5조에 의하여 그 복지업무를 행함에 있어서 장애인복지를 필요로 하는 사람을 위하여 차별 없이 최대로 봉사하여야 한다.

③ 이용 장애인에 대한 서비스는 물론 장애발생 예방과 지역 장애인 문제의 조사, 연구 등 장애인복지가 종합적으로 향상되도록 하여야 하며, 이를 위해 각 복지관에서는 장애인의 날(매년 4월 20일) 전 · 후 1주간을 '장애발생 예방주간 및 인식개선 주간'으로 정하여 지역주민, 학생, 직장인 등을 대상으로 장애발생 예방 및 인식개선 프로그램을 실시하여야 한다.

④ 지역 장애인 등의 다양한 복지욕구를 해소하기 위하여 자원봉사자 활용, 지원 내 복지자원의 동원 등 당해 지역사회의 자원을 개발, 활용하여야 한다.

⑤ 지역 장애인복지의 증진효과와 투입재원 및 수행사업의 적정성, 효율성 등을 지속적으로 평가하고 이를 활용, 발전적 운영 개선방안을 강구하여야 한다.

⑥ 운영 및 수익사업에 있어 지역장애인의 의사와 선택권을 존중하고 이를 사업

에 적극 반영하여야 한다.

⑦ 장애인복지 관련분야의 전문적인 지식과 기술을 가지고 있는 전문 인력에 의해 수행되도록 노력하여야 한다.

⑧ 주말에 시설을 개방 또는 관련 프로그램을 운용하여 취업 장애인 등 주말 이용자의 편의를 도모하여야 한다.

※ 장애인복지관의 사업

장애인복지관에 따라 사업의 종류와 내용 및 프로그램은 서로 상이하나, 보건복지부의 사업예시는 다음과 같다.

〈표 6-8〉 장애인복지관의 사업예시

	사업분류	주요 내용	사업 예시
1	상담지도사업	기초상담 및 각종 검사, 진단을 통한 판정, 장애등록 검진	자체진단 판정 위원회 및 평가위원회 운영
2	의료재활사업	장애인의 신체기능 회복을 위한 의료재활서비스 제공	의료재활실 운영, 언어치료, 청능훈련, 재활보조기구 사용자 착용훈련 등
3	교육재활사업	장애인에 대한 각종 교육 재활서비스 제공	조기교육(영유아, 아동 등), 통합교육, 부모교육, 학습지도(취학아동교육, 문자교육, 검정고시 등), 컴퓨터교육, 각종교구대여, 시·청각장애인 기초재활 등
4	직업재활사업	장애인의 경제적 안정과 자립촉진을 도모하기 위한 직업재활서비스 제공	직업상담, 직업평가, 직업적응훈련, 직업훈련, 보호작업장 운영, 취업알선(고용지원 등), 현장훈련, 취업 후 지도
5	사회심리재활사업	장애인의 사회참여 확대를 위한 각종 사회심리재활서비스 제공	재활상담(개별, 집단, 가족, 동료 등), 사회적응훈련(캠프, 방과 후 활동, 사회기술훈련 등), 심리치료(놀이치료, 음악치료, 미술치료, 치료레크레이션 등), 성교육, 장애가족지원(장애형제 기능강화, 부모 스트레스 대처훈련, 장애인의 자녀 지원 등), 자조집단(동아리활동, 부모회 육성), 결혼상담, 공동생활가정, 주간보호센터, 단기보호센터 등
6	재가장애인 복지사업	지역사회 장애인의 재가복지서비스 제공	재가복지서비스(상담, 의료, 교육, 가사지원 등), 지역사회 자원 활용 및 연계망 구축, 이동목욕, 자립지원 등

7	스포츠 및 여가활동사업	신체적, 정신적 건강증진을 위한 스포츠 및 여가활동 지원	내방 장애인 체육대회 개최, 장애유형에 맞는 체육교실 운영, 취미 · 여가 · 오락 프로그램 운영 등
8	정보제공사업	장애 관련 정보제공	장애인정보화교육 등 정보화지원, 시각장애인 도서(시청각자료 등) 제작 · 출판 · 보급 · 대여, ARS 운영, BBS 운영
9	수화관련사업	청각 · 언어장애인에 대한 수화서비스 제공	수화교실, 수화통역 봉사원 양성 및 파견, 수화자막 및 비디오 등 영상물 제작 · 보급 · 대여 등
10	여성장애인의 복지증진사업	사회적 차별 및 부당한 대우를 받기 쉬운 여성장애인의 권익보호 및 임신 · 출산 · 양육, 가사지원 등 복지 증진	여성장애인 상담실 및 쉼터 운영, 여성장애인 임신 · 출산 · 양육 · 가사보조 활동 지원, 여성장애인 결혼 주선 등
11	사회교육사업	비장애인의 장애인에 대한 인식 개선 및 참여조성	장애체험, 장애인부모교육, 장애인복지 전문요원교육(세미나, 워크샵 등), 지역사회주민교육, 지역 대학의 실습생 지도 등
12	지역사회자원개발사업	지역사회에 대한 장애인의 이해 증진 및 자원개발 · 활용	자원봉사자(청소년, 대학생, 일반 등) 발굴교육 · 활동 및 관리, 지역 행정기관 · 일반 사회단체종사자 · 교육 및 언론기관 등과의 교류협력 증진, 기타 자원개발 · 활용(인적, 물적 자원)
13	홍보 · 계몽사업	지역사회를 대상을 한 장애인식개선 및 장애예방 등을 위한 활동	관보발행, 장애발생예방 캠페인, 매스컴을 활용한 장애인식개선 홍보, 견학 등
14	조사 · 연구사업	장애인복지증진을 위한 조사연구 및 다양한 재활 프로그램 개발 · 보급	지역 장애인 욕구 및 실태 조사, 재활 프로그램 개발, 이용자 만족도 조사, 지역 장애인 복지정책개발, 각종 자료제작(도서 · 청각 자료 등) 등
15	기타사업	기타 장애인 복지증진을 위해 필요한 사업	지역특성에 맞는 재활 프로그램 개발 · 시행

출처 : 보건복지부(2005).

(2) 장애인 주간보호시설

주간보호란 보호자나 부모의 도움이 필요한 장애인이나 고령자에게 이용시설에서 보호 장비와 전문 인력을 활용하여 보호에 필요한 서비스를 제공하여 가족구성원들의 항시보호 부담을 경감시켜 주고 가족의 경제력 향상과 심리적 안정을 도모해주며 각종 서비스 프로그램을 제공하는 것이라고 볼 수 있다(Chandler, 1984; Fuqua & Labensohn, 1986).

장애인 주간보호시설은 가족구성원, 특히 부모의 항시보호와 양육 부담 경감을 통한 부모의 심리적 향상과 경제력 향상을 돕는 프로그램으로서 가족이나 보호자의 도움을 받지 않으면 일상생활을 영위할 수 없는 장애인이나 이용시설에서 보조 장비와 전문 인력을 활용하여 보호에 필요한 서비스를 제공하기 위한 시설이다. 장애인복지법 시행규칙 제41조에 보면, 장애인 주간보호시설은 지역사회재활시설의 한 종류로서 '장애인을 주간에 일시 보호하여 장애인에게 필요한 재활서비스를 제공하는 시설'이라고 정의하고 있다.

장애인 주간보호시설의 기능으로서는 첫째, 재가 장애인의 심리적, 신체적 기능 향상을 통해 재활의욕을 고취시키고, 둘째, 가족구성원들의 가족기능 향상을 도모할 수 있도록 원조하며, 셋째, 지역사회 내에서의 사회통합 추구와 장애인복지 서비스의 효과적인 전달체계를 확립하는 데 목적이 있다고 볼 수 있다(박덕규, 2003).

또한, 주간보호는 다음의 세 가지 경우가 충족되어야 주간보호의 의미를 가질 수 있다고 본다(박종오, 2002).

① 자기 혼자의 힘으로 혹은 보호자와 함께 통원할 수 있어야 한다.
② 주간보호 프로그램 참여를 본인이 원해야 한다.
③ 프로그램에 참여함으로써 본인이나 가족 구성원들이 보다 나은 향상을 가져올 수 있어야 한다. 즉, 주간보호 서비스는 보호가족의 가족기능의 강화를 위한 원조를 하는 것이며, 재가 서비스를 보다 효과적으로 보충하는 것이다.

※ 장애인 주간보호시설의 운영 프로그램

장애인 주간보호시설은 장애인을 일시 보호하여 장애인에게 필요한 재활 서비스를 제공하는 시설이다. 이러한 재활 서비스를 적절히 제공하기 위하여 시설의 운영 실태에 대응한 재활 프로그램을 운영하고 있는 것으로 나타났다(강병근 외, 2009). 각 시설마다 운영 프로그램의 명칭은 다르나 크게 분류하여, 일상생활 훈련과 재활 교육, 야외활동, 취미·여가 활동으로 구분이 가능하다.

일상생활 훈련으로서는 일상생활지도나 기초학문교육, 놀이학습, 사회적응훈련 등이 있으며, 장애인이 사회생활을 하는 데 가장 기초가 되는 것을 배우는 프로그램이다. 일상생활 훈련은 화장실 이용 및 옷 갈아입기 등의 기초생활뿐만 아니라 사회적응 및 대인관계형성을 위한 훈련을 실시하고 있다. 이러한 일상생활훈련은 장애인이 살아가면서 가장 기본이 되는 활동을 교육함으로써 보다 자립적인 생활을 누릴 수 있도록 도와준다.

재활교육은 의료재활, 교육재활, 사회심리재활 등이 있으며, 장애인이 보다 나은 삶을 누릴 수 있도록 전문적인 재활 프로그램을 제공한다.

취미·여가 교육은 수영이나 헬스, 요가, 공예, 음악활동 등의 프로그램을 진행하여 장애인의 활동성을 키워준다. 또한 작품의 전시와 발표를 통하여 장애인에 대한 대외적인 홍보활동을 겸하고 있으며, 이러한 활동을 통하여 개인의 능력을 향상시켜 일정한 보수를 받는 직업 활동으로도 발전가능성이 있다.

야외활동 프로그램은 장애인이 혼자 방문하기 어려운 곳을 견학하거나 캠프활동, 산책 등의 프로그램으로 구성되어 있다. 특히 야외활동 프로그램은 운영자에 비해 이용자의 수가 많아 자원봉사자의 도움이 필요하다.

〈표 6-9〉 장애인 주간보호시설의 운영 프로그램

구 분	기초 프로그램	추가 프로그램
일상생활 교육	• 일상생활지도 • 놀이학습 • 기초학습지도	• 사회적응교육 • 귀가지도
재활 교육	• 1:1 상담지도 • 운동치료	• 의료재활 • 교육재활 • 직업재활 • 사회심리재활 • 보건교육
취미 · 여가 교육	• 작품 전시 및 공연 발표	• 체육활동(수영, 헬스, 요가 등) • 예술활동(음악, 미술, 공예 등) • 여가활동(영화 및 전시관람 등)
야외 활동 교육	• 소풍 및 산책 • 시설견학	• 캠프 및 체험활동

출처 : 강병근 외(2009).

(3) 장애인 체육시설

장애인 생활체육은 비장애인의 생활체육과 그 의미가 다를 수 있다. 특히 재활적인 측면에서 신체활동이 신체의 기능과 생활기능 등 자립생활과 관련되어 생각될 경우 더욱 그러한 측면이 두드러진다고 할 수 있다(한재덕, 2009). 즉, 장애인의 생활체육과 같은 체육활동의 참여는 잔존 능력의 향상과 같은 기능적 능력의 변화, 여가로서의 가치, 사회통합의 방법 등의 가치를 가지고 있는 중요한 수단이자 결과일 수 있다는 것이다(김정수, 1991). 또한 장애인의 생활체육의 참여는 생활만족과 태도에 영향을 미치고 있으며, 참여 정도는 부분적으로 만족도에 영향을 미치고 있는 것으로 밝혀졌다(박준동 외, 2004; 송채훈, 2003; 송채훈 외, 2006).

장애인 체육시설은 1988년 서울패럴림픽을 준비하기 위한 훈련장소로 1986년 홀트 장애인 체육관 개관을 시작으로 건립되기 시작하였다. 1999년 이후부터는 장애인지역사회재활시설 중의 하나로 연차적으로 각 시도에 건립하게 되었다(최승권, 2008). 장애인 전용체육시설은 장애인전용 종합체육시설과 비장애인 종합체육시설로 구분된다. 그중 장애인 전용 종합체육시설은 장애인 지역사회재활시설 중 장애인체육시설로서 2009년 16개 시도에 약 30여 개가 운영되었다(강승애, 2010). 그렇지만 장애인체육시설은 서울에 6군데에 존재하지만 다른 지역은 미진한 실정이며, 이 중 인구 350만이 넘는 부산은 장애인체육시설이 한 곳뿐이다(김종훈 외, 2014). 이러한 지역적 불균형을 극복하기 위해서는 장기적인 계획을 통하여 체육시설 설립이 우선시되어야 하며, 동시에 거주지와 가까운 곳에 지역주민 누구나 이용할 수 있는 실내형 복합체육시설인 생활체육관의 적극적인 활용방안이 수립되어야 한다고 보는 견해도 있다(김춘종 외, 2010).

또한 장애인 전용체육시설은 단기적으로 보면 장애인의 체육활동을 권장하고 이용의 편의성을 도모할 수 있는 시설로 볼 수 있으나, 장기적으로는 장애 유무에 따라 장애인을 분리하고 격리하는 인식이 조장될 수 있으므로, 사회통합을 추구하는 데 바람직하지 못하며, 결국 장애인체육 발전에 기여하지 못할 것이라고 보는 견해도 있다(최승권, 2006). 또한 장애인 체육계는 이들 시설이 수도권 및 대도시를 중심으로 편재되어 있고, 지방소재시설의 경우 매우 산재해 있어 각 지역별로 장애인구 분포에 의한 체육시설의 위치와 이동 거리상으로 볼 때 일부 장애인들만이 이용한다는 한계가 있다고 지적하며, 장애인은 비장애인에 비해 장소의 이동에 많은 시간이 소요되고, 체력적 부담이 심하여 이동에 많은 제한을 받는다는 보고도 있다(박준동 외, 2003).

4. 장애인 직업재활시설

1) 장애인 직업재활시설의 기능

장애인 직업재활시설은 1999년 장애인복지법의 전면개정에 따라 2000년부터 작업활동시설, 보호작업장, 직업훈련시설, 근로작업시설, 생산품판매시설 등 5개의 유형으로 구분하여 운영되어 왔다. 그러나 5개의 유형으로 세분화된 직업재활시설들의 역할과 기능이 모호하고, 상위시설로의 전이 부족 현상 등으로 인하여 2008년 이후부터는 장애인 근로사업장과 장애인 보호작업장의 2개의 유형으로 재편되어 운영되어 왔다. 2015년에는 '장애인 직업적응훈련시설'이 새롭게 추가되면서 2016년부터는 3개 유형으로 개편되어 운영되고 있다.

〈표 6-10〉 직업재활시설 유형 개편의 변화

연 도	유 형	주요 기능
2000~2007년	작업활동시설	교육 · 훈련, 재활사업(일상생활 및 가사생활훈련, 사회적응훈련, 작업훈련, 통근훈련, 취미 및 여가활동)
	보호작업시설	보호고용, 훈련관리, 재활사업(직업전훈련, 직업적응훈련, 직업평가, 자원봉사자 모집 및 관리, 부모회의 조직 및 운영, 전환고용훈련)
	근로작업시설	재활사업(사회적응훈련, 직업평가, 취업 및 사후지도, 전환고용 및 지원고용), 근로환경 제공
	직업훈련시설	직업훈련 · 평가, 재활사업(직업준비훈련, 직업훈련, 사회적응훈련, 상담지도, 현장훈련, 취업알선 및 사후지도)
	생산품판매시설	상담사업, 판촉사업, 홍보사업, 개발사업(2008년 이후 기타시설로 분류)

2008~2015년	보호작업장	보호고용, 훈련관리 및 작업관리, 재활사업(일상생활 및 가사생활 훈련, 사회적응훈련, 작업훈련, 통근훈련, 취미 및 여가활동)
	근로사업장	보호고용, 재활사업(사회적응훈련, 직무기능 향상훈련, 작업태도 및 기술훈련, 직무개발 및 경쟁고용 전이), 통근지원
2016년~	보호작업장	직업능력이 낮은 장애인에게 직업적응능력 및 직무기능 향상 훈련 등 직업재활훈련 프로그램을 제공하고, 보호가 가능한 조건에서 근로의 기회를 제공하며, 이에 상응하는 노동의 대가를 임금으로 제공하고, 장애인 근로사업장이나 그 밖의 경쟁적인 고용시장으로 옮겨갈 수 있도록 돕는 역할을 하는 시설(근로장애인 최소 10명 이상 배치)
	근로사업장	직업능력은 있으나 이동 및 접근성이나 사회적 제약 등으로 취업이 어려운 장애인에게 근로의 기회를 제공하고, 최저임금 이상의 임금을 지급하며, 경쟁적인 고용시장으로 옮겨갈 수 있도록 돕는 역할을 하는 시설(근로장애인 최소 30명 이상 배치)
	직업적응훈련시설	작업능력이 극히 낮은 장애인에게 작업활동, 일상생활훈련 등을 제공하여 기초작업능력을 습득시키고, 작업평가 및 사회적응훈련 등을 실시하여 장애인 보호작업장 또는 장애인근로사업장이나 그 밖의 경쟁적인 고용시장으로 옮겨갈 수 있도록 돕는 역할을 하는 시설

출처 : 윤정란(2017).

2) 장애인 직업재활시설 현황

2016년 전국의 장애인 직업재활시설은 582개소이며, 지역별 직업재활시설의 분포는, 서울이 124개소(21.3%), 경기가 98개소(16.8%), 경남 48개소(8.2%), 대구 39개소(6.7%), 경북 38개소(6.5%) 순이다. 이용장애인 총 17,131명 중 서울 4,081명, 경기 2,960명, 경남 1,142명 순이며, 지역별 시설 수 변화를 보면 경기가 5개소로 가장 많이 증가하였고, 서울, 대전 4개소, 부산, 대구, 충남, 경남이 각 2개소, 광주, 경북이 1개소씩 증가한 반면, 충북은 1개소 감소한 것으로 보고되었다. 지역별 이용장애인 수의 변화도 경기가 188명으로 가장 많이 증가하였고, 서울 133명, 부산과 경북이 74명 순으로 증가된 것을 알 수 있다. 반면 세종 10명, 전북 7명, 울산이 2명 감소한 것으로 보고되었다. 시설 종사자 수는 제주가 시설 평균 9.8명으로 가장 높게 나타났고, 대전 8.4명, 충남 7.4명, 경기 7.3명 순으로 나타났으며, 울산과 전남이 3.9명으로 가장 낮은 것으로 보고되었다(윤정란, 2017).

〈표 6-11〉 지역별 장애인 직업재활시설 현황

(단위 : 개소, 명, %)

지역	2015		2016 상반기		전년대비 증감				종사자	
	시설수	이용 장애인 수	시설수	이용 장애인 수	시설		이용장애인		인원	시설 평균
					수치	비율	인원	비율		
전체	560	16,414	582	17,131	22	3.9	720	4.4	3,256	5.8
서울	120	3,948	124	4,081	4	3.3	133	3.4	680	5.7
부산	30	870	32	944	2	6.7	74	8.5	157	5.2
대구	37	980	39	1,047	2	5.4	67	6.8	166	4.5
인천	28	847	28	854	0	0	7	0.8	158	5.6
광주	21	641	22	677	1	4.8	36	5.6	133	6.3
대전	15	527	19	543	4	26.7	16	3.0	126	8.4
울산	14	291	14	289	0	0	−2	−0.7	54	3.9
세종	3	87	3	77	0	0	−10	−11.5	14	4.7
경기	93	2,772	98	2,960	5	5.4	188	6.8	675	7.3
강원	33	773	33	778	0	0	5	0.6	158	4.8
충북	22	726	21	760	−1	−4.5	34	4.7	156	7.1
충남	16	562	18	587	2	12.5	28	4.7	119	7.4
전북	19	511	19	504	0	0	−7	−1.4	99	5.2
전남	17	392	17	402	0	0	10	2.6	66	3.9
경북	37	1,062	38	1,136	1	2.7	74	7.0	201	5.4
경남	46	1,069	48	1,142	2	4.3	73	6.8	206	4.5
제주	9	356	9	350	0	0	−6	−1.7	88	9.8

출처 : 2016년 보건복지부 통계연보.

3) 장애인 직업재활시설 유형별 현황

장애인 직업재활시설의 유형별로는 장애인보호작업장 516개소(88.7%), 장애인근로사업장 63개소(10.8%), 장애인 직업적응훈련시설은 3개소(0.5%)로 보고되었다(윤정란, 2017).

〈표 6-12〉 장애인 직업재활시설 유형별 현황

(단위 : 개소, 명, %)

<table>
<tr><th rowspan="3">구 분</th><th colspan="2">2015</th><th colspan="2">2016 상반기</th><th colspan="4">전년대비 증감</th></tr>
<tr><th rowspan="2">시설수</th><th rowspan="2">이용
장애인수</th><th rowspan="2">시설수</th><th rowspan="2">이용
장애인수</th><th colspan="2">시설</th><th colspan="2">이용장애인</th></tr>
<tr><th>수치</th><th>비율</th><th>인원</th><th>비율</th></tr>
<tr><td>전체</td><td>560</td><td>14,414</td><td>582</td><td>17,131</td><td>22</td><td>3.9</td><td>717</td><td>4.4</td></tr>
<tr><td>보호</td><td>496</td><td>13,616</td><td>516</td><td>14,335</td><td>20</td><td>4.0</td><td>719</td><td>5.3</td></tr>
<tr><td>근로</td><td>64</td><td>2,798</td><td>63</td><td>2,762</td><td>-1</td><td>-1.6</td><td>-36</td><td>△1.3</td></tr>
<tr><td>직업적응
훈련시설</td><td></td><td></td><td>3</td><td>34</td><td>3</td><td>-</td><td>34</td><td></td></tr>
</table>

출처 : 2016년 보건복지부통계.

제7장

장애인 직업재활

1. 직업재활 과정
2. 직업재활시설
3. 직업재활시설의 유형
4. 직업재활시설의 역할과 기능
5. 장애인 직업재활시설의 설치·운영 기준
6. 직업재활시설 종사자의 역할 및 기능

제7장 장애인 직업재활

직업이란 인간다운 삶을 영위하기 위한 중요한 수단이며, 자아실현을 위한 수단이 되기도 한다. 현대 사회를 살아가는 대부분의 사람들은 취업을 통해 삶을 영위하고 있으며, 장애인이든 비장애인이든 취업을 위한 노력을 하고 있다. 특히 장애인이 직업을 갖는다는 것은 장애인 자신의 존재가치와 존엄성을 높이고 사회 구성원으로서 사회에 기여할 수 있는 기회를 가진다는 것을 의미한다. 이러한 관점에서 장애인의 직업재활은 장애인 개인의 직업적, 사회적, 심리적 욕구충족을 이루는 주요한 수단이며, 장애인이 의존적인 삶에서 탈피하고 독립적인 생활을 할 수 있도록 함으로써 자아실현과 자존심을 고취시키는 역할을 한다(이병화 외, 2017).

장애인은 기능의 제한을 가지고 있어 비장애인에 비해 직업 활동을 하기 어렵고, 직장 내에서 인간관계, 사회관계망을 형성하기가 어렵다는 단점을 가지고 있다. 더욱이 오랜 세월 동안 이들은 가치 이하로 평가되었고 이로 인해 이들에 대한 역할기대가 낮고 직업적 역량을 갖추기 위한 기회나 경험들이 비장애인에 비해 배제가 되어왔다. 장애인들이 직업적 역량을 가지고 정상적인 사회적 역할을 수행하기 위해서는 오랜 시간이 필요하며 국가나 사회의 지원을 필요로 한다. 이들의 직업적 능력 발휘를 위해서는 적극적인 우대정책을 통해 사회적 역할인지로 인한 차별을 해소할 수 있는 정책이 있어야 한다. 직업재활시설은 이러한 의미에서 일반고용시장에서 일자리를 찾기 어려운 장애인들에게는 사회적 역할인지를 개선할 수 있는 대안이며, 이를 통해 장애인의 역량강화와 인식개선이 동시에 이루어질수 있다고 본다(나운환 외, 2015). 또한 장애인에게 인간의 가치실현과 신체적, 정신적 잠재능력을 개발하여 그들로 하여금 기본적 자립을 도모하고, 완전한 사회의 구성원으로서 사회참여과 통합을 이룰 수 있는 전제 조건 중 하나인 재활은 단순한 치료나 훈련 등의 기술적인 것만이 아니고 심신장애를 가진 사람이 훌륭한 사회인으로서 생활할 수 있게 되는 것을 말한다. 즉, 장애의 보충이나 보상, 치료회복과 개선, 문제의 해결과 극복으로서 장애인이 전인간적인 회복이 이루어질 수 있도록 모든 요구를 충족시켜 주는 종합적인 서비스라고 말한다(박석돈, 2008).

Parker와 Szymanski(1998)는 '장애인이 고용될 수 있도록 하기 위해서, 특별한 욕구와 적격대상의 고용 잠재력을 개발하고 계획하는 조직적인 과정으로서, 일차적 목적은 정신적 · 심리적 손상을 가진 사람에게 필요한 고용을 해결하고자 하는 종합적인 체계'라고 정의하였다. 직업재활은 장애인이 경제적, 사회적으로 하나의 독립된 주체로서 생활하고 직업에 적응할 수 있도록 돕기 위해 계획된 서비스로서, 목표 지향적이고 개별화된 일련의 연속적인 과정이다(Emener, 1980).

사람은 누구나 직업을 갖고 살아가기 때문에 직업이란 것은 인간의 삶에 있어서 중요한 의미를 가지고 있다. 사회구성원의 일원으로서 직업을 통해 자신의 소임을 다하고, 아울러 국가 사회의 발전에도 기여하게 된다. 직업은 생계유지의 수단이기도 하며, 우리에게 삶의 보람과 만족을 느끼게 해주기도 하고, 생애의 목적을 달성하도록 도와준다. 그러나 장애인은 신체적, 정신적 손상으로 인하여 안정된 고용을 확보하지 못하고, 또한 고용이 되었더라도 실질적으로 유지될 가능성이 적어 직업을 갖는 것이 제한적이다(유혜경, 2007).

국제노동기구(ILO : International Labour Organization)는 '계속적 또한 종합적 재활과정 안에 장애인이 적당한 취업의 장을 얻고, 그것을 계속하는 것을 가능하게 하기 위한 직업적 서비스, 예를 들면 직업지도, 직업훈련 및 선택적 소개를 제공하는 부분을 말함'이라고 한다. 이 정의에서, 직업재활은 그 자체 단독적으로 성립되지 않고 의학, 사회학 및 교육 등으로 구성된 종합재활의 과정이며, 직업재활이 그 기능을 충분히 발휘하기 위해서는 그 밖의 재활분야와 유기적 연대와 제휴를 확보해야만 할 것이다.

직업재활의 과정을 보면, 장애인의 직업적 잠재능력을 평가하고 평가된 자료에 근거하여 상담하고 훈련시킴으로써 취업에 이르게 하는 과정이라고 볼 수 있다. 이러한 과정은 직업대상자의 평가, 직업훈련, 직업안정과 지도, 직업배치와 사후지도, 그리고 특수한 지도형태로 나눌 수 있다. 직업재활은 직업적 적성, 직업적 특성, 기능과 환경특성, 흥미, 잠재능력을 평가하고, 그에 적절한 직업상담, 직업훈련, 지원고용, 직업탐색, 적응훈련, 직업정보의 제공을 통한 직업적 배치로 경제적, 사회적으로 자립할 수 있도록 지원하는 과정이자 고도의 전문적 서비스이다(조영길, 2006).

국내 장애인 직업재활시설의 개념은 장애인복지법 제58조에 '일반 작업환경에서는 일하기 어려운 장애인이 특별히 준비된 작업환경에서 직업훈련을 받거나 직업 생활을 할 수 있도록 하는 시설'로 정의하고 있다. 「장애인고용촉진 및 직업재활법」 제2조에서는 '고용촉진 및 직업재활이란 장애인의 직업지도, 직업적응훈련, 직업능력개발훈련, 취업알선, 취업, 취업 후 적응지도 등에 대하여 이 법에서 정하는 조치를 강구하여 장애인이 직업재활을 통하여 자립할 수 있도록 하는 것'으로 정의하고 있다.

현재는 의료 및 재활공학의 눈부신 발전과 함께 과거에 고용을 생각할 수 없었던 장애인들의 독립생활을 가능하게 하고 있으며, 이러한 것은 구체적 소득활동과도 연계될 수 있다. 인간은 직업을 통하여 사회에 참여하고 그 안에서 삶의 기쁨과 만족을 얻을 수 있으므로 장애인에게 적절한 방법으로 적절한 일을 수행하도록 돕는 것은 장애인들이 사회구성원으로서의 역할을 하는 데 매우 중요한 것이라고 볼 수 있다.

1. 직업재활 과정

직업재활은 장애인이 자신의 잔존능력과 적성을 고려하여 직업을 선택하고 직업생활에 적응하는 것을 돕는 체계적이고 연속적인 서비스 과정이다. 이러한 직업재활 서비스의 과정은 상담부터 적응지도까지 여러 단계로 구성되어 있다. 이러한 단계는 독립적으로 움직이지 않고 전체가 하나의 유기체처럼 작동하며, 장애인 개개인의 특성에 따라 그 과정이 세부적인 면에서 차별화될 수 있다.

우리나라의 직업재활 서비스의 전달과정을 보면, 내담자의 의뢰에서부터 초기면접이 이루어지는데, 직업상담, 평가계획의 수립, 직업평가, 평가회의, 보고서 작성, 직업재활방향의 설정, 개별 직업재활 계획수립 및 수정 등을 한다. 또한 훈련, 보호고용, 지원고용, 취업알선, 적응지도, 종결 등의 직업재활 서비스를 제공한다. 초기면접에서는 직업 상담을 통하여 클라이언트의 욕구 및 환경을 파악한다. 즉, 클라이언트의 심리사회적 요인들과 신체적 요인들, 교육적, 직업적 기술발달요인, 경제적 요인들을 파악하게 된다. 그러나 장애 유형이나 각 개인별 특성을 고려하지 않고 하나의 직업재활서비스 과정으로 모든 장애인을 획일적으로 적용하여서는 안 된다. 즉, 직업재활계획은 각 개별 장애인의 잔존능력과 욕구를 근거로 하여, 독립된 하나의 직업재활과정을 통하여 수립되어야 할 것이다.

2. 직업재활시설

먼저 각 나라의 직업재활시설의 개념을 보면, 미국보호작업장협회(National Association of Sheltered Workshops)는 '직업적으로 장애를 가진 사람으로 하여금 노동자로서 자신이 최대한의 잠재력을 발휘할 수 있도록 그들의 목표와 임금지급 등 편의를 제공할 수 있고 적절한 노동배경을 만들어 주는 비영리재활시설을 말한다'라고 정의하고 있다. 영국의 장애자 고용법(The Disabled Persons Employment Act)에 따르면 '중증장애인이 집단 내에서 일을 할 수 있도록 기회를 제공하는 시설'이라고 정의하고 있다. 네덜란드의 보호고용법(Sheltered Employment Act)에서는 '정상적인 조건하에서 일할 수 없는 미취업 장애인을 위해 보호적 조건하에서 고용의 기회를 제공하는 시설'로 정의하며, 일본의 신체장애자복지법, 지적장애자복지법을 보면 '18세 이상의 장애인으로 일반고용이 어려운 자를 입소시켜 자립에 필요한 훈련과 직업을 제공함으로써 자립을 돕는 시설'이라고 규정하고 있다.

우리나라의 경우에는 장애인복지법 제58조에 의하면, 직업재활시설이라 함은 일반작업 환경에서는 일하기 어려운 장애인이 특별히 준비된 작업환경에서 직업훈련을 받거나 직업생활을 할 수 있도록 하는 시설을 말한다. 이는 '장애인의 사회통합'이라는 목표달성을 위한 곳으로 장애인의 능력과 적성에 맞는 직업생활을 통하여 인간다운 생활을 할 수 있도록 장애인 직업재활과 관련된 제반 서비스(보호고용, 직업상담, 직업능력평가, 직업적응훈련, 직업훈련, 작업 활동, 취업알선, 취업 후 지도, 장애인 생산품 판매 및 판로 확대 등) 및 취업기회를 제공하여 장애인의 자활·자립을 도모하는 데 그 목적이 있다.

3. 직업재활시설의 유형

1) 미 국

미국의 노동부 임금국은 최저임금과 장애정도에 따라 정규작업장, 작업활동센터, 평가 및 훈련작업장으로 분류하는데 이 분류 방법은 미국에서 공식적이고 가장 일반적인 분류 방법이다. 여기에 정규작업장(regular program)은 최저임금의 1/2 이상의 생산력을 발휘할 수 있는 장애인들을 위해 설립된 작업장이며, 작업활동센터(work activity center)는 심신의 장애가 심해 최소한의 작업생산성밖에 올릴 수 없는 장애인들을 위해 마련된 작업장으로서 최저임금에 대한 보장은 없으나 치료적 활동을 제공하는 작업장이다.

평가 및 훈련작업장은 장애인의 직업 또는 작업 잠재력을 결정하는 데 있어서 작업을 매개체로 활용하는 작업장으로서 최저임금에 대한 보장은 없으나 최저임금의 50% 미만을 받을 경우에는 사전에 허가를 받아야 한다.

2) 영 국

영국의 경우 장애인 직업재활시설의 유형은 보호공장(sheltered workshop), 보호산업그룹(sheltered industrial group)으로 분류하고 있다.

보호공장은 1944년 장애인고용법에 의해 설립된 렘플로이 공사로, 경쟁고용이 어려운 장애인에게 취업의 장을 마련해 주는 대표적인 유형으로 렘플로이가 직접 고용의 기회를 제공하는 방식과 지역사회 기업에 지원고용하게 되는 인터워크 프로그램(interwork program)이 있다. 인터워크 프로그램이란 렘플로이 각 사업장에서 일정수준의 기술을 축적한 장애인들이 원하는 것에 따라 렘플로이 내의 사업장에 근무하지 않더라도 영국의 어느 사업장에서도 일할 수 있도록 하는 프로그램을 말한다. 보호산업그룹은 렘플로이 공장 등에 소속되어 있는 중증장애인들이 지역 내의 기업체 등에 그룹으로 나가서 특별한 감독하에 취업하는 것을 말한다(손우덕, 2006).

3) 일 본

일본의 경우, 2006년 복지적 취로에서 일반고용으로의 이행을 촉진하기 위한 개혁을 실시하여 장애인자립지원법을 시행하면서 기존의 보호작업시설인 수산시설, 복지공장을 기능별로 재편하였다.

수산시설은 장애인으로서 현재의 조건으로는 고용이 힘들다고 판단되는 자가 잠재기능을 개발하여 자활할 수 있도록 지원하는 재활훈련 시설이다. 이 시설은 대기업을 유치하여 의학적이며 노동과학적인 측면에서 적절한 일과 직종을 개발하여 최대량의 생산성 향상을 통해 안정된 직장을 제공하는 시설이다.

복지공장은 중증장애인들에게 취업의 장을 제공하여 건전한 사회생활을 영위하도록 하는 것을 목적으로 하고 있다. 이 시설은 주로 중증 신체 장애인으로서 작업능력은 있으나 직장의 설비, 구조, 통근 시의 교통사정 때문에 일반고용이 어려운 자에게 직장을 주고 생활지도나 건강관리하에 건전한 사회생활을 영위할 수 있도록 돕는 시설이다. 법인과 기업체가 협력하여, 법인은 장애인의 건강, 노무, 위생, 복리후생관리를 담당하고, 기업은 기계설비, 기술, 생산, 판매 관리를 담당한다(안유경, 2002).

4) 네덜란드

네덜란드는 장애인 직업재활시설의 작업 성격에 따라, 산업장애인 직업재활시설(industrial centers), 행정장애인 직업재활시설(administrative centers), 야외장애인 직업재활시설(open-air project)로 분류한다.

산업장애인 직업재활시설은 주로 제조업을 수행하는 작업장으로서 생산업자(하청업자)의 기능을 수행하고 때로는 그들 자신의 생산품을 생산하는 작업장이다. 행정장애인 직업재활시설은 주로 행정적인 업무를 대행해 주는 업무를 하는 작업장으로서, 자료정리, 우편작업, 인쇄물 정리 등의 업무를 수행하는 작업장이다. 야외 장애인 직업재활시설은 주로 야외에서 공적인 업무의 대행을 해주는 작업장으로 주로 공원, 스포츠센터, 하우스 관리 등의 업무를 수행하는 작업장이다(나운환 외, 2005).

5) 우리나라

우리나라의 장애인 직업재활시설은 1999년 장애인복지법이 개정되면서 그동안 보호작업장과 근로시설로 운영되었던 직업재활시설이 작업활동시설, 근로작업시설, 직업훈련시설, 생산품판매시설 등 5개 유형으로 세분화되었으며, 2008년 이후에는 다시 2개의 유형으로 운영되고 있다.

〈표 7-1〉 우리나라 직업재활시설 유형의 변천

2000년 이전	2000~2007년	2008년 이후
① 보호작업장 ② 근로시설	① 작업활동시설 ② 보호작업시설 ③ 근로작업시설 ④ 직업훈련시설 ⑤ 생산품판매시설	① 보호작업장 ② 근로시설

출처 : 손정녀(2013).

〈표 7-2〉 각국의 장애인 직업재활시설의 유형과 분류기준

국 가	유 형	분류기준
한 국	보호작업장 근로사업장	역할과 기능(기능훈련, 적응훈련, 보호고용, 판매)
미 국	CRPs(장애인 직업재활시설) 작업활동센터	역할, 장애정도(직업적 능력) 최저임금 정도
영 국	렘플로이(장애인 직업재활시설) 보호산업그룹(일종의 지원고용)	역할, 직업적 제능력
일 본	공공직업안정소(헬로워크) 장애인 취업생활 지원센터	역할, 장애인의 직업적 제능력
네덜란드	산업장애인 직업재활시설 행정장애인 직업재활시설 야외장애인 직업재활시설	작업의 성격

출처 : 나운환 외(2005),

4. 직업재활시설의 역할과 기능

직업재활시설의 역할과 기능에 대해서는 장애인복지법 제58조에 장애인 직업재활시설에 대하여, '일반 작업환경에서는 일하기 어려운 장애인이 특별히 준비된 작업환경에서 직업훈련을 받거나 직업생활을 할 수 있도록 하는 시설'이라고 정의하고 있다.

Nelson(1971)은 직업재활시설의 기능을 다음과 같이 정의하였다.

① 직업재활시설은 완전경쟁시장 혹은 보호환경 내에서의 적절한 직무배치를 위해 직업잠재력을 평가하는 기능을 가진다.
② 직업재활시설은 장애인의 완전고용을 위해 준비하는 기능을 갖는다.
③ 직업재활시설은 작업경험을 통해 직업준비 프로그램을 개발하는 기능을 갖는다.
④ 직업재활시설은 장애인의 행동결함을 수정하는 직업적응 훈련의 기능을 갖는다.
⑤ 직업재활시설은 기술훈련을 제공하는 기능을 갖는 한편 이 훈련은 OJT(On the Job Training, 현직훈련)이다.
⑥ 신체기능을 개선하는 기능을 갖는다.
⑦ 장애인의 정신건강을 회복시키는 기능을 갖는다.
⑧ 다른 서비스를 효과적으로 줄일 수 있도록 준비하는 기능을 갖는다.

직업재활시설은 완전경쟁시장 혹은 보호환경하에서 직업능력평가나 적절한 직무배치를 위해 직업잠재력을 평가하는 역할, 작업경험을 통해 직업준비 프로그램을 개발하는 역할, 행동결함을 수정하는 직업적응훈련의 역할, 기술훈련을 제공하는 역할, 장애인의 신체기능을 향상시키는 역할, 장애인의 정신건강을 회복시키는 역할, 다른 서비스를 효과적으로 줄일 수 있도록 준비하는 역할을 해야 한다고 말한다(김정일, 1999).

5. 장애인 직업재활시설의 설치 · 운영 기준

장애인 직업재활시설의 설치 및 운영은 장애인복지법, 사회복지사업법, 「보조금관리에 관한 법령」에 의거한다. 시설의 종류와 기능은 장애인복지법 제58조 및 동법 시행규칙에 규정하고 있으며, 시설의 설치신고 및 운영개시, 감독은 장애인복지법 제59조, 제60조에, 시설의 재무회계관리는 「사회복지법인 및 사회복지시설 재무·회계 규칙」에 의거한다.

6. 직업재활시설 종사자의 역할 및 기능

장애인 직업재활시설에서 직접적으로 장애인들에게 서비스를 제공하는 것은 시설 종사자이다. 종사자들이 어떤 역량을 가지고 어떤 역할을 하느냐에 따라 장애인들에게 제공되는 서비스의 양과 질은 차이가 날 수밖에 없다.

직업재활시설의 종사자들은 장애인에게 질 높은 직업재활서비스를 제공하기 위해 최선의 노력을 다하여야 할 것이며, 이를 위해 전문지식과 기술을 갖추고 재활서비스의 질을 향상시키기 위한 노력이 필요하다. 직업재활시설의 종사자의 역할은 다음과 같다.

〈표 7-3〉 직업재활시설 종사자의 역할

역 할	내 용
조정자 (통합자)	• 다른 기관이나 다른 분야와 협력하고 조정하는 역할 • 옹호나 조정 가능성을 파악하는 일뿐만 아니라 기술적인 지원과 서비스를 연계하고 수행하기 위해 여러 다양한 방법으로 직접 개입하는 역할
중개자	• 고용주에게 재활복지 대상자인 장애인을 추천 • 미시·중범위·거시체계 사이의 논쟁이나 또는 갈등을 해결하는 역할 • 장애인 고객과 지역사회의 자원이나 서비스 연결을 돕는 역할
훈련자	• 장애인 고객이 취업 시 도움이 되는 행동과 고용기회를 탐색하는 데 필요한 기술들을 가르치고 지도하는 역할
안내자	• 직업탐색 방법과 여러 작업장의 장단점 및 지역 여건에 관한 직업정보 등 장애인 고객에게 필요한 정보를 제공해 주는 역할
치료자	• 장애인 고객이 자신을 더 잘 이해하도록 돕는 역할 • 장애인의 능력과 제한을 고용기회와 잘 대응시킬 수 있게 돕는 역할 • 직업선택에 필요한 자신감·책임감·자립 능력을 증대시키는 역할
조력자	• 장애인 고객이 다양한 스트레스에 대처하도록 돕는 역할

관리자	• 장애인복지 기관이나 부서의 행정책임과 관련이 있는 것으로 조직의 목표를 세우고, 서비스 프로그램을 운영 • 기관의 효과성과 효율성을 높이고, 재정 자원을 확보하며, 지역사회의 지지를 얻는 기관실무자의 일을 조정하는 역할
교육자	• 장애인 고객과 다른 체계에 정보를 제공하며 기술을 가르치는 일
분석자 (평가자)	• 프로그램과 체계가 제대로 기능하는가를 분석하거나 평가 • 자신이 개입하는 것의 효과성도 평가하는 역할
촉진자	• 집단의 지도자 역할 • 가족치료집단이나 과업집단, 감수성훈련집단, 교육집단, 자조집단, 그 밖의 다른 목적을 가진 집단에 개입하는 역할
협상가	• 모든 쪽이 가능한 한 함께 합의에 도달할 수 있도록 찾는 일을 하는 데 중립적인 역할을 하는 중개자와 달리 어느 한쪽과 연결되어 협상하는 역할
옹호자	• 장애인 고객을 위해 일을 진행하고 말하는 역할 • 특히 장애인 고객이 필요한 것을 얻을 힘이 없을 때의 적절한 역할

출처 : 김병섭(2016).

〈표 7-4〉 직업재활시설 종사자의 기능

기 능	내 용
사례관리	• 사례관리 기능은 초기면접, 서비스 조정, 사례기록 및 보고 과업으로 구성됨 • 초기면접은 장애인 고객이 원하고 있는 것이 무엇인지, 기관이 고객을 도와줄 수 있는지, 장애인 고객의 서비스 자격조건 및 가능성 결정을 위해 어떤 평가가 필요한지에 대한 개념을 제공 • 서비스 조정은 전문가의 주요한 사례관리 책임임
직업평가와 면담	• 직업평가는 관련 정보를 추출하여 가공하는 작업을 통해 장애의 직업적 함의, 직업목표와 장애와의 일치도, 필요한 재활서비스 등을 결정 • 면담은 장애인 고객 개인이 직업적 선택 촉진. 이 과정 중 전문가는 고객과 함께 재활서비스 계획을 작성
심리사회적 재활상담	• 장애인들의 재활서비스 프로그램에 참여하는 데 따른 걱정 등과 장애에 관한 부정적 감정의 해소 등을 도와주는 전반적인 상담
직업배치	• 직업배치 상담과 직업개발을 포함. 직업배치상담은 직업탐색과 직업적응과정에서 나타남 • 배치상담은 직업탐색, 기술훈련, 직업기회에 대한 정보제공, 취업 후의 상담 등 여러 형태를 지닐 수 있음 • 직업개발은 고용주에게 '고객–작업' 연결 정보를 제공하고 현장훈련의 기회 제공으로 장애인고용을 저해하는 태도의 장벽을 허물음

출처 : 김병섭(2016).

직업재활시설 종사자들에게 직업재활 전문가로서의 역할은 이전에 비해, 직업재활시설의 활성화와 더불어 더욱 다양하게 변화될 것이다. 생산적 복지에 대한 역할이 더욱 강조되고 있으며, 이를 위해 직업재활시설 종사자들에게 마케팅, 영업, 제품 홍보, 제품 생산성, 서비스 정신, 고객관리 등 이익 창출을 위한 역할에 대한 요구가 늘고 있다. 또한 이용 장애인들을 위한 보다 질 높은 직업재활서비스 제공을 위한 역할도 강화되고 있다.

〈표 7-5〉 확대된 장애인 직업재활시설 종사자의 기능과 역할

구 분	기능과 역할
기존의 기능과 역할	직업상담, 직업평가, 진로지도, 직업재활계획수립 및 방향설정, 직업적응훈련, 직무지도, 직무개발, 고용전이, 취업 후 적응지도, 사후지도
확대된 기능과 역할	생산활동, 마케팅, 영업 및 거래처 개발, 생산과 관련된 기술습득, 고객관리, 정보수집, 이익관리, 각종 인증 관리, 기타 장애인 임금지급 및 고용유지를 위한 기능과 역할

출처 : 안성기(2011).

직업재활시설 종사자의 기능과 역할이 확대되면서 종사자들은 다른 사회 구성원들과의 네트워크가 확대되고 있다. 직업재활 전문가, 사회복지 전문가, 관련 공무원, 장애인 이용자, 장애인 보호자뿐만 아니라 직업재활시설이 판매하고 있는 서비스, 생산품에 따라 각각의 전문가들과 네트워크가 넓어지고, 그에 따라 직업재활시설 종사자의 사회자본 역시 증가하고 있다고 볼 수 있다. 이렇게 직업재활시설의 역할이 다양해짐에 따라 직업재활시설 종사자 역시 변화를 수용하고 사회자본을 키우는 직무역량을 강화시켜 나가야 할 것이다.

제8장
장애인 의료재활

1. 의료재활의 개념
2. 의료재활서비스의 내용
3. 의료재활의 전문인력
4. 의료재활시설

제8장 장애인 의료재활

1. 의료재활의 개념

의료재활이란 신체적, 정신적 기능장애를 가진 사람들에게 적절한 재활치료를 제공하여 신체적 또는 정신적 기능 회복을 도와주는 것으로, 재활의학 전문의, 물리치료사, 작업치료사, 보장구 제작사 등과 같은 전문인들이 양질의 의료재활서비스를 제공하기 위해 협조관계를 유지하고 있다.

의료재활은 단순히 외상이나 질병에 대한 병소(病巢)를 치료하는 것으로 끝나지 않으며, 장기간 존속하는 장애인의 취약한 기능을 최대한 회복시켜 일상생활에 적응하도록 하여 사회로 진입하도록 하는 것이다.

의료재활의 목표는, 첫째, 가능한 한 신체적 장애를 예방하고, 둘째, 신체적 장애를 제거 또는 경감시키며, 셋째, 장애가 있더라도 그 제약 내에서 능력을 최대한 발휘하여 인간다운 생활을 할 수 있도록 훈련시키는 것이라 볼 수 있다(최명선, 2002).

의료재활은 같은 종류와 같은 정도의 신체적 결손 또는 기능 저하(impairment)를 보유한 사람의 경우에도 의료재활 치료의 제공 여부에 따라 일을 수행할 수 있는 능력결여(disability) 정도가 달라질 수 있다. 즉, 같은 수준의 장애를 가지고 있더라도 의료재활치료를 통하여 장애로 인한 문제를 극소화시킴으로써 기능적, 사회적으로 활동을 극대화할 수 있는 반면 장애에 대한 적절한 재활치료를 실시하지 않을 경우 장애가 심화될 수도 있다.

장애인들은 일반적으로 질병에 이환(罹患)되기 쉽기 때문에 건강 유지 측면에서

의료재활서비스는 일반적인 의료와 밀접한 관계가 있다. 의료는 질병에 걸린 사람 또는 외상을 입은 사람을 치유하는 의학적 수단인 동시에 상병의 예방, 더 나아가서는 인간의 건강유지, 건강증진을 도모하는 것이다. 의료재활서비스의 특징은 다음과 같다(최명선, 2002).

① 일반의학은 질병의 국소적 치료에 관심을 두고 이루어지는 의학이며, 예방의학은 질병의 예방에 관심을 두며, 재활의학은 질병을 치료하고 있는 환자나, 질병의 후유증을 가지고 있는 사람의 전인적 기능에 관심을 두고 있다. 즉, 의료재활서비스는 결손된 신체 부위를 대행하거나 보조해서 신체적 기능을 향상시키는 것은 물론 신체적 한계를 지닌 장애인의 활동영역을 넓혀 주는 각종 기계적 설비기술까지도 포함한다. 이는 장애를 지닌 사람들을 훈련시킴으로써 장애를 최소화하여 일상생활 및 사회생활의 수행능력을 회복, 증진, 강화시켜 주는 것이다.

② 의료재활서비스는 그 사람이 가지고 있는 기형이나 잔류능력을 회복시키는 데 있어서 오랜 시간이 요구된다는 점이 있다. 그러나 이들이 적절한 시기에 적절한 의료재활을 받지 못한다면 이차적 기형이나 잔류능력의 소실 등이 뒤따르게 되어 더욱 의료재활 치료의 수행이 어렵게 되며, 더 나아가서는 사회생활에 완전한 참여가 어려워져 사회적, 경제적 능력을 완전히 상실하게 되기도 한다. 그러므로 이들에 대한 재활의 우선순위는 장애의 종류별, 장애의 정도 등을 고려하여 전문가로부터 적절한 의료재활서비스를 받도록 하여 최대한의 기능회복을 통해서 일상생활의 적응은 물론 사회생활로의 복귀가 이루어지도록 해야 한다. 이처럼 의료재활에 있어서 신체적인 치료뿐만 아니라 사회적인 복귀의 두 가지 측면을 고려해야 하기 때문에 의료재활서비스의 전달에 있어서도 체계적인 방법으로 이루어져야 하며, 일반 의료에 비해 오랜 시간을 필요로 한다.

③ 의료재활서비스는 장애의 예방, 장애의 조기발견뿐만 아니라 장애를 가진 이들에게 각종 재활치료를 행하는 포괄적인 서비스를 제공한다. 즉, 의료재활서비스에 있어서는 여러 재활전문가 등의 상호 긴밀한 팀워크가 어느 의료행위보다도 중요하다.

④ 의료재활서비스는 장애인이 지닌 잠재능력을 최대한 발휘할 수 있도록 치료, 훈련 등 여러 방법을 활용하여 될 수 있는 대로 빨리 회복시키거나 개선을 도모하는 모든 조치가 포함되어야 하므로 그 과정은 활동적이고 총체적이며 광범위하다. 그러므로 의료재활서비스는 장애인의 특수한 제한점이나 능력 등을 고려하여 개개인의 장애에 적합하게 의학적, 심리적, 사회적, 교육적, 직업적 측면에서 의료재활서비스가 총체적으로 제공된다.

2. 의료재활서비스의 내용

의료재활서비스는 장애인의 잔존 능력을 개발하여 장애인들이 일상생활에 적응하며, 생업활동에 장애인을 참여시키는 것을 목적으로 한다. 그러므로 의료재활서비스는 의료뿐만 아니라 심리적, 사회적, 직업적 제반서비스와 같이 제공되어 전인재활(total rehabilitation)을 시키는 것을 원칙으로 하여야 한다. 의료재활서비스에서 지체, 내부기관의 장애, 정신적 장애를 제거하거나 감소시키기 위한 물리치료와 작업치료, 심리치료 등은 재활의학의 핵심 부분이라고 할 수 있다(최명선, 2002).

1) 물리치료(Physical Therapy)

물리치료는 열, 전기, 광선, 물, 운동요법과 같은 물리적 에너지 현상뿐만 아니라 치료사의 손에 의한 도수적 방법(manipulation)으로 동통 등을 완화시키거나, 치료적인 수단을 이용하여 근육의 수축 및 이완, 혈액의 순환 등을 도와주고, 비정상적 자세 및 운동 형태를 교정시키는 목적으로 물리치료사에 의하여 이루어지는 체계적이고 과학적인 의료재활의 한 전문영역이다.

물리치료의 과정은 물리치료를 필요로 하는 장애인의 문제점 파악 및 재활계획을 설정하는 측정 및 평가과정과 이러한 평가과정에 의하여 선택된 적절한 치료방법이나 운동치료 방법 등을 선택하여 대상자에게 직접적으로 재활치료를 행하여 주는 재활서비스 과정으로 분류할 수 있다.

물리치료의 유형은 다음과 같다.

① 온열 및 냉열을 이용하여 동통 및 혈액순환을 돕는 열치료
② 전류를 이용하여 근육 및 신경을 자극하여 근육의 위축 및 동통을 완화시키는 전기치료
③ 자외선, 적외선, 레이저 광선을 이용하여 살균 및 질환을 치료하는 광선치료
④ 물이 지닌 물리학적인 성질, 즉 점성과 부력을 이용하여 관절 운동의 개선과 동통 완화를 위한 수치료
⑤ 운동에너지를 치료에 응용하여 지세의 교정 및 자연스런 운동 형태가 이루어지도록 하는 운동치료
⑥ 척추 및 주위 조직의 이상을 경감하기 위한 정형도수치료(orthopedic manual therapy)
⑦ 물리치료 대상자들에게 대한 장애정도와 진전 정도에 대한 예후를 결정하기 위한 진단 및 평가
⑧ 보장구의 선택 및 이에 대한 기능훈련, 물리치료에 필요한 기기, 약품의 사용 및 관리, 기타 보호자 및 가족구성원들에 대한 적절한 교육과 물리치료에 대한 전문 교육

2) 작업치료(Occupational Therapy)

작업치료는 선택된 작업활동(activity, work, task, play)을 통하여 장애인의 병소를 감소시키거나, 교정, 예방을 하여 장애인 스스로가 외부 환경에 적응할 수 있도록 능력을 길러주고, 보다 생산적 활동에 참여하는 데 필요한 기술과 기능을 학습하도록 도와주어 궁극적으로는 장애인의 일상생활동작(activities of daily living)뿐만 아니라 사회생활의 수행능력을 회복, 증진, 강화시켜 주는 의료재활의 한 전문영역이다.

작업치료에는 신체의 기능을 향상시키기 위한 기능적 작업치료, 정신과 영역의 환자뿐만 아니라 신체의 기능 손실과 동반된 인지 및 지각능력을 상실한 자들을 위한 심리적 재활을 위한 작업치료, 환자의 신체적, 정신적 상태에 맞는 작업 활동을 선택해 줌으로써 장차 이들이 사회에 나가 직업을 가질 수 있도록 돕는 직업재활을 위한 작업치료 등으로 분류하기도 한다.

신체의 기능을 향상시키기 위한 기능적 작업치료로서는, 입체감각(stereognosis), 이점식별능력(two point discrimination)과 같은 피부감각의 식별능력증대, 장애자의 운동발달 촉진, 환자의 관절 가동 범위증가 및 손의 기민성(dexterity) 눈과 손의 협응능력(eye-hand coordination) 증진, 심폐기능의 증진, 근력 및 근의 지구력 향상 등과 같은 치료가 있다.

정신과 영역의 환자뿐만 아니라 신체의 기능 손실과 동반된 인지 및 지각능력을 상실한 자들을 위한 심리적 재활을 위한 작업치료는, 발달검사, 감각통합검사(sensory integration test), 지능검사, 심리검사, 스트레스검사 등을 통한 환자의 심리적 기능, 정신적 기능, 인지적 기능 등을 평가하는 등의 치료가 있다.

3) 언어치료(Speech Therapy)

언어재활서비스 모든 유형의 재활서비스가 원만히 이루어질 수 있는 도구적 기능과, 동시에 장애인의 사회통합에 가장 핵심적인 언어 기능을 신장시킨다.

언어장애의 유형은 다음과 같다.

① 조음장애(articulation disorder)
② 언어장애(language disorder)
③ 음성장애(voice disorder)
④ 유창성장애(fluency disorder)

언어장애에 대한 재활치료는, 언어장애인의 판별, 언어장애의 진단과 평가, 언어치료 프로그램의 선정, 언어치료의 실시(조음장애, 유창성장애, 음성장애, 기호장애), 언어장애에 관한 부모, 언어장애인, 교사들의 상담과 지도 등으로 이루어져 있다.

3. 의료재활의 전문인력

의료재활의 목표는 신체상의 장애를 최소한으로 줄여주고 잠재하고 있는 신체상의 능력을 최대한으로 개발하여 일상생활과 일에 적응할 수 있도록 하여 주는 것이다. 그러므로 의료재활의 전문 인력들의 상호 긴밀한 팀워크가 중요하다. 의료재활에 필요한 전문 인력으로서는 재활의학 전문의, 물리치료사, 작업치료사, 간호사, 언어치료사, 임상심리사, 사회복지사, 심리치료사, 보장구 제작사 등이 있다.

1) 재활의학 전문의

재활의학 전문의는 장애인의 과거병력과 현재병력을 통해 장애정도를 파악하고 신체의 병적 증상을 알아보는 이학적 검사와 각종 검사를 통해 장애인의 상태를 포괄적으로 파악한 후 재활치료팀에 속해 있는 각 전문 분야 요원들의 역할을 각 장애인의 상태에 맞게 배정하고 조화시킴으로써 재활치료 효과를 최대한으로 극대화시키는 중요한 역할을 담당한다. 재활의학 전문의는 장애인이 의료재활을 받은 후에 달성되리라 예측되는 목표를 설정하여 주고, 그 목표를 달성하기 위한 의료재활의 방향을 설정하여 준다.

2) 물리치료사

물리치료사는 장애인의 거동을 훈련시켜 주고 관리해 주며 치료해 주는 역할을 담당하고 있다. 통증이나 마비된 부분 등을 치료하기 위해서 여러 가지 물리적인 요법을 시행하거나 관절이 굳어지는 관절 구축을 방지하기 위한 관절운동, 사지의 힘을 늘리는 근육강화운동, 허리의 통증 등을 재활치료하고 예방하는 역할을 한다.

3) 작업치료사

작업치료사는 신체적 · 정신적 장애인을 대상으로 적절한 작업 활동을 선택하여 제공하고 훈련함으로써 한 개인이 최대한 독립된 생활로 복귀할 수 있도록 하며, 장애인을 독립생활로 복귀하도록 하기 위해서는 일상생활동작 훈련을 집중적으로

지도한다. 일상생활동작(ADL)은 밥 먹는 동작, 목욕하는 동작, 몸치장하는 동작, 옷 입고 벗는 동작, 대소변을 조절하는 능력 및 처리하는 동작, 의자 및 침대로 이동하는 동작, 휠체어 이동 또는 보행하는 동작, 계단을 오르내리는 동작 등의 10개의 항목으로 구성되어 있다. 이러한 일상생활동작 수행을 장애인이 원활히 하도록 돕기 위한 도구로서는 보조기, 부목, 자조도구(기능적 생활상의 독립을 위하여 환자의 개별적 장애 및 신체 기능 정도에 맞게 제작된 일상생활동작 보조기구 및 도구) 등이 있으며 작업치료사는 이러한 도구들을 각 환자에게 맞도록 제공하고 도구에 적응되도록 훈련하는 역할을 담당한다.

4) 언어치료사

언어치료사는 말을 잘하지 못하거나 알아듣지 못하는 장애인을 대상으로 표정 짓기, 몸짓, 손짓하기, 글로 쓰기 등의 다양한 방법을 이용하여 언어장애를 치료하여 주는 역할을 담당한다. 이와 함께 각 개인에게 알맞은 언어 보조기를 선택하여 제공해 주는 것도 언어치료사의 역할이다.

5) 사회복지사

사회복지사는 의료재활팀의 일원으로서 장애인의 가족 상황이나 주거환경 등을 비롯하여 집안의 재정형편, 보험대상 여부, 직장문제, 대인관계 등을 파악하여 의료재활팀의 각 구성 요원들이 그 환자에게 가장 알맞은 재활 프로그램을 만들어, 보다 성공적인 재활효과를 성취할 수 있도록 그 정보를 의료재활팀에게 제공해 주는 역할을 한다. 또한 장애인이 사회적으로 재활을 할 수 있도록 지역사회의 자원을 연결해 주는 등의 역할도 한다.

6) 심리치료사

후천적 장애인의 경우 대부분 예기치 못한 사고나 질환으로 인하여 갑작스럽게 장애인이 될 경우, 정도의 차이는 있지만 거의 모두가 심리적 문제가 발생하게 된다. 즉, 장애인이 장애로 인해 위기 상황을 맞게 되면 그 사실을 현실적으로 받아들이지 않는 현실 부정의 태도를 갖게 되는 것을 비롯하여 불안감 또는 분노감, 극심한 우울증 등 심리적인 변화의 과정을 거치게 된다. 그러므로 장애인이 생에 대한 의욕, 회복에 대한 의욕을 가지고 의료재활치료를 받고 심리적 안정을 기할 수 있도록, 심리치료사는 장애인이 이러한 심리적 변화 과정을 조속히 극복하여 재활치료에 자발적이고 적극적으로 참여할 수 있도록 의료재활서비스를 제공하고 가족과 의료재활팀에게 협조를 요청하고 자문을 제공한다.

7) 청각검사 및 치료요원

장애인에게 어떤 지시를 하였을 때 반응이 없거나 부적절한 반응을 보일 때 자칫하면 그 원인을 뇌 손상 등으로 돌려버릴 수도 있는데, 청각장애로 기인하는 경우도 있다. 청각장애를 정확하게 평가하여 가장 알맞은 보청기 등을 제공하는 등 청각 훈련을 담당하는 인력이 청각검사 및 치료요원이다.

8) 간호사

간호사는 위생・영양・운동・배설물 제거방법・분위기 전환・오락 등의 의료재활의 과정들에 대한 이해와 함께 그것을 활용하여 중증장애인이 성공적인 재활치료를 할 수 있도록 도와준다. 또한 장애인과 그 가족에게 질병과 관련하여 가정에서 재활이 필요한 경우 간호 및 처치방법 등을 알려주며, 가정에서의 재활계획을 수립할 수 있도록 도와주고, 장애인복지관에서 활용하고 있는 재활요법 등을 충분히 습득하여 가정에서 할 수 있도록 가족에게 가르치는 역할도 한다.

9) 보장구 제작사

보장구 제작사는 절단 장애인에게 의수족(義手足)을 알맞게 제작하여 주는 것은 물론 상지나 하지에 마비가 있는 경우나 관절에 구축(拘縮) 혹은 통증이 있는 경우에 각 장애인에게 적절한 의수족, 보조기 등을 제작하여 제공하는 역할을 한다. 의수족 및 보조기 제작사는 장애인에게 편안한 착용감을 주고 재활치료 효과를 최대화시킬 수 있는 형태, 재료, 도안을 선택하고 제작하는 지식과 기술을 필요로 한다.

4. 의료재활시설

1) 치료실

장애인의 재활치료를 위해서는 일정한 요건의 재활치료실이 설치되어 있어야 한다. 즉, 장애인을 치료하기 위해서는 장애인이 가지는 특성이나 장애의 종류 등을 고려하여 가장 효과적인 치료가 이루어질 수 있도록 일정 공간의 확보가 필요하다. 특히 장애의 종류에 따라 차이가 있겠지만 장애인은 일반 병원의 환자와는 많은 차이가 있고, 치료방법에서도 차이가 있다. 그러므로 장애인의 의료재활을 위해서는 각 치료단계에 적합한 치료실이 마련되어 있어야 하며, 장애인의 의료재활에 필요한 치료실의 종류는, 진찰실, 물리치료실, 작업치료실, 언어치료실, 사회사업실, 심리치료실, 청각치료실, 보장구제작실 등이 있다.

2) 치료실 내의 설비

장애인에게 필요한 의료재활이 장애유형과 장애정도에 따라 차이가 많으며, 필요한 장비들도 매우 다양하다고 할 수 있다.

〈표 8-1〉 치료실 내의 설비

치료분야	치료 장비
의료재활	각도기 세트, 바란스 검사장치, 골반 레벨 측정기, 디지털형 각도기, 근육 테스트, 청력 평가 도구 세트, 신체 모형 측정기 등
물리치료	핫백통, 쿨백통, 경피자극치료기, 초음파치료기, 초단파치료기, 극초단파치료기, 저주파치료기, 견인치료기 등 열장비 및 평행봉 연습기, 상하단식 풀리웨이트, 사다리 연습기, 어깨회전 운동기, 회전욕조, 파리핀 욕조, 걸음 연습용 욕조 등
작업치료	suspension arm slings set, 오버헤드 풀리, 샌딩 테이블, 나무못 끼우기, 어깨관절, 계단기, 뇌성마비용 의자, 일상생활 훈련 기구 등
언어치료	앰프, 벨, 녹음기, 반투시경, 각종검사도구, 환등기, 언어습득기, 청력계, 언어증폭기 등
보장구 제작	길이조정용 받침대, 신장계, 각도계, 줄자, 평행봉, 큰 거울, 석고 취형틀, 금속공작, 목공, 피혁가공, 플라스틱 가공을 위한 작업대, 바이스, 작업공구 등

출처 : 김연규(2012).

제9장

장애인 교육재활

1. 교육재활의 개념
2. 특수교육
3. 특수교육 관련 서비스
4. 청각장애학생의 특성
5. 청각장애학생의 언어교육
6. 보조공학기기
7. 시각장애의 교육재활
8. 발달장애
9. 발달장애인의 평생교육 주요 국가 사례
10. 우리나라 발달장애인의 평생교육
11. 발달장애인 평생교육 현황

제9장 장애인 교육재활

1. 교육재활의 개념

1) 정상화 관점(Normalized Perspective)과 사회적 역할 가치화(Social Role Valorization)

장애인복지가 추구하는 목표와 관점은 정상화이며, 1980년대의 장애인복지 이념으로 완전한 평등, 참여, 고용의 목표실현을 위하여 정상화, 통합화를 강조하여 왔다. 그러나 이러한 이념은 실현가능성이 불투명하고 이상적이라는 문제가 제기되기도 하였다(Garrick Duhaney, et. al, 2000). 정상화(normalization)의 개념은 인간의 가치, 인간의 존엄성, 개인의 자유와 평등, 권리에 대한 보장이다. 또한 정상화에 대해 Bank-Mikkelson은 '가능한 한 정상에서 가장 가까운 생활양식을 누리기 위한 것'이라고 하였으며, Nirje는 '사회에서 주되게 이루어지고 있는 규범, 생활 형태와 가능한 한 가까운 일상생활에서의 환경과 생활 형태를 이용가능하도록 하는 것'이라고 하였다. 이는 인간존중의 관점이자 가치라고 할 수 있으나, 정상화 관점은 그동안 실효성 있는 수단과 목표지향성이 없다는 비판을 받기도 하였다.

사회적 역할 가치화란 장애인들도 사회의 일원으로서 역할을 부여받고 역할의 수행을 통해 가치를 추구한다는 것이다. 이에 효율적인 역할수행과 가치추구에 있어서 가장 실효성 있는 수단이 교육이라고 말할 수 있다. Wolfensberger는 '정상화의 궁극적인 목표는 장애인들에게 가치가 내재화된 사회적 역할을 창조・지원・방어해 주는 것'이라 말한다. 즉, 장애인들이 정상적인 사람들과 같이 살 수 있고 교육받을 수 있으며, 일할 수 있고 모든 다른 활동에 적극적으로 참여할 수 있어야 성취되는 것이라 보았다.

정상화란, 정상적인 사람을 만들어 간다는 말이 아니고, 정상적으로 행동을 할 수 있도록 환경을 만들어 간다는 의미이며, 이는 일상적인 생활의 리듬을 중요하게 생각하고, 개인의 성장발달에서 정상적으로 선택할 수 있는 발달경험이나 인생주기, 정상적인 이웃과 같이하는 가정에서의 삶이나 지역사회와의 통합되는 삶으로서 탈시설화를 강조하고 있다.

정상화 원리에 의한 특수교육은 분리교육과 상충되는 의미로 사용되고 있는데, 수많은 중증장애인들이 지역사회 환경에서 적절하게 기능을 발휘하려면 교육환경에서부터 그들을 맞이할 준비가 되어 있어야 한다. 즉, 학교에서부터 장애학생과 비장애학생이 분리되지 않고 매일 상호작용할 수 있는 환경이 조성되어야 한다는 것이다(백영수, 2017). 장애학생과 비장애학생 간의 상호작용 경험이 있는 경우와 그렇지 않은 학생들 간에는 서로를 이해하는 폭이 크게 다른 것을 알 수 있다. 이러한 경험 여부의 차이가 장애인과 일반인을 대하는 태도나 삶에 영향을 주는 요인으로 작용할 확률이 높은 것으로 나타났다. 이러한 관점에서 지속적인 작용의 기회는 제공되고 촉진되어야 할 것이다(백영수, 2017).

2. 특수교육

1) 특수교육의 개념

특수교육(special education)은 정상에서 이탈되어 있는 아동에게 알맞게 학교 교육과정을 조정하거나 재구성하는 것이며, 교육의 목표, 내용, 방법, 평가를 정상에서 이탈되어 있는 개개 아동에게 알맞게 조정하거나 재구성하여 운영하는 것이다(김승국, 1996). 또한 특수교육은 모든 교육의 보편성 및 공통성 외에 무엇인가 교육적으로 특별히 고려하여 이루어지는 교육적 행위라고 보며, 특수교육은 일반교육의 보편적인 원리와 활동에 추가하여 교육적 행위의 특수성을 한다고 보는 견해도 있다(한현민, 2001). 미국의 장애인교육촉진법(The Individuals with Disabilities Education Improvement

Act of 2004)에 보면, 특수교육은 장애아동의 독특한 교육적 요구를 위해 교실, 가정, 병원, 시설, 기타 환경이나 체육 등에서 부모나 보호자에게 비용을 부담시키지 않고 특별히 계획하여 지도하는 것을 말한다(김원경, 2009). 그러므로 특수교육은 특수교육 담당교사가 장애아동의 독특한 교육적 요구에 적절한 교육 내용을 특별한 방법·매체 등을 활용하여 실시하는 교육 및 관련 서비스라 볼 수 있다.

특수교육은 여러 관점에서 다양하게 정의되고 평가되는 교육의 한 분야이다. 특수교육은 필요성과 권리에 대한 사회의 반응으로 설명할 수 있다. 과거의 특수교육은 일반아동과 분리교육이 주를 이루고 있었으며, 이에 따라 장애아동에 대한 교육의 필요성이 외면적으로 드러나지 못하고 있었다. 장애인 권리선언(UN, 1975), 특수교육진흥법의 제정(1977) 및 한국장애인 인권헌장 선포(1998) 등을 통해 장애인에 대한 인권신장과 더불어 장애아동에 대한 교육의 필요성이 대두되기 시작하였다. 장애아동의 교육은 정상화 관점과 사회적 가치를 추구하는 점에서 호응을 얻었으며, 동등한 교육원을 보장하기 위한 사회적 노력도 뒤따랐다. 또한 특수교육에 대한 사회의 반응은 공평하지 못한 분리, 평등권 침해 그리고 동등한 인간으로서의 대우 등을 사회적으로 인정하고 노력하는 것을 의미한다(김홍규 외, 2009; 이소현 외, 2016).

2) 특수교육의 목적과 필요성

특수교육은 특수교육 대상자의 장애와 일탈 정도에 맞게 교수 내용에 더 개별적으로 계획되어야 하고 더 집중적이고 더 목표 지향적인 교수를 필요로 한다. 이러한 특수교육의 목적은 일반 교육의 목적을 바탕으로 하는 보편성과 특수아동의 특수성에 맞게 구체적이며 특수한 특수교육의 목표를 설정해야 한다. 그러므로 특수교육은 특수아동의 보편성과 특수성을 모두 감안하여 아동이 요구하는 잠재성과 가능성을 최대한 신장시켜야 한다. 또한 심신을 건강하게 하여 행복하고 자발적인 사회생활의 기초를 마련하고 배양하는 교육활동이라고 할 수 있다(서 희, 2010).

특수교육의 필요성은 특수교육의 성과에 관한 것이기도 하다. 과거에는 특수교육의 성과에 대한 평가를 얼마나 많은 수의 장애아동이 특수교육을 받을 수 있게 되었는가를 기준으로 삼았으나 현재는 이러한 기준보다는 특수교육을 받은 사람들이 얼마나 만족스러운 삶을 살고 있는가를 평가 기준으로 삼고 있다. 이러한 특수교육의 성과를 평가하는 기준은 다음과 같다(신현기, 2005).

① **독립된 삶을 살 수 있도록 한다** : 장애를 가진 사람들도 자신의 생활을 선택하고 조절할 수 있어야 한다.
② **생산적 삶을 살 수 있도록 한다** : 장애를 가진 사람이라 할지라도 수입을 가져올 수 있는 생산적인 일을 할 수 있게 하여, 그들의 가계생활이나 지역사회에 기여할 수 있도록 하여야 한다.
③ **통합된 생활을 할 수 있도록 한다** : 장애를 가진 사람이라 할지라도 지역사회의 일원으로서 지역사회 주민과 일상적인 접촉을 할 수 있도록 하여야 한다.

3) 특수교육의 대상자

우리나라의 법적 장애인은 장애인복지법에서 제시하고 있는 15개 장애 영역에 해당하는 등록 장애인이 특수교육의 대상자로 볼 수 있다. 그러나 모든 등록 장애인이 특수교육의 대상자는 아니며, 모든 특수교육의 대상자가 등록 장애인은 아니다. 예를 들면, 교통사고로 한쪽 다리를 잃게 되어 의족을 착용하고 다니지만, 일반학급에서 수업을 받아도 일반아동들과 동일하게 문제가 없어 특수교육의 대상자로 선정이 안 된 아동도 있다. 그러므로 특수교육의 대상이 되는 특수아동은 정신적 특징, 감각적 특징, 사회적 행동 및 신체적 특징 등에서 평균으로부터 차이가 있는 아동으로 볼 수 있다. 이러한 특수아동의 능력을 교육적인 관점에서 분류하면 다음과 같다(김원경, 2009).

① **지적 능력이 우수하거나 지체되는 경우** : 여기에는 정신지체, 학습장애, 영재 등이 포함
② **의사소통능력이 저하되는 경우** : 주로 언어장애가 포함
③ **감각능력의 차이를 지닌 경우** : 시각장애와 청각장애가 포함
④ **행동이상을 지닌 경우** : 정서장애, 자폐성장애 및 사회 부적응이 포함

⑤ 신체능력의 차이를 지닌 경우 : 운동장애가 포함
⑥ 장애정도가 심하거나 하나 이상의 장애를 지닌 경우 : 중도・중복장애 등

「장애인 등에 대한 특수교육법 시행령」에서는 특수교육 대상자를 시각장애, 청각장애, 정신장애, 지체장애, 정서・행동장애, 자폐성 장애, 의사소통장애, 학습장애, 건강장애, 발달지체, 그 밖에 대통령령으로 정하는 장애의 11개 영역으로 정하고 있다. 그렇지만 장애인복지법 시행령에서는 지체장애, 뇌병변장애, 시각장애, 청각장애, 언어장애, 지적장애, 자폐성장애, 정신장애, 신장장애, 심장장애, 호흡기장애, 간장애, 안면장애, 장루・요루장애, 뇌전증의 15영역으로 정하고 있다. 이와 같이 「장애인 등에 대한 특수교육법」상의 특수교육 대상자와 장애인복지법상의 장애의 대상은 법이 목적하는 바에 따라 약간의 차이가 있다.

4) 특수학교와 특수학급

특수학교란 장애아동의 교육을 위하여 일반아동이 다니는 학교와 분리하여 별도로 설치된 교육시설을 말한다. 특수학교의 설치는 교육기본법에 의거하여 국가 및 지방자치단체가 설치・운영하도록 의무를 부여하고 있다. 특수학교는 장애아동의 정도와 수준에 따라 교육을 실시하도록 규정하고 있으며, 설치・경영의 주체에 따라 공립과 사립으로 구분되어 있으며, 공립은 시・도교육청이 설치・경영하고 사립은 사회복지법인 또는 학교법인이 설치・경영하고 있다. 특수교육은 의무교육이므로 공・사립의 구분 없이 국가에서 전액 부담을 하고, 장애아동을 둔 부모는 자녀에 대한 교육의 의무를 가지고 있다. 특수학교는 장애유형에 따라 지체장애, 청각장애, 시각장애, 지적장애 등 4개의 영역으로 구분하여 학교를 설치하고 있으며, 1개의 특수학교 내에 일반적으로 유・초・중・고・전공부 과정을 함께 두도록 하고 있다. 현재 특수학교에 재학 중인 장애학생의 경우는 중도・중복 장애를 가진 아동들로서 그 장애의 정도가 심화되고 있다.

특수학급이란 장애아동의 특수교육을 위하여 일반학교 또는 특수학교에 설치된 단위학급을 말한다. 일반학교의 특수학급은 일반학급 외에 통상 1~2학급을 별도로

설치하고 있으며, 특수학교에는 전체학급이 특수학급으로 구성되어 있다. 설치된 특수학급은 일반학교의 일반학급과는 다른 정원기준에 의해 운영되고 있다. 특수학급의 정원 기준은 유치부 4명, 초등부 6명, 중학부 6명, 고등부 7명이다. 이와 같이 다른 정원기준 체계는 학습이 쉽지 않은 특수교육 대상아동의 특수성과 개별적이고 집중적인 반복학습을 위한 것이다. 특수교육의 기본 지향목표에 따라 일반학교에서는 정상화 관점에서 통합교육을 실시함을 원칙으로 하고 있다. 통합교육이란 일반아동과 장애아동이 같은 교실에서 같은 수업과정을 수행하며, 사회통합의 가치 실현을 추구하는 것을 목적으로 하고 있다(김홍규 외, 2009; 이소현 외, 2016).

5) 특수(장애)아동

특수(장애)아동이란 여러 가지 장애로 인하여 일반 아동과는 구분되어, 특별한 교육과정과 그와 관련된 교육적 서비스를 필요로 하는 아동을 지칭한다. 특수아동 또는 장애아동을 통상 특수교육대상자로 지칭하며, 재능이 우수하거나 뛰어난 특별한 아동과는 구분하여 특수아동이라는 용어를 사용한다. 특수아동에 대하여 특수교육이 필요한 이유는 장애로 인해 사회생활에 지장을 받는 부분에 대해 교육을 통해 중재를 제공하고 있기 때문이다. 특수교육을 받기 위해서는 병원의 진단과 시·도교육청의 특수교육지원센터 및 특수학교의 진단평가위원회의 평가를 받아 입학하여야 한다. 특수아동에 대한 특수교육은 단지 지식의 학습뿐만 아니라 사회생활에 적응할 수 있는 능력의 함양과 신체적 재활에 이르기까지 다양하게 이루어지고 있다(교육부, 2016).

6) 특수교사

특수교사란 신체적·정서적 장애를 가진 아동을 대상으로 장애를 극복하고 사회생활에 적응할 수 있도록 지식 및 기능을 교육 또는 훈련시키는 교사를 말한다. 특수교사의 자격은 대학 및 대학원에서 특수교육을 전공하고 관련 자격증을 취득하여야 한다. 특수교사는 일반교사와는 달리 장애에 대한 이해의 정도가 깊고 특수교육에 있어서 전문성을 가지고 있어야 한다. 과거에는 일반학교의 특수학급에 일반교사가 단기간의 연수 후 특수학급을 지도하는 경우도 있었지만, 특수교육의 필요성과 전문성의 요구에 따라 현재에는 특수교육 전공자만이 특수교육을 전담할 수 있다. 특수교사의 보수와 대우 등은 일반 교사와 구별되지는 않으나, 현장에서의 역할은 일반 교사의 교육활동의 범주에서 벗어나고 있는 것이 현실이다. 특수학교 현장에서는 중도・중복화된 장애아동의 식사, 용변처리 등의 일상생활의 돌봄 역할은 물론 일부 의료행위에 이르기까지 다양한 역할을 수행하고 있어 많은 스트레스를 경험하는 것으로 나타나고 있다(정은혜, 2014).

(1) 교과지도

학교에서 이루어지는 대부분의 교육활동은 교과를 중심으로 한 교사의 수업활동과 학습자의 학습활동으로 구분할 수 있다. 교과는 '교육목적 달성에 필요한 지식과 기능이 논리적으로 체계화된 것'으로 정의할 수 있으며, 학교교육은 이러한 교과를 가르치는 교과교육이 교육활동의 중심이 된다(김선경, 2003).

교과지도는 교육목표에서 요구되는 내용을 통계적으로 계획하여 학생의 학습활동을 수행하도록 도와주는 수업을 말한다. 교과지도에 있어서 교사의 역할을 구체화하면, 교과지도를 계획하는 일, 교과지도를 실행하는 일, 교과지도의 결과를 평가하는 일 등으로 구분된다. 교사들은 학생들을 어떤 내용으로 어떻게 지도할 것인가를 계획하고, 실행하고, 평가하기 위해 적절한 자료를 준비하며, 학생의 동기를 유발하고, 수업의 모형을 선정하며, 교재연구를 수행하고, 적절한 발문과 보상 방법, 적합한 과제의 선정과 제시 방법, 타당한 평가 방법 등을 선택하고 실행하는 역할을 수행한다(정동영, 2013).

특수교사의 역할은 다양하지만, 수행하는 역할 중 가장 중요한 역할은 교과지도이며, 특수교사의 교과지도는 교육의 질을 결정할 뿐만 아니라 교사의 전문성을 나타낼 수 있는 것이다.

① 교과지도에 관한 교사의 경험

초등학교 교과교육 연구에 따르면 장애정도가 다양한 학생의 혼합학급 편성과 학생의 장애정도에 따라 교육할 수 있는 교과서가 부족한 한계를 교사들은 경험하게 된다고 한다(성열순, 2003). 중학교 특수학급 교과교육에 관한 실태분석에서는 교과교육을 할 때 학생의 개인차로 인하여 교사들이 특수교육대상 학생에 대한 한계를 느낀다는 반응이 높았으며, 전문적인 지식이 부족해 학생들에게 늘 미안함을 느낀다는 보고가 있다. 이는 특수아동의 교과교육에 대한 교사교육이 시급함을 알 수 있으며, 교과지도보다는 생활중심교육이 더 필요하다고 생각한다는 반응도 높아 교과교육이 학생들이 실제로 생활해 나가는 데 도움을 줄 수 있는 내용으로 전환되어야 할 것이다(김정분, 2001).

초등학교의 수학교과 실태분석을 보면, 장애정도가 다양한 학생들이 혼재되어 있어 장애학생을 지도하는 데 어려움이 있으며, 개인차에 맞는 수준별 자료제작 및 선정의 어려움이 있다고 하였다. 수학교과의 특성상 수업의 난이도를 일괄적으로 적용하기 힘들며, 장애정도가 다른 학생들을 한 학급에 모아서 수업을 진행하는 것이 가장 어렵다고 하였다(정수정, 2010). 지적장애 학생의 교과지도와 관련한 연구에서도 교사는 장애정도가 다양한 학생들이 학급에 혼재되어 있어 수업과 관련한 지도에 어려움을 호소하였으며, 다양한 자료를 만들고 수준별 교과서를 제작하여야 할 필요성을 인식하고는 있으나 실행에 어려움을 경험하고 있다고 한다(김은지, 2015).

(2) 생활지도

생활지도란 학생들이 당면한 문제를 해결해 주는 방법이라기보다는 그들이 당면한 문제를 스스로 해결할 수 있는 기회와 경험을 가지도록 함으로써 문제 해결을 위한 자기사고와 자기선택을 해보도록 하고, 이러한 과정을 통하여 자율적으로 자기 자신을 통제하며, 자기 자신의 문제를 해결할 수 있는 능력과 문제를 해결할 수 있다는 자신감을 길러주고자 하는 교육적 지도나 원조를 말한다. 그러므로 교사의 역할은 미리 준비된 교과내용을 가르치는 학습지도만으로 소임을 다했다고 볼 수 없으며, 학생의 학교생활 및 사회적응력의 신장을 위한 생활지도 역시 교사의 주요한 업무라고 볼 수 있다(정정진, 1997).

생활지도란 학생이 지니고 있는 발달의 가능성을 찾아내어 이를 최대한으로 발달할 수 있도록 도와, 개인으로서는 인생을 행복하게 개척하고 지도하는 활동을 말한다. 즉, 사회인으로서 성실하게 사회에 적응할 수 있도록 올바른 가치판단 능력과 자기지도가 가능한 인간으로 지도하는 활동이다(김윤옥 외, 1999).

생활지도는 장애인 자신의 안전감, 지혜, 역량, 지침 등을 마련할 수 있게 해주며, 한 가지 사태에만 국한된 것이 아니라 생활의 모든 면을 포함한다. 생활지도의 목표는 각 개인이 자신의 문제를 자기 스스로 해결할 수 있는 능력과 새로운 사태의 적응력을 길러주는 데 있다. 생활지도의 초점은 문제 자체가 아니라 개인이며, 개인의 자율적 성장을 촉진시키는 데 있다(조인수, 1997).

지적장애 학생의 생활지도 활동은 그 학생의 가능성을 최대한 실현시키기 위해 중요하며, 특수교사는 지적장애 학생의 요구와 특성을 교육에 반영한다면 교과지도를 통한 지적학습보다는 일상생활능력을 기르는 생활지도가 더 중요시되어야 할 것이다.

① 생활지도에 관한 교사의 경험

초등학교 특수아동실태 분석을 보면, 생활지도와 관련하여 다루기 힘든 문제행동을 제시하였는데, 그중 고집, 도벽, 공격적 행동, 기본생활 습관, 괴성, 자폐적 행동, 의사소통 문제, 과잉행동, 정서적 문제, 의욕상실, 학습행동, 고립, 도망치는 행동 등의 순으로 조사되었다(김윤옥, 1999).

중등 특수학급 교사의 생활지도와 관련하여 실패한 경험의 원인으로서는, 학생의 이해부족, 특수학급 상황을 고려하지 못한 것, 주변의 비협조를 그 원인으로 보았다. 생활지도와 관련한 문제를 해결하기 위해서 교사는 실제 생활지도와 관련하여 평소에 대화하기, 학생들과의 관계형성을 통해 학생 스스로 깨닫게 하거나, 학생의 특성을 잘 이해하여 학생에게 맞는 방법을 통해 자연스럽게 문제를 해결하거나, 학생과의 깊이 있는 이해를 통해 문제행동을 예방하고자 한다고 한다(최월순, 2011).

특수학급 교사의 학급경영 실태분석에 의하면 특별활동, 참여지도에 가장 큰 어려움을 나타내고 있으며, 학부모 상담, 교내 행사 참여지도, 특수학급 선호로 인한 어려움, 일반 학급 학생 협조, 문제행동 예방, 상・벌에 대한 일관성 어려움으로 나타났다(김연자, 1998).

최근 특수교사의 생활지도는 장애학생의 문제행동과 관련한 요구를 지원하고, 학생과의 대화와 관계성, 특성을 잘 이해하는 등과 관련한 양적연구는 많이 진행하여 왔으나 특수학급의 생활지도의 예는 부족한 실정이다. 다루기 힘든 문제행동과 관련하여 교사의 대처방법과 해결방법 등에 대한 구체적인 연구가 필요하다.

7) 진로지도

진로지도는 직업과 직업세계를 이해하여 진로선택을 바르게 할 수 있도록 이끌어 줄 뿐만 아니라 여가활동, 취미활동 등 광범위한 생애 전반에 걸쳐서 일어나는 문제를 적절히 해결할 수 있도록 지도하는 과정을 말한다. 진로지도는 진로교육의 하위개념으로서 학교교육이 학생들을 행복한 개인으로, 그리고 생산적인 사회구성원으로 육성하는 데 보다 밀접하게 관련되고 공헌된다는 생각에서 비롯되었다. 진로지도는 개인적 차원에서 볼 때 적성과 능력에 따른 진로를 탐색하고 발전시켜 보다 새롭고 생산 가치를 지닌 인간으로 길러냄으로써 자아실현을 도모하는 데 목적을 두고 있다. 또한 사회적 차원에서 볼 때 변화하는 일의 세계 속에서 개인의 삶의 유지, 발전시킬 수 있는 생활 기능을 길러줌으로써 일에 대한 적응력을 지니고 생산적인 사회성원을 돕는 데 목적을 두고 있다(박옥선, 2001).

교사의 진로지도는 학교교육이 학생들을 행복한 개인으로 육성하고 공헌하는 데 필요한 것이며, 이를 통해 한 개인이 직업을 가짐으로써 기쁨과 보람을 찾을 수 있고, 사회구성원으로 살아갈 수 있도록 도와준다. 진로지도는 지적장애인들에게 정확한 직업정보를 제공하여 적재적소에 배치할 수 있도록 교사가 도와주는 것이다.

사회자립을 위한 진로지도와 교육은 장애청소년의 진로지도의 중요한 핵심이며 본질적 과제이다(고은정, 1997). 그러므로 지적장애인에게 진로지도는 한 개인의 소질과 적성을 개발하기 위해 꼭 필요하지만 현실에서 여러 가지 어려움이 있다. 진로지도 교사는 지적장애인의 경제적, 직업적 자립을 목표로 장래의 직업 환경에 적응할 수 있는 습관, 태도, 기능, 사회성을 길러 사회로의 전환이 바람직하게 이루어지도록 노력하여야 한다. 또한 진로지도 교사는 일상생활 및 사회생활에 필요한 바람직한 생활기능 및 태도를 기르고, 직업에 대한 기본적인 기능과 태도를 길러 직업 환경에 적응할 수 있도록 도와주어야 할 것이다.

(1) 진로지도와 관련한 교사의 경험

초등학교 지적장애 학생의 진로교육과 관련하여 겪는 경험으로서는 교사의 진로 및 직업교육에 대한 전문지식의 부족, 지도서·참고서 부족, 교육과정 운영 시 시간 부족, 필요성이나 중요성에 대한 인식 부족 순으로 나타났다(여은주, 2014).

고등학교 특수학급 진로교육 실태에서도 진로지도 전담지도자의 양성 및 확보가 가장 많았으며, 다음으로는 진로교육을 위한 제도 및 운영의 합리화, 진로교육 프로그램 개발의 순으로 나타났으며, 전문교사의 부족, 현장과의 연계부족 등으로 조사되었다(윤덕순 외, 2006).

대부분의 교사가 진로지도에 많은 어려움을 겪는 것으로 나타났으며, 진로지도에 필요한 것은 교사의 전문성 부족과 진로지도 자료부족 등을 들 수 있다.

3. 특수교육 관련 서비스

「장애인 등에 대한 특수교육법」에서는 특수교육 관련 서비스를 상담지원, 가족지원, 치료지원, 보조공학기기 지원, 학습보조기기 지원, 기숙시설지원, 통학지원 및 정보접근지원 등으로 명시하고 있다.

1) 치료지원

「장애인 등에 대한 특수교육법」 제28조 제2항에서 교육감은 특수교육대상자가 필요로 하는 경우에는 물리치료, 작업치료 등 치료지원을 제공하여야 한다고 명시되어 있다.

교육과학기술부의 치료지원은 2009년부터 본격적으로 시작되어 치료지원과 관련한 교사의 자격, 치료 유형, 제공기관 등을 「장애인 등에 대한 특수교육법」에 근거하여 명시하고 관련 서비스를 제공하고 있으며, 장애 아동들의 치료비 부담을 줄이고 다양한 서비스를 선택할 수 있게 되었다(권귀옥, 2011).

치료지원의 목적은 특수교육대상자의 생활적응 능력 향상 및 2차 장애를 예방하고 장애의 특성에 따른 지원을 통해 신변자립 기술 및 사회적응 능력을 신장시키는 것이다. 또한 특수교육 대상자의 효율적 교육으로 사교육비 경감도 목적으로 한다.

치료지원에 대한 내용은 다음과 같다(이명선, 2017).

① 치료지원 대상은 특수교육 대상자 중 치료지원 대상자로 선정된 학생으로 2014년부터 영아(0~2세)는 대상에서 제외된다.
② 현재 치료지원비를 받고 있는 영아는 지속적으로 지원하며 신규 선정을 하지 않는다.
③ 치료지원의 종류는 치료지원과 장애 유형에 따른 지원(기타 특수교육 관련 서비스)으로 나누어 제공된다.
④ 치료지원은 물리치료, 작업치료가 있으며, 장애 유형에 따른 지원으로서는 언어치료, 청능훈련, 심리・행동치료, 감각・지각 훈련으로 되어 있다.

〈표 9-1〉 치료지원 제공 영역

종 류		정 의
치료지원	물리치료	신체적, 정신적으로 저하된 신체적 잠재능력을 최대한 발휘할 수 있도록 신체의 기능 회복 및 운동발달을 증진시키고 불필요한 신체적 움직임을 최소화하여 독립적인 일상생활을 수행하고, 보행을 할 수 있도록 돕는 치료이다.
	작업치료	일상생활을 원활하고 독립적으로 하는 데 초점을 둔 치료로 신경발달과 손동작 기능향상과 일상생활 활동 훈련 등을 지원한다.
기타 특수교육 관련 서비스	언어치료	언어장애가 있어서 의사소통이 어려운 사람들이 발달상태 및 언어능력을 평가하여 언어의 발달을 유도하고 원활하게 의사소통이 이루어지도록 돕는 치료이다.
	청능훈련	청각장애인의 남아있는 청력을 최대한으로 활용하여 음 및 말소리를 수용하는 능력을 신장시켜서 원활한 의사소통을 촉진하는 치료이다.
	심리 · 행동 치료	심리 · 행동 적응상의 문제로 인한 대인 관계의 실패와 이에 따른 자아상실감 등의 문제에 대처하기 위해 행동 교정 및 환경 적응력을 강화시킴으로써 원만한 사회생활을 영위할 수 있도록 하는 훈련이다.
	감각 · 지각 훈련	감각조절, 실행 장애가 있는 아동들에게 발달단계에 맞는 적절한 감각자극을 제공하여 신경계를 효율적으로 조직화하도록 도와 적응반응을 유도하는 치료기법이다.

출처 : 대구광역시교육청(2016).

치료지원은 제도적으로 치료지원의 영역과 제공인력의 자격 기준을 명시하고 있는데, 치료지원과 장애유형에 따른 지원(기타 특수교육 관련 서비스)으로 구분하여 제공되고 있으며, 제공인력의 자격은 법률에 기초하고 있다. 치료지원을 제공하는 인력은 「의료기사 등에 관한 법률」 제4조에 따른 면허 또는 자격기본법 제19조 제1항에 따라 주무부장관이 공인한 관련분야 민간자격 소지자로 한정하며 치료지원에는 포함되지 않으나 특정한 장애 유형의 특수교육대상자에게 필요한 보행훈련, 심리·행동적응훈련 등, 그 밖의 특수교육 관련 서비스는 국가자격 또는 국가공인 민간자격증 소지자를 통해 제공될 수 있다(국립특수교육원, 2017). 교육감 또는 특수학교장은 특수교육지원센터 또는 특수학교에 치료실을 설치 및 운영할 수 있도록 하고, 교육감은 「공공보건의료에 관한 법률」 제2조에 따른 공공보건의료기관 및 장애인 복지법 제58조에 따라 장애인 복지시설 등과 연계하여 치료지원을 할 수 있다(김희영, 2014).

2) 보조 인력지원 및 통학지원

특수아동은 개별적 특성에 따라 학교생활 및 통학, 이동을 보조하기 위한 보조 인력지원과 전동차, 통학지원 차량 등 이동을 지원할 수 있는 물리적 통학지원이 필요하다. 보조 인력 지원에 대한 내용은 「장애인 등에 대한 특수교육법」 제28조에 '각급학교의 장은 특수교육 대상자를 위하여 보조 인력을 제공해야 한다'라고 명시되어 있으며, 보조 인력은 학내에서 학습자료 및 학용품 준비, 이동 보조, 교실과 운동장에서의 학생 활동 보조 및 학습자료 제작 지원 등의 학습과 관련된 지원을 한다. 또한 보조 인력은 용변 및 식사지도 등 신변처리 지원, 보조기 착용, 착·탈의, 건강 보호 및 안전생활지원, 적응행동 촉진 및 부적응 행동관리 지원, 또래와의 관계 형성 지원, 행동지도를 위한 프로그램 관리를 주로 담당하고 있다(강경숙 외, 2003).

교육감은 「장애인 등에 대한 특수교육법」 제28조 제3항에 따라 각급학교의 장이 특수교육대상자를 위한 보조 인력을 원활하게 제공할 수 있도록 보조 인력 수급에 관한 계획의 수립, 보조 인력의 채용 및 배치 등 보조 인력의 운영에 필요한 업무를 수행한다. 「장애인 등에 대한 특수교육법」에서는 보조 인력의 자격을 고등학교를 졸업한 자 또는 이와 같은 수준 이상의 학력이 있다고 인정된 자이어야 한다고 명시되어 있다. 특수학교, 일반학교 등에 지원되는 보조 인력은 다양한 경로를 통해 특수아동의 보조 인력으로 배치되고 있는데, 보조 인력 제공자로 학교에 배치되는 보조 인력의 유형은 다음과 같다.

〈표 9-2〉 보조 인력 지원 제공자의 유형

1	시 · 도교육청에 소속되어 일정 연수과정을 마치고 특수교육대상자의 문제행동관리 및 학교 생활적응을 지원하는 유급 특수교육보조원 형태
2	(사)한국자활후견기관협회와 SK그룹, 보건복지부가 사업의 재원으로 장애학생 교육환경 및 사회적 능력향상을 지원하고 통합교육보조원 활동에 대한 체계적인 교육 및 질 높은 보조원을 양성하여 지원하는 형태
3	1995년 1월 1일 이후로 시행되고 있는 공익근무요원을 교육인적자원부가 특수교육 분야 활용 방안과 관련해 병무청과의 협의를 통해 2006년부터 특수교육현장에 장애학생 지원 역할을 담당하는 공익근무요원을 배치하는 형태
4	사회 여러 방면에서 활동하고 있는 자원봉사자를 활용하는 형태
5	법적구금 대신 일정 시간 무보수로 사회에 유익한 근로를 하도록 명하는(명받는) 제도로, 사회복지시설 등을 중심으로 지원이 되는 사회봉사 명령자의 활용 형태

출처 : 심미선(2010).

통학지원은 각 학교의 장이 아동들의 통학 및 체험학습 등을 원활하게 할 수 있도록 통학차량을 각 학교에 제공하거나 지원이 필요한 특수교육대상자 및 보호자에게 통학비 계산 지급 양식에 의거하여 통학비를 지급하도록 하는 것이다.

3) 가족지원 및 상담지원

가족지원 프로그램의 목적은 부모에게 직접적인 서비스를 제공하는 것이 아니라, 가족과 그들의 아동을 돕기 위해 가족들에게 능력을 주고, 부모에게 힘을 실어주는 것이다(이병인, 2012). 「장애인 등에 대한 특수교육법」 제28조 제1항에 '교육감은 특수교육대상자와 그 가족에 대하여 가족상담 등 가족지원을 제공하여야 한다'라고 명시되어 있으며, 동법 시행령 제23조 제1항에는 가족지원을 가족 상담, 양육 상담, 보호자 교육, 가족지원 프로그램 운영 등의 방법으로 지원할 수 있도록 명시되어 있다. 가족지원은 학교, 교육지원청별로 가족 상담, 양육 상담, 보호자 교육, 가족지원 프로그램 운영 등의 계획을 수립하여 제공된다. 가족지원에는 자녀 양육과 진로 상담, 장애의 이해 등과 같은 상담지원이 포함되어 있다(강혜경, 2006).

가족지원은 특수아동뿐만 아니라 그와 함께 살아가는 가족 구성원 개개인이 지원받을 수 있도록 가족의 개별 특성과 상황, 환경을 고려하여 지원하여야 한다. 새로 개정된 「장애인 등에 대한 특수교육법」 내용에서 제시하고 있는 가족지원은 가족의 관심, 우선순위, 지원받을 수 있는 자원 및 가족의 요구까지 포함된 것으로 가족의 기능을 향상시키기 위해 수행되는 다양한 복지서비스들이 포함되고 가족의 욕구와 필요를 중심으로 가족 구성원 모두를 지원하는 프로그램으로 활용할 수 있다(김기룡 외, 2016).

가족지원 관련 내용으로서는 특수아동에게 제공되는 교육의 질을 높이고 교육의 기회확장, 부모상담 및 부모교육, 장애 유아가 다닐 수 있는 교육기관의 다양성 및 특수교육 전문가 확대, 부모님과 형제의 심리·정서적 지원, 특수아동과 보내는 여가, 진로 및 직업까지 다양한 영역을 포함하고 있다. 가족지원은 건강가정기본법 제35조에 따른 건강가정지원센터, 장애인복지법 제58조에 따른 장애인복지시설 등과 연계하여 제공될 수 있으며, 건강가정지원센터는 여성가족부 위탁으로 운영되고 있다.

상담지원은 한 개인의 특수아동의 의료적 서비스 또는 치료와 관련된 상담 및 교육과 진학 선택을 위한 교육 상담뿐만 아니라 그 가족에 알맞게 맞춤형 상담도 함께 이루어진다. 즉, 아동의 문제행동에 대한 상담, 취학 및 진로 상담, 가족 간 불화로 인한 가족 상담, 장애인 등의 법률 상담, 장애 유아 및 형제의 심리 상담이나 특수아동의 가족을 위한 경제 상담 등이 포함되어 있다(이병인, 2012). 특수아동의 부모들은 자녀의 양육 문제뿐만 아니라 장애 자녀가 가족의 구성원이 됨으로써 생기는 가족 간의 문제와 이로 인한 스트레스로 가족구성원들에게 심리·정서적으로 안정감을 주지 못하고 있다고 보고되었다(박재국 외, 2013).

심리적 안정 및 정서적 지지와 같은 심리상담 서비스가 필요한 대상을 지원하는 상담지원은 특별한 요구나 심리적, 사회적으로 위험에 처한 대상이 위기 상황을 효과적으로 극복할 수 있도록 도울 뿐만 아니라 자신의 내면에 있는 잠재력을 개발할 수 있도록 돕는다. 장애가 있는 특수아동뿐만 아니라 특별한 교육적 욕구나 특수교육 관련 서비스가 필요한 위기 아동들도 상담지원을 받을 수 있는 대상이다. 이러한 서비스를 주로 제공하는 기관으로서 여성가족부 산하의 한국청소년상담원을 비롯하여 시·도 및 군·구청소년지원센터 등이 대표적이며, 여성가족부 산하의 아동학대예방센터와 아동상담소, 성폭력상담소 등이 포함된다(김경미, 2010).

4) 보조공학 · 학습보조기기 지원 및 정보접근지원

장애가 있는 사람에게는 장애를 보완하고 극복하는 방법으로 주요한 역할을 할 수 있는 것이 보조공학이라고 할 수 있다. 「장애인 등에 대한 특수교육법」 제28조 제4항에는 '각급학교의 장은 특수교육대상자의 교육을 위해 필요한 장애인용 각종 교구, 각종 학습보조기, 보조공학기기 등의 설비를 제공하여야 한다'고 명시되어 있다. 보조공학은 특수아동들의 교수, 학습, 이동, 신변의 자립과 같은 기초 생활, 여가 활동, 사회 활동, 의사소통 등의 측면에서 그들이 요구하는 기능을 도와줄 수 있거나 활동 능력을 개선 또는 향상시켜 줄 수 있다고 말한다(김영걸, 2006). 보조공학기기나 보조공학서비스는 기계적, 전자적, 마이크로프로세서 기반의 도구에서부터 비기계적, 비전자적인 도구와 상업적으로 판매되는 것, 특수교육대상자의 요구와 필요에 의해 설계되고 제작된 것, 학교와 가정에서 간단하게 만들 수 있는 도구까지 광범위하게 포함된다(김인숙, 2011).

정보접근지원은 인터넷 정보통신의 사용을 포함한 PC, 시설, 설비 등과 같은 특수아동을 둘러싸고 있는 환경에서의 접근을 보장하는 것이라고 볼 수 있다. 「장애인 등에 대한 특수교육법」 제28조 제8항에서는 '각급학교의 장은 각급학교에서 제공하는 각종 정보(교육기관에서 운영하는 인터넷 홈페이지 포함)를 특수교육대상자에게 제공하는 경우 특수교육대상자의 장애 유형에 적합한 방식으로 제공해야 한다'고 명시되어 있다. 특수교육 관련 서비스는 컴퓨터 교육, 사이버 학습망 등을 정보접근으로 포함시키고 있으며, 저시력 특수아동에게는 확대 화면, 청각장애 아동에게는 보조적인 음성 지원 또는 시각적 지원, 컴퓨터에 접근하기 위한 IT기술로는 마우스, 헤드 마우스, 에어큐션 스위치 등이 포함되어 있다.

5) 기숙시설지원

「장애인 등에 대한 특수교육법」 제28조 제6항에 '각급학교의 장은 특수교육대상자의 생활지도 및 보호를 위하여 기숙사를 설치 · 운영할 수 있다'고 명시되어 있으며, 시행령 제28조에는 특수아동의 생활지도와 보호서비스를 위한 기숙시설을 지원하는 특수교육 관련 서비스의 한 영역으로 시 · 도교육청이 기숙사 운영 경비 부담 및 보조(예산범위 내)한다고 명시되어 있다. 기숙사를 설치・운영하는 특수학교에는 특수교육대상자의 생활지도 및 보호를 위하여 생활지도원을 두는 이외에 간호사 또는 간호조무사를 두어야 한다고 명시되어 있다. 생활지도원의 자격은 교사 자격 또는 고등학교 졸업 이상의 학력과 물리치료사 또는 작업치료사, 사회복지사, 보육교사 자격을 소지한 사람으로 명시되어 있으며, 국립학교의 생활지도원의 배치 기준은 학생 5명당 1명 이상이다. 시각・청각장애 중학교 및 고등학교 과정의 경우에는 학생 7명당 1명 이상을 배치하도록 하고 있다(송경은, 2012).

4. 청각장애학생의 특성

1) 청각장애학생의 특성

청각장애학생들은 건청(일반)학생들과는 다른 차이점이 있는데, 언어적, 문화적, 사회・심리적, 인지적 특성으로 나눌 수 있다.

(1) 언어적 특성

언어습득 시기 이전에 청각장애를 입은 학생의 언어발달은 그 이후에 청각장애를 입은 학생들보다 더욱 심한 지체를 보인다. 그러나 언어습득 시기 이후에 청각장애를 입었다 하더라도 그 정도가 심할 때 특수한 훈련을 받지 않으면 습득했던 언어마저도 퇴화 또는 변형된다. 청각장애로 인한 언어발달의 지체는 말하기 및 독화와 같은 드러난 구어의 발달지체뿐만 아니라 내적언어(inner language)의 발달지체도 초래한다(박인수, 2010). 일반적으로 발성이나 발어는 스스로 들은 대로 하게 된다. 발성이나 발어를 스스로 듣지 못하는 사람은 음성언어를 익히기가 어렵다. 이로 인해 음성 언어적인 의사소통에 어려움을 겪게 된다. 이러한 이유로 청각장애학생은 구화(독화), 수화, 필담 그리고 몸짓 등으로 의사소통을 하게 된다. 그러나 이러한 시각적인 의사소통방법은 음성언어에 비해 한계가 있다. 청각장애학생의 언어발달을 위해서는 집중적이고도 폭넓은 훈련이 필요하다. 그러나 집중적인 훈련으로 언어 및 발달이 이루어져도 발음의 이상이나 억양의 이상 등이 나타나 일반학생과 같은 수준의 언어발달을 이루기는 어렵다.

부적절한 청각 피드백 및 언어 강화는 청각장애아로 하여금 특별한 옹알이 패턴을 보이게 한다. 청각장애아도 정상아와 같은 시기에 옹알이를 시작하지만 곧 중단되는데, 정상유아는 자신의 옹알이 및 성인의 언어반응을 들으면서 강화를 받지만, 청각장애아는 자신의 옹알이나 타인의 반응을 들을 수 없으므로 강화를 받지 못하기 때문으로 생각된다. 또한 피드백의 결여는 청각장애학생이 말의 산출을 잘 하지 못하는 주요 원인이라고 할 수 있다. 청각장애학생의 언어발달은 정상학생의 일반적인 발달과는 발달의 시기, 습득 방법 등에 있어 다르다. 언어의 획득은 모방, 확장, 추리, 강화 등에 의해서 이루어지는데, 청각에 장애가 있을 경우, 특히 농일 경우 모방할 성인의 완전한 말로 고쳐 들려주는 것(확장)을 듣지 못하게 되고, 자기가 한 말이 돌아오는 것(회귀)과 성인들의 언어 반응을 듣지 못하여 강화를 받지 못하게 되며, 언어 속에 내포되어 있는 문법을 추리하여 알 수 없게 되기 때문에 말의 정상적인 발달이 이루어지기 어렵다고 한다(김승국 외, 1999). 그러나 언어의 일종이며 청각장애학생의 주된 의사소통 방법으로 사용되는 수화(sign language)의 획득은 일반학생의 언어획득 단계와 유사한 단계를 거쳐 이루어진다.

청각장애학생의 언어발달은 청력손실 정도에 따라서도 차이가 있다. 청력손실 정도가 심할수록 더욱 심한 지체를 보인다. 난청학생들 중에는 조기에 언어지도를 시작하여 청각을 통한 구어의 발달이 가능하게 되면 거의 정상에 가까운 언어발달을 보이기도 하지만, 청각적 수용에 의한 언어발달이 가능하더라도 특수교육을 받아야 할 정도의 청각장애학생이면 보통 3~4년의 언어발달의 지체를 보인다(Marschark, 1997).

청각장애학생의 언어 발달은 언어 습득 시기의 환경에 의해서도 영향을 받는다. 가정에서 수화로 언어 환경을 조성해 준 청각장애부모를 가진 청각장애학생은 수화의 획득과정이 일반학생의 구어획득 과정과 일치되는 경향을 보이나, 건청부모를 가진 청각장애학생의 구어 발달은 훨씬 지체된다(Spencer & Lederberg, 1997).

청각장애학생의 언어 교육에는 두 가지가 있는데, 하나는 구화(oral) 혹은 구어(oral language)를 언어로 채택하는 것이고, 또 하나는 수화 혹은 수어이다. 언어가 음성적이라는 견해에서는 수화를 손짓을 이해할 뿐이라고 보았고, 언어로 인정하지는 않았다. 그러므로 구화를 통한 언어활동을 강조하였으며, 수화가 구화를 저해한다고 보아, 수화의 사용을 엄격히 제한하였다. 그러나 수화에 대한 언어학적 연구와 교육 경험에 따르면, 수화는 구화를 위한 언어력의 기초를 마련할 뿐만 아니라, 전반적인 의사소통 능력을 더 적극적으로 개발시키는 수단이라는 것이 증명되었다(장병락, 2004).

(2) 문화적 특성

청각장애인들은 그들 간의 유대가 매우 깊고, 농문화(deaf culture)라는 용어가 생길 정도로 그들만의 독특한 사회문화를 형성하고 있다(강주혜, 2000). 수화는 광범위하고 다양한 형식과 내용을 가지고 있으며, 농아인 사회에서 그들 자신만의 동일 문화권에 속하는 구성원들이 공유하고 있는 관습에 따라 직접적으로 서로 의사소통을 가능하게 한다. 또한 그들만의 행동규범과 가치관을 가지고 있으며 청각장애인 사회를 위한 많은 자발적인 단체들과 지원망을 가지고 있다. 예를 들면, 미리 전화하지 않고 집을 방문해도 괜찮다거나(미리 알릴 방법이 없으므로) 부탁할 일이 있으면 청각장애인에게 우선적으로 찾아간다거나 한다. 청각장애인들끼리는 서로 도와야 한다고 생각하는 가치관을 가지고 있다.

청각장애인들은 수화를 의사소통의 수단으로 사용하고 있으며, 수화를 사용하는 청각장애인은 그들의 문화를 쉽게 흡수할 수 있으나, 청각장애인이면서 수화를 모르는 사람은 농아인 사회에 동화되지 못하고 이방인의 처지에 놓이게 된다. 어릴 때부터 농 문화를 자연스럽게 습득하고 농 정체성을 인식하게 하는 곳이 청각장애 특수학교이다. 청각장애 학교는 대부분의 청각장애인들이 농 문화를 처음 접하게 되는 곳이다. 이러한 농 정체성의 습득과 경험으로 학교를 졸업한 후에는 출신학교를 중심으로 더욱 더 강한 유대감을 가지게 되며, 농 정체성과 자아 존중감을 형성하게 된다(이준우, 2003).

(3) 사회 · 심리적 특성

청각장애학생은 어떠한 환경에서 생활해 왔느냐에 따라 사회성숙에 차이가 있다고 한다. 청각장애부모를 가진 청각장애학생은 건청부모를 가진 청각장애학생보다 사회성숙도가 높고, 부모의 태도와 양육방법도 사회적 성숙에 영향을 미친다. 또한 가족적 친화관계의 부적 요인과 제한된 기숙사 생활도 청각장애학생의 사회적 성숙에 부정적인 영향을 준다(박인수, 2010).

청각장애학생의 사회성 발달은 사회적 상호작용이 어떠했느냐에 따라서도 영향을 받는다. 또한 언어의 습득 및 발달 정도와 사회성 발달은 깊은 관계가 있다. 언어의 발달이 지체된 학생들은 사회적 상호작용의 기회가 적어지며, 그로 인한 좌절감을 느끼기도 한다. 학생이 특정의 상황에서 성공적으로 적응하기 위해서는 자신의 행동을 수정할 수 있어야 하고, 이때에는 상호작용하는 다른 성원의 반응에 대한 올바른 해석이 필요하다. 그러나 청각장애학생은 원활한 의사소통을 할 수 없기 때문에 환경에 대한 부정적인 반응을 보이기도 한다.

청각장애학생의 성격적 특성은 일반학생에 비해 더 신경질적이며 내성적이고, 외적 통제에 대해 더욱 자기중심적이며 성급하고 충동적인 반응을 보이기도 한다. 또한 정서적인 미성숙, 위축감 등의 문제도 있다. 그러나 이러한 특성은 그들의 환경을 이루고 있는 다른 사람들이 그들을 받아들이는 정도에 달려있으며, 의사소통의 상황에서 구어적인 표현에 대한 반응이 만족스럽지 못하거나 의도한 바와 다를 경우에 나타나게 된다. 이러한 특성은 그들의 정상적인 적응기제라고도 볼 수 있다(김승국, 1989).

학교환경이 통합된 환경이나 분리된 환경이냐에 따라서도 청각장애학생의 심리경향은 다를 수 있다. 지금까지의 연구를 보면, 통합된 일반학교에 다니면 학업능력은 발달하지만, 사회, 정서적인 발달은 반대의 영향을 받게 된다는 결과가 있다. 또한 분리된 환경인 청각장애 학교는 교사와 동료 학생들이 모두 청력손실에 따른 제반 문제를 함께 이해하고 대처해 나간다는 점에서 바람직한 환경이라고는 할 수는 있지만, 변화 없는 환경은 청소년기에 이르면서 현재의 환경과 듣는 세계와의 어쩔 수 없는 충돌 속에서 정서적으로 많은 어려움을 겪게 할 수도 있다. 1980년대 이전의 청각장애학생의 성격 특성에 관한 연구들은, 청각장애학생 고유의 행동특성으로 의존성, 사회적 미숙, 불안, 자기중심성, 충동성과 같은 부정적인 특성들을 열거하며, 이러한 부정적 특성들이 청력손실의 결과로 나타나는 것이라고 보았다. 그러나 1980년대 이후의 연구들은 청각장애학생의 사회·정서적 문제를 청각장애 그 자체에서 비롯되는 것으로 보기보다는 주위 환경과의 상호작용에서 비롯되는 것으로 보고 있다(박인수, 2010).

(4) 인지적 특성

청각장애로 인하여 언어발달에 큰 영향을 주기 때문에 많은 사람들은 인지 및 지적 발달에도 청각장애의 영향이 클 것으로 생각한다. 인간의 지적 발달이 언어의 발달에 의존한다면, 학생의 초기의 말은 내어(inner speech)로 내재화되고, 인간의 지적 성숙은 언어의 발달과 병행한다고 본다(장병락, 2004). 그러나 Paul(1990)은 언어 없이도 사고가 가능하다고 보며, 청각장애학생의 지적 발달도 일반학생에 비해 지체되지 않는다고 한다. 그는 청각장애학생의 인지능력은 손상되어 있지 않으며, 언어에 의존된 개념도 청각장애학생의 전반적인 인지발달을 지체되게 할 정도로 높지 않다고 한다.

일반적으로 청각장애학생의 지능은 양적인 면에서 일반학생과 비교하여 비슷하거나, 언어와 관련된 검사에서는 평균보다 약간 낮게 조사되었다(Anderson, 1995). 그러나 다른 연구에서는, 언어성 검사에서도 청각장애학생은 일반학생과 차이는 없었으나, 추상적인 사고의 영역은 뒤떨어지며, 사고, 유추, 개념화, 추상력 등도 일반학생에 비해 낮다고 조사되었다(최성규, 1997). 그렇지만 청각장애학생의 지적능력은 일반학생에 비해 양적 평균이 낮기는 하지만 정상 범위 안에 있으며, 질적으로는 어떠한 차이도 없다는 견해도 있다.

지금까지의 연구를 보면, 청각장애인의 인지기능에 관한 연구는 주로 심리학자, 언어학자, 심리언어학자들에 의해 이루어졌고, 그들은 주로 지능검사도구를 사용하였으며, 청각장애인의 인지기능은 일반인과 차이가 없다는 결론을 얻었다.

5. 청각장애학생의 언어교육

1) 청각구어법

구화와 청각을 강조하는 접근법에서는 청각장애학생이 건청세계에 기능하도록 잔존능력을 최대한 활용하고 명료하게 구화를 사용할 수 있도록 보청기나 인공와우와 같은 보조기기에 큰 비중을 둔다. 청각은 언어발달에 있어서 일차적 통로로 생각하며, 가능한 한 조기에 학생들에게 보조기기를 제공하는 것을 원칙으로, 집중적 청능훈련의 제공을 강조한다.

(1) 청능훈련

청능훈련은 잔존청력을 최대한 활용하여 언어발달을 도모하는 것이며, 훈련을 통하여 잃어버린 청력을 되찾을 수 있는 것은 아니다. 청능훈련은 청각적 탐지, 변별, 확인 및 이해의 네 가지 단계로 나누어 실시한다. 청각적 탐지 단계에서는 소리의 유무를 감지하여 존재하는 소리에 대한 의식적인 반응행동을 유도하며, 청각적 변별단계에서는 두 가지 이상의 소리 자극을 주고 두 소리가 같은지 다른지를 변별하게 한다. 청각적 확인단계는 아동이 들은 소리를 골라내어 따라하는 모방이 첨부되어 본격적인 언어훈련을 한다. 청각적 이해단계는 다양한 게임과 자발적인 이야기를 나누고, 다양한 주제에 대한 질문에 답하기 등과 같은 활동을 통해 이해의 정도를 높여나간다(김영욱, 2007).

(2) 독화훈련

독화란 말소리가 잘 들리지 않을 때 시각을 통해 입술모양이나 얼굴표정, 몸짓 및 기타 상황적 단서를 받아들여 화자의 말의 의미를 이해하는 기능을 말하며, 청각장애인만의 독특한 의사소통 수단이다. 독화는 일차 요소와 이차 요소로 나누어 볼 수 있다. 일차 요소는 시력, 시각, 주의력, 초점을 모으는 속도, 주변 시력 등으로 설명되는 시각능력과 시각을 통해 받아들인 개개의 부분을 의미 있게 연결하여 전체적으로 의미를 구성하기 위해서 시지각을 통해 수용한 것과 추측한 내용을 결합하는 지각 종결과, 전달내용을 전체적으로 알아보는 개념 종결로 구성되는 종합능력, 그리고 동일한 정보가 여러 가지 의미로 해석될 수 있으므로 주어진 상황에서 어느 해석이 가장 적합한지 재빨리 해석하는 유연성을 들 수 있다. 이 세 가지는 독화에 직접적으로 관련되는 것인데, 이와 달리 독화를 하는 데 보조적인 역할을 하는 훈련, 언어에 관한 지식, 정서적 태도 등은 이차 요소라고 한다(석동일 외, 2002).

2) 수화법

수화법은 청각장애인이 의사소통을 할 수 있도록 가르치기 위해 사인을 사용하는 데 중점을 둔다(김병하, 2007). 수화의 의사소통 체계는 크게 수화와 지문자로 나눌 수 있다.

수화는 모든 단어를 전달하고 개별 철자보다 생각을 완전하게 나타내는 손의 움직임의 체계적이고 복잡한 결합체를 말한다. 우리나라의 수화는 자연수화와 문법수화의 두 가지가 있다. 자연수화는 농사회의 역사를 따라 자연스럽게 발생되어 전통적으로 전해져 온 것으로 국어체계와는 다른 독자적인 문법을 가지고 있다. 문법수화는 건청인과의 원활한 의사소통을 위해 국어의 의미와 문법체계에 맞추어 만들어진 수화를 말한다(권요한, 2010).

지문자는 손 모양을 사용하여 시각적으로 구어의 철자와 동일한 형태로 만든 것이다. 지문자는 수화를 보충하는 것으로 많이 사용되고 있다. 즉, 수화에 없는 단어는 지문자를 사용한다.

3) 종합적 의사소통법

청각장애학생 교육의 방법론적 갈등은 구화주의와 수화주의의 대립에 의해서였는데, 이를 중재하기 위해 1960년대에 하나의 교수철학으로 소개된 종합적 의사소통법(total communication)은 청각장애학생에게 언어를 가르치기 위해 다양한 양식의 의사소통법을 사용하도록 하게 한다. 종합적 의사소통법의 중요한 의미는 특정한 의사소통 양식의 정당성은 중요한 것이 아니며, 그 사람에게 가장 적합하고 사용하기가 가장 용이한 의사소통 양식이라면 모두 수평적으로 똑같이 존중되어야 한다는 것이다. 종합적 의사소통법은 농인을 위한 자유롭고도 융통성 있는 접근으로서 농인을 위한 도덕권에 기반을 둔다. 종합적 의사소통법을 사용하는 사람들은 수화나 지문자와 같은 의사소통 양식과 독화와 잔존청력을 사용하는 구어적 의사소통 양식을 동시에 사용하였을 때 하나의 양식이나 두 양식 중 하나를 좀 더 능숙하게 사용하게 된다고 본다(권요한 외, 2010).

6. 보조공학기기

1) 보청기

보청기는 주위에서 발생하는 소리 에너지를 전기 에너지로 변화하여 증폭한 다음 다시 소리 에너지로 변환시켜 귀에 전달하는 음향증폭기이다. 보청기의 기본구조는 마이크로폰(microphone), 증폭기(amplifier), 이어폰(receiver)의 세 부분으로 나누어 볼 수 있다. 마이크로폰은 입력된 소리를 전기적 신호로 변환하는 입력변화장치(input transducer)이며, 증폭기는 마이크로폰을 통해 전달된 전기 신호를 증폭하는 장치이다. 이어폰은 증폭기를 통해 증폭된 전기적 신호를 소리 에너지로 변환하는 장치로 출력변환장치(output transducer)이다.

보청기는 착용하는 위치에 따라 상자형, 귀걸이형, 귓속형, 고막형, 안경형 보청기로 나누어 볼 수 있다. 증폭방식에 따라서는 선형보청기와 비선형보청기, 주파수 전위 보청기 등으로 나눈다. 근래에 상용화된 DSP(Digital Signal Processing)에 의한 디지털 보청기는 비선형 보청기로서 주파수 대역별로 출력 음향 특성을 개인의 청각 특성에 적합하게 조정할 수 있으며, 배음 왜곡과 잡음을 최소화하여 음질이 좋다. 또한 고주파에서 흔히 일어나는 피드백 현상을 방지하고 소리의 안정감과 부드러운 소리로 감각신경성 청각장애학생에게 유용하게 사용되고 있다(이규식 외, 2004).

2) 인공와우

인공와우는 고도 및 최고도 청각장애인에게 환경음과 말소리 정보를 제공하기 위해 외부에서 들어오는 소리를 전기적인 자극으로 변환하여 직접 청신경을 자극할 수 있는 전극을 달팽이관에 삽입한다.

인공와우는 정상 청력을 회복시키는 것이 아니며, 그 효과는 각각 다르다. 인공와우는 전극(electrode)과 수신 안테나(receiver)로 이루어진 체내부와 어음처리기(speech processor)와 마이크로폰(송화기), 송신 안테나(발신기)로 이루어진 체외부로 구성되어 있다. 체내부는 청각 정보를 수신 및 해설하고 청신경으로 전송한다. 체외부는 청각 신호를 마이크로폰으로 모으고(외이의 기능), 그 신호를 증폭하고 부분적으로 여과하여(중이의 기능), 그 신호를 분석하고 청신경이 적절하게 반응할 수 있도록 코드화(내이의 기능)한다(김원경 외, 2010).

3) 컴퓨터 테크놀로지

컴퓨터나 전화기 등의 기술적 진보로 청각장애인에게 기회를 제공할 뿐만 아니라 여가 시간도 확장할 수 있게 되었다. 컴퓨터가 인터넷과 연결되면서 이메일, 채팅, 웹 등을 통해 다양한 시각적인 정보를 빠르고 편리하게 접근할 수 있게 되었다. 영상전화기는 인터넷을 이용해 영상을 전송하여 수화로 의사를 전달할 수 있는 화상통화 기능뿐만 아니라 문자 메시지를 전송할 수 있다. 전화기의 영상이 너무 작아 수화로 의사소통하는 데 제한을 받을 경우 텔레비전의 큰 화면을 상대방을 보면서 수화로 의사소통할 수 있도록 하는 인터넷 영상단말기도 있다(박인수, 2010).

7. 시각장애의 교육재활

시각장애의 교육적 정의는 국립특수교육원의 규정에 반영되어 있는데, 교육적 맹은 점자나 촉각 및 청각 매체를 통해 교육해야 할 아동을 말하고, 약시(저시력)는 광학적 기구의 도움이나 또는 도움 없이 보유 시력을 활용해 일반 문자를 통해 교육할 수 있는 아동을 말한다. 구체적으로는 좋은 눈의 교정시력이 0.3 미만 또는 교정상태에서 학습에 어려움을 겪는 자를 시각장애인으로 본다. 맹은 좋은 눈의 교정시력이 0.05 미만, 또는 좋은 눈의 시야가 20도 이하인 자 또는 학습에 시각 외, 다른 감각을 주요 수단으로 하는 자라 하였으며, 저시력은 두 눈의 교정시력이 0.05 이상 0.3 미만인 자 또는 저시력 기구 또는 환경, 과제 수정을 통해 시각적 과제를 수행하는 자라고 분류한다(국립특수교육원, 2010).

1) 시각장애의 특성

(1) 지능 특성

시각장애 학생들의 지능 검사는 일반적인 지능검사에 의해 측정되기 때문에 일반 학생에 비해 지능검사 실시가 불가능한 경우가 많다. 시각장애 아동이나 청소년에 대한 지능 검사는 이들의 상황에 적당한 방법으로 주어지기만 한다면 일반 아동이나 청소년과 다를 바가 없을 것으로도 보고 있다.

지금까지의 연구에 의하면 시각장애 학생은 사실에 대한 지식을 가지고 있으나 통합 능력이 부족한 경향이 있다는 결과가 있으며, 추상적인 문제의 접근을 구상적 수준에서 해결하려는 경향이 있다는 보고가 있다. 또한 어휘 이해의 능력이 지체되지만 수리적 능력에서는 일반학생들과 차이가 없다고 분석한 보고도 있으며, 시각장애 학생의 지능은 일반학생들과 비교하여 볼 때 큰 차이는 없으나 지적 구조에 다소의 차이를 보인다는 보고도 있다. 그러므로 적절한 환경자극을 제공하기만 한다면 지능 발달의 지체를 극복할 수 있을 것으로 본다(김동연, 1999).

(2) 학업성취도의 특성

시각장애 청소년들의 학업성취에 대한 특성은 최근 크게 변화되는데, 이는 멀티미디어 및 컴퓨터 기기 등의 발달에 의해 시각장애 학생들에 대한 교육의 기회가 크게 확대되고 있기 때문으로 보고 있다. 그렇지만 정보 습득의 지체, 읽기 속도의 지체, 교수 절차의 구체성 부족, 수업 결손, 특수교육 개시 시기의 지체 등에 의해 학력의 지체가 일어나는 것으로 알려져 있다(Sacks, 1998). 이와 같은 환경적 조건들이 완화될 경우에는 학업성취도가 일반학생에 비해 크게 떨어지지 않을 것으로 본다.

(3) 언어발달의 특성

시각장애 청소년은 말을 할 때 음성이 다양하지 못하며 발성을 크게 하는 경향이 있고 말의 속도가 느리며 몸짓이나 입술의 움직임이 적은 편이다. 선천적으로 시각을 잃은 청소년의 경우에는 언어의 발달이 지연되는 것은 물론이며, 자신이 직접 경험하지 못한 단어들이 많기 때문에 의미를 모르고 사용하는 경우가 많다. 전체적으로 추상적인 표현을 많이 쓰게 된다(김동연, 1999).

(4) 개념 발달의 특성

언어 발달은 개념 발달에 있어서 중요한 도구가 되며, 시각장애 청소년들의 개념 발달이 더딘 것은 언어 발달이 더딘 영향이 있는 것으로 볼 수 있다. 시각장애 청소년의 신체 인지 개념이나 자아 개념 등 일반적 개념을 형성하는 데에는 시각장애가 없는 청소년에 비해 지체될 수도 있다. 이러한 원인으로서는 생리학적 변인이나 환경적 변인, 위협이나 불안 등에 대한 변인 때문으로 해석된다. 그렇지만 인지발달 단계에는 차이가 없이 일반학생이나 시각장애학생이나 동일한 단계를 거치는 것으로 밝혀져 있다(정옥분, 2005).

신체 개념의 발달에 있어서는 시각장애 청소년의 경우 좌우 판별에 어려움이 있는 것으로 알려져 있다. 구체적으로는 다른 사람의 좌우 준거 틀에 자신을 투사하는 것이 어렵게 느껴진다고 하며, 일반학생들과 마찬가지의 개념을 형성할 수는 있지만 공간 개념 형성에 대한 적절한 습득 시기를 놓치는 것이 주원인으로 파악되고 있다(김경희, 2004).

자아 개념의 발달에 있어서는 시각장애 학생이 부정적인 개념을 갖기 쉬울 수 있다는 연구결과가 다수 있지만, 일부 연구에서는 일반학생과 차이가 없다는 결과도 보고되었다. 국내 연구에서는 시각장애 청소년들이 일반 청소년보다 부정적 자아를 형성하기 쉽다는 결론이 많으며, 장애 획득 시기보다는 장애정도에 따라 부정적 자아 개념 소유에 더 많은 영향을 미친다는 보고도 있다(정유미, 2006).

(5) 사회 정서적 발달의 특성

유아기에 있는 시각장애아의 행동발달을 관찰해 보면, 청각적인 자극은 능동적인 성향을 유발하거나 유지시키는 데 효과가 크지 않기 때문에 시각장애 유아의 성격은 수동적인 성향을 가지게 된다. 그러므로 시각장애 학생의 대인관계는 소극적일 뿐만 아니라 환경에 대해서도 자연히 능동적으로 대처하는 능력이 떨어지게 된다(마원민, 2003). 지금까지의 연구들을 종합하여 보면 다음과 같다(김경미, 2004; 김호식, 1996; 마원민, 2003; 신윤진, 2005; 이효자, 1986; 정만훈, 1987; 정유미, 2006).

① 시각장애 학생이 그들 자신만의 독특한 세계를 형성하는 경향이 있어 고립된다.
② 시각장애 소녀가 소년보다 내성적이고 시각장애 청소년들이 더 신경질적이다.
③ 불안이나 공포, 긴장감이 일반학생보다 높다.
④ 기숙제 시각장애 학생이 통학제 시각장애 학생보다 불안감과 부적응 정도가 높다.

⑤ 사춘기 시각장애 학생의 데이트, 남성적인 힘, 여성의 미, 독립심, 능력과시 등의 제약으로 장애를 수용하기 더 어렵다.
⑥ 약시 학생이 전맹 학생에 비해 부정적 자아 개념을 가지고 있으며, 부적응 정도가 높다.

2) 자기표현

(1) 자기표현의 개념

자기표현의 어원은 Salter(1949)가 사용했던 '흥분 반응'이라는 개념에서 찾아볼 수 있다. 그는 정서적 문제의 근원은 억제된 감정에 있다고 보았으며, 신경증 환자들을 치료하기 위해 자신의 감정을 억제하지 않고 자발적으로 솔직하게 표현하는 '흥분 훈련'을 유도하였다. 이후 Wolper(1958)는 '흥분 반응'이라는 용어 대신에 '자기표현 반응' 또는 '자기표현 행동'이라는 용어를 처음으로 사용하기 시작하였다. 자기표현이란 타인에게 불안을 느끼지 않고 자기의 감정을 적절히 표현하는 것이라 정의하였다. Alverts와 그 동료들(1970)은 자기표현 행동을 부당한 불안을 느끼지 않으면서 자신의 느낌, 권리를 옹호함과 동시에 타인의 권리를 침해함이 없이 자신을 표현하는 행동이라고 정의하였으며, Adler(1985)는 자기표현이란 확신을 가지고 기술적으로 자기의 생각이나 감정을 폭넓게 전달하는 능력이라고 정의하였다(문소영, 2007 재인용).

자기표현 행동을 '상대방의 권리를 침해하거나 상대방을 불쾌하게 하지 않는 범위에서 자신의 권리, 욕구, 의견, 생각, 느낌 등 자신이 나타내고자 하는 장면에 따라 특별히 학습된 행동'이라고 정의하며, 소극적인 행동 및 공격적인 행동을 구분하기도 하였으며, 타인과의 의사소통 과정에서 상대방의 권리를 침해하거나 불쾌하지 않은 범위에서 자신의 권리, 욕구, 생각, 느낌 등 마음속에 있는 그대로 솔직하게 상대방에게 표현하는 능력을 자기표현이라고 한다(문소영, 2007).

(2) 시각장애인의 자기표현

장애를 동반한 사람은 다양한 이유에 의해 자기표현의 효율성이 떨어질 수 있다. 장애 청소년의 경우에는 대인관계의 상황에 대해 적절한 반응이 서툴러, 열등감을 가진 채로 남을 의식하며, 내성적이거나 자기중심적이고 충동적이거나 감정 조절이 어렵게 될 수도 있다. 이와 같은 상황에서 가정이나 사회로부터 긍정적인 지지와 피드백을 받지 못했을 경우에 자기가 가지고 있는 장애에 대한 열등감이나 부정적인 사고를 극복하지 못하게 된다. 또한 타인 앞에서 자기 자신의 감정이나 생각을 표현하기 전에 자기가 거부당하거나 소외를 받을까 하는 두려움이 먼저 앞서게 되어 침묵을 지키거나 소극적으로 자기표현을 하게 된다. 이러한 문제가 지속되면 성인이 되어서도 부모나 가까운 사람에게서 독립하기가 어렵고 낯선 타인과의 새로운 관계를 맺는 데 어려움이 생기며, 원활하지 못한 대인관계, 사회생활 속에서의 부적응으로 인한 정신적인 스트레스를 가져오고 더 많은 문제들을 초래하게 된다(김정연, 2000).

지금까지의 연구를 보면, 시각장애인들은 대체로 비시각장애인들보다 불안을 더 느끼는 것으로 나타났으며, MMPI(다면적 인성검사)에 의한 시각장애 아동의 성격특성에서 경조정(Ma) 및 사회적 내향성(Si) 척도만이 정상집단과 비슷한 경향을 나타낼 뿐 다른 모든 척도에서 정상집단보다 높은 비율을 보이고 있어 시각장애 아동들은 성격상 이유 때문에 적응문제에 많은 곤란을 겪고 있음을 알 수 있다. 이러한 불안감과 적응문제에 많은 곤란으로 인하여 시각장애아들은 자신의 느낌이나 감정에 관하여 표현하지 못하고 기피하는 현상을 겪고 있다(김정완, 2008; 마원민, 2003; 이효자, 1986).

시각장애 아동은 시지각의 결여로 인해 환경 탐구, 신체의 통제 능력에 필요한 근육을 사용하고 싶은 동기를 잃고, 환경적 경험과 물체와 직접 접촉하기 어려운 상황, 그리고 경험의 제약성 때문에 언어능력을 확대할 수 있는 기회를 제한받기 때문에 정의적 발달에 간접적인 영향을 받게 된다. 이러한 것이 시각장애 아동의 자신감과 자아개념에 부정적인 영향을 주어 아동은 자기의 생각과 느낌을 타인에게 적극적으로 표현하는 데 곤란을 겪게 된다.

3) 신체상

(1) 신체상의 개념

모든 인간들은 자신의 마음속에 자신의 신체상을 갖고 있는데, 이는 자기 자신을 묘사할 때 사용하는 복합적인 개념으로 자신의 신념, 가치, 목표, 성격, 자신에 대한 다른 사람의 견해 등이 통합되어 이루어진다. 우리가 가지고 있는 신체상은 한 번 발달되어 형성되면 그대로 있는 것이 아니라 일생을 통해 여러 가지 요인에 의해 변화된다고 보며, 어떠한 신체적 결손에 의해서 신체상 형성에 손상을 줄 수 있고, 외상이나 질병으로 인한 입원, 수술, 운동 제한이나 약물 등이 신체상에 영향을 줄 수 있는 요인이 될 수 있다(최의순 외, 1997).

Freud(1961)는 인간의 가장 원초적 자아를 신체자아라고 하였으며 자아가 신체의 지각과 개념, 그리고 신체와 관련되어 있는 감정을 포함하여 신체상을 형성한다고 말한다. Brunner(1982)는 신체상을 개인이 자신의 신체 외모나 신체 기능, 신체 상태에 대해 가지고 있는 느낌이나 태도라고 한다. 이와 같은 신체상은 자신을 묘사할 때 사용되는 복합적 개념으로서 자신의 신념, 가치, 목표, 성격, 자신에 대한 타인의 견해들이 통합되어 이루어지며, 인간이 환경에 반응하는 것을 결정해 준다. 이러한 신체상이 변화하면 정서적인 긴장이 유발되거나 성격의 변화가 일어나기도 하며, 또는 자존감을 잃게 하여 자아상실의 위기를 초래하기도 한다. 신체상은 인간의 심리상태 및 행동을 결정하는 지표가 되는데, 질환과 환경의 적응에 직접적인 영향을 미치므로 인간을 전체적으로 이해하는 데 필수적인 요소가 된다(최정미, 2011).

(2) 시각장애인의 신체상

시각장애아가 환경에 효과적으로 적응하기 위해서는 신체상과 방향 정위에 대한 정확한 개념을 가지고 있어야 한다. 시각장애인이 자신의 신체상을 형성하지 못하면 자아개념의 확립이 지연되며, 주위의 세계를 이해하지 못하게 되고, 방향 정위와 가동성, 즉 보행이 이루어지지 못하게 된다. 즉, 시각장애인은 타인이나 주위 환경을 습득하기 이전에 먼저 그 자신에 대해서 학습하는 것이 중요하며, 이는 신체상의 형성이 효율적인 보행과 밀접한 관계가 있기 때문이다(최정미, 2011).

이러한 신체에 대한 지각은 시각장애아의 경우 매우 중요하게 받아들여지고 있으며, '움직임'이라는 속성과 신체 지각은 매우 깊은 관계가 있다고 본다. 시각장애인에게 신체상을 지도해야 하는 이유로는 그들의 신체가 모든 공간을 판단하고 조직화하는 중심이기 때문에, 만약 시각장애인이 신체의 좌우 개념 파악에 실패한다면, 가정, 이웃, 학교의 환경을 조직화하는 데 정확성이 결여될 수 있을 것이다(김호식, 1996).

4) 대인 불안

(1) 대인 불안의 개념

대인 불안은 의미상으로 사회적 공포증(social phobia), 사회적 불안(social anxiety), 대인공포, 수줍음 등의 용어와 같은 맥락으로 사용되고 있다. DSM-IV에서는 대인 불안이란 '낯선 사람들에게 노출되거나 다른 사람들이 지켜볼 수 있는 하나 이상의 사회적 또는 수행적 상황에서 현저하고 지속적인 두려움을 보이며, 그런 상황에서 창피하고 당황스럽게 행동할까봐 두려워하는 것'이라고 정의하고 있다(이재원, 2006).

대인 불안의 경우 실수 공포, 표정 공포, 횡시 공포, 타인 시선 공포가 전 연령에 걸쳐 높게 나타난다는 연구가 있으며, 대인 불안 집단은 자신이 지각하는 자기상뿐만 아니라 타인에게 보이는 자기상도 긍정적이지 않다는 연구도 있다(김재남, 2000). 대인 불안이 높은 사람들은 일반적으로 자신감이 결여되어 있으며, 사회적인 만남을 처리하는 자신의 능력을 의심하고, 사회적인 과제 수행에 있어서도 많은 결함을 보이기도 한다. 대인 불안이 있는 사람들은 사회적 수행에 대해 엄격한 완벽주의자적 자기기준을 가지고 있으며, 자신의 사회기술 및 사회적 수행에 대해 부정적인 평가를 하고, 다른 사람으로부터 부정적 평가를 받을 가능성과 그 심각성에 대하여 과대평가를 한다(이정윤, 1996).

(2) 시각장애인의 대인 불안

시각장애인은 시각장애로 인해 적응하는 데 비시각장애인들과는 다른 불안과 같은 부적응 문제를 빈번하게 경험하게 된다. 시각손상은 시력 발달과정에서 중요한 역할을 하는 시각의 기능이 정지되거나 감소되었기 때문에 시각손상으로 인해 심리적 문제가 생길 수 있다고 하며, 시각장애로 인해 생길 수 있는 정서적인 문제로 불안을 들고 있다. 시각장애인의 불안에 영향을 미치는 요소로서는 다음의 세 가지를 들 수 있다(최정미, 2011).

① 시각장애인이 눈의 구조나 모양으로 인해 다른 사람으로부터 받게 되는 부정적 태도, 예를 들면 두려움, 기피 등으로 인한 영향

② 시각장애인이 다른 사람들로부터 받게 되는 과잉보호, 책임회피, 멸시, 과소평가 등으로 인한 정서적 압박감으로부터의 영향
③ 시각장애가 형제들에게 짐으로 느껴지면서 가족으로부터 소외되어 겪는 문제의 영향

시각장애인의 불안에 대한 연구를 보면, 여학생들이 남학생들에 비해 심리적 부적응 문제를 더 많이 경험하고 있으며, 개인적 신념이나 주변 환경 및 주변 사람들과의 상호작용 과정에서 좌절감이나 실패감 등으로 습득된 생각, 신념, 가치, 감정 등으로 인해 불안을 더 빈번히 겪고 있다고 한다. 또한 시각장애 학생의 변인에 따른 불안 정도의 하위 영역별 차이를 살펴본 결과, 대부분 개인 성향보다는 주변 환경과의 관계, 대인관계, 비시각 장애인과의 관계에서 유의한 차이를 보이는 것으로 조사되었다. 이는 시각장애 학생들은 시각장애 그 자체로 인한 영향보다는 주변 환경이나 주변 사람들로부터의 영향으로 더 많은 불안을 느끼고 있음을 알 수 있다(마원민, 2003).

8. 발달장애

1) 발달장애의 개념

발달장애(developmental disability)의 개념이 연구자마다 다르게 정의되고 있으나, 미국의 발달장애지원 및 권리장전법(Developmental Disabilities Assistance & Bill of Right Act of 2000)에 따르면, 발달장애를 만성적 장애를 가진 자로 정신적·신체적 손상 또는 장애를 복합적으로 가지며, 22세 이전에 명백히 나타나 영구적으로 지속될 가능성이 높고, 일상생활의 영역에서도 독립적인 생활능력, 수용·표현 언어, 자기관리, 이동, 학습, 경제적 능력, 자기주도력 등 주요 생활영역에서 세 가지 또는 그 이상의 제한으로 장기간 또는 일생 동안의 보살핌과 치료 등을 필요로 하는 자로 정의하고 있다(김웅기, 2018).

우리나라에서는 1999년 12월에 장애인복지법이 개정되면서 처음으로 발달장애라는 용어가 사용되었다. 2015년에 시행된 「발달장애인 권리보장 및 지원에 관한 법

률」에 따르면, 발달장애인은 장애인복지법 제2조 제1항에 의한 장애인으로, 지적장애인, 자폐성 장애인, 그 밖에 통상적인 발달이 나타나지 아니하거나 크게 지연되어 일상생활이나 사회생활에 상당한 제약을 받는 사람으로 정의하고 있다.

DSM-5(2015)에는 발달장애를 '발달단계에서 시작되는 장애들의 집합으로 신경발달장애'로 정의하고 있으며, 지적장애, 자폐성 장애를 포함하여 총 6가지의 범주로 구분하고 있다.

그러므로 발달장애에 대한 정의는 구내외적으로 매우 다양하고 광범위하기 때문에 하나의 개념으로서는 정의할 수 없으며, 지금까지의 연구를 종합하여 보면, 발달초기부터 시작하여 삶의 전반에 걸쳐 발현되고 아동 및 청소년의 성장을 지속적으로 저해하는 장애라고 볼 수 있다. 또한 정신적, 신체적, 사회적 장애를 수반하여 자립능력이 부족 또는 불가능하기 때문에 전 생애에 걸쳐 보호와 양육이 필요하다고 볼 수 있다.

발달장애는 대표적으로 지적장애와 자폐성장애로 나눌 수 있는데, 먼저, 지적장애를 보면, 지적장애아는 또래들에 비해 전반적인 정신능력이 저하되어 있으며, 일상의 적응 기능의 손상을 보인다. 이러한 손상은 발달시기부터 시작되며, 지적 장애의 손상정도에 따라 경도, 중등도, 고도, 최고도로 분류하고 있다. 지적장애의 기능손상으로는 학습과 관련된 추론, 문제해결능력, 추상적 사고, 판단, 계획, 가르침 등의 손상을 보이며, 이해, 작업 기억력, 인지적 효율성 등이 부족하다(박용찬, 2009). 지적장애아는 평균 이하의 지적기능을 가지며, 학습에 어려움이 있고, 적응능력의 상실로 학교생활과 사회적응에 장애가 있다. 또한 정서적으로 불안정하여 자극에 과민하게 반응하거나 짜증이나 불안과 같은 부정적인 정서나 공격적인 행동을 보일 때도 많다.

다음으로, 자폐성장애의 특징은 사회적 의사소통과 상호작용의 결함이 있고, 제한적이며, 반복된 행동이나 관심을 보인다. 이러한 증상은 아동초기부터 시작하여 일상생활의 제한과 기능의 손상을 일으킨다. 의사소통과 상호작용의 결함은 일생동안 지속되며, 타인과의 관계를 맺고 서로의 생각과 감정을 공유하는 능력이 결여되어 있다. 그러므로 이들의 언어는 일방적이고 요구적이며, 때로는 공격적이거나 파괴적인 행동을 보이기도 한다. 그 외에 자주 나타나는 특징으로서는, 손을 퍼덕거리거나 손가락 끝을 튕기는 상동행동, 물건 줄 세우기 등과 같은 강박적이고 반복적인 행동과 반향어, 특정 단어, 문구, 운율 등을 반복적으로 말하기도 한다(박용찬, 2009).

이러한 발달장애인의 특성적인 결함은 장애의 유형과 경중과는 상관없이 사회의 한 구성원으로서 독립적으로 살아가는 데 끊임없는 방해 장벽으로 작용하고, 다른 장애유형보다도 더 많은 치료와 보호, 사회적 서비스가 요구되며, 개인의 주도성이 부족하기 때문에 자립이 어렵고, 독립적인 생활, 직업고용, 지역사회에의 진출 등에 어려움이 많다. 또한 발달장애인은 학령기를 마치게 되면, 그동안 공적으로 지원받았던 특수교육과 재활서비스가 중단되는데, 이는 많은 연구에서 장애자녀가 성인기로 전환하는 과정에서 부모가 많은 어려움을 겪고 있다.

9. 발달장애인의 평생교육 주요 국가 사례

발달장애인의 평생교육의 필요성은 기본적 인권이자 행복추구권이며 장애인의 재활과 복지의 완성도를 가름하는 것으로 볼 수 있다(박원희, 2002). 또한 장미숙(2014)은 발달장애인에게 평생교육이 필요한 것은, '① 평생교육은 생의 수단이자 목표, ② 평생교육은 재활의 수단, ③ 평생교육은 장애인복지가 성취된 현실적 완성도이기 때문'으로 보고 있다. 그러므로 발달장애인의 평생교육 현황과 그들의 요구를 잘 파악하여 발달장애인의 특성에 맞는 평생교육이 이루어져야 할 것이다.

1) 선진외국 사례

(1) 주요 국가의 사례 개요

주요 선진국가인 미국, 일본 및 호주의 장애성인에 대한 평생교육에 대한 사례는 다음과 같다.

〈표 9-3〉 미국, 일본, 호주의 장애인 평생교육 사례

구 분	미 국	일 본	호 주
장애인 평생교육 관련제도	• 평생학습법을 통해 명확히 내용을 규정하고 있지는 않으나 장애인 법에 의해 대상에서 제외하지는 않으며 일반인과 동일한 대우를 받도록 보장 • 관련법령 : 평생학습법(Lifelong Learning Act, 1976), 미국의 장애인법(Americans with Disabilities Act : ADA, 1990)	• 생애교육법을 통해 장애인의 평생교육지원 • 관련 법률 : 헌법, 기본교육법, 사회교육법 및 평생학습의 진흥을 위한 시책의 추진제 등의 비전에 관한 법률	• 장애인차별금지법(Disability Discrimination Act, 1992)
장애인 평생교육기관	• 장애인들에 대한 중등교육 이후, 주로 2년제 지역사회 대학과 4년제 대학, 직업훈련학교, 지역사회 내의 마을회관 및 스포츠 팀이나 장애인단체에서 이루어짐	• 개방대학 • 장애청년학급 • 공민관(사회복지관) • 공공직업안정소 • 장애인직업센터 • 장애인고용지원센터	• 대학 • 지역사회의 지역센터나 활동센터 • 장애단체
장애인 평생교육 내용	• 장애인을 위한 별도의 프로그램을 개설하는 경우보다는 지역사회 주민들이 취미생활이나 자기 발전을 위해 선택하는 프로그램 운영	• 직업훈련 • 사회적응훈련과 여가활동교육	• 통합과 고용
장애인 평생교육 방향	• 정상화의 이념을 바탕으로 장애인들의 사회통합을 지원하기 위해 지역사회 내에서 가능한 한 비장애인과 동일한 기관에서 동일한 교육내용과 방법으로 교육	• 지역사회를 중심으로 장애인의 사회통합을 위해 그들의 직업능력을 회복하고 사회생활 능력을 촉진	• 기술교육과 장애인의 자기주장과 사회참여 능력을 개선

출처 : 윤점룡 외(2010).

(2) 각국의 세부적 사례

① 미국

선진 미국의 일리노이 주를 보면, 발달장애인 관련 정부 조직, 서비스기관, 옹호단체 등이 약 14개소가 있고, 다양한 서비스와 정책적 제안 등이 이루어지고 있으며 세부적인 내용은 다음과 같다(구교현 외, 2012).

가. DHS(Illinois Department of Human Services), DDD(Division of Developmental Disabilities) : **발달장애인들만을 위한 전담지원정부조직**

DHS는 일리노이 주에 있는 가족의 자기발전과 독립, 최대한의 건강생활을 보장하기 위한 부서이다. DDD는 DHS의 6개 하부 부서 중 하나이며, 발달장애인 관련 부서이다.

〈표 9-4〉 DHS의 조직

부서명	내 용	비 고
SODC(State Operated Developmental Center)	주정부가 직영	의사 4명, 영양사 2명, 사회복지사 3명, 심리학자 6명, 컨설팅하는 의사, 정신과 의사, 작업치료사, 물리치료사 등
CILA(Community Integrated Living Arrangement)	지역사회에서 운영	
기획예산부서	개인에게 소요되는 예산을 세우고 예산을 받아내는 부서	
감독 및 교육부서	서비스 기관을 관찰하고 교육하는 부서	

나. ICDD(Illinois Council on Developmental Disabilities) : **독립성과 추진력을 가진 민관 협의기구**

㉠ 개요 및 목적

ICDD는 주정부에서 운영하고 있으며, 발달장애인 문제를 놓고 발달장애인과 가족, 관계기관 등이 함께 협의하는 협의기구로서, 발달장애인서비스와 정책의 우선순위 등을 설정하고 이를 실행하기 위한 기구이다. 이러한 기구는 일리노이 주에만 설치되어 있는 것이 아니라 미국 전역에 설치되어 있다. ICDD는 발달장애인의 자기옹호와 체계적인 변화 능력의 개발을 통해 발달장애를 가진 사람들의 삶을 개선하고 공헌하고자 하는 목적으로 설립되었다.

㉡ 협의기구의 역할

- 발달장애 대상자와 가족들에게 새로운 프로그램의 개발과 서비스를 개선할 수 있도록 하고 있다.
- 교육, 고용, 이동, 공동체 생활, 건강지원 등에 중점을 두어 발달장애인들이 가능한 한 자신의 삶을 즐길 수 있도록 하고 있다.
- 발달장애인 및 가족이 지역사회에서 능력을 형성하여 자급자족할 수 있도록 돕고 있다.
- 프로그램은 서비스 공급자, 정책 수반가 및 전문가의 아이디어와 조언을 받아들여 발전을 도모하고 있다.
- 발달장애인들에게 지역사회 내에서 다른 사람들과 동등한 기회와 '자유'를 보장하는 방향으로 변화를 유도하고 있다.

㉢ 협의기구의 운영

협의회의 위원은 총 29명이며, 이들은 주지사가 뽑은 당사자와 가족들이다. 이 중 10명은 주정부 기관의 전문가들로 구성되어 있다. 협의회의 예산은 260만 불이며 연방정부에서 받고 있다.

다. RRTCADD(The Rehabilitation Research and Training Center on Aging with Developmental Disabilities)

㉠ 개요 및 목적

RRTCADD는 연구훈련기관으로서 지적장애를 가진 사람들이 성공적으로 성년화되어 갈 수 있도록 증진시키는 역할을 한다. 발달장애인들의 신체, 인지, 환경의 변화에 대응할 수 있도록 훈련과 연구 그리고 정책을 개발하는 기관이다.

㉡ 기관의 역할

- 건강하게 노령화되는 것을 촉진
- 가족과 가족 이외의 보호자 지원
- 노령과 장애에 친숙한 지역 환경

ⓒ 기관의 운영

핵심 스텝들과 공동조사자 또는 자문위원 등으로 구성되어 있다.

라. EFF(Equip For Equality) : 연방법에 의한 발달장애인 권익옹호

㉠ 개요 및 목적

EFF는 인권단체로서 장애인 인권을 지켜나가고 옹호하는 민간기관이다. 1985년에 창립하였으며, 1명의 평생이사와 9명의 실행이사 그리고 상근직원으로 구성되어 있다.

- 지역사회에서 장애인의 완전한 통합을 증진시킨다.
- 장애를 가진 개개인이 공공교육을 포함하여 장애인의 욕구와 부응하는 환경과 서비스를 지원받을 수 있도록 돕는다.
- 장애인의 자기결정권을 보호한다.

㉡ 단체의 활동

- 사회보장, 일 보장 프로그램에 대한 정보와 직업재활과 관련된 조언, 고용서비스, 장애를 가진 사람의 안전, 재획득, 고용유지 등과 관련된 역할을 한다.
- 라틴계열 장애인들의 교육, 옹호 서비스를 한다.
- 뇌손상 장애인들과 가족을 위한 뇌손상프로젝트를 한다.
- 이동의 권리를 위하여 많은 교통 유형을 사용할 수 있도록 한다.

ⓒ 단체의 운영

500만 불의 예산이 책정되어 있으며, 연방정부에서 75%를 지원하고 25%는 주정부 또는 재단에서 지원하고 있다.

마. Pact Inc. : 전 생애의 서비스 조정 및 부모사후문제 해법 제시

㉠ 개요 및 목적

Pact Inc.는 생애주기별 서비스기관으로서 장애부모들에 의해서 설립이 되었으며, 특히 발달장애인을 대상으로 영유아서비스와 지역서비스 그리고 발달장애인의 전 생애에 걸쳐 적절한 서비스를 조정해 주고 연계해 주는 활동을 하고 있다.

- 장애를 가진 사람 개개인들에게 지역의 공적 서비스와 사적서비스를 조정해 준다.
- 후견인, 수탁 및 개별적인 재정보조 활동을 한다.
- 장애인 개개인들이 최대한 독립적이고 적절한 지원을 획득할 수 있도록 다른 전문가들과 협력한다.

㉡ 기관의 역할

- 영유아기의 아동과 가족의 연계 서비스 : 영유아를 양육하는 장애인 가족들이 필요한 서비스를 연계해 주는 프로그램으로서 지도교사를 가정에 배치하여 어떤 서비스를 받을 수 있는지 지원해 준다.
- 생애주기 서비스 : 장애유형과 무관하게 제공되는 서비스이나, 대부분은 발달장애를 가진 사람들이다. 이 서비스에 가입된 사람은 후견 및 보호, 재정후견(부모의 사후 유산관리 등), 서비스 안내 및 권장(대상자 개발) 등의 서비스를 제공한다. 즉, 주거지원, 재정, 법적도움, 사회적 문제, 여가, 자기위생 등이다.
- 지역사회 서비스 : 주로 성인을 대상으로 지역사회 서비스를 조정해 주는 프로그램이다. 소요예산은 주정부에서 지원된다.

㉢ 기관의 운영

예산은 360만 불이며 연간 4,600명에게 서비스를 주고 있다. 예산의 97%는 주정부에서 지원받고 유료서비스 이용료 수입은 5% 정도에 지나지 않는다.

바. Life's Plan. Inc. : 자녀의 삶의 질을 유지하는 재정 후견대책

㉠ 개요 및 목적

Life's Plan. Inc.는 가족 구성원의 사망에도 자녀가 일정 정도의 삶의 질을 유지할 수 있도록 부모들의 자구적인 방편으로 1976년에 비영리기관으로 설립되었다. 장애를 가진 사람들에게 기본적인 생계비와 삶의 질을 유지할 수 있도록 필요한 재정을 신용기금신탁을 통해 보충적으로 지원하고 재정계획과 관리를 지원해 주는 재정후견인의 역할도 수행한다.

㉡ 기관의 역할

- **제3의 보충적 신용기금** : 사적인 공동투자 기금으로서, 장애를 가진 사람들과 가족들이 복지권한의 제한 없이 가족의 재산을 통합할 수 있게 한다.
- **자가적립환원기금** : 사적인 공동투자기금으로서 장애를 가진 개인에게 사용되며, 그들의 가족이 가족 개인이나 그 배우자의 자산을 장애인가족이 쓰도록 허락한다.

㉢ 기관의 운영

이 기관의 이사진은 총 6명으로 구성되어 있다. 이 중 2명은 변호사, 1명은 교육기관의 행정가, 1명은 지적장애인 등의 발달장애인위원회의 위원, 2명은 장애인에게 서비스를 제공하고 있는 기관의 대표로 구성되어 있다.

사. WDSRA(Western DuPage Special Recreation Association Equal Fun For Everyone) : 장애를 가진 사람까지의 평등한 즐거움

㉠ 개요 및 목적

1976년에 설립된 레저와 스포츠 서비스기관으로서, 레저 프로그램을 통해 발달장애인들의 사회참여와 삶의 질 향상을 목적으로 하는 기관이다. 장애를 가진 사람들도 평등하게 삶을 즐길 수 있는 권리를 지향하며, 연간 천여 개가 넘는 프로그램을 개발하고 지원하고 있다. 정신장애, 자폐, 발달장애, 학습장애, 청각장애, 신체장애, 뇌성마비, 시각장애 등의 장애를 가진 사람들에게 스포츠, 미술 및 조형, 자연, 춤, 조기교실, 캠핑, 문화 활동, 음악 등의 프로그램을 제공한다.

㉡ 기관의 역할(프로그램)

- **기본 사업** : 장애인에게 적용 가능한 스포츠, 미술, 경기(대회), 요리, 댄스, 일일캠프, 사회훈련, 사교클럽 등 연간 1,000여 개의 프로그램을 운영하고 있다.
- **특화 및 주력사업** : 자연과 예술을 통해 자존감을 회복하고, 대인관계나 사회생활 속에서 자신의 역할을 인식하게 하여 자신감을 회복할 수 있게 하고 있다. 이러한 프로그램을 통해서 생활과 인생을 즐기고 삶의 질이 향상될 수 있도록 한다.

ⓒ 기관의 운영

1년 예산은 약 350만 불이며, 이 중에 250만 불은 공원국에서 지원하고, 이용요금 50만 불, 기타 후원금으로 충당하고 있다.

아. RGA(Ray Graham Association) : 발달장애인에게 다양하고 질 높은 서비스 제공

㉠ 개요 및 목적

RGA는 종합적인 지역사회 서비스기관으로서 1950년에 설립되었으며, 주거, 레저, 오락, 조기치료, 고용 등 다양한 프로그램을 일리노이 주에 거주하고 있는 발달장애인들에게 제공하는 직접서비스 제공기관이다. 발달장애인들과 가족들을 위한 주거, 레크리에이션, 일시보호, 직업재활서비스 등의 지원을 통해 발달장애인과 가족, 지역사회 구성원 모두의 삶의 질을 증진시키는 것을 목적으로 한다.

㉡ 기관의 역할

- **가족지원** : 1950년대부터 발달장애인들을 위해 가족지원을 하고 있다.

ⓒ 기관의 운영

연간 예산은 2,100만 불이며, 주정부가 85%를 지원하고, 그 외의 15%는 이용료 및 후원금으로 충당하고 있다.

자. Lisle CLC(Community Learning Center) : 다양한 일상생활 지원을 위한 지역사회 연계

㉠ 개요 및 목적

지역사회 발달장애인 훈련지원센터로서, 발달장애인들이게 다양한 일상생활훈련을 통하여 능력을 확장시킨다. 발달장애를 가진 사람들이 지역사회와 센터의 경험을 기반으로 그들의 능력을 확장시키도록 지원하는 것을 목적으로 한다.

㉡ 센터의 역할

- **소그룹활동** : 아트 클래스, 요리반, 수영교실, 사색하기, 촉감 느끼기 등
- **창업 준비** : 스낵바 등을 운영하여 수익금 관리법, 현금 관리법 등의 사업 방법 터득 지원

- **자원봉사활동** : 도시락 배달, 자원봉사 등
- **부업활동** : 메일링, 라벨링 등의 간단한 부업활동
- **지역사회 기관과의 연계를 통한 활동** : 간단한 사무보조, 지역사회 탐방, 개인위생관리 훈련, 온실에서 꽃 재배, 간단한 작업활동 등 교육적인 다양한 활동을 지원

㉢ 센터의 운영

21세 이상의 성인 발달장애인을 대상으로 월~금요일 오전 8시 30분~오후 3시까지 유료로 운영되고 있다.

차. CILA(Community Integrated Living Arrangement) : 지역사회통합 주거서비스모형

㉠ 개요 및 목적

CILA는 우리나라의 개념으로 공동생활가정과 유사한 주거서비스라고 할 수 있다. 24시간 동안 주거를 제공하고 요리, 빨래 등의 일상생활을 스스로 할 수 있도록 도와준다. 이 시설은 약 70여 평이며 잔디의 정원을 포함하면 약 200여 평 정도의 규모이다. 4명 정도가 한 집에 거주하는 형식이다.

㉡ 시설의 역할

- **간헐적 CILA** : 주거지는 따로 있으며, 가끔씩 주거지원서비스를 제공한다.
- **일시보호** : 발달장애의 장애정도와 사회참여 정도로 분화시켜 이들의 욕구와 환경에 맞추어 시설유형을 제공한다.

㉢ 시설의 운영

Bednorz라는 장애인 부모가 기금을 출연하여 설립하였다. 기관에는 1명의 스텝이 항상 함께 거주하는데 근무시간은 1일 8시간이다.

카. DCIL(DuPage Center For Independent Living) : 지역사회의 장애인 자립생활지원센터

㉠ 개요 및 목적

DCIL은 1991년에 설립된 자립생활 서비스기관으로서, 지역사회에 기반을 두고 모

든 장애인에게 자립생활이 가능하도록 서비스를 지원하는 비영리기관이다. 일리노이 주에는 현재 이러한 기관이 23개소가 있다. 장애인들에게 거주시설이 아닌 지역사회에서 자립하여 살아갈 수 있도록 자립서비스를 지원하는 것을 목적으로 한다.

㉡ 센터의 역할

- 자기옹호, 자립생활 기술교육

㉢ 센터의 운영

주정부에서 매년 정해진 액수를 배정받는 것이 아니라 어느 용도에 사용할지 미리 신청하여 그 액수만큼 지원을 받는다.

타. The ARC of Illinois : 안정적이고 탄탄한 조직, 부모회원들의 참여로 한목소리

㉠ 개요 및 목적

인권단체로서 미국의 발달장애인들의 복지정책과 서비스를 이끌어 오는 데 주도적인 역할을 해온 ARC는 미국 내에서도 권위와 힘이 있는 부모운동단체이다. ARC는 1950년대 미국 발달장애인의 복지현실에 자각하여 발달장애인 부모들이 별도의 부모협의회가 필요하다는 인식하에 출발하여, 현재는 전역에 1,000여 개의 지부를 갖는 거대한 시민협의회로 발전하였다. 발달장애인들에게 최고의 정보제공을 하고 선택하도록 함으로써 지역사회에서의 삶에 참여할 수 있도록 한다.

㉡ 단체의 역할

- 정책입안, 장애인 대변, 교육과 훈련, 옹호시스템 조정, 지지집단과 서비스 연계, 정보제공과 의뢰, 기술적 지원과 보조, 조사와 모델 보급, 네트워크 간 협력, 모금방향의 개선 등

㉢ 단체의 운영

ARC의 본부는 워싱턴 DC에 있으며 일리노이 주에는 70개의 지부가 있다.

파. People First of Illinois : 어려움을 겪는 발달장애인 자조모임

㉠ 개요 및 목적

발달장애인 자조단체로서 각자 서로의 삶에 책임을 다하고 차별 없는 장애인들의 정의를 위해 일하는 발달장애인들이 중심이 되어 구성된 자조단체이다.

㉡ 단체의 역할

- 발달장애인들이 자기결정권에 대해 배우고 자기 옹호를 할 수 있는 훈련을 제공한다.
- 발달장애인들이 삶의 방향을 설정하는 데 필요한 기술과 자기 옹호능력을 준비한다.

하. AAIDD of Illinois : 미국 지적장애협회 일리노이주 지부

㉠ 개요 및 목적

1876년에 창립된 지적장애인 전문가 협회로서, 지적장애인들을 위한 연구와 최선의 서비스방법을 찾고 지적장애인들의 전반적인 인권보장에도 노력하고 있다.

㉡ 협회의 역할

- 출판사업 : 일반인도 읽을 수 있는 쉬운 저널 발간
- 장애정책에 대한 세미나 : 워싱턴 DC에서 열리며 전국을 순회

㉢ 협회의 운영

정부로부터 지원은 없고, 회원들의 회비와 출판물 수입으로 운영하고 있다. 각종 학술대회는 참가비로 충당한다.

〈표 9-5〉 미국 일리노이 주의 발달장애인 관련 기관

	명 칭	목 적	역 할	운 영
1	DHS, DDD : 발달장애인들만을 위한 전담지원정부조직	발달장애인 정부부서	소요예산 책정, 서비스기관 관리	주정부 직영
2	ICDD : 독립성과 추진력을 가진 민관협의기구	발달장애인서비스와 정책 개발	프로그램 개발, 교육, 고용, 이동, 공동체 생활, 건강지원 등	주정부에서 운영하는 협의기구
3	RRTCADD : 발달장애인 연구훈련기관	발달장애인 연구 훈련, 정책개발	건강, 보호지원, 친숙한 환경지원	공동조사자, 자문위원 등으로 구성
4	EFF : 연방법에 의한 발달장애인 권익옹호	장애인 인권 옹호	장애인의 자기결정권, 지역사회와의 통합 등	인권단체, 500만 불의 예산 중 연방정부에서 75% 지원
5	Pact Inc. : 전 생애의 서비스 조정 및 부모 사후문제 해법 제시	발달장애인의 전 생애에 걸쳐 서비스 조정	생애주기 서비스	장애 부모들에 의해 설립. 예산 360만 불 중 97%는 주정부에서 지원
6	Life's Plan. Inc. : 자녀의 삶의 질을 유지하는 재정 후견대책	부모의 사망 후에도 자녀의 삶 유지	제3의 보충적 신용기금, 자가적립환원기금	부모들의 자구적인 방편으로 비영리기관 설립
7	WDSRA : 장애를 가진 사람까지의 평등한 즐거움	레저 프로그램을 통해 발달장애인의 사회참여와 삶의 질 향상	스포츠, 미술, 요리, 댄스, 사회훈련, 사교클럽 등	예산 350만 불 중 250만 불은 공원국에서 지원
8	RGA : 발달장애인에게 다양하고 질 높은 서비스 제공	발달장애인들에게 다양한 서비스 제공	가족지원, 주거, 레저, 오락, 고용 등	예산 2,100만 불 중 주정부가 85%를 지원
9	Lisle CLC : 다양한 일상생활 지원을 위한 지역사회 연계	발달장애인 인지훈련	소그룹활동, 창업지원, 부업활동 등	21세 이상 성인 발달장애인 대상 유료로 운영
10	CILA : 지역사회통합 주거서비스모형	공동생활 주거서비스	24시간 동안 주거를 제공하고 일상생활을 스스로 할 수 있도록 도움	장애인 부모들이 기금을 출연하여 설립

11	DCIL : 지역사회의 장애인 자립생활지원 센터	자립서비스 지원	자립생활기술 교육	주정부에서 신청 금액을 지원
12	The ARC of Illinois : 안정적이고 탄탄한 조직, 부모회원들의 참여로 한목소리	인권단체	정책입안, 장애인 대변, 교육과 훈련 등	전국에 약 1,000여 개의 지부가 있음
13	People First of Illinois : 어려움을 겪는 발달장애인 자조모임	자조단체	발달장애인들의 자기결정권 훈련 및 이를 옹호	–
14	AAIDD of Illinois : 미국 지적장애협회 일리노이주 지부	지적장애인들의 인권보장	출판사업, 장애정책 세미나 등	회원들의 회비로 운영

② 뉴질랜드

뉴질랜드에서는 발달장애성인의 교육 프로그램을 대학에서 실시하고 있는데, 오클랜드공과대학(Auckland University of Technology Unit)과 유니텍(University of Technology)을 들 수 있다. 이 대학들은 대학 내에 발달장애인을 중심으로 학급을 편성하여 지금까지 약 15년째 운영하고 있다. 한 학급은 15명(지적장애 10명, 자폐 4명, 청각장애 1명)이며, 강사 1명이 시간제로 일하는데, 수화통역사와 언어치료사 등의 보조를 받고 있다. 이러한 학급의 교육과정은 직업생활을 위한 기초능력의 배양을 중심으로 산수, 읽기, 쓰기, 의사소통, 고용에 관한 지도를 하고 있고, 주로 기능적 생활중심 교육으로 등교시간을 지켜 직장생활에서 시간 관리를 하도록 지도하고 있으며, 의사소통지도를 위해 주말에 있었던 이야기, 어제 있었던 이야기, 인터뷰, 발표를 위한 지도, 일기쓰기, 편지쓰기 등 창작 지도를 주로 하고 있다. 학생 중에는 시간제로 슈퍼마켓, 버거킹, 공원 등에서 일하는 사람도 있다. 수료는 6개월, 1년 과정으로 나뉘어 있다(윤점룡 외, 2010).

③ 호주

호주의 장애인평생교육은 계속교육이라는 이름으로 대학과 지역사회의 지역센터, 활동센터 및 장애단체에 의해 독립생활의 촉진과 사회통합을 도모하는 방향으로 진행되고 있다. 특히 호주의 장애인 평생교육은 통합과 고용에 초점이 맞추어져 있으며, 평생교육의 정책은 적절한 서비스 제공에 접근을 보장하고 일반인에 대한 정책과 차별을 금지하고 있다.

호주는 1992년에 장애인차별금지법(Disability Discrimination Act)에 '장애를 이유로 취업, 교육, 접근성, 주거확보, 토지매매, 클럽활동, 스포츠, 연방정부의 법적 조치와 프로그램 제공, 물질, 서비스 및 시설의 공급을 거절하는 것은 불법이다'라고 명시하고 있다(Human Rights Australia, 1993).

④ 일본

일본은 지적장애인을 위한 개방대학을 운영하고 있는데, 지적장애인들은 4년간 교육을 받게 되며, 생활에 필요한 것, 학생이 희망하는 것 등을 내용으로 선정하고 있다. 또한 장애청년학급이 있는데, 장애청년학습은 공민관(지역사회복지관)을 이용하여 다양한 연령의 장애인을 대상으로 밴드, 뮤지컬, 노래 등의 음악과정과 건강, 자연, 수공 등의 교과목을 운영하고 있다. 공민관에는 일반청년들과 장애청년들 간의 교육의 장을 제공하는 찻집이 있다. 이는 평생학습차원에서 단순한 일터의 의미를 갖는 것뿐만 아니라, 찻집을 이용하는 사람들에게 여유와 교류의 장, 그리고 생생한 교육복지의 장을 제공한다(김경열, 2011).

장애인직업센터에서는 장애인직업카운셀러가 중심이 되어 직업평가, 직업지도, 직업준비훈련, 담당부서개발지원사업, 직업강습, 직업적응지도, 고용주의, 고용관리 등에 대한 지원을 제공하고 있다. 이러한 것을 추진하기 위해 일본 정부는 문부성에 생애학습국을 설치하였고(1988), 생애학습진흥시책추진체제정비법(1990)을 제정하여 공민관의 학습활동을 뒷받침하고 있다(윤점룡 외, 2010).

일본의 지적장애인을 위한 개방대학은 1998년 오사카 부립대학에서 시작이 되었다. 이때 24명의 장애인이 입학하였고, 1999년에는 28명, 2000년에는 25명이 입학하여 4년 동안 교육을 받았다(정동영 외, 2001). 이러한 개방대학은 지적장애인의 교육권보장, 지적장애인의 발달, 지역사회에 대한 공헌을 목적으로, 학생의 흥미, 생활에 필요한 것, 학생이 희망하는 것 등을 중심으로 교육을 받게 된다. 이러한 과목들은 자기를 표현하는 것, 표현하고 싶은 것에 대해 긍정적으로 평가하는 것에 중점을 두고 있다(김경열, 2011).

⑤ 독일

독일은 장애인 고용에 있어서 경증, 중증을 막론하고 일할 수 있는 기회를 제공하도록 보장하고 있으며, 개개인의 능력에 따라 적절한 노동의 기회를 제공하도록 노력하고 있다.

독일의 직업재활기관에는 교사 및 전문가가 기관에서 일할 수 있도록 사회복지사, 특수교사, 직업 관련 전문자격증 소지자를 배치하여 훈련과 교육을 제공하고 있으며, 능력과 수준에 따라 1,000여 개의 일자리를 두고 있다. 이러한 일자리는 간단히 나사를 조이는 공정에서부터 고도의 기술을 요하는 컴퓨터프로그래밍에 이르기까지 다양한 직종으로 구성되어 있다.

독일의 장애인 생활 지원기관은 방과 후 활동지원, 장애학생 가정에 대한 서비스 제공(도우미 배치), 성인기 정신지체인들을 위한 장애인 공방 운영, 성인기 정신지체인들의 거주배치 및 중등교육에 대한 지원, 정신지체 개인의 자기결정에 따른 여가활동지원 등을 실시하고 있다(윤점룡 외, 2010).

10. 우리나라 발달장애인의 평생교육

1) 발달장애인의 평생교육에 대한 연구

발달장애인 평생교육에 앞서서 사회가 발달장애인들을 우리의 이웃으로 받아들일 수 있도록 인식개선이 필요하다(박미진, 2015). 지역사회에서는 정신지체인들을 사회구성원으로 인정해야 하고, 정신지체인들이 법적근거를 통해 평생교육을 받을 수 있어야 하며, 평생교육 프로그램이 국가차원에서 개발되어 운영되어야 할 것이다(오영석 · 박원희, 2008). 평생교육에 대한 설계는 부모와 발달장애인의 요구를 고려하는 것이 아닌 발달장애인의 개별적인 요구에 맞추어 서비스가 제공되어야 할 것이다(박미진, 2015).

발달장애인 평생교육에 대한 부모의 요구조사를 보면, 평생교육을 지역사회 통합을 위한 유용한 주간활동 프로그램의 일환으로 접근할 필요성이 있으며, 취업 개선책과 이와 연계된 평생교육 프로그램의 구성이 필요하고, 생애 주기별 통합적인 지원 시스템의 계획도 필요하다(백종남, 2015). 또한 발달장애인 평생교육은 직업생활과 독립생활을 중심으로 교육 프로그램을 구성하여야 할 것이며, 발달장애인의 특성과 요구를 고려한 평생교육 프로그램 유형이 개발되고 관련 조사도구 역시 제작이 되어야 할 것이다(김기룡, 나은경, 2015).

초창빈 · 김두영(2016)의 평생교육 프로그램의 빈도, 종류를 파악한 연구를 보면, 홍보의 부족으로 평생교육을 참여하는 대상자와 참여하지 않는 대상자의 비율이 1:1로 나타나 발달장애인의 평생교육에 대한 홍보가 필요하며, 지속적인 프로그램 개발과 개인별 요구를 충족시킬 수 있는 연구개발이 진행되어야 할 것이라 본다.

장애성인 평생교육의 활성화를 위해서는 평생교육기관에서 이루어지는 지원현황을 파악하고 체계적인 지원 방안을 모색하여야 하며, 지역사회중심 · 통합중심의 지원을 효율적으로 할 수 있는 시스템이 구축되어야 하고, 장애성인을 위한 평생교육 프로그램의 개발이 이루어져야 한다(정인숙, 2005b). 장애성인에 대한 평생교육의 프로그램은 여가활동, 평생교육의 참여를 독려하고 당사자들의 요구를 반영하여 프로그램을 기획하여야 한다. 즉, 프로그램 기획단계에서부터 당사자와 기획자의 의견을 조율하는 과정을 거쳐야 한다(조창빈 외, 2015).

평생교육기관의 활동 중심 프로그램의 개발은 발달장애인의 평생교육 참여를 높일 수 있으며, 사회적 교류 및 사회참여 경험을 높일 수 있다. 교육의 참여는 생활범위 내에 배치된 기관에서 교육을 받으며 생활할 수 있도록 지원해야 한다(윤지현 외, 2016).

2) 우리나라 장애인 평생교육 정책

우리나라의 장애인에 대한 교육은 초등학교에서 고등학교까지의 학령기까지 또는 학령전기의 유아특수교육 대상 아동들이며, 고등학교 이후의 성인기 발달장애인에 대한 교육기회 제공에 대한 논의는 2000년대 초반까지 활성화되지 못한 실정이었다(박승희, 2004). 모든 장애인들의 위한 생애단계별 교육기회의 확대를 위해, 장애성인을 위한 '제2차 특수교육 발전 종합계획(2003~2007)'이 본격적으로 시작되었다.

특수교육관련 정책은 1998년 '제1차 특수교육 발전 종합계획(1998~2002)'을 시작으로, 이후 제2차 특수교육 발전 종합계획(2003~2007), 제3차 특수교육 발전 종합계획(2008~2012)을 추진하였으며, 제4차 특수교육 발전 5개년 계획(2013~2017)을 수립하여 진행되었다. 또한 2007년에는 「장애인 등에 대한 특수교육법」의 제정으로 장애성인의 평생교육 지원에 대한 근거가 마련되었다. 이에 따라 2010년에 교육과학기술부는 장애성인에 대한 교육 프로그램 운영 모형을 개발하였고, 장애성인 평생교육 프로그램을 시범운영하였으며, 2011년부터는 우수운영기관을 선정하고 운영비를 확대 지원하였다. 2010년에 제시한 '장애인 평생교육 내실화 방안'을 보면 다음과 같다.

〈표 9-6〉 장애인 평생교육 내실화 방안

정책 과제	주요 추진 내용
교육기회를 놓친 장애성인의 초 · 중등교육 지원	① 학력인정 문자해득 교육 프로그램에 장애성인 참여 확대 ② 방송통신고 재학 장애성인의 무상교육 실시 ③ 학력인정 평생교육시설 고등학교과정 장애성인에 대한 교육비 지원
원격교육시스템을 활용한 장애성인 평생교육 지원확대	① 국립특수교육원 원격교육연수원의 평생교육 지원 기능 강화 ② 원격대학 등과의 연계 협력을 통한 장애성인의 평생교육 기회 확대
장애성인 지원 평생교육 프로그램 확대	① 장애성인 평생교육 지원 거점 특수교육지원센터 지정 · 운영 ② 장애성인 평생교육시설(장애인 야학) 운영의 내실화 ③ 장애성인 평생교육 지원 대학 평생교육원 공모 · 지정
평생교육 지원 확대를 위한 인프라 구축	① 장애성인 평생교육 지원 프로그램 연구 · 개발 ② 장애인 관련 단체와 유대 · 협력 강화 ③ 장애성인 평생교육 지원 중앙센터 및 지역센터 운영

출처 : 나애노(2016).

대학부설 평생교육원에서는 장애성인을 대상으로, 2011년에는 5개 대학에서 12개 평생교육 프로그램을 운영하였으며, 2012년에는 12개 과정, 2013년에는 17개 과정, 2014년에는 14개 과정을 운영하였다. 이러한 과정은 국립특수교육원에서 지원하였는데, 장애성인의 평생교육에 대한 요구가 다양하게 나타나는 반면 운영 프로그램의 부족으로 체계적인 지원 방안이 필요한 실정이다.

제4차 특수교육발전 5개년 계획에서는 프로그램 운영 확대 및 교육환경 개선을 통해 장애성인의 평생교육의 기회를 넓히고, 장애성인의 문해교육 및 학력 취득의 기회를 제공하기 위한 평생교육 지원기반을 마련하고자 하였다.

〈표 9-7〉 장애성인 평생교육 기회 확대 및 여건 개선내용

정책 과제	세부 추진 내용
장애성인 평생교육 지원 환경 구축	• 시 · 도별 장애성인 발전계획 수립 및 평생교육 프로그램 개발 · 보급을 통한 장애성인 평생교육 지원 환경 구축 • 지역 특성을 고려한 시 · 도교육청별 장애성인 평생교육 발전 계획 수립 • 장애성인 평생교육(6개 영역) 프로그램 개발 · 보급 • 평생교육시설의 장애인 편의시설 설치 현황 및 장애성인 프로그램 운영 실태 조사
장애성인 평생교육 프로그램 참여기회 확대	• 다양한 장애성인 평생교육 프로그램 개발 및 운영으로 참여기회의 확대 • 방송통신 중 · 고등학교에 재학 중인 장애성인 교육비 지원 확대 • 성인 문해교육 프로그램 운영지원 사업 시 장애성인에 대한 프로그램 할당 비율 권고 • 대학 기반 장애성인 평생교육 거점 특수교육지원센터 확대 • 장애인평생교육시설 담당자 연수 등 전문성 강화
장애성인 평생교육 협력체계 구축	• 시 · 도 교육청 및 지자체 간 장애성인 평생교육 협력 네트워크 강화 • 평생교육 프로그램 및 유관기관의 협력체계 마련 유도 • 발달장애 등 장애성인 평생교육 운영기관과 연계 강화 • 대학의 평생교육원, 일반 평생교육기관, 특수교육기관, 지자체 등의 평생교육 지원 인프라 활용한 장애성인 평생교육 지원기관 발굴 육성

출처 : 나애노(2016).

3) 발달장애인 평생교육 관련 법령

(1) 헌법

우리나라의 장애인에 대한 평생교육 관련 법령을 조사해 보면, 먼저, 헌법 제10조에는 모든 국민은 인간의 존엄과 가치를 가지며, 행복을 추구할 권리를 가진다라

고 명시되어 있으며, 제11조 제1항에는 모든 국민은 평등하고 누구든지 언제 어디서나 차별받아서는 아니된다라고 명시되어 있다. 제31조 제1항에는 모든 국민에게 '능력에 따라 균등하게 교육을 받을 권리'를 보장하고 있으며, 이는 자신의 능력에 맞게 교육을 받음으로써 자신의 자아실현을 도모하고 사회통합과 체제유지를 촉진시킬 수 있기 때문이다(손희권, 1999). 이러한 권리는 정신적・육체적 능력과 그 외에 성별・종교・경제력・사회적 신분 등에 의하여 교육을 받을 기회를 차별하지 않고, 합리적인 사유 없이 교육을 받을 권리를 제한하지 아니하여 경제적 약자가 실질적인 평등교육을 받을 수 있도록 실현해야 한다는 것을 말한다.

〈표 9-8〉 헌법의 평생교육 관련 조항

헌 법	
제10조	모든 국민은 인간으로서의 존엄과 가치를 가지며, 행복을 추구할 권리를 가진다. 국가는 개인이 가지는 불가침의 기본적 인권을 확인하고 이를 보장할 의무를 가진다.
제11조	① 모든 국민은 법 앞에 평등하다. 누구든지 성별 · 종교 또는 사회적 신분에 의하여 정치적 · 경제적 · 사회적 · 문화적 생활의 모든 영역에 있어서 차별을 받지 아니한다.
제31조	① 모든 국민은 능력에 따라 균등하게 교육을 받을 권리를 가진다. ② 모든 국민은 그 보호하는 자녀에게 적어도 초등교육과 법률이 정하는 교육을 받게 할 의무를 진다. ⑤ 국가는 평생교육을 진흥하여야 한다. ⑥ 학교교육 및 평생교육을 포함한 교육제도와 그 운영, 교육재정 및 교원의 지위에 관한 기본적인 사항은 법률로 정한다.

출처 : 법제처(2018). 대한민국 헌법.

(2) 교육기본법

교육을 받을 권리에 대한 '교육기본법'에 보면, 제3조에 '모든 국민은 평생에 걸쳐 학습하고, 능력과 적성에 따라 교육받을 권리를 가진다'라고 명시되어 있으며, 학습자, 학부모, 교육, 학교설립・경영 그리고 국가지방자치단체를 설정하면서 이들의 교육에 대한 권리・의무를 규정하고 있다(황홍규, 2000).

〈표 9-9〉 교육기본법의 평생교육 관련 조항

교육기본법
제3조(학습권) 모든 국민은 평생에 걸쳐 학습하고, 능력과 적성에 따라 교육받을 권리를 가진다. 제4조(교육의 기회균등) ① 모든 국민은 성별, 종교, 신념, 인종, 사회적 신분, 경제적 지위 또는 신체적 조건 등을 이유로 교육에서 차별을 받지 아니한다. ② 국가와 지방자치단체는 학습자가 평등하게 교육을 받을 수 있도록 지역 간의 교원 수급 등 교육 여건 격차를 최소화하는 시책을 마련하여 시행하여야 한다.

출처 : 법제처(2018). 교육기본법.

(3) 평생교육법

평생교육법 제4조에는 평생교육을 실시함에 있어서 중심이 되는 기본적 이념 및 목적을 제시하고 있으며, 제5조에는 국가 및 지방자치단체의 임무에 대하여 명시되어 있다. 2016년에는 장애인의 평생교육에 대하여 '국가와 지방자치단체는 장애인이 평생교육의 기회를 부여받을 수 있도록 장애인 평생교육에 대한 정책을 수립·시행하여야 한다'라는 조항이 신설되었다.

〈표 9-10〉 평생교육법의 조항

평생교육법
제4조(평생교육의 이념) ① 모든 국민은 평생교육의 기회를 균등하게 보장받는다. ② 평생교육은 학습자의 자유로운 참여와 자발적인 학습을 기초로 이루어져야 한다. ③ 평생교육은 정치적·개인적 편견의 선전을 위한 방편으로 이용되어서는 아니 된다. 제5조(국가 및 지방자치단체의 임무) ① 국가 및 지방자치단체는 모든 국민에게 평생교육기회가 부여될 수 있도록 평생교육진흥정책을 수립·추진하여야 한다. ② 국가와 지방자치단체는 장애인이 평생교육의 기회를 부여받을 수 있도록 장애인 평생교육에 대한 정책을 수립·시행하여야 한다.

출처 : 법제처(2018). 평생교육법.

(4) 발달장애인 권리보장 및 지원에 관한 법률

「발달장애인의 권리보장 및 지원에 관한 법률」은 2015년 11월 21일부터 시행이 되었으며, 이 법에서는 발달장애인의 평생교육의 지원을 명시하고 있다. 제26조 제

1항에 국가 및 지방자치단체는 발달장애인에게 교육기본법 제3조 및 제4조에 따른 평생교육의 기회가 충분히 부여될 수 있도록 특별자치도・시・군・구(자치구를 말한다)별로 평생교육법 제2조 제2호의 평생교육기관을 지정하도록 하고, 시행령 제12조 제1항에서는 시・도교육감으로 하여금 평생교육법 제2조 제2호에 의한 평생교육기관 중 발달장애인 평생교육기관을 지정하도록 규정하고 있다. 이를 위해 교육부장관은 보건복지부장관과 협의하여 발달장애인을 위한 교육과정의 기준을 정하고 교육과정의 기준을 정할 때는 발달장애인 개개인의 다양한 특성과 자기결정 및 자립생활 역량의 함양, 의사소통 및 인지적 특성을 고려하여 구성하도록 하고 있다(나애노, 2016).

〈표 9-11〉 발달장애인 권리보장 및 지원에 관한 법률의 평생교육 관련 조항

발달장애인 권리보장 및 지원에 관한 법률
제26조(평생교육 지원) ① 국가와 지방자치단체는 발달장애인에게 교육기본법 제3조 및 제4조에 따른 평생교육의 기회가 충분히 부여될 수 있도록 특별자치시 · 특별자치도 · 시 · 군 · 구(자치구를 말한다. 이하 같다)별로 평생교육법 제2조 제2호의 평생교육기관을 지정하여 발달장애인을 위한 교육과정을 적절하게 운영하도록 조치하여야 한다. ② 제1항에 따른 평생교육기관의 지정 기준과 절차, 발달장애인을 위한 교육과정의 기준, 교육제공인력의 요건 등은 교육부장관이 보건복지부장관과 협의하여 정한다. ③ 국가와 지방자치단체는 제1항에 따라 지정된 평생교육기관에 대하여 예산의 범위에서 발달장애인을 위한 교육과정의 운영에 필요한 경비의 전부 또는 일부를 지원할 수 있다.

출처 : 법제처(2018). 발달장애인 권리보장 및 지원에 관한 법률.

11. 발달장애인 평생교육 현황

1) 우리나라 발달장애인 평생교육 현황

전국장애인시설 2,604개 기관을 설문조사한 결과 응답한 2,375개 기관 중 37%인 879개 기관만이 평생교육 프로그램을 운영하고 있는 것으로 나타났다. 이 기관들에 참여하는 장애인은 84,065명이며, 지적장애인과 자폐성장애인은 34,837명으로 41.4%에 지나지 않는 것으로 조사되었다(교육과학기술부, 2011). 발달장애성인의 평생교육

이용 실태 및 요구를 분석한 연구를 보면, 평생교육 프로그램을 이용한 경험이 있는 발달장애성인은 전체의 24.1%에 지나지 않는 것으로 조사되었다(김기룡 외, 2014).

장애인 학교를 졸업한 후 평생교육 경험 여부를 묻는 조사 연구들을 보면, 학교를 졸업한 후 교육을 1회라도 받지 않은 경우가 34.8%, 1회 받은 경우가 19.6%, 2회 받은 경우가 14.9% 순으로 나타났으며(정인숙 외, 2005), 역시 평생교육 프로그램의 횟수를 조사한 김윤태 외(2009)의 연구결과도, 한 번도 없음이 32.95%, 1회가 17.5%, 2회가 14.77%, 3회가 18.18%, 기타 17.05% 순으로 나타났다. 강원순 외(2011)의 연구를 보면, 평생교육 프로그램의 무경험자가 45.7%, 김정재 외(2009)의 연구에서 평생교육에 참여하지 않은 경우가 86.0%로 조사되었다. 윤점룡 외(2010)의 연구를 보면, 발달장애성인이 평생교육에 참여하지 않은 이유로서는, 교육의 필요성을 느끼지 못해서가 27.4%, 경제적인 이유에서가 13.7%, 흥미가 느껴지는 교육과정이 없어서가 11.7%, 신뢰 가는 교육기관이 없어서가 9.8%로 조사되었다.

〈표 9-12〉 발달장애인 평생교육 프로그램 비참여 이유

저자 (발행연도)	비참여 이유
김정재 외 (2009)	① 평생교육을 제공하는 곳이 없어서 : 31.2% ② 평생교육에 대해 들어본 적이 없어서 : 29.4% ③ 원하는 프로그램이 없어서 : 10.4% ④ 이동하기 어려워서 : 5.5%
곽승철 외 (2010)	① 평생교육에 대해 들어본 적이 없어서 : 29.2% ② 주변에 평생교육 프로그램을 제공하는 기관이 없어서 : 20.8% ③ 적합한 평생교육 프로그램이 없어서 : 11.0% ④ 필요성을 느끼지 못해서 : 7.8% ⑤ 평생교육기관에 대한 접근(이동)이 어려워서 : 7.8%
윤점룡 외 (2010)	① 교육의 필요성을 느끼지 못해서 : 27.4% ② 경제적인 이유 때문에 : 13.7% ③ 교육에 대한 안내 및 정보가 없어서 : 13.7% ④ 관심 있는 교육과정이 없어서 : 11.7% ⑤ 신뢰 가는 교육기관이 없어서 : 9.8%

출처 : 나애노(2016).

위의 결과를 보면 발달장애성인이 평생교육에 참여하지 않은 경우가 많으며, 이는 성인 발달장애인이 평생교육으로부터 소외되고 있는 것으로 보인다. 그 이유는 평생교육기관에 대한 정보의 부족, 접근기회의 제한, 이들의 욕구를 반영한 프로그램의 부족 등을 생각할 수 있다.

지금까지의 연구를 보면, 발달장애인들이 참여한 평생교육 프로그램의 종류는 직업교육, 정보화교육, 일상생활교육, 여가교육, 문해교육 등을 이용한 것으로 나타났으며, 발달장애성인의 평생교육 프로그램은 상당히 한정되어 있는 것으로 조사되었다.

〈표 9-13〉 발달장애인이 참여한 평생교육 프로그램

저자 (발행연도)	참여 경험이 있는 평생교육 프로그램
정인숙 외 (2005)	① 여가교육 : 45.7%, ② 직업교육 : 44.1%, ③ 정보문화교육 : 40.1%, ④ 교양교육 : 29.0%, ⑤ 문해교육 : 15.7%
김정재 외 (2009)	① 직업교육 : 62.5%, ② 문해교육 : 37.5%, ③ 여가교육 : 13.0%, ④ 자립교육 : 12.5%, ⑤ 정보교육 : 12.5%, ⑥ 교양교육 : 12.1%
김윤태 외 (2009)	① 여가교육 : 45.45%, ② 직업교육 : 27.27%, ③ 문해교육 : 25.0%, ④ 정보화교육 : 15.91%, ⑤ 교양교육 : 11.36%, ⑥ 일상생활교육 : 4.55%
곽승철 외 (2010)	① 문해교육 : 22.5%, ② 정보교육 : 19.8%, ③ 자립생활교육 : 19.8%, ④ 교양교육 : 17.1%, ⑤ 여가교육 : 12.1%, ⑥ 직업교육 : 6.0%
윤점룡 외 (2010)	① 취미 · 오락 · 여가 관련 교육 : 28.6%, ② 취업 · 직업 관련 교육 : 28.5%, ③ 건강 · 보건 · 스포츠 관련 교육 : 18.8%, ④ 기초 · 교양 · 문화 관련 교육 : 17.8%, ⑤ 시민 · 안전 · 경제 · 사회 관련 교육 : 6.1%
강순원 외 (2011)	① 직업교육 : 19.6%, ② 건강교육 : 16.9%, ③ 여가교육 : 16.4%, ④ 자립교육 : 15.3%, ⑤ 문해교육 : 13.2%, ⑥ 시민참여교육 : 12.3%
송소현 외 (2011)	① 여가 및 취미생활 교육 : 32.3%, ② 직업 및 취업교육 : 18.9%, ③ 학력보완교육 : 16.5%, ④ 사회참여 프로그램 : 14.6%
김기룡 외 (2014)	① 자립생활교육 : 34.8%, ② 직업능력향상교육 : 30.4%, ③ 문화예술교육 : 26.1%, ④ 문화예술교육 : 26.1%, ⑤ 인문교양교육 : 6.5%, ⑥ 기초문해교육 : 2.2%

출처 : 나애노(2016).

장애성인에 대한 평생교육 프로그램의 필요성에 따라 2011년도부터 일부 대학에서 장애성인의 평생교육 프로그램을 개발 · 지원하기 위해 '대학 장애인 평생교육 프로그램 운영 지원 사업'을 실시해 오고 있다(강동선, 2016).

〈표 9-14〉 대학 장애성인 평생교육 프로그램의 예

연도	운영 대학	프로그램 내용
2014년	부산대학교 한신대학교 나사렛대학교 금오공과대학교 경동대학교	• 대학기초교양과목 수강 • 휠체어댄스(기초, 심화) • 실생활적응기술의 이해와 습득(기초) • 발달장애성인 직업적응훈련교실 • 발달장애성인을 위한 쿠킹 클래스 • 발달장애성인을 위한 대인관계 • 발달장애성인을 위한 금전관리 • 발달장애성인을 위한 인권교육 • 발달장애인 뮤직아카데미 • 발달장애인 리더십 아카데미 • 발달장애인 보조사서 아카데미 • 지적장애성인 자기옹호 재활운동(펀댄스) • 지적장애성인 신체능력 재활운동(생활댄스) • 장애성인 스킨스쿠버 자격 취득 과정

출처 : 강동선(2016).

제10장
장애인 심리사회재활

1. 사회심리재활
2. 사회심리재활의 욕구
3. 사회심리재활 프로그램

제10장 장애인 심리사회재활

1. 사회심리재활

사람은 태어나 성장하는 과정에서 사회의 구성원으로서 다른 사람과 같이 살아가기 위한 사회적응능력을 필요로 하며, 한 사람의 사회인으로 성장하기 위한 기술을 익혀야 한다. 이러한 사회성은 가정과 지역사회를 살아가면서 자연스럽게 익히게 된다. 또한 사람은 자기 가족은 물론 이웃이나 지역사회의 사람들과 접촉하면서 정보를 교환하고 지역주민들과 사귀며 한사람의 구성원으로 인정받고 싶어 하는 기본적인 욕구를 가지고 있다.

그러나 출생 시부터 혹은 중도에 심신의 장애를 가지게 된 사람은 자신의 신체적 결함으로 인하여 개인의 생활이나 사회생활에 적응하지 못하고, 소외되거나 자존감을 잃고, 사회적 존재로서의 가치를 상실하는 경우가 많다. 우리 주변에 중증의 장애를 가지고 태어나 자신의 지역사회에서 떨어진 곳에 격리되어 생활하거나, 출생 시부터 가족과 떨어져 살고 있는 장애인도 많이 있다.

장애인들이 성인이 된 이후에 가정을 이루고 한가정의 가장으로서 자녀교육은 물론 경제활동을 하면서 가족의 생계를 책임져야 하고, 지역사회의 한 사람의 구성원으로서 역할을 다할 수 있도록 기회가 충분히 제공되어야 할 것이다.

2. 사회심리재활의 욕구

최근 들어 장애인의 복지욕구는 매우 다양해지고 있으며, 치료, 교육 등 기초재활서비스뿐만 아니라 삶의 질을 향상시키는 데 초점을 둔 문화생활, 즉 레크리에이션, 스포츠, 여행, 공연관람 등에 많은 관심과 욕구를 표출하고 있다. 보건복지부(2000)의 장애인실태조사에 의하면, 재가장애인의 20%가 한 달에 3회 이하의 외출을 하고 있으며, 약 10만 명 정도는 전혀 외출을 하지 못하는 것으로 조사되었다. 외출하더라도 절반 이상은 학교나 병원 등에 가는 것으로 나타났으며 여가나 취미활동을 위한 외출은 10% 정도이었다. 여가활동의 내용도 TV 시청이 92%로 가장 많았다.

사회재활 프로그램은 캠프나 여행 등이 있으며, 대부분 청소년을 대상으로 하고 있고, 장애인복지관이나 스포츠문화센터에서 수영이나 체조 등이 시행되고 있다. 2002년에 전국의 시도별 장애인복지관에서 재가장애인의 욕구조사를 실시하였는데, 재활상담이나 사회적응훈련 등에 높은 욕구를 보였으며, 특히 생계문제나 치료 다음으로 결혼에 대한 욕구가 높게 나타났다. 장애인들이 사회의 한 구성원으로서 살아가는 데 중요한 것은 결혼을 하고 가정을 이루는 것도 중요하다고 본다.

재가장애인의 생활에 대한 만족도를 보면 여행이나 사회활동을 적극적으로 하는 발달장애(55%), 정신지체(36.3%), 언어・청각장애(36%)들에게서 비교적 높게 나타났다. 여가활동이나 문화생활이 부족한 지체장애, 시각장애, 뇌병변장애인들은 정부에 문화 및 여가활동시간을 즐길 수 있도록 하여 달라는 요구가 비교적 높게 나타났다. 이러한 재가장애인들의 여가 및 문화경험의 부족은 심각한 실적이며, 성인으로 성장한 뒤에도 사회생활에 적응하는 데 많은 어려움이 있으며, 자립도가 떨어지거나 인내력 부족, 정서적 불안 등 사회부적응현상의 요인이 되고 있다.

3. 사회심리재활 프로그램

사회적 장애나 사회부적응을 해소하고 사회생활에 자신감을 가지도록 적극적이며 긍정적인 사회인으로 육성하기 위해서는 사회심리적 측면에서 다양한 재활 프로그램이 필요하다. 장애인이 가지는 사회심리적 특성 중에는 신체나 정신적 기능의 상실, 사회환경의 제약, 인간관계 등에서 오는 자존감의 상처로 인하여, 특히 중도장애인이나 성인장애인들은 심한 열등감으로 좌절하거나 자신감의 결여로 갈등에 빠지기 쉬운 경우도 있다. 이러한 문제를 사전에 예방하고 긍정적이고 적극적인 자세로 사회생활에 참여하도록 돕기 위한 프로그램이 필요하다.

1) 심리재활 프로그램

장애로 인해 심리적으로 위축된 자아의식과 손상된 자존감을 회복하기 위해 긍정적인 자아의식을 가지도록 지원하고 자아정체감을 형성하도록 하기 위한 프로그램을 유형에 따라 다양하게 제공하여야 하며, 이러한 프로그램의 종류는 다음과 같다.

① 상담(개별, 집단)
② 그룹지도(가족치료 등)
③ 역할연기
④ 음악 및 놀이요법
⑤ 형제 및 가족관계 지원

2) 사회재활 프로그램

장애로 인해 여러 가지 경험의 부족과 자신감의 결여 등 사회적 장애에 대한 결핍을 보완함으로써 대인관계 개선을 비롯하여 매사에 자신감을 가지게 하고 인내력 증진, 협동정신 배양, 책임감 증진, 건전한 여가활동 등 다양한 측면에서 사회적응능력을 향상시킬 수 있다. 보편적으로 많이 활용되는 사회재활 프로그램은 다음과 같다.

① **캠프활동** : 캠프활동은 건전한 여가활동기술, 대인관계기술을 배양하고 자신감, 협동정신, 책임감 등을 증진시키며, 신체단련을 통한 강인한 체력단련과 인내력을 기른다. 이러한 캠프에는 야영, 여행, 음악, 탐험, 환경적응, 극기 훈련 등을 주제로 하는 것들이 있다.

② **스포츠 활동** : 스포츠는 기초체력 단련 및 건전한 대인관계, 신체의 균형발전, 자신감 배양 등을 통해 사회생활에 도전적이고 창의적인 자세를 가지게 한다.

③ **레크리에이션** : 레크리에이션은 건전한 여가활동을 통해 인간관계를 개선하고 삶의 의욕을 증진시키며, 사회생활에 대한 규칙과 질서의식을 함양시킨다.

제11장
장애인 지역사회중심재활

1. 지역사회중심재활의 개념
2. 지역사회중심재활의 장점
3. 지역사회중심재활의 원칙
4. 서비스의 범위
5. 지역사회중심재활의 프로그램
6. 지역사회조직화와 지역사회중심재활

제11장 장애인 지역사회중심재활

1. 지역사회중심재활의 개념

지역사회중심재활은 장애인들의 재활, 기회의 균등화, 빈곤감소 및 사회통합을 위한 일반적 지역사회 개발전략이다. 지역사회중심재활은 장애인 당사자, 그들의 가족, 단체 및 지역사회들의 연합된 노력과 관련 정부 및 비정부 기구의 건강, 교육, 직업 및 기타 사회적 서비스를 통해 이행된다.

장애인은 전 생애주기별로 보건, 교육, 취업, 복지 등 다양한 영역에 걸쳐 각각 차별적인 욕구를 가지고 있다. 장애의 특성상 지속적인 재활치료는 장애의 완화라는 측면에서 매우 중요하므로 지역사회에 거주하는 장애인을 등록시키고, 그들의 건강과 안녕을 유지, 관리하도록 지원하는 것이 지역사회의 장애인들의 삶의 질 향상에 크게 기여하리라 생각한다(이한숙, 2008). 2014년 장애인 실태조사 결과를 보면, 재가 장애인이 평생교육 프로그램에 참여 경험이 거의 없으며, 장애를 가진 많은 사람들은 보건의료, 교육, 고용기회에 관한 동등한 접근성을 갖고 있지 못하여 그들이 필요로 하는 장애와 관련된 서비스들을 제공받지 못하는 실정이다(김성희 외, 2014).

1981년 세계보건기구의 '장애예방과 재활전문가 위원회'는 개발도상국가의 장애인을 위한 중요한 전략으로서 지역사회중심재활(CBR : Community-Based Rehabilitation)을 제안하였다. 지역사회중심재활의 목표는 장애를 가진 사람들의 기능적 능력을 최대한 향상시키고, 동등한 기회를 갖는 수용적 사회를 형성하기 위하여 환경, 정보, 의사소통의 장벽을 없애는 것이다. 그러기 위해서는 장애인과 그 가족이 지역사회 전체의 생활에 모두 참여할 수 있도록 대중의 인식개선이 필요하며, 지역사회중심재활 프로그램의 모든 과정에서 결정권자로서의 능력을 함양시켜야 한다(국립재활원, 2015).

지역사회중심재활은 최소한의 비용으로 지역 내 장애인들의 재활을 돕는 데 매우 좋은 방법이며, 이 사업을 효과적으로 수행하기 위해서는 국가적 관심이 필요하여 국립재활원에서 1993년부터 이 사업을 실시하고 있다. 국립재활원에서는 우선 지역사회 내에서 수행될 수 있는 재활서비스의 질을 높이는 동시에 이 사업이 지속적으로 수행될 수 있도록 재활요원의 교육도 실시하고 있다(김완호, 2010).

CBR은 장애인의 재활, 기회균등 및 사회통합을 위한 전략이며, 장애인 및 가족, 장애인 단체, 지역사회, 정부 및 시민단체의 건강, 교육, 직업, 사회와 다른 서비스의 복합적인 노력으로 실행된다. 장애인의 삶의 질 향상과 건강관리를 목적으로 보건소는 지역사회중심재활의 주축이 되어야 할 것이며, 일반인을 대상으로 한 장애예방 교육 및 노인에 대한 프로그램이 잘 시행된다면 과다한 의료비 지출로 인한 문제들을 경감시킬 수도 있을 것이다(이한숙, 2008).

지역사회중심재활의 역사는 Health for All(1978)을 주제로 하는 Alma-Ata 선언을 시초로 정부가 2000년까지 재활을 포괄적 건강관리를 위한 국가적 계획에 포함시켜야 할 필요성을 강조하였다. 1981년에는 세계보건기구 장애예방과 재활 전문가 위원회는 빈곤국가의 장애인에게 필요한 해결책에 관하여 토론하면서 그 대책으로서 지역사회중심재활을 제안하였으며, 이 제안이 점차 확대되고 있다. 이러한 지역사회중심재활은 의료, 교육, 고용, 자립생활 등과 관련된 다양한 문제들을 민간의 자발적 참여와 인적·물적 자원의 조직화 전략에 의하여 해결하는 접근모형으로서 우리나라에도 도입되어 공공의료 조직망을 통하여 정부주도 모형과 장애인종합복지관들이 지역사회의 민간기관과 자원들을 조직, 동원하여 참여하게 하는 민간주도형 시범사업들이 추진되어 왔다(신현석, 2007).

세계적으로도 많은 나라에서 재활서비스 전문가의 공급이 불충분하고 불안정하며, 지역적 분포가 불균등하여 재활서비스 종사자들을 위한 교육 프로그램이 존재하지 않는 나라들도 많다. 지역사회중심재활을 위해서는 지역사회중심재활서비스 제공자에게 장애인 재활을 수행함에 있어서 재활의 중요성을 인식시키기 위한 교육

훈련이 중요하며, 간호사 및 물리치료사를 포함한 보건요원, 사회복지요원 등을 재활서비스 제공자로 양성할 수 있는 다양한 재활 프로그램의 개발이 중요하다고 할 수 있다(신현석, 2007a; 2007b).

2. 지역사회중심재활의 장점

지역사회중심재활은 장애인의 재활과 사회통합을 달성하기 위해 장애인 자신과 그 가족 및 지역사회의 인적, 물적 자원을 가동, 활용하고 지역사회를 기초로 하여 채택된 모든 방법을 포함하는 것이다.

지역사회중심재활에서 장애인의 재활은 장애인의 생활기점인 가정과 지역사회를 중심으로 그 안에서 이루어지는 것이 가장 바람직하며, 이를 위해서는 장애인 본인과 가족 그리고 이웃과 지역사회 주민들이 서로 협력하여야 한다는 점이 강조되어 왔다.

지역사회중심재활의 장점은 다음의 네 가지로 요약할 수 있다(김용득, 1994).

① 지역사회 주민들에게 재활에 대한 이해와 책임의식을 고취시키고 자조 · 자립의 의지를 강화시킨다.

② 치료, 교육 및 직업훈련과 관련된 기술이나 방법 중 가르쳐 주기 쉽고 쉽게 받아들일 수 있으면서 효과가 있는 영역을 전수시켜 스스로 문제를 해결하는 기회를 제공한다.

③ 지역사회가 갖고 있는 인적자원을 자원화시켜 재활에 참여시키고 각종 기관, 단체의 하위체계를 프로그램에 연계 · 활용한다.

④ 사장된 자원을 자원화하고 유휴자원을 총동원하여 실질적 서비스 능력과 영역을 확대함으로써 국가의 경제적 자원의 효율성을 제고하는 것이다.

3. 지역사회중심재활의 원칙

세계보건기구는 지역사회중심재활을 지역사회조직(community organization)의 개념과 동일한 이념에서 이해되는 것으로 장애인의 재활을 위한 모든 계획을 세울 때는 장애인의 필요에 기초를 두고 지역사회 내에 이미 존재하는 인적·물적 자원을 활용하여 장애인들의 사회통합이 될 수 있도록 도움을 주는 것으로 정의하고 있다(임태봉, 2007). 지역사회중심재활의 성공적인 추진을 위해서는 ① 재활의 주체를 장애인 자신과 가족으로 설정함으로써, 장애인이 재활서비스 소비자로서 지역사회재활 프로그램의 계획과 평가과정에 주체적으로 참여할 것, ② 지역사회가 지역 내 장애 발생 예방 및 이미 발생된 장애인에 대한 재활서비스 제공에 일차적인 책임을 질 수 있도록 환경 조성 차원에서 지역 위원회나 조정위원회 등에 재활 프로그램 운영을 위임할 것, ③ 새로운 기구설립보다는 기존 복지서비스 전달체계를 개선하고, 관련 보건·복지시설(단체) 상호 간의 연계협력체계를 구축할 것, ④ 지역사회 내의 가용자원을 활용할 것, ⑤ 지역사회의 경제적·사회적 발전수준에 적합하며, 저렴한 비용으로 구할 수 있고 효과도 기할 수 있는, 지역사회에 축적된 익히기 쉬운 기술을 활용할 것, ⑥ 지역사회개발계획의 한 부분으로서 지속적·통합적으로 장애에 대한 물리적·사회적 환경개선과 더불어 장애인에 대한 다면적 서비스를 제공할 것이 기본 원칙으로 제시되었다(권선진, 2004; 남상만 외, 2002).

4. 서비스의 범위

지역사회중심재활은 모든 상태의 장애에 대처하기 위한 것은 아니며, 장애인에 대한 국가 책임의 서비스를 반대하는 것도 아니고, 재활에 필요한 서비스의 전부를 제한된 지역사회에서 모두 해결하겠다는 전제를 갖는 것도 아니다. 지역사회중심재활은 지역사회 수준에서 진행될 수 있는 지역사회자원동원을 통한 지역사회 통합을 향한 실천을 의미하는 것으로 본다(김용득, 1994).

5. 지역사회중심재활의 프로그램

지역사회중심재활의 핵심적인 내용은 지역사회의 자원을 서비스 욕구와 연결시킨다는 것이다. 이러한 이유 때문에 프로그램 개발에 관련하여서 지역사회중심재활은 다음의 네 가지 영역이 연결되는 과정으로 볼 수 있다(김용득, 1994).

① 지역사회에 대한 초기 접근 영역 : 이 부분에서는 지역사회의 기본적 특징, 행정구역, 주요 산업, 복지 관련 현황 등에 대한 초기 파악이 주요 내용을 이룬다.

② 지역사회 자원의 개발 및 동원에 관련된 지역사회조직사업에 관한 부분 : 지역사회가 재활이라는 이슈에 공감하고 이에 대한 역할을 수행할 수 있는 상태로 진전할 수 있도록 하는 방법이 무엇인가에 관한 것이다.

③ 서비스 대상자에 대한 정확한 파악 : 지역사회에 방치되어 있는 재가장애인은 서비스에 대한 접근성이 근본적으로 제한되어 있기 때문에 이들 대상자에 대한 파악이 중요한다. 또한 이들 각각에 대하여 필요한 서비스가 무엇인가를 확정하는 작업이 필요하다. 이 부분은 주로 사례관리라는 차원과 관련되는 것으로, 여러 서비스 기관과의 연계체계를 통해서 많은 도움을 받을 수 있을 것으로 생각된다.

④ 지역사회자원과 서비스 대상자와의 적절한 연결 : 앞의 두 가지 내용은 서로 관련을 가지지만 실제 진행에서는 각각의 과정을 거치게 된다. 이러한 각각의 진행의 결과를 토대로 두 가지의 내용을 연결시키는 방법이 고안될 필요가 있다.

6. 지역사회조직화와 지역사회중심재활

1) 지역사회중심재활에 있어서 지역사회조직화의 중요성

지역사회중심재활사업의 주요 구성 개념인 지역사회조직화는 지역사회 내에서 발생하는 문제를 해결하고 예방하는 과정을 통해 참여하는 주민들의 문제해결능력을 향상시키고 궁극적으로 개인과 지역사회역량강화를 목적으로 하는 사회복지 실천전략이다(김미옥, 2004; 한재량, 2001). 지역주민이 주체가 되어 주민 공동의 지역생활 니드(need)와 문제의 충족·해결을 위한 목적으로 자발적 참여와 협동·협력을 도출해 내고, 특히 주민들의 참여노력을 조직화하는 작업은 지역사회중심재활사업의 성공적 수행에 있어서 매우 중요한 필요, 충분조건이며, 궁극적으로는 시민의식과 사회적 책임의식을 바탕으로 주민의 구체적이고 자발적인 참여를 통한 주민주체

주민참여형 복지사회를 지향하게 한다(최종혁, 2002). 지역사회중심재활에 있어서 지역사회조직화는 지역사회 내에서 발생하는 문제를 개인의 문제가 아닌 공동의 문제로 인식하고 해결해 나간다는 데 큰 의의가 있으며, 지속적이고 장기적인 문제해결 관계를 형성하고 유지하는 의의와, 조직 활동 참여를 통하여 주민들의 역량강화(empowerment)가 이루어진다는 데도 의의가 있다(한재랑, 2001).

Rubin & Rubin(1986)은 다음의 것을 지역사회조직화사업의 목적이라고 하였다.

① 개인의 잠재적 능력의 증진과 그 잠재력을 실현시키게 될 가능성을 증진시키는 것
② 공유된 문제를 해결하여 삶의 질을 향상시키는 것
③ 민주적 가치의 실천과 보존
④ 형평성 있는 자원의 배분을 통해 사회 내의 부와 권력을 형평성 있게 배분하는 것

결론적으로 지역사회조직화는 지역사회의 문제를 해결하는 과정에 주민들이 참여함으로써 자신들의 잠재력을 발휘하고 소속감과 공동체의식을 고양하는 것을 말한다. 또한 지역사회조직화는 지역사회의 공동의 노력을 통해서 지역사회문제해결이 가능함을 인식하는 것이며, 많은 이들의 힘을 집약하고 배가시키는 민주적 조직들을 구축함으로써 주민들의 문제해결 능력을 강화시키는 조직을 구축하는 것에 그 중요한 함의를 갖는다고 본다(한재랑, 2001).

2) 지역사회중심재활사업의 활성화를 위한 지역사회조직화의 조건

Ross(1975)는 지방화 시대의 도래에 따른 지역사회복지의 발전과 관련하여, ① 사회복지가 기본적인 기능을 발휘하고 그 목적을 달성하기 위해서 그 지역사회 내에서의 목적을 추구해야 하며, ② 사회복지 대상자의 욕구를 충족하기 위해서는 가족 및 지역사회와의 관계를 유지하고 발전시키면서 원조해야 하고, ③ 사회문제 발생의 사후적 대책보다 그 문제발생을 예방하는 대책이 합리적이며, ④ 국민의 생활문

제와 관련된 사회제도나 사회정책의 입안, 실천, 운영 등에 참여를 위해서는 지역사회수준에서 주민참여가 필요하다고 한다(이승규, 1997 재인용).

지역사회중심재활의 성패 여부는 지역사회의 동질성 또는 정체성의 수준과 지역사회 자원을 구체적인 수준에서 활용하고 유지할 수 있는 장애인복지조직의 전문성의 수준, 지역사회와 장애인복지 서비스의 연결과정에 있어서 지방정부의 지지 수준, 그리고 모든 지역주민들이 평생 건강하고 안정된 삶을 영위할 수 있도록 하는 목표 수준에 의해 결정된다고 볼 수 있다(임태봉, 2007).

(1) 주민참여

지역사회조직화는 지역사회주민이 자신들이 거주하고 있는 지역사회의 사회병리현상에 대한 관심과 사회적 책임감을 갖고, 그 해결을 위한 협동적 노력과 민주복지공동체 문화를 창조하기 위해 자발적으로 참여하는 실천 활동이며, 주민들이 스스로의 복지에 영향을 미치는 사항에 대하여 적극적인 참여를 통해 보다 높은 수준의 사회복지서비스를 정부로부터 제공받고자 하는 주민들의 적극적인 노력이다(이재순, 2002).

(2) 장애인복지관의 역할

주민들의 구체적이고 자발적인 삶의 질 향상 노력의 대상은 일차적으로는 지역사회이며, 자신들이 살고 있는 지역사회를 따뜻하고 쾌적한 생활환경으로 가꾸기 위해서는 무엇보다도 전제되어야 할 것이 지역사회에 대한 주민의 관심과 참여이다. 그러나 지역사회 주민들의 주체적 참여를 통한 지역사회 활동기반이 매우 취약하고 활동 역시 미약하여 주민들의 지역사회에 대한 관심을 끌어내고, 지역사회에 대한 주인의식을 갖고 주체적이고, 자발적으로 생활환경을 개선하기 위한 참여를 유도하기 위해서는 매개적 역할을 수행할 수 있는 존재가 필요하다. 이러한 역할을 지역사회복지관이 수행하여야 할 것이다.

지난 과거 장애인들을 위한 사회적 인프라가 취약한 시기에 지역사회복지관, 특히 장애인복지관은 지역사회 장애인들의 욕구에 근거한 다양한 서비스를 개발・제공하는 것뿐만 아니라 욕구변화를 읽어나가고자 많은 노력을 기울여 왔다. 장애인복지관은 장애인들이 지역사회 내에서 생활하는 데 필요한 역량을 강화하고 제반 지원을 제공하는 장애인복지 서비스 전달자의 기능을 수행할 뿐만 아니라 개별 복지관이 위치한 다양한 지역사회 내의 장애 관련 전문기관으로서, 또한 지역사회 거점센터로서 지역사회중심사업을 강화하여야 할 것이다(정무성, 2005).

장애인복지관은 지역사회모델에 기반을 두어 지역사회장애인복지센터로서의 기능과 역할이 필요하며 실천적 전략인 지역사회조직화는 다음과 같이 볼 수 있다(최종혁, 2002).

① 지역주민들의 특성에 대한 정확한 파악이 필요
② 지역사회 내의 올바른 지도자의 존재를 파악하고 그들의 능력부여를 위한 지속적인 교육 실시 및 이들의 능력을 결집하여 지역사회복지인력으로 활동할 수 있도록 매개적 역할을 수행
③ 주민조직의 활동을 지원할 수 있도록 지역사회의 잠재적인 자원개발 및 동원 추진을 항시 염두에 두어야 함
④ 지역주민의 공동체의식 및 사회적 책임의식 강화 등을 위한 의식개혁의 전개를 꾸준히 해야 함
⑤ 실천능력을 구비한 지역사회 지도자 양성 교육 프로그램을 개발
⑥ 지역사회조직화 추진 시스템 구축

(3) 지역사회 자원개발

사회복지서비스기관의 한정된 물적, 인적 자원으로는 클라이언트의 다양하고 복잡한 욕구를 충족시키기에 한계가 있으므로, 한정된 자원을 활용하기 위해서는 지역사회의 다양한 자원을 발굴하고 개발하여 서비스를 필요로 하는 클라이언트에게 연결하고 지원하는 것이 중요하다(장성태, 2003).

서구의 복지국가는 복지의 다원화를 내세워 복지국가의 위기 이후에 민간자원을 활발하게 활용하고 있으며, 우리나라 사회복지시설 역시 지역사회가 갖고 있는 자원을 충분히 개발하고 이를 잘 활용하여 복지서비스를 클라이언트에게 충분히 공급해야 할 것이다.

(4) 네트워크

네트워크란 지역사회의 복지조직 운영과 사회복지서비스의 생산 및 전달에 필요한 자원을 교환하고, 대상자의 의뢰 및 서비스 연계를 위해 사회복지조직들 간에 형성된 체계적이고 협력적인 관계망이며, 동시에 대상자에게 적절한 서비스를 제공하기 위한 각 조직 간의 협력적인 관계를 형성·유지하는 과정이다(임태봉, 2007).

네트워크란 사회복지서비스 조직에서는 필수적으로 도입되어야 하며, 지역사회 복지실천에서는 다음과 같은 의미를 갖는다(한재량, 2001).

① 지역사회를 구성하는 주민들의 욕구와 문제는 매우 다양하며, 이는 다양한 자원을 조직하고 상호교환과 분배가 이루어짐으로써 해결되는 것이 더 효과적이며 효율적이다. 특히 다양한 욕구와 문제 개입을 위해 자원을 공유함으로써 서비스의 중복을 피하고 그 범위가 확장될 수 있다.

② 지역사회 실천에 있어서 네트워크는 긴급한 지역사회문제의 해결을 위해 대처능력을 발휘할 수 있고 특정한 시기와 사안에 보다 견고하게 조직되는 것을 의미한다.

③ 네트워크 형성과정에 다양한 자원이 개발되고 참여를 활성화시킬 수 있다는 측면에서 중요한 전략이라고 할 수 있다. 특히 지역사회주민들이 서비스의 공급주체로 참여할 수 있는 기회가 확장될 수 있다.

④ 네트워크의 철학적 관점은 인간의 욕구나 사회문제 중 어떠한 부분은 반드시 다른 욕구와 자원 간의 교환을 통하여 해결되는 것과 충족되는 것이 있다는 것이다. 즉, 상이한 욕구를 가진 자원들이 지역사회 문제에 대한 교육의식을 갖게 되며, 지속적인 문제해결구조로서 인지하는 과정이라는 데 그 의의를 가진다.

제12장
해외의 장애인복지서비스

1. 일 본
2. 독 일

제12장 해외의 장애인복지서비스

1. 일 본

1) 개 요

일본은 장애인종합지원법에 의한 주요 서비스 내용으로 개호급부(거택개호, 중증방문개호, 행동원호, 중증장애자 등 포괄지원, 아동데이서비스, 단기입소, 요양개호, 생할개호, 장애자지원시설에서의 야간케어 등 시설입소지원, 공동생활개호)와 훈련급부(자립훈련, 취로이행지원, 취로계속지원, 공동생활원조) 및 지역생활훈련사업(이동지원, 재활지원센터, 복지홈)으로 구분하여 제공하고 있다.

일본은 효율적인 장애인복지서비스를 제공하기 위해 장애인복지의 전달체계를 복지사무소를 중심으로 일원화하고 있으며, 장애인복지서비스의 지역격차의 심각성을 고려하여 서비스를 전국 공통으로 제공되는 지원과, 지역실정에 따라 지원할 수 있는 독자사업으로 구분하는 형태로의 전환을 시도하고 있다.

일본은 장애유형별로 장애인법률이 존재하고, 이에 따라 장애판정이 이루어지며, 판정결과에 따라 신체장애자수첩, 요육수첩, 정신장애자보건복지수첩이 제공된다. 또한 장애판정 결과는 장애인복지서비스 제공의 정도나 내용을 결정하기 위한 근거로서도 활용되고 있다.

장애인수첩을 소지한 경우 장애인복지서비스를 장애수첩별, 장애등급별로 지급받을 수 있는데, 장애유형별 장애판정결과에 따라 제공되는 장애인복지서비스는 우리나라의 장애인복지 시책에 해당된다고 볼 수 있다. 주로 소득세, 상속세, 증여세,

소비세, 주민세, 개인 사업세, 자동차세, 자동차취득세 등과 같은 세금 감면제도와 민간이나 공공기관에서 시행하고 있는 각종 할인제도, 장애인을 우선적으로 지원하는 각종 우대 제도를 비롯하여 시각장애인에게 제공되는 서비스 등이다.

〈표 12-1〉 장애유형별 수첩에 따른 장애인복지서비스

<table>
<tr><th>종 류</th><th>내 용</th><th>신체</th><th>요육</th><th>정신</th></tr>
<tr><td rowspan="5">소득세</td><td>장애자공제</td><td>3~6급</td><td>B</td><td>2~3급</td></tr>
<tr><td>특별장애자공제</td><td>1~2급</td><td>A</td><td>1급</td></tr>
<tr><td>배우자공제 및 부양공제의 동거특별장애자 가산</td><td>1~2급</td><td>A</td><td>1급</td></tr>
<tr><td>심신장애자부양공제 소득공제</td><td>○</td><td>○</td><td>–</td></tr>
<tr><td>신마루우제도</td><td>○</td><td>○</td><td>1~3급</td></tr>
<tr><td rowspan="2">상속세</td><td>장애자공제</td><td>3~6급</td><td>B</td><td>2~3급</td></tr>
<tr><td>특별장애자공제</td><td>1~2급</td><td>A</td><td>1급</td></tr>
<tr><td>증여세</td><td>특별장애자 부양 신탁계약에 의한 6천만 엔까지 비과세</td><td>1~2급</td><td>A</td><td>1급</td></tr>
<tr><td>소비세</td><td>신체장애자용 개조 자동차, 일정 신체장애자용 물품 양도, 대여 등의 자산양도 등 비과세</td><td>○</td><td>–</td><td>–</td></tr>
<tr><td rowspan="4">주민세</td><td>전년도 소득 125만 엔 이하 비과세</td><td>○</td><td>○</td><td>1~3급</td></tr>
<tr><td>장애자공제</td><td>3~6급</td><td>B</td><td>2~3급</td></tr>
<tr><td>특별장애자공제</td><td>1~2급</td><td>A</td><td>1급</td></tr>
<tr><td>동거특별장애자 부양공제</td><td>1~2급</td><td>A</td><td>1급</td></tr>
<tr><td>개인사업세</td><td>중증 시각장애인이 안마, 마사지, 지압, 침 등 의료에 관한 사업을 하는 경우 비과세</td><td>○</td><td>–</td><td>–</td></tr>
<tr><td>자동차세</td><td>일정 장애등급 이상의 신체장애인 등이 취득한 자동차로서 전용으로 신체장애인 등이 운전하는 것 또는 전문으로 생계를 동일하게 하는 자가 운전하는 경우 또는 신체장애자만으로 구성된 세대의 신체장애자 등이 취득한 자동차로서 전용으로 상시 그의 개호자가 운전하는 것</td><td>○</td><td>A</td><td rowspan="2">1급 및 자립지원 의료수급 증명을 받은 자</td></tr>
<tr><td>자동차취득세</td><td>자동차를 취득한 경우 감면</td><td>○</td><td>A</td></tr>
</table>

각종 할인제도	JR 여객운임 할인	○	○	–
	항공여객운임 할인	○	○	–
	유료도로 통행료 감면	○	A	–
	택시요금 감면	○	○	–
	버스요금 감면	○	○	–
	NHK방송수신료 감면	○	○	○
	점자우편물 등 무료	○	–	–
	점자 소포 감면	○	–	–
	신체장애자 전보 감면	○	○	–
	NTT번호 안내료 무료	○	○	○
	휴대전화 사용료 감면	○	○	○
각종 우대제도	정기간행물 제3종 우편물 인가	○	–	–
	공영주택	○	○	○
	주차금지 대상 제외	○	○	○
	고령자 운전자 등 전용 주차구역 제도	○	–	–
	각종 공공시설 이용요금 할인 등	○	○	○
각종 수당	특별아동부양수당	1~2급	○	○
	특별장애자수당	1~2급	○	○
교통 이용	자동차 연료비 조성	○	○	–
	복지택시권 교부	1~3급	○	–
	리프트 장착 택시 운영	○	○	–
보장구 서비스	보장구비용 지급	1~2급	–	–
정 보	긴급 통신, 화재 안전시스템 설치	1~2급	–	–
	화재, 방화정보 메일 서비스	○	○	○
의료비	심신장애자(아) 의료비조성	1~2급	○	–
시각장애전용	시각장애를 위한 정보제공 서비스	○	–	–
	보조견 육성	○	–	–
	점자도서, 녹음도서 대출	○	–	–

출처 : 김성희 외(2014).

2) 장애지원구분

장애지원구분의 심사결과와 서비스의 연계에 대해서 보면, 개호급여의 경우 1차와 2차 심사를 거쳐 지원서비스를 결정하고 있으나, 훈련급여의 경우에는 1차 심사만으로(의사소견서도 필요 없음) 장애 여부만을 확인하고 서비스와 관련 있는 항목을 체크한 후 지원을 결정하게 된다. 장애연금이나 수당은 장애정도를 기준으로 별도의 판정과정을 가지고 있다.

〈표 12-2〉 장애인종합지원법에 따른 장애인복지서비스

종 류	내 용	세부 내용
개호 급부	거택개호	자택에서 입욕, 배변, 식사 개호 등을 실시
	중증방문개호	중증의 지체부자유자로서 일상적인 개호를 필요로 하는 사람에게 자택에서 입욕, 배변, 식사 개호, 외출 시에 이동지원 등을 종합적으로 실시
	동행지원	시각장애에 의해 이동에 상당한 곤란이 있는 자로서 이동에 필요한 정보제공(대필, 대독을 포함), 이동원조 등 외출지원을 실시
	행동원호	자기판단능력이 제한되어 있는 사람이 행동을 할 때 위험을 피하기 위해 필요한 지원, 외출지원을 실시
	중증장애인 등 포괄지원	개호 필요성이 상당히 높은 사람에게 거택개호 등 복지서비스를 포괄적으로 실시
	아동데이서비스	장애아동에게 일상생활에 있어서 기본적인 동작 지도, 집단생활에의 적응훈련 등을 실시
	단기입소	자택에서 개호하는 사람 질병이 있는 경우 등에 단기간, 야간을 포함한 시설 등에서 입욕, 배변, 식사 개호를 실시
	요양개호	의료와 상시개호를 필요로 하는 사람에게 의료기관에서 기능훈련, 요양상 관리, 간호, 개호 및 일상생활 돌봄을 실시
	생활개호	상시 개호가 필요한 사람으로 주중, 입욕, 배변, 식사 개호 등을 실시하는 동시에 창작적 활동 또는 생산활동의 기회를 제공
	장애인지원시설에서의 야간 케어 등(시설입소 지원)	시설에 입소한 사람을 야간이나 휴일, 입욕, 배변, 식사 개호 등을 실시
	공동생활 개호(케어 홈)	야간이나 휴일, 공동생활을 실시하는 주거에서 입욕, 배변, 식사 개호 등을 실시

훈련 등 급부	자립지원(기능훈련, 생활훈련)	일상생활 또는 사회생활의 자립을 위해 일정기간, 신체기능 또는 생활기능향상을 위해 필요한 훈련을 실시
	취로이행(전환)지원	일반기업 등의 취업을 희망하는 사람에게 일정기간, 취업에 필요한 지식 및 능력 향상을 위해 필요한 훈련을 실시
	취로계속지원(A형-고용형, B형)	일반기업 등으로의 취업이 곤란한 사람에게 일할 수 있는 장소를 제공하는 동시에 지식 및 능력 향상을 위해 필요한 훈련을 실시
	공동생활지원(그룹홈)	야간이나 휴일, 공동생활을 실시하는 주거에서 상담이나 일상생활상의 원조를 실시

출처 : 김성희 외(2014).

3) 지역생활지원사업

지역생활지원사업은 장애인 및 장애아동이 가지고 있는 능력 및 적성에 따라 자립한 일상생활 또는 사회생활을 영위할 수 있도록 지역 특성이나 이용자의 상태에 따라 융통성 있게 지원하는 사업으로서 시·정·촌과 도·도·부·현이 실질적인 주체가 된다. 지역생활지원사업은 장애인자립지원법에 따른 장애정도구분인정조사 결과를 참고로 지자체별로 기준을 설정하여 지원하고 있다.

〈표 12-3〉 지자체별 장애인복지서비스(시·정·촌)

사업명	사업 내용
상담지원사업	• 장애아동의 보호자 또는 장애인 개호자의 상담에 따라 필요한 정보를 제공하는 등 편익을 제공하는 동시에 상담내용에 따라서 상담자의 권리옹호를 위해 필요한 지원을 실시 • 상담지원 사업을 효과적으로 실시하기 위해 지역에 기반상담지원센터를 설치하여 운영함 • 상담지원사업의 구체적인 내용 : 복지서비스 이용지원(정보제공 및 상담), 사회자원을 활용하기 위한 지원, 사회생활력 향상을 위한 지원, 동료상담, 권리옹호를 위한 필요한 지원, 전문기관 소개, 지역자립원협의회 운영 등
일상생활용구 급부 등 사업	• 장애인이 일상생활을 원활히 할 수 있도록 장애유형이나 정도에 따라 다양한 복지용구의 급부나 대여를 실시 • 급부 또는 대여하여 주는 일상생활용구 : 개호·훈련지원 용구(입욕 들것, 특수침대, 훈련 의자, 특수변기 등), 자립생활 지원용구(입욕보조용구, 변기, 머리 보호용 모자, 이동 또는 승차지원용구, 지팡이, 청각장애인용 옥내 신호기), 재택요양 등 지원용구(흡입기, 투석액 가온기, 산소통운반비, 맹인용 체온기 등), 정보·의사소통지원용구(휴대용 회화 보조장치, 점자디스플레이, 점자타자기, 시각장애인용 휴대 녹음기, 맹인용 시계 등), 배뇨관리지원용구(수뇨기, stoma용 장비 등), 거주생활동작 보조용구(탈부착용 손잡이, 단차해소 등의 개수리비와 그것에 필요한 주택 개조 또는 수리비)

커뮤니케이션 지원 사업	• 청각, 언어기능, 시각 기타 장애로 인해 의사소통에 지장이 있는 장애인 등 일상생활을 영유하는 데 지장이 있는 장애인 등에게 수화통역 등을 파견하여 원활한 의사소통을 지원 • 구체적인 사업 : 의사통역사, 요약 필기사 파견, 수화통역사를 설치하기 위한 사업, 점역, 음성통역 등에 의한 지원사업 등
이동지원사업	• 장애로 인해 이동이 곤란한 사람에게 외출 지원으로서 지역의 자립생활 및 사회참여를 촉진하는 사업 • 구체적 사업 : 개별적으로 이루어지는 개별 지원형, 복수의 장애인에게 동시에 지원하거나 옥외에서 집단 · 동일목적지에서 여러 사람에게 동시에 참여하도록 하는 그룹 지원형, 복지버스 등 차량에 의한 차량 이송형 등
지역지원센터 기능강화 사업	• 지역지원센터는 장애인이나 장애아동이 지역에서 일상생활이나 사회생활을 자립적으로 이용할 수 있도록 이용자에게 창작적 활동이나 생산 활동에 참여할 기회를 제공하고 사회와의 교류를 촉진하는 동시에 일상생활에 필요한 편의를 제공 • 지역지원센터는 상담사업이나 정신보건복지사 등 전문인력을 배치하여 의료, 복지 및 지역사회와의 연계 조정, 지역주민 자원봉사 육성, 장애인에 대한 이해촉진 사업 등을 실시하고 있음. 또한 재택장애인에 대해 기능훈련, 사회적응훈련 등을 실시하고 소규모 작업장을 지원

출처 : 김성희 외(2014).

〈표 12-4〉 지방자치단체별 장애인복지서비스(도 · 도 · 부 · 현)

사업명	사업 내용
전문성 강화사업	• 전문적인 상담이나 광역적 대응이 필요한 사업을 담당하고 서비스제공자를 위한 연수사업 등의 실시 • 구체적 사업 : 발달장애자지원센터 운영, 고차뇌기능장애지원 사업, 장애아동 등 요육 지원사업, 장애인 취로 · 생활 지원사업 등
상담지원체계 정비 및 지역자립지원협의회	• 광역적으로 지원할 필요가 있는 사업으로 상담지원에 관한 조언을 담당할 전문가를 배치, 지역네트워크 구축을 위한 지도 및 조정 등 광역적 지원을 실시하여 지역의 상담지원체계 정비를 추진하는 것을 목적으로 함 • 지역네트워크 구축을 향한 지도 및 조정, 지역에서 대응이 곤란한 사례에 관한 조언, 권리옹호 및 취로지원 등 전문적 지원시스템 구축 지원, 광역적 과제 및 복수의 권역에 이르는 문제 해결 체제 정비 및 지원, 상담지원 종사자 능력 향상을 위한 지도, 지역 사회자원 점검 및 개발에 관한 지원을 실시
서비스 · 상담지원자 · 지도자 육성사업	• 상담지원사업이 원활히 실시될 수 있도록 서비스 제공자 및 지도자 육성을 통해 서비스의 질적 향상을 도모 • 구체적 사업 : 장애정도 구분인정 조사원 등 연수사업, 서비스관리책임자 연수사업, 거택개호종사자 등 육성연수사업, 수화통역자 육성연수사업, 시청각자 통역 및 보조원 육성연수사업, 신체장애자 및 지적장애자 상담원 활동강화 사업, 음성기능 장애자 발성 훈련지도자 육성사업, 기타 서비스 및 상담지원자 등 육성사업 등

출처 : 김성희 외(2014).

2. 독 일

1) 개 요

독일의 장애인에 대한 복지서비스는 소득세 감면, 자동차세 감면 및 면제 등의 혜택이 있으며, 근거리 및 원거리 교통의 이용 시 교통수단의 무료 또는 할인이 가능하고, 주거보조 관련하여 전체소득관계 확정 시 비과세혜택과 주거보조비 신청이 가능하다.

〈표 12-5〉 (중증)장애인에 대한 고용 및 복지서비스

종 류	내 용	장애정도
소득세 추가공제	310유로	30
	430유로	40
	570유로	50
	720유로	60
	890유로	70
	1,060유로	80
	1,230유로	90
	1,420유로	100
	3,700유로	장애 인식표시 H(무능) 및 Bl(시각장애인)
자동차세 면제	자동차세 면제	장애 인식표시 H(무능), aG(특별한 보행장애) 및 Bl(시각장애인)
상속세 추가공제	상속세 추가공제	별도 규정에 따름
장애인자동차 비용 지원	장애인 차량 구입 및 개조비용 지원 : 1인당 9,500유로까지 무상지원	50 이상
각종 할인제도	철도, 항공, 버스, 전철 등의 할인 및 면제	할인 및 면제조건은 별도 규정에 따름
	방송수신료 할인 및 면제	
	전화 및 휴대전화요금 할인 및 면제	
	휴대전화 사용료 감면	

각종 우대제도	주택수당 산정 시 추가공제 : 1,500 유로	100
	공영주택 임대를 위한 소득기준 추가 공제	별도 규정에 따름
	장애인 체육활동 참여	20 이상
보장구 서비스	보장구비용 지급	별도 규정에 따름
시각장애전용	보조견 교통비 면제	Bl(시각장애인)
고용 관련 서비스	5일간 유급 추가휴가 부여	50 이상
	해고보호	50 이상
	장애인근로자 및 사업주에 대한 각종 유상 · 무상 지원	50 이상
	수급연금 금액의 감액 없는 조기 정년 퇴직	50 이상
	초과근무 면제	50 이상

출처 : LVR(2010); http://www.integrationsaemter.de

2) 독일의 기초생활보장

독일의 기초생활보장은 다음의 내용을 포함하고 있다.

- 확정된 규정수요단계의 표준등급
- 주거와 난방, 중앙온수공급을 위한 적절하고 실질적인 비용
- 2011년 1월 1일부터 거주지의 온수시설설치에 필요한 비용으로 규정수요단계의 2.3% 추가수당 제공
- 인식표시 G(대중교통으로 이동능력 장애) 혹은 aG(심각한 보행장애)가 표시된 중증장애인증명서를 소지한 사람에게 지급 결정된 규정수요단계의 17% 추가수당 제공
- 고가의 식료품이 필요한 환자나 장애인에게 적절한 추가수당 제공
- 임신 중인 어머니를 위한 추가수당
- 1명 이상의 미성년 자녀를 혼자 키우는 편부모를 위한 추가수당

확정된 정기적인 지급 수당과 함께 기초생활보장 수급자는 다음과 같은 1회적 지원 및 기타 수당을 받는다.

- 가재도구와 함께 주거지의 최초 설비
- 첫 의복의 마련
- 임신과 출산에 대한 첫 준비
- 2011년 1월 1일부터 정형외과적 재활신발의 맞춤 및 수리, 치료도구의 수리 그리고 치료도구의 대여

이 외에도 주거의 안정 및 유사한 위급상황으로 정당하게 발생된 부채는 기초생활보장비에서 부담할 수 있으며, 음식섭취, 의복, 신변처리, 가사운영 및 일상생활에서의 개인적 욕구를 위해 매달 총괄비용을 지급받는다.

사회사무소는 수급권자의 적절한 주거를 위해 사실상의 비용을 부담하며, 임대주택은 지역 시가에 따라 임대료를 지급한다. 독신자들에게는 일반적으로 총면적 45~50㎡, 2인 가구는 60㎡부터 적당한 규모로 정한다. 이 외에 추가된 가족 구성원은 한 사람당 15㎡씩 주거면적을 추가한다.

참고문헌

강경숙 · 김용욱(2003). 특수교육보조원의 실태 및 자질과 역할에 대한 인식수준. **특수교육연구**, 11(2), 131-155.

강계경(2006). 장애아동 가족기능 강화를 위한 가족지원 프로그램 요구. 단국대학교 대학원 석사학위논문.

강도명(2013). 장애인 직업재활 서비스 종사자의 직무만족도와 이직의도에 관한 연구. 대구대학교 대학원 박사학위논문.

강동선(2016). 발달장애인 자립생활중심 평생교육 프로그램 개발 및 적용효과. 창원대학교 대학원 박사학위논문.

강병근 · 강성태 · 김상윤 · 김인순(2009). 장애인주간보호시설의 실태분석에 관한 연구. **대한건설학회논문집**, 25(7), 3-11.

강승애 · 조상우 · 서세훈 · 송은일(2010). 한국 장애인 체육시설과 지도자 현황에 관한 연구. **재활복지**, 14(4), 347-359.

강신욱 · 김안나 · 박능후 · 김은희 · 유진영(2005). 사회적 배제의 지표개발 및 적용방안 연구. 서울 : 한국보건사회연구원.

강주혜(2000). 촉감각적 지시법(Wafer-method)에 의한 청각장애아동의 조음개선 효과. **언어청각장애연구**, 5(2), 121-143.

강혜원(2017). 청각장애인의 성인애착, 장애수용, 지각된 사회적 지지가 대인관계에 미치는 영향. 한국상담대학원 대학교 석사학위논문.

고은정(1997). 정신지체학교 직업교육 실태연구. 단국대학교 교육대학원 석사학위논문.

교육부(2016). 2016년 특수교육 연차보고서.

______(2017). 2017년도 특수교육 운영계획.

구교현 · 노석원 · 유경미 · 임이리(2012). 미국의 발달장애인 지원제도 검토와 경기도 적용방안 연구. 경기복지재단.

국립재활원(2015). 2015 지역사회 통합건강증진사업 안내 [지역사회중심재활분야]. 서울 : 장애인생산품판매지원협회.

국립특수교육원(2017). 특수교육 운영계획.

권선진(2004). 장애인 지역사회중심재활사업의 평가모형에 관한 연구. 평택대학교 논문집

제18집, 108, 113, 117.

권요한·김수진·김요섭·박중휘·이상훈·이순복·정은희·정진자·정희섭(2010). 특수교육학개론. 서울 : 학지사.

권유경(2001). 장애의 개념과 장애등급에 관한 고찰. 한국장애인 복지의 이해. 인간과 복지.

권준수 역(2015). 정신질환의 진단 및 통계 편람(제5판). American Pychiatric Association, 2012-2013, DSM-5. 서울 : 학지사.

권진숙·김정진·전석균·성준모(2014). 정신보건사회복지론. 경기 : 공동체.

김경란(2018). 장애등급제 폐지 추진 현황과 향후 과제. 비판사회정책, 60, 7-46.

김경미(2004). 청소년의 자아존중감에 영향을 미치는 요인. 경희대학교 대학원 석사학위논문.

______(2010). 경남지역 위기청소년 상담지원서비스 만족도에 영향을 미치는 요인 : VYS-Net 서비스 대상자를 중심으로. 인제대학교 대학원 석사학위논문.

김경열(2011). 발달장애성인을 위한 국내외 고등교육기관 현황 및 운영 프로그램 분석. 발달장애연구, 15(4), 1-20.

김경희(2004). 유아의 신체상 컴퓨터 활동 프로그램이 신체자아개념과 자아상에 미치는 효과. 서울여자대학교 대학원 박사학위논문.

김기룡·강경숙·이명희(2016). 장애인 가족지원 서비스 이용 현황 및 만족도 조사. 특수교육, 15(4), 205-229.

김기룡·김치훈·윤진철·이혜영(2014). 장애성인을 위한 대학중심 평생교육에 관한 설문조사 결과보고서. 서울 : (사)전국장애인부모연대.

김기룡·나은경(2015). 발달장애인 평생교육과정에 대한 부모의 요구분석. 특수교육저널 : 이론과 실천, 16(4), 315-336.

김기태(2005). 정신보건복지론. 서울 : 양서원.

김도현(2009). 장애학 함께 읽기. 서울 : 그린비.

김동기(2009). 장애인의 역량강화에 대한 자립생활센터의 조직효과 연구. 한국장애인복지학, -(10), 5-35.

김동연(1999). 시각손상아의 지도. 경북 : 대구대학교출판부.

김미옥(2004). 장애와 사회복지. 서울 : 학지사.

김병섭(2016). 장애인직업재활시설 종사자의 개인역량이 경영성과에 미치는 영향. 우석대학교 대학원 석사학위논문.

김병하(2007). 청각장애아 교육. 경북 : 대구대학교출판부.

김선경(2003). 특수학교 중등부 기술 가정 교과교육 실태조사. 공주대학교 특수교육대학원 석사학위논문.

김선주(2002). 신장장애인 취업실태 및 직업욕구에 관한 조사연구. 대구대학교 재활과학대학원 석사학위논문.

김선중(1994). 지체장애인의 스포츠 참가 경험과 스포츠 태도의 관련성에 관한 연구. 이화여자대학교 석사학위논문.

김 성(2003). 언어장애인의 재활서비스 현황과 개선방안. 청주대학교 행정대학원 석사학위논문.

김성희 · 변경희 · 이성애 · 정희경 · 이민경(2012). 주요 선진국 장애판정제도 및 정책적 시사점 연구. 보건복지부.

김성희 · 변경희 · 황주희 · 이선우 · 김동기 · 이미정 · 이민경 · 김가희 · 김희선(2014). 장애종합판정체계 모의적용 연구. 한국보건사회연구원.

김성희 · 이연희 · 오욱찬 · 황주희 · 오미애 · 이민경 · 이난희 · 오다은 · 강동욱 · 권선진 · 오혜경 · 윤상용 · 이선우 (2017). 2017년 장애인실태조사. 보건복지부.

김성희 · 이연희 · 황주희 · 오미애 · 이민경 · 이난희 · 강동욱 · 권선진 · 오혜경 · 윤상용 · 이선우(2014). 2014년 장애인 실태조사. 한국보건사회연구원.

김성희 · 이연희 · 황주희 · 오미애 · 이민경 · 이난희 · 이선우(2014). 2014년 장애인 실태조사.

김승국(1996). **특수교육학**. 서울 : 양서원.

김승국 · 김영욱 · 황도순 · 정인호(1999). **청각장애 아동교육**. 서울 : 교육과학사.

김연규(2012). 장애아동 부모의 의료재활서비스 만족도. 가천대학교 경영대학원 석사학위논문.

김영걸(2006). 특수학교 보조공학 환경과 전달체계에 대한 연구. 대구대학교 대학원 박사학위논문.

김영욱(2007). **청각장애아동 교육의 이해**. 서울 : 학지사.

김영자(1998). 특수학급 교사의 학급경영 실태분석. 우석대학교 대학원 석사학위논문.

김영진(2016). 지적장애인의 직업재활서비스에 대한 부모의 인식과 욕구에 관한 연구 : 남양주시 장애인 직업재활시설을 중심으로. 서울시립대학교 대학원 석사학위논문.

김완호(2010). 지역사회중심재활교육의 효과분석.

김용득(1994). 지역사회중심재활(CBR)연구 -구성개념과 프로그램 개발을 중심으로-. **한국사회복지학회**, 40, 331-347.

______(2002) 장애개념의 변화와 사회복지실천 현장 함의. *Korean Journal of Social Welfare, 51*(11), 157-182.

______(2002). 장애개념의 변화와 사회복지실천 현장 함의. **한국사회복지학**, 51, 157-182.

김웅기(2018). 발달장애 청소년 자녀를 둔 어머니의 양육경험에 대한 현상학적 연구. 연세대학교 교육대학원 석사학위논문.

김원경(2009). **최신특수교육학**. 서울 : 학지사.

김원경 · 조홍중 · 허승준 · 추연구 · 윤치연 · 박중휘 · 이필상 · 김일명 · 문장원 · 서은정 · 유은정 · 김자경 · 이근민 · 김미숙 · 김종인 · 이신동(2010). **최신특수교육학**(2판). 서울 : 학지사.

김윤옥 · 최학주(1999). 초등학교 특수아동 생활지도의 실태 분석을 통한 활성화 방안. 충남 : 공주교육대학교.

김윤태(2010). 한국의 장애등급제도의 고찰, 제39회 RI KOREA 재활대회 자료집. 한국장애인재활협회.

김은지(2015). 지적장애 학생의 교육활동에서 특수교사의 학습경험 연구. 한국교원대학교 교육대학원 석사학위논문.

김인숙(2003). 가족복지 지식의 패러다임 : 반성과 모색. 사회복지리뷰, 8(−), 5−22.

______(2011). 특수교육지원센터의 특수교육 관련서비스에 대한 장애유아부모의 인식도와 요구도 조사. 우석대학교 대학원 석사학위논문.

김재남(2000). 대인불안과 사회적 자기 불일치. 한국심리학회지 : 임상, 19(3), 473−483.

김재일(2006). 청각장애인 지역사회재활시설 현황. 한신대학교 사회복지실천대학원 석사학위논문.

김정분(2001). 중학교 특수학급 교과실태 분석. 공주대학교 교육대학원 석사학위논문.

김정수(1991). 특수체육 교육에 관한 실태조사연구. 한국체육학회지, 30(2), 2165−2175.

김정순(2014). 맞춤형 장애인 복지법제 연구. 한국법제연구원.

김정연(2000). 일반 청소년과 청각장애 청소년의 가치관에 관한 비료 연구. 한국교육심리학회지 : 교육심리연구, 14(2), 115−141.

김정완(2008). 점토를 이용한 조소활동이 시각장애 아동의 자기표현 및 미술표현력에 미치는 영향. 단국대학교 대학원 석사학위논문.

김정일(1999). 우리나라 보호작업장 운영실태와 개선방안 연구. 대구대학교 대학원 석사학위논문.

김정재 · 이상로 · 송민경 · 구미영 · 도지영 · 서은경 · 최복천 · 김기룡(2009). 경상남도 장애인 평생교육 실태 및 지원방안 연구. 경남 : 경상남도교육연구정보원.

김종훈 · 이정학(2014). 장애인 체육시설 서비스회복 공정성 지각이 고객만족, 관계품질 및 충성도에 미치는 영향. 한국사회체육학회지, 56, 801−814.

김춘종 · 김경숙(2010). 장애인 체육활동을 위한 공공체육시설 활용방안. 한국체육학회지, 49(1), 481−490.

김혜경(1999). 언어장애 연구(조음장애와 발설장애를 중심으로). 건국대학교 대학원 석사학위논문.

김호식(1996). 시각장애 학생과 일반학생의 비합리적 신념의 차이. 부산대학교 대학원 석사학위논문.

김홍규(2009). 최신특수교육학. 경기 : 양서원.

김희영(2014). 중등 특수교육대상자의 지역사회 특수교육 관련 서비스 기관에 대한 수요자 선택요인 분석. 용인대학교 대학원 석사학위논문.

나애노(2016). 발달장애인 평생교육센터 운영에 관한 연구 −서울특별시를 중심으로−. 단국대학교 특수교육대학원 석사학위논문.
나영희 · 김기덕(2009). 마셜 사회권의 정치철학적 해석을 통한 사회복지 레짐 분석에 관한 탐색적 연구. 한국사회복지학, 61(4), 265-285.
나운환 · 이창희 · 김춘만 · 김동주 · 이운식 · 이혜경(2015). 직업재활시설론. 서울 : 도서출판 집문당.
나운환 · 이혜경(2005). 장애인 직업재활시설 유형에 관한 연구. 직업재활연구, 15(1), 1-23.
남기민(2007). 사회복지정책론. 서울 : 학지사.
남상만(2002). 장애인복지론. 서울 : 홍익재.
남상만 · 나운환 · 유명화(1997). 장애인복지개론. 서울 : 홍익재.
대구광역시교육청(2016). 특수교육대상자 치료지원비 지원계획.
대한의학회(2016). 장애평가기준과 활용.
마원민(2003). 시각장애 학생의 불안정도. 대구대학교 대학원 석사학위논문.
문소영(2007). 집단미술치료가 초등학생의 자기표현력 및 교우관계에 미치는 영향. 춘천교육대학교대학원 석사학위논문.
문진영(2004). 사회적 배제의 국가 간 비교연구 : 프랑스, 영국, 스웨덴을 중심으로. 한국사회복지학, 56(3), 253-277.
민은주 · 윤병천(2011). 제2언어로서의 수화가 농청년의 정체성 형성에 미치는 영향 분석. 특수교육저널, 12(3), 41-60.
박경석(2013). 「장애등급제 폐지에 대한 우려의 실체와 대안」 토론회. 한국장애인단체총연맹, 전국장애인 차별철폐 연대.
박덕규(2003) 장애인주간보호센터의 공간구성계획에 관한 연구. 경상대학교 대학원 박사학위논문.
박미진(2015). 발달장애자녀를 위한 부모의 평생계획현황 및 요구. 특수교육학연구, 50(1), 211-233.
박상희(2001). 조음장애 진단과 음운변동 분석방법. 대구 : 한국언어치료학회.
박석돈(2008). 직업재활론. 경북 : 대구대학교출판부.
박승희(2004). 대학부설 평생교육원의 발달장애인을 위한 성인교육 프로그램의 개관 및 효과. 특수교육학연구, 39(1), 39-75.
박옥선(2001). 초등학교 교사의 진로지도에 관한 연구. 홍익대학교 교육경영관리대학원 석사학위논문.
박용순(2002). 사회복지개론. 서울 : 학지사.
박용찬(2009). 발달장애 특수교육기관의 운영 실태와 개선 방안. 서울시립대학교 도시과학대학원 석사학위논문.
박인수(2010). 청각장애 특수학교 개별화교육계획 수립과 운영에 대한 질적 연구. 창원대학교대학원 박사학위논문.

박재국 · 서보순 · 김은라(2013). 장애아동 어머니의 부모역량 연구 : 역량요소 구인과 인식경향. **특수교육**, 12(3), 179-202.

박종오(2002). 정신지체인 주간보호센터(Day care Center)모형개발 및 운영기준에 관한 연구. 한국장애인재활협회 재활연구소.

박준동 · 신동철(2004). 생활체육활동이 장애인의 태도와 만족도에 미치는 영향. **한국스포츠리서치**, 15(6), 777-790.

박준동 · 신동철 · 김순금 · 김부환(2003). 한국 장애인 체육발전을 위한 증진 방안. **동아대학교 스포츠과학연구소 논문집**, 22, 53-67.

박형진(2008). 장애인의 사회적 배제 극복을 위한 자립생활 지원방안. **사회연구**, -(15), 69-94.

백영수(2017). 지체장애특수학교 교사의 교육경험에 관한 근거이론 연구. 예명대학원대학교 박사학위논문.

백종남(2015). 발달장애인 평생교육에 대한 특수학교학부모의 요구분석. **특수교육저널 : 이론과 실천**, 16(3), 407-427.

변경희 · 권선진 · 우주형 · 이은미 · 이미정 · 유병주 · 권재숙(2012) 장애인 등록 및 판정제도 발전방안. 보건복지부. 한신대학교 산학협력단 연구보고서.

변용찬 · 김성희 · 윤상용 · 배화옥 · 박성민 · 최미영(2004). 장애인 종합적 소득보장체계 구축 방안. 한국보건사회연구원 연구보고서 2004-15.

변용찬 · 김성희 · 윤상용 · 최미영 · 계훈방 · 권선진 · 이선우(2006). 2005년 장애인 실태조사. 보건복지부 한국보건사회연구원 정책보고서 2006-04.

보건복지부(2019).

서동우(2000). **2단계 장애범주 확대방안 연구**. 한국보건사회연구원.

서정희(2008). 시민권 담론의 두 얼굴 - Marshall의 사회적 시민권에 대한 재해석을 중심으로. **사회복지연구**, 39(-), 147-165.

______(2009). 장애인 사회보장수급권의 실효성에 관한 기준. 서울대학교 대학원 박사학위논문.

서 희(2010). 통합교육과 분리교육에 대한 장애학생 학부모의 인식 연구. 이화여자대학교 교육대학원 석사학위논문.

석동일 · 이규식(2002). **청각재활**. 경북 : 대구대학교출판부.

설환희(2010). 한국 장애인복지 동향 및 발전방향에 관한 연구. 중부대학교 대학원 석사학위논문.

성열순(2003). 초등학교 특수학급 교과교육 실태 분석. 공주대학교 교육대학원 석사학위논문.

손광훈(2004). **장애인복지론**. 경기 : 현학사.

손우덕(2006). 장애인직업재활시설 운영 개선 방안에 대한 연구. 대구대학교 대학원 석사학위논문.

손정녀(2013). 장애인 직업재활 참여자의 직업유지에 영향을 미치는 요인에 관한 연구. 한일장신대학교 대학원 박사학위논문.

손희권(1999). "능력에 따라 균등하게 교육을 받을 권리"에 관한 헌법재판소 판례분석. 교육행정학연구, 17(2), 185-207.

송경은(2012). 장애인복지관 치료지원에 대한 발달지체유아 부모의 요구. 단국대학교 특수대학원 석사학위논문.

송근원 · 김태성(1997). 사회복지정책론. 서울 : 나남출판.

송 범(2006). 장애인복지관 역할의 변화방향에 관한 실증적 연구. 조선대학교 정책대학원 석사학위논문.

송중만 · 강경숙 · 김민선 · 김은주 · 김정효 · 김현진 · 이경순 · 이금진 · 이정은(2016). 지적장애아교육. 서울 : 학지사.

송채훈(2003). 지체장애인의 생활체육참여와 생활만족과의 관계. 한국스포츠리서치, 14(5), 845-854

송채훈 · 이지명(2006). 지체장애인의 생활체육참여 형태에 따른 만족도 분석. 한국스포츠리서치, 17(3), 471-478.

신옥주(2016). 독일 장애인법제를 통해 살펴 본 장애등급제 폐지 및 급부 감면 서비스 개편 방향. 법학논총, 33(2), 1-35.

신윤진(2005). 시각장애 학생을 위한 과학교육 실태 조사. 성균관대학교 대학원 석사학위논문.

신은경(2007). 장애인 사회참여와 개인 및 지원환경요인의 관계에 관한 연구 : HLM을 이용한 분석. 연세대학교 대학원 박사학위논문.

______(2013). 장애인의 기능과 장애, 환경요인에 관한 ICF 활용방안. 한국직업재활학회지, 23(1), 151-175.

신현기(2005). 특수교육의 이해. 경기 : 교육과학사.

신현석(2007a). 지역사회중심재활(CBR)사업의 방향. 지역사회, 여름(56), 100-107.

______(2007b). 지역사회중심재활사업의 현황과 과제. 대한건강과학학회지, 4(1), 125-138.

심명숙(2014). 사회복지조직의 리더십 유형이 조직효과성에 미치는 영향. 전주대학교 대학원 박사학위논문.

심미선(2010). 초등특수학급 학생의 특수교육 관련서비스 수혜 현황 및 학부모 요구. 단국대학교대학원 석사학위논문.

심창학(2001). 사회적 배제 개념의 의미와 정책적 함의 : 비교관점에서의 프랑스를 중심으로. 한국사회복지학, 44(3), 178-200.

안성기(2011). 직업재활시설의 성과에 영향을 미치는 종사자의 역량에 관한 연구. 서울시립대학교 대학원 석사학위논문.

안유경(2002). 장애인직업재활시설의 운영실태와 개선방안에 관한 연구. 대구대학교 대학원 석사학위논문.

안효섭(2005). **홍창의 소아과학**. 서울 : 대한 교과서.

양옥경(2000). **지역사회 정신건강-닫힌 시설에서 열린사회로**. 서울 : 나남출판.

여은주(2014). 초등 지적장애 학생의 진로 및 직업교육에 대한 실태 및 인식 : 특수학교 교사와 특수학급 교사 간 비교. 이화여자대학교 교육대학원 석사학위논문.

오선경(2010) 시각장애인의 공공도서관 비이용 요인에 관한 연구. 연세대학교 대학원 박사학위 논문.

오영석 · 박원희(2008). 정신지체인 평생교육의 필요성과 지원방안. **평생교육학연구, 14**(4), 83-101.

오혜경(1999). 장애이론에 관한 연구. 가톨릭대학교 사회복지리뷰, 제4집.

______(2001). 장애인 자립생활의 기초. *VOICE, 2*(-), 6-11.

유혜경(2007). 보호작업시설 직업재활종사자의 직무만족에 영향을 미치는 요인, 나사렛대학교 재활복지대학원 석사학위논문.

윤덕순 · 박재국 · 안성우 · 신영주(2006). 고등학교 특수학급 진로교육 실태 및 교사의 인식. 지적장애 연구. **한국정신지체아 교육학회, 8**(4).

윤점룡 · 양종국 · 원성옥 · 강병호 · 정인숙(2010). 성인발달장애인의 평생교육 모형 연구. **특수교육연구, 17**(2), 3-141.

윤정란(2017). 장애인직업재활시설장이 인식하는 장애인의 '일'과 '복지'의 양립 - 장애인 근로자업장을 중심으로 -. 경기대학교 행정 · 사회복지대학원 석사학위논문.

윤지현 · 김호연 · 김두영(2016). 발달장애자녀의 평생교육 프로그램 참여동기와 만족도에 대한 부모인식분석. **특수교육학연구, 51**(1), 129-151.

이규식 · 석동일 · 권도하 · 정옥란 · 강수균 · 김시영 · 신명선 · 이상희 · 황보영 · 이옥분(2004). **의사소통 장애아동 치료교육**. 서울 : 학지사.

이동석(2002). 장애차별금지법의 필요성과 방향. 일상에서의 인권 찾기. 장애우권익문제연구소.

______(2003). Priestly의 장애 이론 유형에 따른 한국 장애인 제도 및 운동의 변천에 관한 연구. 성공회대학교 시민사회복지대학원 석사학위논문.

이명선(2017). 특수아동 부모의 특수교육 관련 서비스에 대한 인식 특성. 대구대학교 대학원 석사학위논문.

이병인(2003). 간질의 역학 및 분류. **대한의사협회, 46**(4), 270-278.

______(2012). 특수교육과 관련된 가족지원 및 상담지원에 대한 요구 분석연구. **지적장애연구, 13**(3), 217-238.

이병화(2017). 장애인 직업재활시설 유형개편을 위한 쟁점 및 향후 정책방향 연구. **장애와 고용, 27**(2), 133-159.

이병환(2006). 사회적 지지가 생활시설 장애인의 삶의 질에 미치는 영향. 나사렛대학교 대학원 석사학위논문.

이상복(1994) Introduction to Epilepsy. In 간질의 진단과 치료. 제4회 신경과 연수교육 자료집. 서울대학교 의과대학 신경과학교실, 1-15.

이석원 · 정희정(2008). 기능적 장애 개념과 중증 장애인 기준의 타당성. **정책분석평가학회보**, 18(4), 355-373.

이성규(2000). **사회통합과 장애인복지정치**. 서울 : 나남출판.

______(2005) 호흡기장애인의 직업영역 및 제도적 지원방안. 사단법인 장애인직업안정연구원.

이소현(2016). **특수아동교육**. 경기 : 학지사.

이승규(1997). 지방자치와 지역사회복지. **지역발전연구**, 2(1), 조선대학교 지역사회발전연구원.

이승기(2013), 「장애등급제 폐지시대 서비스 전달체계 어떻게 할 것인가」 자료집. 국회 장애인복지포럼 주최 정책 세미나.

이아영(2015). 한국 장애인복지정책 성격에 대한 역사적 제도주의 분석. 서울여자대학교 일반대학원 석사학위논문.

이은주 · 최지은 · 박숙희(2014). **특수아동의 이해**. 경기 : 공동체.

이재순(2002). 지역복지서비스 전달과정에서 주민참여 활성화 방안에 관한 연구. 경희대학교 대학원 석사학위논문.

이재원(2006). 성인애착 유형에 따른 자아정체감과 대인 불안의 관계-대학생 집단을 중심으로. 한국외국어대학교 대학원 석사학위논문.

이정윤(1996). 사회불안증에 대한 인지행동치료와 노출치료의 효과연구. 연세대학교 대학원 박사학위논문.

이준우(2003). 한국 농 청소년의 농 정체성과 심리사회적 기능과의 관계에 관한 연구. 숭실대학교 대학원 박사학위논문.

이한숙(2008). 지역중심재활사업을 위한 보건소 활성화 방안. **특수교육재활과학연구**, 47(4), 47-64.

이형석 · 이종모(2018). **영유아발달**. 서울 : 동문사.

이효자(1986). 시각 및 청각장애아의 불안특성 및 자아개념과 학업성취도. 고려대학교 대학원 석사학위논문.

임태봉(2007). 지역사회자원 참여를 통한 지역사회중심재활사업(CBR) 활성화 방안, 장애인복지관 CBR사업 활성화를 위한 조직화 관점에서. 탐라대학교 경영행정대학원 석사학위논문.

장병락(2004). 농아인을 위한 기독교 교육 이론과 실제에 관한 연구. 한일장신대학교 한일신학대학원 석사학위논문.

장성태(2003). 장애인복지관 재가복지서비스에서의 지역사회자원 연계방안에 관한 연구.

대구대학교 대학원 석사학위논문.

장애인복지법(2019). 법률 제15270호, 2017. 12. 19, 일부개정. 시행 2019. 7. 1.

전귀옥(2011). 장애아동 치료지원서비스 이용 실태 및 부모 인식 : 부산지역을 중심으로. 부산대학교 대학원 석사학위논문.

정동영(2013). 특수학급 교사의 역할 재음미. **특수교육교과교육연구, 6**(3). 한국특수교육교과교육학회.

정동영・양종국・원성옥・강병호・정인숙(2001). 성인발달장애인의 평생교육 모형 연구. **특수교육연구, 17**(2), 1-114.

정만훈(1987). 맹아와 정상아의 자아개념 비교 연구. 건국대학교 대학원 석사학위논문.

정무성(2005). 장애인복지관 기능과 역할 연구 결과보고서. 2005년 전국장애인복지관장대회. 한국장애인복지관협회, 42-44.

정수정(2010). 초등학교 특수학급 수학 교과 운영 실태 조사. 전남대학교 교육대학원 석사학위논문.

정수진(2016). 뇌전증 아동 어머니의 양육스트레스, 대처 및 삶의 질 분석. 중앙대학교 건강간호대학원 석사학위논문.

정옥분(2005). **아동발달의 이해**. 서울 : 학지사.

정유미(2006). 시각장애 특수학교의 수학교육 실태에 관한 조사 연구-중등교육 중심으로. 계명대학교 대학원 석사학위논문.

정은혜(2014). 특수교사의 수업전문성 관련 요인에 관한 구조적 분석. 공주대학교 대학원 박사학위논문.

정인숙(2005a). 장애성인평생교육 현황과 대책수립에 관한 연구. **특수교육연구, 12**(1), 75-89.

______(2005b). 정신지체성인의 평생교육요구분석. **특수교육학연구, 40**(2), 207-232.

정정진(1997). 특수아동의 학생 생활지도 방안. 한국특수교육학회. 한국특수교육의 발전과제 연구보고서, 179-183.

정종화・이경준(2011). 외국의 장애판정제도고찰을 통한 한국의 개선방향 : 일본과 독일의 사례를 중심으로, **재활복지, 15**(2), 275-304.

조상은・서욱영(2018). 장루・요루 장애인의 복지욕구 및 정책방향. 한국장애인개발원.

조영길(2006). 중증장애인 고용지원 서비스 기관의 협력 요인 연구 : 직업재활센터와 독립생활센터를 대상으로. 대구대학교 대학원 박사학위논문.

조인수(1997). 정신지체 아동의 생활지도 방안. **특수교육학연구**, 123-178.

조창빈・소효선・박원희(2015). 장애인 거주시설 여가활동 프로그램 기획 실태 분석. **장애인평생교육・복지연구, 2**(2), 33-55.

조한진(2011). 장애등급의 문제를 넘어서 : 장애의 정의・분류・측정. **재활복지, 15**(4).

조홍식(1994). 선진국의장애인복지정책 프로그램과 한국장애인복지정책의 과제, 장애인

고용. 한국장애인고용촉진공단, 42-43.
지현민(2013). 장애인 시설별 장애인 이동속도 기초 연구. 호서대학교 대학원 석사학위논문.
최명선(2002). 장애인 의료재활서비스 실태 및 개선방안에 관한 연구. 연세대학교 행정대학원 석사학위논문.
최성규(1997). 청각장애의 심리. 서울 : 도서출판 특수교육.
최승권(2006). 장애인 체육시설 확충 및 활용방안. 장애인체육의 발전방향. (사)한국체육개발원정책세미나(서울, 2006. 3. 28), pp. 101-122.
______(2008). 장애인을 위한 체육시설의 확충 및 개선 방안. 용인대학교 특수체육연구, 6, 1-18.
최월순(2011). 중등 특수학급 교사의 교직사회화 연구과정. 한국교원대학교 대학원 석사학위논문.
최의순 · 이규은(1997). 여성의 체형과 신체상, 건강문제 호소 간의 관계-체형관리 시설에 등록한 여성을 대상으로. 여성건강간호학회지, 3(2), 169-180.
최정미(2011). 시각장애 청소년이 지각한 신체상, 대인 불안 및 자기표현의 관계. 이화여자대학교 교육대학원 석사학위논문.
최종혁(2002). 지역사회 조직화 과정에 관한 연구. 한국사회복지, 317-318.
최호석(2001). 지체장애인의 기능 · 기술 · 자격이 고용에 미치는 영향에 관한 연구. 계명대학교 대학원 석사학위논문.
최효진(2018). 사회적기업 지체장애근로인의 직업생활에 관한 현상학적 연구. 조선대학교 교육대학원 석사학위논문.
한경희(2006). 시각장애인의 웹 접근성 향상을 위한 웹 디자인에 관한 연구. 홍익대학교 대학원 석사학위논문.
한국장애인개발원(2018). 지방자치단체 자치법규 내 장애등급을 적용한 조례 현황분석. 한국장애인개발원.
한재덕(2009). 장애인의 생활체육 참여 유형이 생활체육 참여 정도에 미치는 영향. 한국사회체육학회지, 37, 865-874.
한재량(2001). 지역사회조직화의 실천사례에 관한 연구. 서강대학교 대학원 석사학위논문.
한현민(2001). 특수아동과 특수교육. 서울 : 도서출판 특수교육.
홍영진(2018). 장애인거주시설 종사자 인권보호 방안 연구. 제주대학교 행정대학원 석사학위논문.
황수경(2004) WHO의 새로운 국제장애분류(IFC)에 대한 이해와 기능적 장애 개념의 필요성. 노동정책연구, 4(2), 127-148.
황홍규(2000). 교육기본법에서의 학습권 개념의 도입 배경과 그 의의. 교육법학연구, 12, 312-348.

Addington, A. M., M. Gornick & A. L. Sporn(2004). Polymorphismsin the13q33.2Gene

Anderson, J. R.(1995). *Cognitive Psychology and It's Applications*(4th ed.). New York : W. H. Freeman & Company.

APA(2018). DSM-5 정신질환진단통계편람. 서울 : 학지사.

Bergeskog, A.(2001). Labour Market Policies, Strategies and Statistics for People with Disabilities : a Cross-National Comparison. IFAU-Office of Labour Market Policy Evaluation. Working Paper 2001 : 13.

Bolton(1982). Vocational Adjustment of Disabled Persons. University Park Press.

Bradly, V. J., & Knoll, J.(1995). Shifting paradigms in services to people with disabilities In Karan. O. C. & Greenspan. S.(Eds.), *Community Rehabilitation for People with Disabilities.* MA : Bytterworty-Heinenman.

Chandler, D., et al.(1984). Child care Exemplary prevocational programs for the educable mentally retarded in Mississipps. PVO, Unit XI-Miniunits.

Emener, W. G.(1980). Relationships among rehabilitation counselor characteristic s and rehabilitation client outcomes. *Rehabilitation Counseling Bulletin, 23*(1).

European Commission, Definition of Disability in Europe(2003). A Comparative Analysis.

Finkelstein, V.(1996). Modelling Disability. Breaking The Moulds' Conference. Dunfermline, Scotland.

Fuqua, R., & Labensohn, D.(1986). Parents as consumers of child care. *Family Relations, 35.*

Garrick Duhaney, L. M., & Salend, S.(2000). Parental Perceptions of inclusive educational placement. Remedial and special Education, 21, 121-128.

Giddens, A.(2006). 현대사회학. (김미숙 외 공역). 서울 : 을유문화사.

Glauser, T., Shinnar, S., Gloss, D., Alldredge, B., Arya, R., Bainbridge, J., & Jagoda, A.(2016). Evidence-based guideline : treatment of convulsiv e status epilepticus in children and adults : report of the guideline co mmittee of the American Epilepsy Society. *Epilepsy Currents, 16*(1), 48-61.

Hauser, W. A., Annegers, J. F., & Kurland, L. T.(1993). Incidence of epilepsy and unprovoked seizures in Rochester, Minnesota: 1935-1984. *Epilepsia, 34*(3), 453-458.

Hills, J., Ditch, J. & Glennerster, H.(1994). *Beverige and Social Security.* Claremdon Press Oxford.

Human Rights Australia(1993). Act against disability discrimination-the federal disability discrimination dct. Canberra, Australia : Human Rights Australia.

ILAE Commission Report(1997). The Epidemiology of the Epilepsies : Future Directions. *Epilepsia, 38*(5), 614-618.

Joseph Goldberg(2012). National institute of mental health web site : mental illness statistics. Mental illness article/MedicineNet.com.

King, D. S., & Waldron, J.(1988). Citizenship, Social Citizenship and the Defence of Welfare Provision. *British Journal of Political Science, 18*(4), 415–443.

Leake, D. W., & James, R. K.(1995). Shifting paradigms to natural supports : A practical response to a crisis in disabilities services, In Karan. O. C. & Greenspan(Eds.), *Community Rehabilitation for People with Disabilities*. MA : Bytterworty–Heinenman.

Lister, M.(2005). 'Marshall–ing' Social and Political Citizenship: Towards a Unified Conception of Citizenship. *Government and Opposition, 40*(4), 471–491.

Mark C. Weber(2011). Disability Rights, Welfare Law, 32 Cardozo L. Rev. 2483 (July), pp. 2489–2490.

Marschark, M.(1997). *Raising and Educating a Deaf Child : A Comprehensive Guide to Choices, Controversies, and Decisions Faced by Parents and Educators*. New York : Oxford University Press.

Matthew Diller(1996). Entitlement and Exclusion : The Role of Disability in the Social Welfare System, 44 UCLA L. Rev. 361 (December, 1996), p. 366.

Natasha Tracy(2015). Difference between mental illness and mental disorder. HealthyPlace.

Nelson. N.(1971). Workshops for the handicapped in the united stats, Charles C. Thomas Publisher.

O'Reilly, A.(2003). The Right to Decent Work of Persons with Disabilities. IFP/SKILLS WORKING PAPER NO. 14. International Labour Organization : Geneva.

OECD(2003). *Transforming Disability into Ability : Policies to Promote Work and Income Security for Disabled People*. Paris : OECD.

_____(2010). Sickness and Disability Policies Synthesis Report.

Oliver, M.(1996). *Understanding Disability : from Theory to Practice*, New York : St. Martin's Press.

________(1996a). *Understanding Disability–from Theory to Practice*. St. Martin's press.

________(1996b). *A Sociology of Disability or a Disability Sociology : Emerging Issues and Insights. Disability and Society*. New York : Longman.

Parker, R. M., & Szymanski, E. M.(1998). *Rehabilitation Counseling : Basics and Beyond*. Texas : Pro–ed.

Paul P. V.(1990). *Education and Deafness*. Boston : Allyn and Bacon.

Priestly M.(1998). Construction and Creation : idealism, materialism and disability thoery, *Disability & Society*, 13.

Quinn, G., Degener, T., Anna Bruce, Christine Burke, Joshua Castellino, Padraic Kenna, Ursula Kilkelly, & Shicaun Shivaun Quinlivan(2002). *Human Rights and Disability : The Current Use and Future Potential of United Nations Human Rights Instruments in the Context of*

Disability. United Nations New York and Geneva : Office of the High Commissioner for Human Rights, United Nations.

Revell, G., Kregel, J., Wehman, P., & Bond, G. R.(2000). Cost Effectiveness of Supported Employment Programs: What We Need to Do to Improve Outcomes. *Journal of Vocational Rehabilitation, 14,* 173–178.

Sacks, S. Z.(1998). *Educating Students who have Visual Impairments with Other Disabilities*. Baltimore : Brookers.

Samuel R. Bagenstos(2004). The Future of Disability Law, 114 Yale L.J. 1 (October) p. 10.

Silver, G.(1994). Social exclusion and social solidarity : Three Paradigms. *International Labour Organization, 133*(5–6), 531–578.

Spencer, P., & Lederberg, A.(1997). Different mode, different models : Communication and language of young deaf children and their mothers. In L. Adamson, & M. Romski Baltimore(Eds.), *Communication and Language : Discoveries from Atypical Development*(pp. 203–230). Baltimore : Paul H. Brookes.

Stein, M. A.(2001). *Disability and Distributive Justice.* A Doctoral Dissertation of Yale University.

USAID(2000). The Second Annual Report on the Implementation of the USAID Disability policy. U. S. Agency for International Development.

WHO(1980). *ICIDH : International Classification of Impairments, Disabilities and Handicaps : A Manual of Classification Relating to the Consequences of Disease.* Geneva : Author.

______(1997). *ICIDH–2 : International Classification of Impairments, Activities, and Participation. A Manual of Dimensions of Disablement and Functioning. Beta–1 Draft for Field Trials.* Geneva : Author.

______(2001). *ICF : International Classification of Functioning, Disability and Health.* Geneva : Author.

Williams, N. M., & M. J. Owen.(2004). Genetic abnormalities of chromosome22 and the development of psychosis. *Current Psychiatry Reports, 6,* 176–182.

저/자/약/력

■ **이형석**

평택대학교 사회복지학과 졸업
일본 東北大學(Tohoku Univ.) 인간발달임상과학 석사
일본 東北大學(Tohoku Univ.) 장해과학(障害科學) 박사
현) 서정대학교 사회복지행정과 교수

대표 논문 및 저서
Changes in brain activation patterns associated with learning of Korean words by Japanese : an fMRI study. NeuroImage.
기억의 신경심리학. 군자출판사.
인간행동과 사회환경. 공동체.
영유아발달. 동문사.

■ **이종모**

한성대학교 대학원 사회복지학 석사
한성대학교 대학원 행정학 박사
의정부시 노인장기요양보험 등급판정위원회 위원
의정부시 행정혁신위원회 보건복지분과 위원
양주시 생활보장 심의위원회 부위원장
양주시 규제개혁위원회 위원
현) 서정대학교 사회복지행정과 교수

장애인복지론

|**공저자**| 이형석 · 이종모

|**1판 1쇄**| 발행 2023년 12월 15일

|**발행인**| 김동훈

|**발행처**| 공 동 체

|**주소**| 경기도 고양시 일산동구 호수로 358-39, 동문타워 I 905호(백석동)
|**전화**| 031) 814-3000(대표)
|**팩스**| 031) 814-3100
|**홈페이지**| www.compub.co.kr
|**전자우편**| compub@naver.com
|**출판등록**| 2005년 10월 6일
|**등록번호**| 제396-2005-36호

|**ISBN**| 979-11-6725-525-9
정가 20,000원